AF731216

Sieben Netze

Dr. Rüdiger Fikentscher, geb. 1941, Mediziner, langjähriger Vorsitzender des Bundesparteirates der SPD und des Kulturforums der Sozialdemokratie SachsenAnhalt e.V. Er ist Herausgeber von bisher 11 Bänden der Reihe „mdv aktuell“ (seit 2005) zu Fragen der Kulturgeschichte und -entwicklung in Europa. Weiterhin erschienen von ihm im Mitteldeutschen Verlag:

- Liebe, Arbeit, Einsamkeit. Wilhelm Schubart, Papyrologe – Gertrud Schubart-Fikentscher, Rechtshistorikerin. Ein Gelehrtenpaar in zwei Diktaturen (2014)
- (zus. mit Udo Krause) Viermal vorwärts. Sozialdemokraten im heutigen Sachsen-Anhalt von den Anfängen bis in die Gegenwart (2014)

Rüdiger Fikentscher

Sieben Netze

Friedrich Christian Fikentscher (1799–1864)
Industrieller und Bildungsbürger

Bibliografische Information der Deutschen Nationalbibliothek
Die Deutsche Nationalbibliothek registriert diese Publikation in der Deutschen Nationalbibliografie; detaillierte bibliografische Daten im Internet unter http://d-nb.de.

Alle Rechte vorbehalten.
Das Werk ist urheberrechtlich geschützt. Jede Verwertung außerhalb der Freigrenzen des Urheberrechts ist ohne Zustimmung des Verlages unzulässig und strafbar. Das gilt insbesondere für Vervielfältigungen, Übersetzungen, Mikroverfilmungen und die Einspeicherung und Verarbeitung in elektronischen Systemen.

2016
© mdv Mitteldeutscher Verlag GmbH, Halle (Saale)
www.mitteldeutscherverlag.de

Gesamtherstellung: Mitteldeutscher Verlag, Halle (Saale)

ISBN 978-3-95462-598-7

Printed in the EU

Grusswort

Wer sich als Außenstehender der Stadt Zwickau nähert, der wird vielleicht als erstes die Industriestadt Zwickau wahrnehmen. Es sind große und kleine Fabrikanlagen, die das Bild der Stadt in den letzten 150 Jahren geprägt haben. Und es ist die Sozialstruktur einer vorrangig von Industrie geprägten Stadt, die das Leben in Zwickau bis heute bestimmt. Die Geschichte der Fikentscher-Fabrik in der Reichenbacher Straße ist darum von anhaltendem Interesse für die Stadtgeschichte, auch vor dem Hintergrund des bevorstehenden 900-jährigen Stadtjubiläums im Jahr 2018. Die Gründung der Fabrik im Jahr 1846 lässt sich direkt auf den Anschluss Zwickaus an das Eisenbahnnetz im Jahr 1845 zurückführen. Sie steht damit im Brennpunkt der „Schlüsseltechnologien" dieser Zeit, die in und um Zwickau für eine rasante Industrialisierung sorgen: Steinkohle, Textilindustrie, Stahl, Maschinenbau, Chemieindustrie. In der Darstellung der Firmen- und Familiengeschichte zeigt sich das Typische dieser Zeit. Das Buch gibt Einblicke in vier Generationen einer Unternehmerfamilie, die auf vielfältige Weise im öffentlichen Leben unserer Stadt engagiert waren. Auch mit dem Aufkommen der Zwickauer Automobilindustrie sind die Fikentschers als frühe Unterstützer August Horchs eng verbunden. Der Markenname „Audi" wurde in der Reichenbacher Straße 67 erdacht. Mit der Enteignung im Jahr 1946 endet die Geschichte der Fabrik als Familienunternehmen. Als volkseigener Betrieb in verschiedenen Zuordnungen bleibt das Werk aber ein wichtiger Teil der Zwickauer Industrie. Dass nach 1990 eine Rückgabe der Fabrik an die Familie nicht möglich war, ist zu bedauern. Am Standort Reichenbacher Straße sind Spuren der 1846 begonnen Tradition immer noch zu finden, es gibt dort weiterhin eine Chemiefabrik und eine Ziegelei. Zugleich steht dieses Gewerbegebiet aber auch für einen im Ganzen erfolgreichen wirtschaftlichen Strukturwandel. Hier lassen sich durchaus Parallelen zur Gründerzeit im 19. Jahrhundert ziehen. Die dort ansässigen Betriebe der Automobilzulieferindustrie sichern mit ihrer

Innovationskraft einen guten Teil der wirtschaftlichen Leistungsfähigkeit der Stadt Zwickau.

Rüdiger Fikentscher macht sich nicht erst mit diesem Buch verdient um die Erforschung der Geschichte unserer Heimatstadt. Es freut mich außerordentlich, dass er neben und nach seiner beeindruckenden politischen Karriere in Sachsen-Anhalt immer wieder die Verbindung zu seiner „Vaterstadt", wie er sie selbst nennt, sucht. Ich bin dankbar, dass Rüdiger Fikentscher mit seinen Veröffentlichungen und Vorträgen auch als Botschafter unserer Automobil- und Robert-Schumann-Stadt wirkt.

Pia Findeiß
Oberbürgermeisterin der Stadt Zwickau

Vorwort

Das vorliegende Buch erzählt vom Leben eines Industriepioniers, des Unternehmers Friedrich Christian Fikentscher (1799–1864). Geboren im oberfränkischen Marktredwitz im Fichtelgebirge, wurde ihm seit 1846 das sächsische Zwickau zur Wahlheimat. Hier begründete er die Geschichte eines Fabrikunternehmens, das für Zwickaus Aufbruch ins Industriezeitalter steht, 150 Jahre lang Menschen in Arbeit brachte und nicht zuletzt über vier Generationen zum Mittelpunkt einer aus mehreren Zweigen bestehenden großen Familie wurde. Friedrich Christian Fikentscher kennzeichnete dabei das Bemühen, auch öffentliche Angelegenheiten und gesellschaftliche Entwicklungen im liberalen Verständnis eines unabhängigen, selbstbewussten Bürgers mitzugestalten, zunächst als Bürgermeister seiner Heimatstadt, nach der niedergeschlagenen Revolution von 1848/49 auch als Stadtverordneter von Zwickau sowie als sächsischer Landtagsabgeordneter.

Das Besondere dieses Buches ist es, Einblicke in die Lebensgeschichte dieses vielseitig interessierten und engagierten Mannes zu eröffnen, indem er in Briefauszügen ganz überwiegend selbst zu Wort kommt, zum Teil auch aus Briefen an ihn zitiert wird. Unmittelbarer, als dies bei einer Biographie der Fall sein könnte, tritt uns aus den privaten Briefen sein Denken und Fühlen entgegen. Auch wenn er sich an den Kommunikationsstrukturen und -normen seiner Zeit orientierte, erfahren wir doch in seinen eigenen Worten von dem, was ihn interessierte, beschäftigte, erfreute, was ihn beunruhigte oder irritierte. Wir lesen seine Mitteilungen und Anweisungen, seine Schilderungen und Kommentare und erlangen, scheint es, authentische Einblicke in seine Vorstellungen und Ansichten. Unversehens kommen wir so einer uns fernen Zeit und uns fremden Menschen näher.

Dabei geleiten uns knappe, sorgsame Einführungen und Erläuterungen des Verfassers durch dieses Leben, dessen Entwicklungsgang aus sieben Perspektiven, anhand von sieben Netzwerken dargestellt wird. Aus Sicht des Verfassers waren es solche Netzwerke und Vernetzungen, die Friedrich Christian Fikentscher vornehmlich prägten, in denen er sich hauptsächlich bewegte und die er seinerseits beeinflusste. Anders als bei einer Briefedition, die zumeist dem Gedankenaustausch zweier Menschen in einem bestimmten Lebensabschnitt und zu einem spezifischen Erfahrungsbereich wiedergibt, zielt die hier gewählte Darstellungsart auf das gesamte Leben Friedrich Christian Fikentschers in den unterschiedlichen Wirkungskreisen seit seiner Jugend ab. Die Briefauszüge zeigen ihn als Knotenpunkt einer weitverzweigten Familie – als Sohn, Bruder, Schwager, Schwiegersohn, Ehemann und Vater. Sie dokumentieren seine vielfältigen Bemühungen um die Aneignung bürgerlicher Bildung, auch wissenschaftlicher Bildung, und Kultur sowie das beständige Streben nach Vervollkommnung praktischer Kenntnisse und Fähigkeiten. Sie geben Einblick in den Sinn und Zweck ausgedehnten Reisens und dabei geknüpfter Verbindungen. Böhmen und das Riesengebirge, das Vogtland, Süddeutschland, Paris und London, all das war ihm schon vor dem Eisenbahnzeitalter erreichbar und wurde bereist. Die Briefauszüge lassen ihn vor allem als bekannten und anerkannten Industriepionier und Unternehmer mit vielseitigen Interessen nicht nur in der chemischen Produktion, der Glas- und Steinzeugherstellung, sondern auch für die Landwirtschaft, den Eisenbahnbau, Bergbau und anderes mehr hervortreten. Sie offenbaren seinen Umgang mit Geld wie überhaupt den Umgang mit Geld und Besitz in der Familie sowie die komplizierten Geldverhältnisse angesichts unterschiedlicher Währungen und eines sich erst entwickelnden Bankensystems. Sie zeigen Friedrich Christian Fikentscher im deutschen Schicksalsjahr 1848/49 weder als Demokraten noch als Republikaner. Abwartend, ein baldiges Ende herbeisehnend, fühlte er sich vor allem vom stockenden Wirtschaftsgang während der Revolution betroffen. Seine Wahl zum Stadtverordneten und Landtagsabgeordneten der nach-revolutionären Zeit beurteilte er realistisch und pragmatisch zugleich, dennoch ist ein selbstbewusstes Interesse an der Gestaltung öffentlicher Angelegenheiten zum Wohle des „Vaterlandes“ unverkennbar.

Dieser Lebensweg ist ein bürgerlicher Lebensweg. Die Briefauszüge dokumentieren unzählige Details bürgerlichen Alltagslebens, sie versprühen den Geist bürgerlicher Lebensweise und Kultur während der ersten sechs Jahrzehnte des 19. Jahrhunderts. Wirtschafts- und Bildungsbürgertum erscheinen eng miteinander verzahnt – über Freundschaften und Verwandtschaft sowie im Wechselschritt der Generationen, der eine Reihe von Kindern und Kindeskindern Ärzte und Künstler werden lässt. Für die meisten Nachfahren scheint sich dabei ein Wunsch, den Friedrich Christian Fikentscher 1847 äußerte, und der vielleicht sein Lebenscredo ausdrückte, erfüllt zu haben. Damals schrieb er seinem Schwager Mensing: „Ich freue mich der Arbeiten ebenso wohl als des Resultats desselben und wünsche, dass meine Kinder nicht anders fühlen und denken lernen, weil ich darin eine sicherere Bürgschaft ihres Glücks finde, als in dem bloßen Besitz von Kapital" (vgl. S. 74). Arbeit als Glück zu begreifen, das kennzeichnete ihn wohl ganz besonders. Vielseitige Interessen, Begeisterung für Wissen, für neue Kenntnisse und Fähigkeiten, für Kunst und Kultur, dabei Freude am Schaffen und Gestalten, Phantasie, Ideen, Mut und der Wille und die Fähigkeit zu handeln, schließlich Verantwortungsbewusstsein für eine große Familie und für Arbeiter und Angestellte, all das war Friedrich Christian Fikentscher in hohem Maße eigen. Es war ihm vergönnt, dafür zeitgenössische Wertschätzung in Form hoher staatlicher Ehrungen und der Verleihung einer Reihe von Ehrenmitgliedschaften in bedeutenden Vereinen und Gesellschaften erfahren zu dürfen.

Deshalb ist es nicht verwunderlich, dass er manchem Nachfahren wie ein „Familienheiliger" (vgl. S. 338) erschien und sein Andenken in der einen oder anderen Weise von Generation zu Generation bewahrt wurde. Dennoch stellt es einen besonderen Glücksumstand dar, dass sich mehrere hundert Schriftstücke, vor allem Briefe, aus dem Leben von Friedrich Christian Fikentscher über die Zeiten hinweg erhalten haben, trotz zweier Weltkriege und der Enteignung der Unternehmerfamilie 1946. Auch dass dieser Briefbesitz nicht nur aufbewahrt und weitergegeben wurde, wie unterschiedlich sich die Wege der einzelnen Familienmitglieder auch gestalteten, sondern dass man die Briefe auch las und begann, sie zu transkribieren und zu publizieren, ist bemerkenswert. Sicherlich hat das mit den bedeutenden Bekanntschaften und z.T. Freundschaften Friedrich Christian Fikentschers zu tun, so mit Johann Bartholomäus Trommsdorff (1770–1837), dem Begründer der wissenschaftlichen Pharmazie, oder mit dem Dichter und Universalgelehrten Johann Wolfgang von Goethe.

Aber das Potential der überlieferten Schriftstücke erschöpft sich keinesfalls in diesen Briefen an oder von „berühmten" Zeitgenossen. So muss es als weiterer besonderer Glücksumstand erscheinen, dass Rüdiger Fikentscher, Urenkel von Friedrich Christian Fikentscher, aus verschiedenen Überresten der Überlieferung ein Familienarchiv anzulegen begann. Er hatte als Kind einige Zeit auf dem Zwickauer Fabrikgelände gewohnt, den erzwungenen Auszug und die folgenden Demontagen miterlebt und so ein besonderes Verhältnis zum Familienunternehmen und seiner Geschichte gewonnen. Dass ihn andere Familienmitglieder unterstützten und ihm verstreute Nachlassteile übereigneten, gehört zu dieser ganz besonderen Geschichte. Über Jahre hinweg sammelte Rüdiger Fikentscher, führte zusammen, systematisierte und erschloss. Wieder und wieder las er die Briefe und sorgte für deren Transkription. Allmählich entstand so ein vielschichtiges Bild des Unternehmensgründers Friedrich Christian Fikentscher und der weitverzweigten Unternehmerfamilie.

Nicht alles erklärte sich allerdings aus sich selbst. So war vorhandene biographische Literatur zu sichten und mit den eigenen, aus der Analyse von Briefen und sonstigen Dokumenten gewonnenen Erkenntnissen abzugleichen. Zudem wurde in Archiven weiteres Material zum Unternehmen und den agierenden Unternehmern erschlossen. Um die gewonnenen Kenntnisse einzuordnen, aber auch um bei der Recherche entstandene Fragen zu klären, war es gleichfalls notwendig, auf geschichtswissenschaftliche Literatur zurückzugreifen, so zur Industrialisierung in Sachsen oder allgemein zu den Fixsternen bürgerlicher Lebensweise und Kultur im Deutschland des 19. Jahrhunderts.

Das nun vorliegende Buch stellt dennoch keine geschichtswissenschaftliche Studie zum Familienunternehmen Fikentscher oder zum Unternehmer Friedrich Christian Fikentscher dar. Es bietet eine Textauswahl aus unzähligen vorhandenen Briefen und will ein Lesebuch im besten Sinne des Wortes sein: Es möchte Leser und Leserinnen unterschiedlichen Alters auf eine populäre und anregende Weise mit einem bedeutenden Industriepionier Sachsens bekannt machen. Es will zugleich für den wechselvollen Entwicklungsgang eines Familienunternehmens und einer Unternehmerfamilie interessieren, mit dem bzw. mit der eine tiefgründige und vielschichtige wissenschaftliche Auseinandersetzung noch aussteht. Sollte hierzu die vorliegende Publikation anregen, wäre ein Ziel erreicht.

Aber nicht nur wissenschaftliches Interesse an der Geschichte und eine wissenschaftliche Auseinandersetzung mit der Geschichte sind legitim. Sich mit Geschichte zu beschäftigen, kann vielfältigen Interessen folgen und eine spezifische Neugier befriedigen. Rüdiger Fikentscher hat mit seiner Textauswahl und -anordnung seine Deutung der Lebensgeschichte Friedrich Christian Fikentschers vorgelegt. Er erinnert an einen Mann, der sein Leben mit Ideen und Tatkraft, mit Pragmatismus und Verantwortungsbewusstsein lebte. Es war ein tätiges Leben, in dem persönliches Fortkommen und Gemeinsinn zumeist eine gelungene Balance eingingen. Hier scheint Anerkennung des Sozialdemokraten Rüdiger Fikentscher für seinen liberalen Vorfahren auf. Für einen Vorfahren, der Spuren in der sächsischen Geschichte des 19. Jahrhunderts hinterlassen hat, Spuren, die in der Stadt Zwickau in gewisser Weise bis zum heutigen Tage reichen. Und in der Tat: Sich selbst zu entwickeln, eigene Träume zu verwirklichen und gleichwohl das Wohl der Familie, von Kindern und Freunden im Auge zu behalten und gemeinnützig im Dienste der Allgemeinheit zu wirken, das sollte noch immer sinnstiftend für ein Leben sein können.

Nicht zuletzt ist das vorliegende Buch auch deshalb ein besonderes, weil wir heute kaum noch Briefe schreiben. Wir bevorzugen andere Kommunikationsformen. Unsere Nachfahren werden unsere Gedanken in dieser besonderen, vergleichsweise authentischen und reflektierten Weise, in der das Ich zu Wort kommt, nicht mehr wiedergeben können. Vielleicht bewahren sie sich die technische Fähigkeit, von uns Bilder zu zeigen oder Tonmitschnitte von Interviews oder anderen Reflexionen wiederzugeben. Aber dies wird etwas anderes sein, als Briefe zu lesen.

Prof Dr. Susanne Schötz, im Dezember 2015

Inhalt

Einleitung

—

„Briefe gehören unter die wichtigsten Denkmäler, die der einzelne Mensch hinterlassen kann“
Johann Wolfgang von Goethe

—

„Er war einer der geachtetsten Industriellen Deutschlands, ein Mann, der nur wie sehr wenige Wissenschaft und Leben zu vereinigen wußte“. Dieser Satz steht am 12. August 1864 im „Dresdner Journal“ zum Tode von Friedrich Christian Fikentscher. Andere Würdigungen folgten, doch braucht man nicht erst auf Äußerungen nach seinem Tode zurückzugreifen, um in ihm einen Mann mit außergewöhnlichen Fähigkeiten und eindrucksvoller Persönlichkeit zu sehen. Bereits als 22-Jähriger erwarb er sich bei einem Besuch Goethes in seinem Vaterhaus dessen Wohlwollen, so dass sich dieser noch jahrelang über seinen Werdegang unterrichten ließ. Jedenfalls schrieb er im Juni 1830 aus Weimar an den Vater: „Ihr Hr. Sohn befindet sich in England, als ein vorzüglicher Deutscher gewiß zu seinem Vortheile, und so habe [ich] nur gute Gesundheit und Fortsetzung solcher günstigen Umstände zu hoffen“ (Biedermann 1879). Und Louis Pasteur, der 1852 eigens zu ihm von Paris nach Zwickau in Sachsen gereist war, schrieb an seine Frau: „Herr Fikentscher ist ein sehr unterrichteter Mann und hat mir seine Fabrik bis in die kleinsten Einzelheiten gezeigt, ohne das geringste Geheimnis vor mir zu haben ... Es ist eine sehr gut gehende Fabrik.“ (Vallery-Radot 1948).

Über solche und viele andere Begegnungen ist noch ausführlicher zu berichten, doch sollen diese vorangestellten Äußerungen zeigen, dass hier von jemandem die Rede ist, der zu seiner Zeit offenbar etwas Besonderes war, dessen Tätigkeiten und Interessen eine bemerkenswerte Vielseitigkeit aufweisen. Wir erleben ihn in seinen Briefen deswegen nicht nur als Mann der Wirtschaft und Wissenschaft, sondern auch als Reisenden, politisch

Tätigen, Weltmann und Kunstverständigen sowie liebevollen Familienvater. Es ergibt sich neben dem Blick auf eine Person und Familie zugleich ein vielfältiges Bild des – vorwiegend bürgerlichen – Lebens in einem halben Jahrhundert deutscher Geschichte. Die große Zahl seiner Verbindungen und Beziehungen in unterschiedlichen Bereichen würde man heute als Vernetzungen bezeichnen. Und in der Tat lassen sich ohne große Mühe sieben solcher Netze unterscheiden, die in gesonderten Kapiteln beschrieben werden und das Kernstück dieses Buches bilden: Die weitverzweigte Familie mit ihren vielen Beziehungen, die Wege zur und in der Wissenschaft, viele durch lebenslanges Reisen entstandene Kenntnisse und Verbindungen, besonders natürlich die Wirtschaft mit ihren vielen Bereichen nicht nur in der Chemie und Glasherstellung, sondern auch bis hin zur Landwirtschaft, dem Bergbau und dem Bau neuer Eisenbahnlinien. Schließlich die komplizierten Geldfragen mit den in dieser Zeit unterschiedlichen Währungen in den deutschen Ländern, den wechselnden privaten Geschäften, Bankverbindungen, Aktien- und Anteilsgeschäften und Anteilskäufen. Hinzu kommen unterschiedliche politische Beziehungen, Ämter und Aufgaben. Letztlich erleben wir ihn als kunstverständigen, aufgeklärten und gebildeten Menschen mitten im bürgerlichen Leben seiner Zeit. Zwar habe ich darauf geachtet, dass keine Doppelungen entstehen, doch wenn alle Linien auf eine Person zulaufen und auch der geschichtliche Hintergrund derselbe ist, so sind zahlreiche Berührungspunkte und einige Überschneidungen von vornherein gegeben.

Zum besseren Verständnis ist ein gewisser Rahmen erforderlich. Er besteht vorweg in einem Blick auf die Wirtschaftsgeschichte Sachsens und die Stadt Zwickau, wozu ausschließlich allgemein zugängige Quellen Verwendung fanden. Dem schließt sich eine Kurzbiographie an, um alles Nachfolgende besser einordnen zu können. Den Abschluss bilden zwei Kapitel, in denen in gestraffter Form die naheliegende Frage beantwortet werden soll, wie es nach dem plötzlichen Tod Friedrich Christians mit seinen unmündigen Kindern weitergegangen ist und wie es dem Werk erging, bis es 150 Jahre nach seiner Gründung im Jahre 1996 geschlossen wurde.

Möglich wurde das Buch durch mehrere günstige Umstände. Sie beginnen damit, dass Friedrich Christian Fikentscher nicht nur in der Familie, sondern auch bei vielen seiner Zeitgenossen als bemerkenswerter Mensch galt, weswegen viel Schriftliches seit vier Generationen in verschiedenen Händen zur Erinnerung aufbewahrt worden ist. Dadurch war es mir im Laufe von vier Jahrzehnten möglich, weit über 400 Briefe und Schriftstücke in einem Archiv zusammenzuführen und auszuwerten. Meine persönliche Verbindung zu Friedrich Christian Fikentscher ist leicht erklärt: Zehn seiner Kinder haben ihn überlebt. Aus ihnen gingen 40 Enkel und 52 Urenkel hervor, von denen ich der Jüngste bin. Altersbedingt habe ich niemanden mehr kennengelernt, der oder die Friedrich Christian Fikentscher noch persönlich gekannt hat. Doch nach Kriegsende wohnten wir über drei Jahre lang auf dem Gelände der von ihm gegründeten Fabrik in Zwickau, das seit hundert Jahren der Lebensmittelpunkt der großen Familie gewesen war. Dadurch trage ich in mir ein unauslöschliches Bild von dem, was damals in der Mitte des 19. Jahrhunderts entstanden war. Und daraus wiederum stammt ein Großteil meiner Beweggründe für die Arbeit an diesem Buch. Mein persönlicher Gewinn daraus ist ein lebendiges Bild der Geschichte, das durch die sehr lebensnah geschriebenen Briefe vertieft wurde. Zwar können Briefe allein nie einen vollständigen Einblick in frühere Zeiten geben. Sie mussten auch hier durch Anmerkungen ergänzt und erläutert werden, doch schaut man mit ihrer Hilfe wie durch viele kleine Fenster in ein tatsächliches und ursprüngliches Leben, das nicht durch Zusammenfassungen und Deutungen beeinflusst wird. Vielleicht kann auch jeder andere beim Lesen feststellen, dass uns Briefe nicht nur die Vergangenheit näherbringen, sondern zugleich zeigen, wie nahe im menschlichen Bereich uns manche Personen jener Zeit heute noch sein können.

Aus diesen Beweggründen heraus war es mein Ziel, ein *Lesebuch* für geschichtlich Interessierte aller Altersgruppen zu schreiben und ihnen anhand einer Person viele Blicke in das 19. Jahrhundert zu ermöglichen. Es galt einerseits, nicht ins Romanhafte abzuschweifen und andererseits auf die in der wissenschaftlichen Literatur üblichen Fußnoten zu verzichten, ohne dem wissenschaftlich Interessierten die Möglichkeit zur vertiefenden Beschäftigung zu nehmen. Deswegen sind alle Originalquellen leicht auffindbar. Die erforderlichen Anmerkungen flossen – ohne den Lesefluss nennenswert zu stören – in den Text ein. Entstanden ist keine Familiengeschichte, obgleich die Hauptperson ein ausgesprochener Familienmensch gewesen ist. Es handelt sich auch nicht um die bloße Herausgabe von Briefen, sondern um eine Auswahl von Textstellen, die unter den angegebenen Gesichtspunkten zusammengefügt wurden.

Um den Lesebuchcharakter zu bewahren erschien es erforderlich, einige kleine Erleichterungen zu versuchen, *Lesehilfen* zu geben, die hier erläutert werden sollen. Die Briefe und Urkunden sind in der damaligen Schreibweise wiedergegeben, wodurch man sich dem 19. Jahrhundert näher fühlen kann, ohne dass ein nennenswertes Lesehindernis entsteht. An das häufige „th" statt „t" kann man sich ebenso rasch gewöhnen wie an manches „ie" statt „i". Das gilt mit ganz wenigen Ausnahmen auch für die Bedeutung mancher Wörter: Sehr rasch merkt man, das „artig" so viel wie „höflich und zuvorkommend" bedeutet und „merkwürdig" im ursprünglichen Sinne von „des Merkens würdig" zu verstehen ist. In einer Beziehung wurde jedoch ganz bewusst von der – wohl auch sehr individuellen – Interpunktion abgewichen, und zwar bei der Kommasetzung. Zur Erleichterung des Lesens wurde sie nach heutigem Gebrauch vorgenommen. Häufigstes Beispiel: Vor dem „daß" war es offensichtlich nicht üblich, ein Komma zu setzen. Auch hier werden Leserin und Leser keinen Anstoß nehmen. In wenigen Fällen wurde die Schreibweise von Personennamen der heutigen Schreibweise angepasst, um gegebenenfalls eine Auffindung in weiterer Literatur etc. zu ermöglichen.

Im Text sind alle *Quellen*, sofern ein weiteres Informationsbedürfnis vorhanden sein könnte, in üblicher Weise genannt. Die Zahlen verweisen auf öffentlich zugängige Schriften. Dazu gehören auch die Bestände des „Zwickauer Stadtarchives" und des „Sächsisches Hauptstaatsarchives" Dresden mit ihren Signaturen. Die weitaus größte Menge an Schrifttum befindet sich jedoch im „Familienarchiv Fikentscher". Falls ein wissenschaftliches Interesse zugrunde liegt, kann es zugängig gemacht werden. Dort sind alle Dokumente unter dem im Text genannten Datum abgelegt, einschließlich bisheriger Biographien.

Eine Quelle bedarf gleich zu Beginn und als Einzige einer besonderen Erwähnung, und das ist die durch spätere Ergänzungen von Silke Liebegott auf 66 Seiten angewachsene unverzichtbare Biographie Friedrich Christian Fikentschers von Carl Wilhelm Eduard Mensing (1825–1903). Sie enthält Informationen in Fülle. Hervorgegangen aus einem Vortrag anlässlich des 100. Geburtstages hat er ein Jahr vor seinem Tode diesen Text fertiggestellt. Noch immer stand er unter dem starken Eindruck, den Friedrich Christian über Jahrzehnte in ihm hinterlassen hat. Daraus entstanden persönliche Wertungen, verbunden mit der heute etwas schwülstig anmutenden Ausdrucksweise des 19. Jahrhunderts, die beim Zitieren eine gewisse Verknappung erfordert. Er hat damals auf Schriften und Briefe zurückgreifen können, die heute nicht mehr vorhanden oder verschollen sind. Andererseits lag ihm sehr vieles nicht vor, was heute im Familienarchiv vorhanden ist. Insofern liefert er eine wertvolle Ergänzung. Sein persönliches Verhältnis zu Friedrich Christian erscheint beinahe kurios und dürfte fast einmalig sein. Nur deshalb sei es hier genannt: Sein Vater heiratete eine Schwester von Friedrich Christians erster Frau, folglich war er sein Neffe. Friedrich Christian nahm seine Schwester zur zweiten Frau, wodurch er zu seinem Schwager wurde. Er wiederum heiratete die älteste Tochter Friedrich Christians und wurde so zu seinem Schwiegersohn. Und außerdem wurde er einziger Teilhaber der Fabrik in Zwickau, nachdem er lange zuvor die Geschäftsführung übernommen hatte. Im Text des Buches wird er der Kürze halber und um Verwechslungen auszuschließen, durchgehend lediglich als Mensing ohne Vornamen und Zusatz genannt.

Hier nun mein vielfältiger Dank. Er beginnt mit den vielen verstorbenen und lebenden Familienangehörigen, die nicht nur die Briefe und Dokumente aufbewahrt und weitergegeben haben, sondern letztlich auch in meine Hände gelangen ließen.

Bei der Übertragung der Texte aus den oft schwer lesbaren Handschriften hatte ich sachkundige Hilfen. Bereits seit 1976 übertrug die Rechtshistorikerin Prof. Dr. jur. Gertrud Schubart-Fikentscher, Enkelin Friedrich Christians, große Teile der Schriften und machte sie der Familie zugängig. Später half die hallesche „Sütterlinstube“ weiter, deren Mitarbeiterinnen und Mitarbeiter unentgeltlich über viele Jahre hinweg weitere Übertragungen vornahmen. Auch ihnen gilt mein ausdrücklicher Dank.

Bei der Planung und Abfassung dieses Buchers war auch die korrekte historische Einordnung, insbesondere in das Wirtschaftssystem des 19. Jahrhunderts wichtig. Dafür gab mir Frau. Prof. Dr. Susanne Schötz entscheidende Hilfe und damit Sicherheit. Auch ihr danke ich herzlich.

Schließlich gilt mein Dank dem ganz persönlichen engen Familienkreis, in erster Linie meiner Frau, die die jahrzehntelange Arbeit an dem Aufbau und der Erschließung des Archives und der daran anschließenden Arbeit an diesem Buch nicht nur duldete, sondern auch vielfältig unterstützte.

Für die hilfreichen Korrekturen danke ich Frau Dr. Gerlinde Kuppe und Herrn Franz Peter Ewert aus Halle sowie Frau Silke Liebegott aus Haslach an der Mühl in Österreich.

Und letztens danke ich dem Mitteldeutschen Verlag und seinem Leiter, Herrn Roman Pliske, dafür, dass er mit dem gewohnten Entgegenkommen und seiner Verlässlichkeit das Buch bei sich erscheinen ließ und damit ein fast versunkenes Kapitel nicht nur sächsischer Geschichte der Öffentlichkeit zugängig machte.

1

Frühe Industrien in Sachsen

—

„Sachsen ist wie ein Mehlsack. Man mag darauf schlagen,
so oft man will, so kommt immer etwas heraus.“
Friedrich II. im Siebenjährigen Krieg

—

Sachsen ist ein Industrieland. Nicht nur, aber auch. Dafür gibt es Gründe. Der Preußenkönig Friedrich II. presste aus dem besetzten Land während des Siebenjährigen Krieges (1757–1764) jährlich bis zu 12,5 Millionen Taler heraus, Beträge, die man aus dem deutlich einwohnerstärkeren Preußen vermutlich nicht hätte herauspressen können, und er höhnte: „Sachsen ist wie ein Mehlsack. Man mag darauf schlagen, so oft man will, so kommt immer etwas heraus“ (Groehler 1981). Später sagte er aber auch: „Die Saksen haben bessere Schulmeisters wie wihr, absonderlich werden Sie in hiesigen provinzen von großen Nutzen Seindt“ (Borchardt) und befürwortete die Anstellung sächsischer Professoren in einem schlesischen Gymnasium. Beide Einschätzungen ergeben ein Bild von Sachsen aus dieser Zeit, das nennenswerte Voraussetzungen für die frühe Industrialisierung zeigt. Auf die große Bedeutung der Bildung sei mit diesem Zitat nur kurz hingewiesen, doch die Wirtschaftsentwicklung gilt es, etwas näher zu betrachten.

Im Unterschied zur preußischen ist die sächsische Geschichte vorwiegend von friedlichen Leistungen geprägt, sie hatte gute natürliche und gesellschaftliche Voraussetzungen für einen frühen Industrialisierungsbeginn. Schon um 1200 wurden reiche Silbervorkommen im Erzgebirge entdeckt, die das sogenannte „Berggeschrey“ auslösten und einen Zustrom Zehntausender Einwanderer aus vielen Teilen Deutschlands und Europas bewirkten. So entstanden noch vor Dresden und Leipzig nahe dem Gebirge und sogar bis in die Kammlagen hinein Städte wie Schwarzenberg, Annaberg, Schneeberg, Zwickau und Aue, die durch den Silberbergbau reich wurden. Der Bergbau wiederum zog Schmieden und Hammerwerke nach sich, die die entsprechenden Handwerker benötigten. Ebenso wurden Kaufleute und Buchhalter gebraucht, also beinahe alle, die für die spätere industrielle Revolution erforderlich waren. Auch die sächsischen Kurfürsten förderten diese Entwicklung.

Bereits im ausgehenden 18. Jahrhundert gab es in Sachsen, besonders in den Räumen Dresden, Chemnitz und Leipzig blühende Gewerberegionen, die ihre Waren selbst bis in entfernte Gebiete Europas, den östlichen Mittelmeerraum und nach Übersee exportierten. Ihnen schadete der Siebenjährige Krieg zwar schwer, er führte sogar zu einer Unterbrechung der guten Entwicklung, doch erholte sich Sachsen von diesem Rückschlag schneller als andere Teile Deutschlands.

Das Industriezeitalter hatte in England begonnen, und zwar mit der industriellen Revolution in der Textilindustrie, die zu einer beispiellosen Steigerung der Produktivität führte. Auf dem europäischen Festland gehörte Sachsen zu den ersten industrialisierten Regionen. Wichtige Voraussetzungen dafür waren die geographische Lage, die Bevölkerungsdichte sowie das Klima. Wegen der zentralen Lage in Europa führten wichtige Handelswege durch Sachsen. So hatte sich Leipzig, gelegen an der Kreuzung zweier wichtiger Fernhandelsstraßen, frühzeitig zu einem der bedeutendsten Handelsplätze Europas entwickeln können. Hinsichtlich der Bevölkerung ist bekannt, dass Sachsen bereits seit dem frühen Mittelalter zu den am dichtesten besiedelten Gebieten Europas gehörte, was – wirtschaftlich betrachtet – sowohl viele Arbeitskräfte als auch viele mögliche Verbraucherinnen und Verbraucher bedeutete. Politische Entwicklungen im habsburgischen Reich führten außerdem dazu, dass eine erhebliche Zuwanderung nach Sachsen stattfand. Diese Menschen beschleunigten nicht nur das Bevölkerungswachstum, sondern brachten auch viel technisches Wissen und ihren Fleiß in die neue Heimat mit, ähnlich wie es nach dem Dreißigjährigen

Krieg in preußischen Gebieten mit der Zuwanderung aus Frankreich der Fall gewesen ist. Schließlich half das Klima, das die sächsische Landwirtschaft begünstigte. Höhere Niederschlagsmengen im Erzgebirge und in der südlichen Oberlausitz führten zu einer Ausweitung des Flachsanbaus, der wiederum die Herstellung von Garn ermöglichte. Die Produktivität der Landwirtschaft war so gestiegen, dass bereits Mitte des 16. Jahrhunderts nur noch die Hälfte der sächsischen Bevölkerung in der Landwirtschaft beschäftigt war und infolgedessen mehr Arbeitskräfte für die gewerbliche Produktion in den Städten zur Verfügung standen. Dadurch verlagerte sich in Sachsen das Schwergewicht frühzeitig von der Landwirtschaft auf die gewerbliche Wirtschaft. In diesem Zusammenhang entwickelten sich die Städte. In ihnen fand der Fernhandel statt, erblühte die Tuchmacherei und das Handwerk ganz allgemein. Eine besondere Rolle für eine frühkapitalistische Entwicklung spielten dabei die Bergbaustädte im Erzgebirge, wo auch der Silber- und Erzbergbau eine neue Blüte erreichte.

In der „Wirtschaftsgeschichte Sachsens" (Karlsch und Schäfer 2006) lesen wir: „Pünktlich zu Beginn des 19. Jahrhunderts, im Jahr 1800, nahm in Harthau bei Chemnitz die erste Baumwollfabrik auf sächsischen Territorium ihren Betrieb auf. Der Kaufmann Carl Friedrich Bernhard, ein gebürtiger Pfälzer, war in den 1790er Jahren im Zentrum der frühen englischen Fabrikindustrie, in Manchester, an einer Baumwollspinnerei beteiligt gewesen. 1797 siedelte er nach Sachsen über und brachte Know-how und Spezialisten aus dem Mutterland der Industrialisierung mit: einen Mechaniker, einen Spinnmeister und einen Eisen- und Stahlarbeiter." Andere Unternehmen folgten in ähnlicher Weise, und es begann das Verspinnen von Schafwolle mit Maschinen, die von Wasserrädern getrieben wurden. Die Industrialisierung setzte sich auch in Form von marktwirtschaftlichen Prinzipien durch, wobei die staatliche Regulierung allmählich zurückgedrängt wurde und im Grundsatz die Preise und Löhne über Angebot und Nachfrage im Wettbewerb am Markt reguliert wurden. Diese Prozesse verliefen schubweise und nicht nur in Sachsen regional unterschiedlich, sondern auch in anderen Teilen der deutschen Länder. Ohne Zweifel war jedoch Sachsen ein Pionierland der deutschen Industrialisierung.

Im ausgehenden 18. Jahrhundert spielte der Kamm des Erzgebirges an der sächsisch-böhmischen Grenze erneut eine besondere Rolle. Nach dem Rückgang des Silberbergbaus schürfte man dort noch immer viele Erze. Um diese Zeit wurde auch damit begonnen, zum Antrieb von Hochofengebläsen Dampfmaschinen einzusetzen. Aus der Notwendigkeit heraus, tiefer gelegene Erzlager zu erschließen, ergaben sich schon frühzeitig wissenschaftlich-technische Kenntnisse, die wiederum eine wesentliche Voraussetzung der frühen Industrialisierung waren und beim Einsatz von Wasserkraft und im Steinkohlenbergbau eingesetzt werden konnten. Zugleich baute man in der Nähe der Erzgewinnung Hammerwerke und fertigte aus Halbwaren im Kleingewerbe Haushaltsgeräte wie Nadeln, Nägel und Löffel, die durch den sich entwickelnden Hausierhandel vertrieben wurden. Außerdem hatte sich im Erzgebirge nach dem Niedergang des Silberbergbaus frühzeitig ein vielfältiges Handwerk entwickelt, weil sich die freigesetzten Bergleute Arbeiten suchten. Dadurch entstanden neben anderem auch die Spielzeugfertigung und Vorformen der Textilindustrie.

Da viele Arbeiten in der Spielwarenherstellung, der Klöppelei und Stickerei im Nebengewerbe und von der bäuerlichen Bevölkerung des Erzgebirges ausgeführt wurden, entwickelten sich daraus keine Zünfte wie in anderes Teilen Deutschlands. Vielmehr erhielten die überwiegend in Heimarbeit Tätigen ihre Materialien von einem Verleger, dem sie das fertige Produkt abzuliefern hatten. Die Beziehungen zwischen Großkaufleuten, Verlegern, Zunfthandwerkern und Heimarbeitern waren vielgestaltig und offenbar den jeweiligen Verhältnissen angepasst. Im Laufe des 17. und 18. Jahrhundert hatten sich ähnliche Strukturen wie im Erzgebirge auch im Vogtland gebildet, ebenso wie in den Räumen um Zwickau, Glauchau und Chemnitz, das bereits im Mittelalter ein Zentrum der Tuch- und Leinenweberei gewesen war, wozu später die Strumpfwirkerei kam. Alles in allem kann festgestellt werden, dass sich um 1800 in einem breiten Streifen an der Südgrenze des Kurfürstentum Sachsens eine ganze Reihe vorindustrieller Gewerbegebiete entwickelt hatte. In ihnen wurden Textilien, Haushaltswaren aus Holz und Metall, Spielzeugwaren, Musikinstrumente und vieles andere hergestellt und überregional vertrieben. Dieser Vertrieb fand Anschluss an den

Fernhandel bis zu westeuropäischen und überseeischen Märkten. Dabei spielte die Messe- und Handelsstadt Leipzig eine herausragende Rolle.

Die Voraussetzungen dafür, dass sich auf der Grundlage der vorindustriellen Wirtschaft Sachsens eine industrielle Produktion entwickelte, waren folglich gut. Doch der Anstoß dazu kam nicht von innen, sondern von den britischen Inseln. Dort konnten bereits im ausgehenden 18. Jahrhundert Baumwollwaren in großer Menge mit hoher Qualität zu konkurrenzlos niedrigen Preisen hergestellt werden. Dieser Rückstand musste im sächsischen Raum aufgeholt werden. Es wurden bald Spinnmaschinen nach englischem Muster in den Heimarbeitsbetrieb eingeführt. Dann folgten kraftgetriebene Webstühle und der Einsatz von Dampfmaschinen. Allerdings waren die in England gefertigten Maschinen schwer zu beschaffen. Erst um die Wende zum 19. Jahrhundert gelang es, sie in Sachsen nachzubauen. Als infolge der napoleonischen Kontinentalsperre 1806/07 die Einfuhr englischer Waren kaum noch möglich war, also die Konkurrenz weitgehend ausgeschaltet wurde, entstanden in Südwestsachen zahlreiche Spinnereibetriebe, die durch einheimische Maschinenbauanstalten ausgestattet werden konnten. Nach dem Friedensschluss 1815 war die englische Konkurrenz sogleich wieder da, es kam im sächsischen Raum zu zahlreichen Betriebsschließungen, doch immerhin konnten sich einige größere Betriebe halten. Dem Aufschwung nach der Gründung des deutschen Zollvereins im Jahre 1834 folgte allerdings bald eine allgemeine Wirtschaftskrise, die von den USA ausgegangen war. Auch sonst gelang es über Jahrzehnte nicht, den technologischen Vorsprung der englischen Textilindustrie aufzuholen. Eine wesentliche Ursache dafür war das fehlende Kapital, das für den Bau größerer Fabriken erforderlich gewesen wäre. Das alles betraf zunächst die Garnproduktion, erst später die Mechanisierung der Garnverarbeitung, also die Weberei. Noch im Jahre 1861 gab es selbst in den sächsischen Baumwollfabriken mehr Handwebstühle als Maschinenwebstühle. In diesen Jahren entstanden außerdem große Widerstände gegen die Mechanisierung in den Fabriken, weil die kleinen Handwebereien samt den Verlegern sich nicht umstellen wollten oder konnten und so dem Konkurrenzdruck nicht gewachsen waren. Auch lohnte sich in den Fabriken die teure Umstellung vielfach nicht, weil noch immer die englische Wirtschaft überlegen war. Andererseits gelang es der sächsischen Strumpfwirkerei bereits seit den 1820er Jahren, überseeische Märkte für sich zu erschließen. Dies war allerdings nur möglich, weil die Herstellung in Heimarbeit geschah, für die extrem niedrige Löhne gezahlt wurden. Erst später, in den 1850er Jahren, gingen Unternehmer im Chemnitzer Raum dazu über, die Strumpfwirkerei zu zentralisieren.

Die Nachfrage nach Maschinen für die aufstrebende Textilindustrie beförderte die Entwicklung des Maschinenbaus in Sachsen ganz erheblich. Bereits vor 1815 lieferten die einheimischen Hersteller einen erheblichen Teil des Bedarfs an Textilmaschinen. Begünstigt wurde diese Entwicklung durch das Exportverbot für die immer noch überlegene englische Maschinenindustrie durch die eigene Regierung. Weil die Nachfrage nach den verschiedenen in der Textilindustrie benötigten Maschinen nicht gleichmäßig verlief, die Maschinenbauer folglich nicht immer ausgelastet waren, begannen sie damit, auch andere Maschinen, teils als Einzelanfertigungen, herzustellen. Das führte zu der später bedeutsamen Vielseitigkeit. Mit Wasserkraft oder Dampf betriebene Antriebsmaschinen waren die häufigsten darunter. Sächsische Maschinenbauer reisten zugleich in die fortgeschrittenen westeuropäischen Staaten, um dort, spionageähnlich, den neuesten Stand zu erkunden und nachzubauen. Der Einsatz von Dampfmaschinen blieb zunächst auf die Regionen beschränkt, in denen die Wasserkraft nicht oder in zu geringem Maße zu Verfügung stand, wie in Chemnitz und Leipzig oder in Crimmitschau und Werdau. Der Einsatz von Dampfmaschinen im Steinkohlebergbau begann im Zwickau-Oelsnitzer Revier in den 1830er Jahren. Später vervielfachte er sich dort.

Die Stadt Chemnitz entwickelte sich seit den 1820er Jahren zum Zentrum des sächsischen Maschinenbaus. Anders als bei den Textilfabrikanten, die meist aus den Kreisen der Großkaufleute oder vorindustriellen Verleger kamen, stammten die Maschinenbauer aus dem Handwerk. Bis zur Jahrhundertmitte waren die meisten Maschinenbaubetriebe kaum mehr als Werkstätten mit zehn Beschäftigten. Erst allmählich kam es über die Einzelanfertigungen hinaus zu mehr Standardisierung und zur Herstellung von Werkzeugmaschinen, die wiederum die eigene Produktion erleichterten. Und auch die Landwirtschaft entwickelte sich zu einem Markt für Maschinen. Denn während noch 1849/50 Wilhelm Hamm in seinem Leipziger Geschäft Maschinen für die Landwirtschaft aus England und den USA verkaufte, ließ er sie ab 1855 im Leipziger Vorort Eutritzsch selbst herstellen (Heß 1998).

Industrialisierung und Eisenbahnbau stehen in einer Wechselwirkung, so auch in Sachsen. Doch hier war der erste Impuls von der Handelsstadt Leipzig ausgegangen, weil der Fernhandel mit schweren Gütern vor allem von Hamburg aus auf der Elbe zunächst über Magdeburg lief, wo die Waren auf Pferdewagen umgeladen werden mussten. Bald jedoch lief der Warenstrom an Leipzig vorbei elbaufwärts nach Dresden. Friedrich List, der sich einige Jahre in Pennsylvania am Bau einer kleinen Eisenbahnstrecke beteiligt hatte und nach Deutschland zurückgekehrt war, regte 1833 einen Eisenbahnbau zwischen Leipzig und Dresden an. Eine Gruppe von Bankiers und Großkaufleuten erreichte schließlich, dass die dafür erforderlichen gesetzlichen und administrativen Voraussetzungen geschaffen wurden. Der Streckenbau, die Finanzierung sowie der Betrieb blieben weitgehend in den Händen der Leipziger Initiatoren, die nach Gründung einer Aktiengesellschaft 1835 die Leipzig-Dresdner Eisenbahn-Compagnie schufen. Im März 1836 begann der Bau, und im April 1839 wurde die Strecke von Leipzig nach Dresden-Neustadt feierlich eingeweiht. Das war die erste deutsche Ferneisenbahnstrecke. Nun suchten auch die Städte Magdeburg und Nürnberg nach einem Anschluss nach Leipzig. Man verfuhr nach dem gleichen Muster und so konnte bereits 1840 die Strecke zwischen Magdeburg und Leipzig eröffnet und im Jahr darauf der Bau der Eisenbahnlinie nach Nürnberg begonnen werden. Zunächst wurde auch hier alles durch Aktiengesellschaften finanziert, während der Staat die gesetzlichen Voraussetzungen bis hin zu Enteignungsmöglichkeiten schuf und mit den Nachbarländern Verträge schloss. Erst als die Bayerisch-Sächsische Eisenbahngesellschaft während einer Konjunkturflaute und durch die hohen Kosten der gewaltigen Göltzschtalbrücke (s. „Reisen") kein weiteres Kapital mehr aufbringen konnte, musste der Staat die Bahngesellschaft übernehmen und wandelte die Aktien in Staatspapiere um.

An der so geschaffenen Bahnstrecke lagen die westsächsischen Industriestädte Werdau, Crimmitschau, Reichenbach und Plauen. Sie erhielten bis 1851 ihre Anbindung an den Verkehrsknotenpunkt Leipzig. Bereits seit 1845 verband eine Zweigbahn den Bahnhof Werdau mit dem Zwickauer Kohlenrevier. Und genau in diesem Jahre, das sei hier eingefügt, kaufte Friedrich Christian Fikentscher in der Nähe des Zwickauer Bahnhofs ein großes Grundstück und gründete eine Glashütte sowie anschließend eine chemische Fabrik (s. „Entscheidung"). Auch setzte er sich später für den Bau der Eisenbahn ins Erzgebirge nach Schwarzenberg ein, die 1858 eingeweiht werden konnte (s. „Politik").

Weil das private Kapital nicht für alle Eisenbahnpläne reichte, und der Staat zunächst darauf achtete, dass Sachsen bei den Streckenplanungen nicht umgangen wurde, wandte man sich erst mit einiger Verzögerung dem Ausbau des innersächsischen Netzes zu. So kam es, dass Chemnitz, das „Sächsische Manchester", erst 1852 über Riesa einen Eisenbahnanschluss erhielt. Sogar erst 1866 wurde die Verbindung ins Erzgebirge entlang der Flöha und Zschopau nach Annaberg fertig. Es bleibt also festzuhalten, dass Zwickau wesentlich früher und besser an das Eisenbahnnetz angeschlossen wurde. Aber es ist auch zu bemerken, dass die ersten sächsischen Eisenbahnlinien überwiegend auf die Personenbeförderung eingestellt waren. Hält man andererseits entgegen, wie zeitaufwändig und unbequem das Reisen in der Zeit vorher war, so kann der Entwicklungsimpuls durch die Bahn nicht hoch genug eingeschätzt werden. In den folgenden Kapiteln handelt es sich immer wieder um das Reisen, und das bedeutete damals weniger Vergnügen als wirtschaftliche Tätigkeit.

Ebenso wie von der Wirtschaft auf den Eisenbahnbau gingen auch in umgekehrter Richtung starke Impulse aus. Es wurden Kohle, Eisen, Stahl, Maschinen und Fahrzeuge nachgefragt. Der sächsische Staat war daran interessiert, dass auch Lokomotiven im eigenen Land gebaut würden und nicht mehr importiert werden sollten. Und tatsächlich konnte mit Unterstützung eines staatlichen Kredits von 30.000 Talern die Firma Hartmann in Chemnitz 1848 die erste konkurrenzfähige Lokomotive ausliefern. Da die Stadt zu diesem Zeitpunkt (s.o.) noch nicht an das Schienennetz angebunden war, musste die Lokomotive von Pferden zu ihrem Einsatzort gezogen werden. Es dauerte außerdem lange, bis es nach mehreren Fehlversuchen anderer Unternehmen erst 1848 einer Firma gelang, in das erfolgversprechende Schienengeschäft einzutreten. Das war die 1839/40 in Cainsdorf bei Zwickau gegründete Königin-Marienhütte. Von ihr wird in folgenden Kapiteln noch die Rede sein, ebenso wie an anderer Stelle (s. „Wirtschaft") über die Entwicklung des Steinkohlebergbaus zwischen Zwickau, Lugau und Oelsnitz im Erzgebirge zu berichten ist.

Es ist hier nicht der Ort, um über die eher theoretische Frage zu diskutieren, wann in Sachsen die industrielle Revolution ihren „Durchbruch" erreichte. Darüber gibt es unterschiedliche Ansichten. Die Verabschiedung der Gewerbeordnung von 1861 fällt zwar in diese Zeit, doch folgte sie einer in einigen Teilen des Landes längst im Gang gekommenen Freisetzung industrieller Kräfte, was wiederum in anderen Teilen erst danach geschah. Bei Karlsch und Schäfer lesen wir zu dieser Frage abschließend: „Nimmt man die Durchsetzung des Fabriksystems als Maßstab für die Periodisierung der sächsischen Industrialisierung, so kann man mit Forberger, 1999, den Beginn dieses Prozesses ohne weiteres in die ersten Jahre des 19. Jahrhunderts legen. Doch mindestens bis in die 30er Jahre hinein waren fabrikindustrielle Produktionsweisen so beschränkt, dass man sie kaum als strukturprägend ansehen kann. Erst mit der durch den Eisenbahnbau ermöglichten Ausbreitung der Dampfmaschine als Antriebskraft und der Durchsetzung kraftgetriebener Maschinen im Textilsektor und einigen anderen Branchen kann man vom Durchbruch einer Fabrikindustrie auf breiter Front sprechen. Diese Entwicklung begann sich erst am Ende der 1850er Jahre abzuzeichnen." Und in der Tat: Betrachtet man die Gründungsdaten bedeutender oder später bedeutend gewordener Unternehmen, sei es im Raum um Dresden, Chemnitz, Leipzig oder im Erzgebirge, so findet man fast ausschließlich Jahreszahlen nach der Mitte des 19. Jahrhunderts.

Dadurch unterscheidet sich die Gründung Friedrich Christian Fikentschers in Zwickau insofern, als sie vor dieser Zeit liegt. Doch das ist nicht die einzige Besonderheit, denn auch hinsichtlich seiner Herkunft, Lebensgeschichte sowie der Art des Unternehmens stellt sie etwas Besonderes, wenn nicht gar in der ganzen Region Einzigartiges dar. Bei einer Analyse der Gründergeneration (Schäfer 2007) stellt sich nämlich heraus, dass Friedrich Christian im Unterschied zu den meisten anderen weder aus dem Handwerkerstand kam, wie es noch bei seinem Vater der Fall war, noch eine geringe Ausbildung hatte oder ein einheimisches Gewerbe weiterentwickelte. In dieser Hinsicht ist er kaum in die einzelnen Gewerbezweige einzuordnen, doch werden seine Leistungen in der sächsischen Wirtschaftsgeschichte (Forberger 1999) höchst anerkannt, und in der dortigen Zusammenstellung der Fabrikentwicklungen in Sachsen sind in Tabelle 1227 alle Entwicklungsschritte des Werkes mit den zugehörigen Kennziffern umfänglich zusammengestellt. Auf dies alles wird besonders im Kapitel „Wirtschaft" näher eingegangen.

2

Entscheidung für Zwickau

—

„Das nächste Ziel mit Lust und Freude und aller Kraft zu verfolgen ist der einzige Weg, das fernste zu erreichen."
Friedrich Hebbel

—

Die spätere Industriestadt Zwickau (Herzog 1845) wurde zunächst neben dem traditionellen Handwerk vom Steinkohlenbergbau beherrscht. Dieser führte durch weitsichtige Planung frühzeitig zum Bau von Eisenbahnlinien, die wiederum Industrie anlockten. Die Stadtchronik Zwickau vermerkt für das Jahr 1845: „Am 6. September wird nach zweijähriger Bauzeit die Eisenbahnstrecke Zwickau-Werdau mit Anschluss nach Leipzig in Betrieb genommen." Das ist genau der Zeitpunkt, zu dem Friedrich Christian Fikentscher in der Nähe des Bahnhofes ein großes Grundstück erwerben will.

Nachdem er die Entscheidung für Zwickau getroffen hatte, bedurfte es neben allen technischen und gewerblichen Vorbereitungen auch einiger behördlicher Genehmigungen, zumal er vom Königreich Bayern in das Königreich Sachsen kam, ohne seine alte Heimat aufgeben zu können. Schließlich wollte er – wenigstens zunächst – in (Markt-)Redwitz mit seiner Familie wohnen bleiben und hatte dort gemeinsam mit den Geschwistern einen erheblichen weit verstreuten Besitz. Dennoch galt es, in Zwickau die Voraussetzungen für einen Grundstückskauf und den Aufbau einer Fabrik zu erwerben. Im Stadtarchiv Zwickau (StAZ 1.) finden wir dazu ein eigenhändig unterschriebenes, aber sonst in amtlicher Schönschrift verfasstes Schreiben mit folgendem Wortlaut:

„An den Stadtrath zu Zwickau, Friedrich Christian Fikentschers Gesuch um Aufnahme als Bürger in Zwickau. Die mannigfachen Vorzüge, deren sich Zwickau durch seine Lage, durch die in seiner unmittelbaren Nähe ausmündende Eisenbahn, durch den unterirdischen Reichthum seiner Umgebung zu erfreuen hat, haben in mir den Wunsch hervorgerufen, mich daselbst niederzulassen und eine Glasfabrik zu errichten. Ich habe bereits ein hierzu passendes Feldgrundstück gefunden, und bedarf nur noch zunächst zu weiterer Ausführung meines Unternehmens die Aufnahme in den dortigen Gemeindeverband.

Kann ich nun in dieser Beziehung den gesetzlichen Erfordernissen insoweit genügen, als die sub. A. und B. beiliegenden Zeugnisse meine Befreiung von der Militairpflicht, meine Erwerbsfähigkeit und Unbescholtenheit, nicht minder den Besitz eines ausreichenden Vermögens documentiren, wegen dessen ich mich auch noch auf das Zeugniß der dortigen Herren Kaufleute Bamberger und Fischer berufe, so fehlt mir nur noch das Erforderniß eines sechsjährigen Aufenthalts in Sachsen. Dürfte aber wohl nun gerade dieses zu den minder wesentlichen gerechnet werden, und kann es für Zwickau nicht unangenehm sein, in seiner Markung einen Gewerbszweig entstehen und cultiviren zu sehen, den es trotz der namhaften Fortschritte, welche es in gewerblicher Beziehung in den letzten Jahren gemacht hat, seither noch nicht hatte, so hoffe ich auch, daß die Gemeindevertreter kein Bedenken finden werden, den zur Erlangung der Dispensation erforderlichen Antrag zu stellen.

Indem ich daher ergebenst bitte: mich als Bürger der Stadt Zwickau auf- und anzunehmen ersuche ich den Stadtrath gehorsamst: mein gegenwärtiges Gesuch mit beifälligen Gutachten dem Stadtverordnetencollegio zugehen zu lassen.

Mit größter Hochachtung, Redwitz, den 22. September 1845".

Die genannten Papiere sind beigefügt: Entlassungs-Schein vom 6. März 1821, aus dem hervorgeht, dass sich Friedrich Christian beim Königlichen Landgericht Wunsiedel im Ober-Mainkreis in der gehörigen Ordnung gestellt habe, und „zu den Verrichtungen des Militair-Dienstes gänzlich ungeeignet befunden worden ist, so wird er hiermit aus der Militairpflichtigkeit völlig entlassen, und ihm der gegenwärtige Entlassungsschein ertheilt ... um sich damit überall gehörig ausweisen zu können." Dieser Fall war in Zwickau nun eingetreten.

Des Weiteren: Ein Zeugnis des Königlichen Landgerichts Wunsiedel vom 16. September 1845: „Dem Fabrickbesitzer ... wird auf Verlangen und zum Behufe der Erwerbung eines Grundstückes in der Stadtmarkung Zwickau, auf welchem eine Fabrik errichtet werden soll amtlich bezeugt" ... es folgen Angaben zum Alter, der Zahl der Kinder, der Eigentumsverhältnisse, der „erforderlichen sowohl praktischen als theoretischen Kenntnisse zur Errichtung eines Fabrikunternehmens", zum guten Leumund und „daß ihn früher das Vertrauen seiner Mitbürger zum Amte eines Bürgermeisters in Redwitz gerufen hatte, weil er auch in Anerkennung seiner Verdienste als Fabricant, Bürger und Stadtgemeinde-Vorstand mit den Königl. Bayrisch. Verdienst-Orden vom hl. Michael begnadigt wurde."

Nach der Städteordnung in Sachsen aus dem Jahre 1832, in der die Selbstverwaltung festgeschrieben war, wurde der Stadtrat, bestehend aus zwei besoldeten und sechs unbesoldeten Stadträten, von gewählten Stadtverordneten gewählt. Der Stadtrat in Zwickau beschloss die Aufnahme, und am 25. September 1845 folgte der „Entschluß der Stadtverordneten": „Das Collegium sprach sich einstimmig dahin aus, daß ihnen die Aufnahme Herrn Fikentschers sowohl in persönlicher, als loialer Beziehung sehr wünschenswerth sei."

Das Problem, das es noch zu lösen galt, wird im Schreiben der Stadt an die Königl. Kreisdirektion deutlich, in der diese eine Ausnahmegenehmigung beantragt. Da heißt es: „Wenn nun nach den Zeugnissen Al. 3. u. 4. Fikentscher den sämtlichen im Mandate vom 13. May 1831 vorgeschriebenen Aufnahmebedingungen entspricht, außer daß er nicht 3 Jahre in Zwickau und 6 Jahre in Sachsen gewesen ist und wenn ferner Al. 2b die Stadtverordneten sowie wir selbst dessen Aufnahme für wünschenswerth erklärt haben, so verfehlen wir nicht das Gesuch zu weiterer Entschließung dem Kgl. Kr. Director ehrfurchtsvoll anzuzeigen. Zwickau, d. 6. Octbr. 1845.

Rathhaus Zwickau, am 11. Octbr. 1845 wird Herrn Fikentscher nebenstehende hohe Verordnung eröffnet, derselbe erklärt darauf, er beabsichtige nicht, aus dem Staatsverbande des Königreichs Bayern auszutreten, werde vielmehr seine dort befindlichen Grundstücke auch ferner beibehalten ..."

Damit war auch das Problem des zu kurzen Aufenthaltes in Zwickau sowie in Sachsen gelöst, und am 13. Oktober 1845 bescheinigt der Rat: „Herr Fikentscher ist nunmehr als Bürger aufzunehmen, indem nach seiner Erklärung es eines eigentlichen Auswanderungsscheins nicht bedarf."

Am selben Tag erhielt er im Rathaus den Zwickauer Bürgerschein (Abb. 8) aus den Händen von Bürgermeister Friedrich Wilhelm Meyer (im Amt 1832–1860). Friedrich Christian Fikentscher kaufte das Grundstück Reichenbacher Straße 67 von etwa 20 Hektar Größe, ließ im Spätherbst große Vorräte an Materialien anfahren und begann im nächsten Frühjahr mit dem Bau. Zunächst wurde eine Glashütte mit allem Zubehör fertig, so dass schon am 5. November das erste Glas geschmolzen werden konnte. Glasmacher aus allen Richtungen boten „dem Herrn Prinzipal" ihre Dienste an, denn Fachleute gab es in Zwickau nicht.

Zugleich entstand ein großes Gebäude für eine chemische Fabrik. Diese Gründung war die erste größere Industrie Zwickaus.

Zwar hatte die Zwickauer Maschinenfabrik vier Jahre früher ihren Betrieb begonnen, doch war diese kaum vorangekommen, wechselte mehrfach den Besitzer, bis sie 1865 von Brod & Stieler übernommen und 1872 in eine Aktiengesellschaft umgewandelt wurde. Außerdem sind zwei Handwerksbetriebe zu nennen, die sich später zu kleinen Fabriken entwickelten, zumal sie der Gründung von Friedrich Christian nahestanden. Zum einen die Chemische Fabrik Devrient in der Schneeberger Vorstadt. Sie entstand bereits 1810 aus dem Zusammenschluss einer handwerklich im eigenen Haus des Hofrates Ferber geführten Pastellfarbenfabrik mit der auf dem Nachbargrundstück neu errichteten Chemischen Fabrik. Sie bestand aus zwei Haupt- und sechs Nebengebäuden und trieb mit zwei Wasserrädern einige kleine Maschinen an. Es wurden Farben für den Stoffdruck und Maler hergestellt, die auf Gewerbe- und Industrieausstellungen Belobigungen erhielten. Das zweite frühe Unternehmen ist die Glashütte Zwickau, 1845 in der Nähe des Bahnhofs gegründet, bald gescheitert und am Ende der 1850er Jahre vom Aktienverein Spiegel- und Tafelglasfabrik neu gegründet. In ihr wurde vor allem farbiges Tafelglas hergestellt. Später ist eine Tafelglasgroßhandlung angeschlossen worden. Nach mehreren Eigentümerwechseln stellte man um 1937/38 den Betrieb ein (Peschke 2009).

Bei der Standortentscheidung für Zwickau sprach neben den von Friedrich Christian selbst offiziell genannten Gründen, also Steinkohle und Eisenbahn, auch die lange freundschaftliche Beziehung, später sogar enge Freundschaft mit dem Porzellanfabrikanten Christian Fischer (1801–1892). Weil diese Freundschaft sehr wichtig war und wir Fischer (Abb. 5) in anderen Zusammenhängen noch mehrfach begegnen, soll auf ihn gleich hier eingegangen werden. Fischer stammte aus Erfurt, war dort vom Mai 1815 bis September 1816 im Trommsdorff'schen Institut (s. „Familie") zur Ausbildung und ist mit Friedrich Christian wahrscheinlich bereits in dessen Erfurter Zeit (s. „Bildung") bekannt geworden. Sein Vater war Miteigentümer einer 1803 gegründeten Porzellanfabrik in Pirkenhammer bei Karlsbad in Böhmen geworden und bereits mit Vater Wolfgang Caspar Fikentscher gut bekannt, was aus einem Brief vom Jahre 1830 (s. „Reisen") hervorgeht. Der Sohn übernahm 1831 die Firma und war bis 1846 Alleineigentümer. Dann trat sein Schwiegersohn als Mitbesitzer in die Fabrik ein, in der er selbst ab 1853 nicht mehr aktiv war. Seit 1841 besaß er in Zwickau an der Werdauer Straße 9 ein Gut und ein Wohnhaus. Das Gut ließ er in den Jahren 1845/46 in eine Porzellanfabrik umbauen und zog bereits in dieser Zeit mit seiner Familie nach Zwickau. Im Jahre 1856 arbeiteten in der Fabrik 140 Beschäftigte. Geheiratet hatte er 1833. Die beiden recht ähnlichen Familien erleichterten sich offenbar gegenseitig die Eingewöhnung in ihrer neuen Heimat. Ähnlich wie Friedrich Christian war auch er mit mehreren Orden ausgezeichnet worden und engagierte sich als Stadtrat für die Angelegenheiten Zwickaus. Im Unterschied zu Friedrich Christian erreichte er ein hohes Alter. Seine Firma stellte bereits drei Jahre nach seinem Tod den Betrieb ein.

In Zwickau gab es später zwei weitere Porzellanfabriken, nämlich Friedrich Kästner in Zwickau-Oberhohndorf seit 1883 und die „Zwickauer Porzellanfabrik" von 1885 bis 1972. Erstere war die weitaus bedeutendste und ist von dem durch den Steinkohlebergbau reich gewordenen Florentin Kästner für seinen Sohn errichtet worden. Bereits zu Beginn hatte sie 100 Mitarbeiter und übernahm nach Schließung der Fischer'schen Porzellanfabrik zum Teil deren Muster und Dekore. Die Familie Kästner gehörte zu den wohlhabendsten Bürgern der Stadt. Sie besaß außerdem sieben Kohlenbergwerke. Auch ihr Werk profitierte von der in unmittelbarer Nähe gelegenen Steinkohleförderung, so dass dessen Stilllegung 1971 wiederum im Zusammenhang mit dem Ende der Steinkohle und der Umstellung auf Braunkohle zu sehen ist.

Friedrich Christian lebte mit seiner Familie seit Juni 1848 in Zwickau. Offensichtlich schien alles geregelt. Bei seiner Einbürgerung hatte er erklärt, dass es einer Auswanderungsbescheinigung aus Bayern nicht bedürfe. Das musste nach zwölf Jahren nachgeholt werden. Jedenfalls gibt es darüber eine mit der üblichen Schönschrift ausgestellte und mit fünf verschiedenen Stempeln sowie vier bestätigenden Unterschriften versehene Urkunde:

„Auswanderungsurkunde. Das Königlich bayerische Landgericht Wunsiedel ertheilt dem Fabrikbesitzer Friedrich Christian Fikentscher geboren zu Redwitz am 15. November 1799 hiermit nachträglich die Erlaubniß, mit seinen 5 Kindern als:

1. Martha Sophia Dorothea Emma geboren den 28. Septbr. 1835
2. Georg Florian Hermann geboren den 15. April 1837
3. Johannes Wilhelm geboren den 21. Februar 1839
4. Augusta Johanna Maria geb. 28. Septbr. 1843 u.
5. Johann Christian Friedrich Fikentscher, geboren den 23. Januar 1846.

Nach Zwickau in Sachsen auswandern zu dürfen, nachdem er alle Vorbedingungen dazu erfüllt und namentlich nachgewiesen hat, daß er mit seiner Familie, als königl. Sächsischer Unterthan aufgenommen ist. Zugleich wird derselbe mit seinen obengenannten fünf Kindern hiermit aus dem kgl. Bayerl. Staatsunterthans-Verbande entlassen.

Urkundlich unter Siegel und Unterschrift
Wunsiedel, am 6. Dezember 1857
Königl. Bayerisches Landgericht“

Welche tatsächliche oder juristische Bedeutung zu diesem Zeitpunkt diese Urkunde gehabt haben mag, ist nicht bekannt. Sie hat jedoch insofern Bedeutung, als die sonst gelegentlich uneinheitlichen Angaben zu den Personen hier amtlich festgehalten sind. Darunter eine Kleinigkeit: Die unter 4. genannte Tochter wird hier wie auch auf dem Taufschein und damaligen anderen Schriftstücken „Maria“ genannt, doch später, wenigstens nachweislich ab den Geburtsurkunden ihrer Kinder seit 1875 und auf ihrem Grabstein, lesen wir übereinstimmend „Marie“.

Weshalb sich Friedrich Christian in Zwickau ansiedelte, wurde durch die günstigen äußeren Bedingungen erklärt. Die Gründe für den Wegzug aus Marktredwitz sind eher innerer Natur und sollen später erklärt werden (s. „Familie“).

Doch seine Über- bzw. Ansiedlung brachte auch für Zwickau einen mehrfachen Gewinn, auf den hier noch kurz hingewiesen werden soll. Er kam nämlich auch im übertragenen Sinn nicht mit leeren Händen, sondern brachte neben Geld auch Wissen und Erfahrung mit, eine weit verzweigte reiche Familie, vielseitige Bildung, Kenntnisse über andere Gegenden und Länder, politische Kenntnisse, kulturelle Bildung und weltmännischen Lebensstil, und natürlich vor allem ein weitverzweigtes Netz von finanziellen und wirtschaftlichen Verbindungen. Er war durch jahrzehntelange Tätigkeit vielfach in einem Ausmaß vernetzt, wie es damals wohl bei keinem anderen Zwickauer Bürger der Fall sein konnte. Dafür ein winziges Beispiel, flüchtig eingeschoben in einem Brief Friedrich Christians aus Zwickau am 22. September 1851: „So weit gekommen, trifft ein alter Bekannter, Baron von Leithner, Direktor der kaiserlichen Porzellanfabrik in Wien, ein.“ (Franz von Leithner, Direktor der Wiener Porzellanmanufaktur von 1842–1855). Solche Verbindungen waren zahlreich und bisher in Zwickau gewiss nicht allzu häufig. Diesen Eindruck hatten auch wichtige Zeitgenossen, wie in den „Zwickauer Geschichtsblättern“ (Kreisig 1932) zu lesen ist: „Fischer und Fikentscher, die sich hier niederließen, brachten erweiterte Blicke mit in unsere damals noch kurzsichtige Welt. Sie mengten sich auch in die städtischen Angelegenheiten, nicht zu deren Nachteil, und Fikentscher namentlich würde schon ein längeres Andenken verdienen, als Schöpfer des Parks, der seinem Betriebe den Umfang verdankt.“

3

Herkunft und Lebenslauf

—

„Wer immer ein Werk vorhat, das seine ganze Seele beschäftigt, der ist nie unglücklich.“
Felix Dracseke

—

Der Bäckermeister Peter Fickelscher (1733–1795) aus (Markt-) Redwitz im Fichtelgebirge hatte elf Kinder, von denen sieben das Erwachsenenalter erreichten, darunter drei Söhne mit eigener Nachkommenschaft. Der Älteste unter ihnen war Wolfgang Caspar (1770–1837) (Abb. 1). Er änderte die Schreibweise seines Namens später in „Fikentscher“ mit Betonung auf der zweiten Silbe, ein Beispiel, dem andere Familienzweige folgten. Bis zu seinem 12. Lebensjahr besuchte er die sogenannte lateinische Vorbereitungsschule und kam dann für ein halbes Jahr zu seinem Onkel Dr. Miedel nach Weiden. Dort wurde er neben dem Schulbesuch von den Arbeiten in der vom Onkel betriebenen Apotheke so angezogen, dass er auch Apotheker werden wollte. Deswegen ging er mit 14 Jahren nach Nürnberg in die Lehre zu Georg Christoph Merkel, der die dortige Paradiesapotheke besaß. Diese Zeit war für ihn wegen der strengen Bedingungen und harten Arbeit offenbar sehr schwer. Sogar in seinem Nekrolog wurde noch darauf hingewiesen, dass sich „Vieles vereinigte, um F. den Aufenthalt in Nürnberg unangenehm, ja drückend zu machen“ (Nekrolog 1837). Merkel war jedoch ein gewissenhafter und gebildeter Apotheker, der viele Präparate selbst herstellte und mit wichtigen Entdeckungen der Chemie vertraut gewesen ist. Insbesondere weil er auch eigene Versuche anstellte, bei denen ihm sein Lehrling zur Hand gehen musste, konnte dieser vieles lernen. Es wird berichtet, dass Wolfgang Caspars Wissensdurst so groß war, dass er sich trotz des überaus harten Arbeitstages nachts im Kamin aufhielt, damit sein unerlaubtes Wachbleiben und Lesen der wertvollen Bücher seines Meisters nicht durch den Kerzenschein verraten würde. Dies alles mag für sein späteres Verhalten prägend gewesen sein. Die entscheidende Anregung erhielt er jedoch durch Gespräche zwischen seinem Lehrmeister und einem Chemiker, bei denen es um die Frage ging, ob man bestimmte Substanzen in größerem Stil als in der Apotheke herstellen und in den Handel bringen könne. Während die Alten nur davon geredet hatten, setzte er den Gedanken in die Tat um und begann sogleich, als er 1788 zurückgekehrt war, in einem Winkel seines Vaterhauses Präparate für den Handel zu erzeugen. Diese Gründung des 18-Jährigen wurde zur ersten chemischen Fabrik Deutschlands (Goethe im chemischen Laboratorium 1938). Damit war er so erfolgreich, dass er schon nach einem halben Jahr ein eigenes Laboratorium einrichten konnte und seine Geschäftsreisen bald bis nach Wien ausdehnte. Die Fabrikation wurde ständig erweitert und die neuesten Entdeckungen der Chemie stets benutzt, um besser und billiger arbeiten zu können als seine weniger wissenschaftlichen Konkurrenten. Die Fabrikate waren berühmt, und die Geschäfte gingen glänzend. Mit 24 Jahren baute er sich vom selbsterworbenem Geld ein so stattliches Wohnhaus, dass es bis heute das „Neue Rathaus" von Marktredwitz ist (Abb. 2).

1797 heiratete Wolfgang Caspar Fikentscher die aus Wunsiedel stammende Bäckermeisterstochter Maria Barbara Grüner (1778–1825). Über sie ist wenig bekannt, außer dass sie ihr Leben lang eine tüchtige dienende Ehefrau und Hausfrau gewesen ist, wie es in dieser Zeit als Ideal betrachtet wurde. Vier Söhne und fünf Töchter wurden geboren, die alle ein vergleichsweise hohes Alter erreichten, was damals zweifellos sehr selten gewesen ist.

Der zweitälteste Sohn war Friedrich Christian Fikentscher (1799–1864) (Abb. 3, 4). Er wurde vom Vater – nachdem der älteste Sohn studieren wollte und Arzt wurde – sehr bald als Nachfolger für die Leitung der Fabrik vorgesehen. Mit 14 Jahren verließ er die Schule und erwarb durch praktische Arbeit unter Anleitung des Vaters, Selbststudium, einen einjährigen Kursus im Trommsdorff'schen Institut in Erfurt sowie einige Studienmonate in Paris auch ohne Gymnasium und vollem Universitätsstudium alle für die wissenschaftlich gestützte Praxis erforderlichen Kenntnisse (s. „Bildung"). Dem erst 17-Jährigen übertrug der Vater die Leitung einer Tafelglashütte, die er gemeinsam mit anderen betrieb.

Sein Lebensweg ist ferner durch zahlreiche Reisen gekennzeichnet, die ihn bereits in jungen Jahren nicht nur durch weite Teile Deutschlands, Böhmens und Österreichs führten, sondern auch bis nach England und Schottland (s. „Reisen").

Von einer langen Englandreise zurückgekehrt, begegnete er 1830 erstmals der jüngsten Tochter seines wissenschaftlichen Lehrmeisters und väterlichen Freundes Johann Bartholomäus Trommsdorff (1770–1837) (Abb. 6), der als „Begründer der wissenschaftlichen Pharmazie" gilt (Götz 1977, 1993). Beide, so heißt es und ist aus Briefen ersichtlich, haben sich offenbar sogleich ineinander verliebt. Nach zweijähriger Verlobungszeit wurde Sophie Luise Trommsdorff (1813–1850) seine Frau (Abb. 9). Das Ehepaar zog nach Marktredwitz, wo sieben Kinder geboren wurden. Der erstgeborene Sohn starb bereits im ersten Lebensjahr, später ein weiterer unter der Geburt.

In diese Zeit fällt der Tod des Vaters, der bis dahin alle Fäden in der Hand zu behalten versuchte, obgleich Friedrich Christian über Jahre hin mehr und mehr die Geschäfte führte und auch der jüngere Bruder Wilhelm (1803–1882) einbezogen war (Abb. 13). Weil der Vater keinerlei Regelungen für die Zeit nach seinem Tode getroffen hatte, war der Übergang schwierig, ebenso wie die Regelung der Erbschaftsangelegenheiten. Folgerichtig hatten die Brüder die gemeinsame Aufgabe übernommen, die Fabrik weiterzuführen. Nach übereinstimmenden Berichten waren sie sehr verschieden in der Auffassung, wie alles ablaufen und weitergehen sollte. Das führte schließlich dazu, dass Friedrich Christian den Entschluss in sich reifen ließ und schließlich ausführte, nämlich den Aufbau einer eigenen Fabrik in Zwickau und schließlich die Übersiedlung nach dort. Darüber mag er mit vielen ihm Nahestehenden, natürlich auch in der Familie, gesprochen haben. Dennoch wurde auch später immer wieder neu die Frage aufgeworfen, ob letztlich die bessere Verkehrslage Zwickaus und die Steinkohle den Ausschlag für seine Entscheidung gegeben haben mag oder die so gänzlich andere Art des Bruders, mit dem das Auskommen immer schwerer wurde. Jedenfalls kaufte Friedrich Christian bereits 1845 in Zwickau ein großes Grundstück sowie reichlich Baumaterial und begann 1846 mit dem Aufbau einer Fabrik. Das alles geschah von Marktredwitz aus und zunächst in dem Glauben, er könne mit seiner Familie in der alten Heimat bleiben und den Betrieb aus der Ferne leiten. Diesen Plan gab er auf, wofür nicht nur objektive, sondern auch innere und familiären Gründe sprachen. Darüber gibt ein Brief vom 16. Oktober 1847 an seinen Schwager, den Mathematiker Prof. Mensing in Erfurt, dem er besonders nahestand, näheren Aufschluss (s. „Familie").

Bereits in Marktredwitz war Friedrich Christian weitgehend dem Beispiel seines Vaters gefolgt, der Bürgermeister und später Landtagsabgeordneter in Bayern gewesen ist. Denn auch er übernahm öffentliche Aufgaben und war 1833 bis 1836 Bürgermeister seiner Vaterstadt Marktredwitz. Kaum in Zwickau angekommen, widmete er sich auch hier den öffentlichen Angelegenheiten, wurde Stadtverordneter und von 1852 bis zu seinem Tode sächsischer Landtagsabgeordneter. Seine Verdienste um die Stadt wurden hoch gelobt. Als von dauerhaftem Wert für die Stadt sind die Wasserversorgung und die Schwanenteichanlagen auch später genannt worden. Als Ergebnis seiner Anstrengungen im Landtag wird der Bau von Eisenbahnen, insbesondere der Linie ins Erzgebirge nach Schwarzenberg hervorgehoben. Für diese und andere Verdienste erhielt er sowohl in Bayern als auch in Sachsen hohe Auszeichnungen. (s. „Politik").

Als die Familie mit fünf Kindern 1848 nach Zwickau in Sachsen zog, kam dort ein weiterer Sohn zur Welt, der jedoch ebenfalls im ersten Lebensjahr starb. Die zuvor bereits schwerkranke Mutter überlebte ihn nur um einen Monat. Friedrich Christian blieb als Witwer mit fünf Kindern im Alter zwischen vier und vierzehn Jahren zurück. Er war durch vielfältige geschäftliche und öffentliche Angelegenheiten stark beansprucht, und überhaupt ist es in dieser Zeit auch für wohlhabende Familien mit ausreichend Personal schwer möglich gewesen, einen weitgehend auf Selbstversorgung angewiesenen großen Haushalt ohne eine in solchen Fragen gut bewanderte Frau zu führen. Außerdem konnte ein Kindermädchen die Mutter schwerlich ersetzen.

Friedrich Christian entschloss sich folglich sehr bald dazu, wieder zu heiraten. Nach Lage der Dinge war jedoch nur eine Frau in Betracht zu ziehen, die aus der weiteren Familie oder deren Umfeld kam und sich leicht in die bestehenden Verhältnisse einfügen würde, denn ein Wagnis einzugehen, hätte er für unverantwortlich gehalten. So bahnte sich bald eine engere Verbindung mit Dorothea Friderika Rosalie Mensing (1826–1895) an (Abb. 18), der Tochter des o.g. Schwagers in Erfurt, wo am 14. Oktober 1851 die Hochzeit stattfand. Zuvor hatte man sich nicht nur ganz normal verwandtschaftlich gekannt, sondern es erfolgten auch längere Besuche und gemeinsame Aufenthalte mit den Kindern, woraus sich offensichtlich ein vertrauensvolles Verhältnis zueinander ergab. In dieser Zeit, noch vor der offiziellen Verlobung, schrieb Friedrich Christian „an seine Nichte" ein Jahr lang monatlich oft mehrere Briefe. Diese wurden von ihr sorgfältig aufbewahrt und sind heute ein beeindruckendes Zeugnis damaliger Verhältnisse, zumal Friedrich Christian sich vorzüglich auszudrücken verstand. Darin geht es weniger um Wirtschaft, Geld und Wissenschaft, sondern um die notwendigen einfachen Dinge des Lebens sowie seine Lebenshaltung ganz allgemein, die er ihr eher beiläufig – er benutzt für seine Worte im Brief häufig das Wort „Plaudern" – mitzuteilen versucht.

Die Familie hatte wieder eine Mutter und der Kindersegen ging weiter. In den Jahren von 1852 bis 1864 wurden acht Kinder geboren, sechs Jungen und zwei Mädchen.

Natürlich war für den Aufbau der Fabrik und die Beibehaltung eines der großen Familie angemessen erscheinenden Lebensstils ständig Geld erforderlich. Vieles wurde über Jahre aus der noch immer gut gehenden Fabrik in Marktredwitz, die Bruder Wilhelm nun allein führte, in unregelmäßigen Abständen überwiesen oder überbracht. Die zugehörigen Briefe hatte der Bruder aufgehoben. Sie enthalten teilweise auch sehr plastische Schilderungen der politischen Verhältnisse, beispielweise aus den Revolutionsjahren 1848/49 und erlauben einen Blick auf den liberalen selbstbewussten Bürger, der sich sowohl vom Adel – den „Vorberechteten" – als auch den revolutionären Republikanern seiner Zeit fernhielt.

Die Gründung der Fabrik in Zwickau begann mit dem Bau einer Glashütte, dem die Einrichtung einer chemischen Fabrik folgte.

Wie damals üblich, versuchte er, möglichst viele für die Produktion erforderlichen Geräte und Produkte selbst herzustellen, auch auf der Grundlage eigener Überlegungen und Versuche. So kam es zur Entwicklung und Vervollkommnung von feuerfestem Steinzeug, dessen Herstellung später, nach seinem Tod, der einzige dauerhafte Geschäftszweig werden sollte. Der Fabrikbetrieb lief keineswegs immer gut, sondern hatte auch unter den allgemeinen wirtschaftlichen Schwankungen zu leiden. Dazu kam die häufige Abwesenheit des Gründers, der in vielfältigen Angelegenheiten unterwegs war. Im Sommer 1864 unternahm er im Dienste des Landtages bei schlechtem Wetter eine mehrtägige anstrengende Reise. Stark erkältet kehrte er heim, bekam eine Lungenentzündung, an der er nach kurzem Krankenlager am 9. August 1864 starb.

Während seiner letzten Lebensjahre hatte das Werk viel Geld eingebracht. Weil noch ein weit verstreutes unterschiedlich angelegtes Kapital vorhanden war und sich weitere Grundstücke andernorts sowie die Teilhabe an Bergbau- und Hüttenbetrieben im Eigentum der Familie befanden, hinterließ er seinen zahlreichen Nachkommen ein zwar schwer übersichtliches, aber nicht unbeträchtliches Vermögen, das ihnen lange Zeit ein wirtschaftlich weitgehend sorgenfreies Leben ermöglichte.

4

Familie

Lebenslang verwandtschaftlich gebunden

—

„Aus den frühesten Anfängen
erklären sich die spätesten Erscheinungen."
Heinrich Heine

—

Friedrich Christian Fikentscher wurde in eine Familie hineingeboren, die der Vater aus dem Städtchen Marktredwitz heraus zu überregionaler Bedeutung geführt hatte. Er selbst heiratete in zwei bedeutende Familien Erfurts ein, die wiederum über Generationen hin einen besonderen Zusammenhalt pflegten. Seine eigene Familie gehörte in der Wahlheimat Zwickau sogleich zu den ersten der Stadt. Dies mag verständlich machen, dass er zeitlebens in engster Verbindung mit allen Generationen dieser Familien stand, was jedoch damals nichts Besonderes war, denn so wurde von vielen gedacht und gefühlt, es schuf Stabilität und Sicherheit, was in ungezählten Beispielen immer wieder zum Ausdruck kommt. Das ging so weit, dass alle neun Geschwister – einschließlich der fünf Schwestern – ihr Leben lang auch geschäftlich bzw. finanziell miteinander verbunden waren, wie an anderer Stelle noch zu zeigen ist. Oft genügte ein einziger familiärer Brief, um Geld oder Aktien zu bewegen.

Andererseits gingen die tiefen Verletzungen und Schmerzen, die das Leben für die meisten Menschen bereithält, keineswegs an diesen Familien vorüber, was in einigen Briefen deutlich ausgedrückt wurde, die auch heute noch Mitgefühl erzeugen.

Im Folgenden sind familienbezogene Auszüge aus Briefen und Dokumenten in zeitlicher Reihenfolge aneinandergefügt und mit den erforderlichen Erläuterungen versehen worden, um einen möglichst lebensnahen Eindruck aus einem halben Jahrhundert zu vermitteln.

Zunächst der Heyraths-Contrakt zwischen den Eltern – mit amtlicher Schönschrift auf fünf übergroßen Bögen urkundlich festgehalten –, der beide Familien einschließlich der zu erwartenden Kinder mit klaren Festlegungen materiell dauerhaft aneinanderbindet. Hier auszugsweise der Text:

„Im Namen des dreyeinigen GOTTES Amen!" „zwischen Herrn Wolf Caspar Fikentscher, berühmten Cheymiker und Laboranten zu Mkt. Redwitz, als Bräutigam an einem und Jungfer Marien Barbaren Grünerin, Meister Andreas Grüners, Bürger und Weißbäcker allhier zu Wunsiedel, eheleiblichen ältern Tochter, an andern Theile, unter Beystimmung der Aeltern und nächsten Verwandten, folgender Heyraths-Contrakt verabredet und geschlossen worden, nemlich:

1. geloben beide Theile, ihr Ehegelöbnis demnächst durch geisterliche Trauung bestätigen zu lassen.
2. Der Herr Bräutigam verspricht, die Jungfer Braut in sein Haushalten einzuführen und ihr das Mit-Eigenthum auf sein sämtliches – jetzt und künftiges Vermögen, liegend und fahrend, Hauß und Grundstücke – einzuräumen, also und dergestalt, dass wenn, wie Gott lange verhüten wolle, er vor seiner Gattin mit Tod abgehen sollte, es möge sich dieser Fall innerhalb Jahr und Tag, oder nach solcher Zeit ereignen, sie, seine Gattin, sein gesamtes Vermögen eigenthümlich überkommen solle."

   Und dann, hier auszugsweise, weiter:
3. Der Brautvater gibt seiner Tochter 1.000 Gulden „Heyrathsguth", Vermögensübertragung entsprechend wie bei dem Mann.
4. Ein mögliches späteres Erbe eines Gatten geht in das Gemeinschaftseigentum ein.
5. Wenn beim Ableben eines Gatten Kinder vorhanden sind, so nimmt der überbleibende Gatte das von ihm eingebrachte Vermögen an sich, danach wird der verbleibende Vermögensanteil zu gleichen Teilen zwischen den Verbliebenen geteilt.
6. Sollten beide ohne Kinder zu hinterlassen sterben, so wird das Vermögen, das der Letztverstorbene hinterlässt zu gleichen Teilen an die Verwandten beider vererbt.

7. Allgemeine Klausel für den Fall, dass Umstände eintreten, die hier nicht erfasst und geregelt sind.

Wunsiedel, den 2. Februar 1797
Unterschrift des Bürgermeisters und Rates, Siegel.

Die Trauung fand genau einen Monat später statt, am 2. März 1797, wodurch der vorstehende Vertrag seine Gültigkeit erlangte.

Die Familien Trommsdorff und Martius

Mit einem Brief vom 24. Dezember 1816 von Wolfgang Caspar Fikentscher in Redwitz an Johann Bartholomäus Trommsdorff in Erfurt beginnt die enge Beziehung zwischen den beiden Familien (s. „Bildung“). Hier sei nur, ohne auf Näheres einzugehen, vorausgeschickt, dass diese Verbindung so vielfältig, dauerhaft und erwünscht gewesen ist, dass noch in den Jahren 1937 und 1938 ein auf einer Satzung beruhendes 102 Namen und Adressen umfassendes Mitgliederverzeichnis des „Geschlechterverbandes Fikentscher und Trommsdorff“ sowie ein eigenes Mitteilungsblatt erschien. Es gab einen Vorsitzenden, einen Sekretär und einen Schatzmeister. Sie unterrichteten bis in das Kriegsjahr 1943 hinein über persönliche und berufliche Veränderungen bei Familienangehörigen und über kleinere Treffen. Mündlich ist über wenigstens ein großes Familientreffen in Erfurt während der frühen 30er Jahre berichtet worden.

Enge Verbindungen – wenngleich nicht so dauerhaft und vielfältig – bestanden auch zur Familie Martius aus Erlangen (Genealogisches Handbuch, Bd. 7). Das erste hier vorliegende schriftliche Zeugnis dafür ist ein Brief aus dem Jahre 1821 ohne genaues Datum, geschrieben von Friedrich Christian Fikentscher aus Redwitz an Theodor Martius (1796–1863) in Erlangen. Die darin geplante gemeinsame Reise war allerdings nicht in der gewünschten Weise zustande gekommen, so dass Friedrich Christian sie weitgehend allein unternahm (s. „Reisen“).

Ein Jahr später schreibt Theodor Martius, Mitbetreiber einer Apotheke, aus Erlangen an Friedrich Christian in Redwitz und lässt darin die Vertrautheit zwischen den Familien erkennen: „Aus einem Brief Deines langen Bruders [Georg F., 1798–1864, heiratete im folgenden Jahr Wilhelmine Martius, 1800–1872, Tochter von Ernst Wilhelm Martius, 1756–1849, und Regina Weinl], den ich gestern erhalten habe, ersehe ich und die Meinigen, dass Dein kleiner Bruder Friedrich zu uns ins Haus kommen soll. Dieser muß bis nächsten Mittwoch d. 17. hier sein, weil da die Stunden angehen. Was jedoch Deinen Bruder Wilhelm betrifft, so ist es mir und den Meinigen recht herzlich leid, dass wir diesen in dem Augenblick nicht in das Haus und Lehre nehmen können, weil wir erst vor einigen Monaten einen neuen Lehrling angenommen haben, so dass wir also dann drei im Hause hätten, denen wir nicht hinlänglich Beschäftigung geben könnten. Zudem muß ich gerade und offen gestehen, dass Dein Bruder Wilhelm für einen Lehrling körperlich und geistig viel zu groß ist, so zwar, dass ich mich genieren würde, ihm so manche kleine Arbeit, die ich meinen kleineren und jüngeren Lehrlingen auftrage, zu übergeben; dadurch würde natürlich böses Blut erzeugt, und dieses muss ich vermeiden ... Ich will Dir jetzt noch einen Plan mitteilen. Du bist ein ganz ungeheurer Chemichus; wenn Du noch ein ½ Jahr in Göttingen, ½ Jahr in Stockholm, und ½ Jahr in Paris warst, so mußt Du ein ganz schröcklicher Mensch werden. Zur Bestreitung dieser Aufgabe läßt Du Dir Staatsstipendium mit 800 f. [Gulden] geben, und legt Dein H. Vater noch 2[00]–300 f. j, so kannst Du recht anständig leben; so daß Du Deinem H. Vater in dieser Zeit höchstens 5[00]–600 f. kostest. Dann gehst Du hirher, nachdem Du in Paris Dr. geworden bist und wirst Privatdocent; dieß treibst Du ein Jahr, schreibst dann etwas und wirst Professor extraordinarius mit 700 f. u. s. g. es weiter. Unterdessen heirathest Du die Phil. p. p., ziehst zu mir ins Haus und ich nehme Antheil, recht herzlichen Antheil an Deinem ehelichen Glück, und die ganze Welt sagt, dieß ist ganz vortrefflich.

Überlege einmal diesen Plan! Es ist nicht Kinderei weßwegen ich Dir schreibe sondern mein ganzer ernst. Du bist einer von den Menschen, der vergnügt in seinem Gott und auf seiner Glashütte lebt, und den man schieben muß. Ist er einmal in Gang, nun so geht er seinen schritten, aber außerdem läßt er es gut sein. Deinen W. nehmen wir unter der Zeit in die Cour, und nach einem jahr geht er zu deinem Vater ins Haus und steht dem bei. Er heyratet ein Mädchen mit 20,000 Fl. etwa K. in W. und wird Bürgermeister in spe in Rawetz [Redwitz]. und versieht Dich und mich jährlich mit einigen gebräuen Bier, und so leben wir ein herrliches 5 blättriges Kleeblatt, du, mein Bruder, dein Georgle in Selb, der Wilhelm in Rewetz und ich mit Dir und meinem Bruder in E. wie die ganz kleinen Götter. Dazwischen machen wir eine reise nach Schlaggenwalde, nehmen Prof. Schubart mit, um die kleinen Scorpion ähnlichen Thierchen zu bestimmen u. s. w. was fehlt uns dann.

Ade, schreibe mir bald, ich habe jetzt ungeheuer viel zu tun. Dein Kistchen mit den Schmelztiegeln habe [ich] erhalten, was kosten diese und wo hast Du die Pechsteine her?

Die Meinigen grüssen dich, Theodor

Erlangen d. 12. April 1822,

Deine Antwort erwarten wir nicht mehr sondern deinen Bruder F. selbst, weil Dudelein sehr strenge ist."

Bekanntlich ist aus dem hier so plastisch entworfenen Lebensplan nichts geworden, allein die Pläne des Vaters hätten dagegengestanden und wohl auch die schöpferische Art Friedrich Christians. Dennoch finden sich Anklänge zu den Vorhaben des Vaters und der Studienreise nach Paris (s. „Bildung").

Über Jahrzehnte war – wenngleich durch Briefe nicht nachweisbar – die enge Verbindung zwischen den Familien Martius und Fikentscher immer vorhanden. Dafür spricht ein viel späterer Brief vom 27. Dezember 1843 von Friedrich Christian aus Marktredwitz: „Lieber Theodor, Daß Du gut nach Hause kamst freut uns alle von Herzen. Hoffentlich habt Ihr auch das Weihnachtsfest gesund und fröhlich verlebt, und Du findest nicht, dass Dich Dein Besuch im Oberlande an den nöthigen Vorbereitungen abgehalten hat. Den gestrigen (2ten) Weihnachtstag verbrachten wir hier sehr fröhlich in Gesellschaft der Wunsiedler mit ihren Töchtern und Söhnen". Hier sei angefügt, dass der älteste Bruder, Georg, Arzt in Wunsiedel, inzwischen seit 20 Jahren mit Wilhelmine Martius verheiratet war und sie zu dieser Zeit noch vier Töchter und einen Sohn hatten. Der Brief enthält umfangreiche Betrachtungen über Chemikalienproduktion, Pläne von Martius und Personalfragen, die bei dem in Rede stehenden Besuch besprochen worden sind. Wie selbstverständlich werden Rat und Hilfe bei seinen Unternehmungen angeboten.

Ein schwerer unerwarteter Schlag traf die Familie 1825. Friedrich Christian schreibt am 20. Dezember 1825 nach Erfurt an Trommsdorff, dass er sich zunächst entschuldige, so lange nicht geschrieben zu haben, doch „Seit dem Frühjahre im Bau begriffen, welcher unsere Fabrik um mehr als das Doppelte erweiterte, waren mein Vater u. ich ununterbrochen in Anspruch genommen, – als wir freyer athmen konnten, da kam ein Schlag welcher alle beugte. Am 2ten September starb meine Mutter an den Folgen einer Unterleibsentzündung, die sich auf der Reise von Erlangen hieher zurück entsponnen hatte. Sie glauben mir gerne, daß wir alle äußeren Verhältnisse vergaßen, wie unsere Familienruhe so zertrümmert wurde."

Hier ist zu bemerken, dass die praktische Seite dieses schweren Verlustes für die Familie und den Hausstand wohl dadurch gemindert wurde, dass die im Hause verbliebenen Töchter in alle notwendigen Tätigkeiten hineingewachsen waren und es sicher kein Zufall gewesen ist, dass sie mit Ausnahme der jüngsten erst nach dem Tode des Vaters geheiratet haben und kinderlos blieben, obgleich sie nach damaligem Maß die „besten Partien" gewesen sind.

Die zunehmend gute Verbindung zur Familie Trommsdorff in Erfurt wird immer wieder deutlich, wobei die gegenseitigen Einladungen offensichtlich nicht nur Höflichkeitsformeln waren und die tatsächlichen Besuche häufiger als sie durch vorliegende Briefe nachweisbar sind. Hier ein Beispiel:

1826, 3. Januar, Trommsdorff aus Erfurt an Friedrich Christian in Redwitz: nach längerer Passage zum Tode von Freund Schuster: „Da Ihre Geschäfte sich jetzt so sehr erweitert haben, so darf ich wohl kaum es wagen, Sie zu bitten, uns einmal zu besuchen, oder Ihren Herrn Vater oder Frl. Schwester einen Besuch zur Erholung nach Erfurt vorschlagen? Können Sie es aber bemöglichen, zu welcher Zeit Sie wollen, so seyn Sie überzeugt, dass Sie uns einen Festtag bereiten werden. Die herzlichsten Grüße an Ihren mir sehr theuren Vater und Geschwister! Mit der herzlichsten Liebe und Freundschaft der Ihrige Trommsdorff."

Ein Generationenkonflikt

Fünf Jahre später sah die Welt in Redwitz anders aus: Friedrich Christian war von seiner mehrmonatigen Englandreise zurück und offensichtlich auch dem Vater gegenüber selbstbewusster geworden, obgleich dieser an Autorität nicht nachließ. Auch war er inzwischen seit November 1830 mit der jüngsten Trommsdorff-Tochter verlobt. Ein alter Freund, Stuhlmüller, mit den Verhältnissen in der Familie offensichtlich gut vertraut und deswegen besorgt, schreibt aus München:

1831, 7. Januar: „Daß Sie mit Ihrem Hr. Vater jetzt gut auskommen freut mich ungemein: ob aber auch für die Zukunft? – das kommt alles auf die Frau an. Schicken Sie ihn nur zur Ständeversammlung [Anm.: Er war seit 1828 Landtagsabgeordneter in Bayern] her! Da haben Sie 8 ganze Monate wenigstens Ruhe u. sind Herr über alles. Ich kann mir ihr Verhältnis recht wohl denken; Allein mit Zeit und Geduld ändert sich vieles. Was macht denn Ihr Bruder Wilhelm? Ist er schon ein Böhme oder wird er's bald? Ich glaube, daß diesen auch nur die Arbeit durch die Resultate anspricht: das muß ein steinreicher Mann werden; das liegt schon in seiner ganzen Natur, soweit ich ihn kennenzulernen Gelegenheit hatte."

Die Heirat mit Sophie Luise Trommsdorff

Über die Zeit bis zur Eheschließung zwischen Friedrich Christian und Sophie Luise Trommsdorff (1813–1850) (Abb. 9) liegen zwar keine Briefe vor, jedoch ein ausführlicher Abschnitt in der Biographie von Mensing (FAF 1). Er konnte auf Erzählungen und eigenes Erleben zurückgreifen und in diesem Fall auch auf inzwischen verschollene Briefe der beiden. Sein Text soll hier stark gekürzt wiedergegeben werden:

„Mit großer Freude wurde er [Friedrich Christian nach seiner Englandreise 1830] in der Trommsdorff'schen Familie als lieber alter Zögling willkommen geheißen. Die einzige noch im Hause weilende Tochter war siebzehn Jahre alt, zu Fritz' [wie er auch dort genannt wurde] Zöglingszeit also noch Kind gewesen und ihm ganz unbekannt. Über die Entwicklung der so ganz unerwarteten Bekanntschaft muss ich ihn selbst reden lassen; er schreibt darüber in einem ganz intimen Briefe am 28. Januar 1831 an seine Braut, also zwei Monate nach seiner Verlobung und circa zwanzig vorhergegangenen Briefen: ‚Mir ging es wie dir, dass ich mich die letzte Zeit recht lebhaft in die erste unserer Vereinigung zurückdachte. Als ich dich zum ersten Mal sah, wie du mit schnellen Schritten durch das Wohnzimmer hin- und zurückeiltest, konnte ich nicht denken, dass wir uns in so wenig Tagen darauf so nahe sein würden, dass ich von dem ernsten gleichgültigen Mädchen jemals einen freundlichen Blick erhalten könnte, hätte ich nicht gewagt zu glauben. Aber meine Gleichgültigkeit war zwei Stunden später, als ich Dich beim Mittagessen erst recht gesehen hatte, fort, wenn Du auch gleich so unbefangen und verständig warst, als man sich nicht wünschen kann. – Ich konnte mich nicht satt an Dir sehen und war voller Freude, wenn ich nur einen streifenden Blick erhalten konnte. Du mochtest stehen oder gehen, sitzen oder springen, immer war es mir, als ob Du es zu ersten Mal tätest, und immer wünschte ich, Du möchtest noch vieles andere tun, um zu sehen, wie es Dir steht. Das Übel wurde immer ärger, je länger ich um Dich war. – Ich war um vieles früher mit mir im Reinen als Du; freilich bin ich auch um ein gut Teil älter, aber in dem Punkt ein wahres Kind!‘

Im November 1830 hat die Verlobung stattgefunden. Zwar wurde diese im elterlichen Haus der Braut gefeiert, doch konnte bei dem damaligen großen Respekt der Kinder vor den Eltern, von einer vollen Anerkennung, einer Veröffentlichung, nicht die Rede sein vor erfolgter Zustimmung des Vaters Fikentscher. Deshalb reiste Fritz sofort in der Nacht heimwärts. In Weimar schrieb er die ersten Zeilen an Sophie Luise Trommsdorff mit der Anrede ‚Teuerstes Mädchen‘, am Abend in Neustadt den zweiten Brief mit der Anrede ‚Geliebte‘ und dann am 26. November: ‚Meine innigst geliebte Braut! Namenloses Entzücken durchströmt mich bei diesem Namen, den ich Dir nun mit vollem Recht geben darf, denn auch mein Vater gab uns seinen Segen!‘“

Während der ganzen fast zweijährigen Brautzeit haben sie regelmäßig jede Woche zweimal Briefe geschrieben. Anzumerken ist, dass sich die Schreibweise des Taufnamens „Louise“ zu „Luise“ änderte.

Am 8. Mai 1832 wurde in Erfurt die Hochzeit gefeiert. Ein erst 2013 von Lauterbach übertragenes und vollständig veröffentlichtes „Hochzeitsgedicht“ (26 Druckseiten!), in dem sieben Feen, vertretend sieben Naturwissenschaften, Klage erheben und ebenso viele Gnome, vertretend die Geister von Gebirgen und chemischen Stoffen, die Antworten geben, zeugt von der Kultur einer solchen bürgerlichen Hochzeit im Hause Trommsdorff und dem geistigen Gehalt und Aufwand derselben.

Das junge Ehepaar richtet sich in Redwitz ein, Trommsdorff wird nun in den Briefen mit „Theuerster Herr Vater“ angesprochen:

1832, 10. July, Friedrich Christian aus Redwitz an Trommsdorff in Erfurt: „Luise in der Praxis ist auch ganz wohl und munter. Sie will nur den nächsten Brief von Hause abwarten um mehr darüber zu schreiben. Gestern und vorgestern hatte sie vollauf mit Ordnen der Erfurter Sachen zu thun, welche erst vorgestern abends angekommen waren. Die Zollbeamten wie die Konkurrenzanstalt haben sich beide sehr schonend betragen. Geräuchert wurden nur die Fässer von außen, und untersucht nur pro Forma, sodaß wir gar keine Mauth bezahlen durften. Wir waren sehr vergnügt darüber, und wurden auch noch den selben Abend durch die Ankunft des Tischgeschirrs erfreut, welches ebenfalls ganz wohlbehalten von München ankam.“

Die Verbindung zwischen den Familien kommt auch im gegenseitigen Interesse am Werdegang der anderen Seite zum Ausdruck. So schreibt Friedrich Christian an Schwiegervater Trommsdorff über dessen einzigen (überlebenden) Sohn am 13. November 1832: „Daß Hermann auf längere Zeit in Darmstadt bleibt, freut mich herzlich und um so mehr, als ihm die praktische Laufbahn so gut gefällt. Gewiß wird er diese Zeit, welche ihn der technischen Seite zuwendet, später noch mehr lieb gewinnen, wenn er fühlt, was Unabhängigkeit, die man sich damit selbst erwerben kann, werth ist.“

Luises Bindung an die Erfurter Heimat und Familie war offenbar noch lange so stark, dass sie ihrer Eingewöhnung in die gänzlich andere Welt der Kleinstadt Redwitz entgegenstand. Jedenfalls brach nach einem Besuch der Familie aus Erfurt das Heimweh wieder durch: 1834, 3. Mai, Friedrich Christian an Trommsdorff: „Die beiliegenden Zeilen von Luise [Inhalt nicht bekannt] kann ich nicht abgehen lassen ohne einige von mir beizulegen. Wie sichs voraussehen ließ hat die große Leere in unserm Häuschen und die verschwundene mütterliche Pflege eine Stimmung darin hervorgebracht, welche dem fröhlichen Leben, das vorher hier herrschte, ganz entgegengesetzt ist. Luise ist von Heimweh mehr als je beschwert worden, und dieses wird sich auch wohl nicht eher ganz verlieren, als mit ihrem Übelbefinden und, nachdem einige Briefe von Erfurt gekommen sind." Am 26. März. war ihr erstes Kind, August, geboren worden – wonach sie noch längere Zeit erkrankt war – was der Anlass zum Besuch ihrer Eltern gewesen ist.

Zu diesen häuslichen Umständen nun der Bericht von Friedrich Christian nach Erfurt, 1834, 14. Mai: „Nach Ihrer Abreise war es sehr oede in unserem Hause, die Zeit machte uns zwar die Leere weniger bemerkbar, besonders füllt der Kleine, welcher zusehends gut gedeiht, durch Arbeit und Vergnügungen, welches er stündlich gewährt, gar manche Stille aus; aber Luises Übel an der Brust, welches noch immer dasselbe ist, macht ihr viel Schmerzen und verhindert gar oft, dass sie sich des kleinen lieben August so erfreuen kann, als es bei voller Gesundheit der Fall wäre ... Martius in Erlangen hat mir vor kurzem auch geschrieben – er ist noch sehr erfreut, dass Sie sich einen Tag länger in Erlangen halten ließen, als Sie anfangs vorhatten. Ueberhaupt konnte ihm keine größere Freude als durch Ihren Besuch gemacht werden."

Der Hinweis auf Martius ist insofern aufschlussreich, als darin die Verbindung auch zwischen Trommsdorff und der Familie Martius zum Ausdruck kommt, also die mehrfachen familiären Einbindungen, die wiederum, was andere Briefe zeigen, nicht nur verwandtschaftlicher, sondern auch wissenschaftlicher und wirtschaftlicher Natur sind.

Der Tod des ersten Kindes

1834, 13. November, Friedrich Christian aus Redwitz an Trommsdorff in Erfurt: „vorgestern brachte uns ein Brief von Bley zwei angenehme Nachrichten; daß erstens Auguste mit einem gesunden Knaben glücklich niederkam; und zweitens, dass Sie die erwartete ehrenvolle Auszeichnung von Berlin erhalten hätten. Ich weiß zwar noch nichts Näheres darüber, in welcher Art das Kabinett die billige Anerkennung Ihrer Verdienste ausgedrückt hat, (erst heute Abend können wir das Nähere darüber aus Erfurt erfahren) freue mich aber mit Luisen herzlich darüber, daß sich Ihre Regierung in ihren besten Bürgern selbst ehrt.

Seit unserer Zurückkunft von der Jubiläumsfeier [in Erfurt zu Trommsdorffs fünfzigsten pharmaceutischen Jubiläum am 1. Oktober, s. Rosenhainer 1913] wurde es bei uns nicht recht ruhig. Erst hatte Luise sehr viel zu tun, und dann kam mit dem Brand in Wunsiedel durch das jüngste Kind von meinem Bruder, welches sehr krank war, eine bedeutende Unruhe in unser Haus. Nun kommt noch dazu, dass August an dem Zahnen viel leiden muß, demselben sind nämlich dabei die Mandeln sehr geschwollen, der Husten plagt ihn, und ein wenig Fieber hilft noch dazu, dass er sehr schlaflos ist. Zwei Zähne hat er schon länger, ein dritter kam gestern durch, und noch gegen 5 sind zum Durchbrechen bereit. Sie werden glauben, dass uns das alles Sorgen und, besonders Luisen, viel Unruhe macht, obwohl mein Bruder die Sache für gefahrlos hält."

Am 3. Dezember 1834 starb August Fikentscher, der Erstgeborene, im Alter von knapp neun Monaten. Welche Betroffenheit diese Nachricht auch bei den Großeltern in Erfurt auslöste, ist aus dem folgenden Brief ersichtlich, der zugleich gegen die weitverbreitete Annahme spricht, in früheren Jahrhunderten sei ein solches Ereignis wegen seiner Häufigkeit den Menschen weniger nahegegangen als in unseren Tagen.

1834, 13. Dezember, Trommsdorff an Friedrich Christian.: „Lieber Herr Sohn! Daß uns die traurige Nachricht von dem Heimgang des lieblichen Knaben, deßen Bild mir unvergesslich vorschwebt, in die schmerzlichste Betrübnis versetzt hat, daß die ganze Familie den innigsten Antheil nimmt, dass selbst fremde Personen, die das herrliche Kind hier sahen, ihre unverholne Theilnahme äußern, das darf ich Ihnen nicht erst versichern. Mich aber und meine liebe Frau hat es besonders tief ergriffen, diesen Liebling so bald wieder uns entrissen zu sehen!

Die Religion bietet uns Gründe des Trostes dar – aber wir werden nicht eher dafür empfänglich, als bis die allgemeine Trösterin, die Zeit, die Schmerzen lindert. Lassen Sie uns der Natur unsere Opfer bringen, und den großen Verlust beweinen, und unsere Klagen zum Himmel aufsteigen, aber nicht dem Schmerz erliegen, sondern mit Hoffnung und Muth uns zu dem empor heben der die Schicksale der Sterblichen lenkt, und deßen Rathschluß wir nicht erforschen können, der aber doch alles zum Besten lenkt.

Der Trauerfall reißt alte Wunden auf – sie bluten aufs Neue wieder – aber sie werden auch wieder heilen. Hart sind die Schicksale der Sterblichen, und das gefühlvolle Herz erliegt denselben oft – könnten wir aber den ganzen Zusammenhang erblicken, wie würden wir darin nur die göttliche Weisheit bewundern. Mit Recht singt jener Dichter: – ‚Durch Nacht zum Licht,

Es täuschet nicht.
Aus den Nächten blickt die Sonne
Aus den Schmerzen keimt die Wonne
Freudenborn
schläft im Dorn.‘

Darum lassen Sie uns nicht unterliegen sondern muthig tragen und Gott! Vertrauen. Es ist schmerzlich, ein geliebtes Kind zu verlieren – aber ihm ist wohl! und uns nur beklagen wir. Die unentwickelten Keime, welche in dem holden Kinde lagen, werden in jenem Lande des Friedens sich herrlicher entwickeln als auf unserer dunklen Erde – und wir finden es einst wieder. Wenn schon ein Plato dieselben Hoffnungen des Wiedersehens belebten, die uns unsere Religion verkündigte – wenn diese Hoffnungen den Sokrates so stärkten, daß er muthvoll unschuldig in den Tod gieng, so sind wir verbunden, den Schmerz zu bekämpfen!

Unsterblichkeit! – erhabener Gedanke! Es ist ein fester Anker, wenn auf dem stürmischen Meere des Lebens unser Schiff rathlos umherzutreiben droht. Wir sind alle auf einer Reise, und unser Ziel ist – nicht das Grab – nein die Ewigkeit! Das Grab ist nur das Thor in jenes unbekannte Land. Wohl dem! der schuldlos durch dieses Thor eingeht, wie der holde Säugling!! Aber wir Erwachsenen alle, mehr oder weniger, gehen mit den Thorheiten der Welt belastet hindurch, und glücklich genug wenn wir noch am Abend des Lebens zur Besinnung kommen, und mit Stärke uns von den Fesseln der Thorheit frei machen. Dürfen wir doch hoffen, einen gütigen Vater zu finden, der uns verzeihen wird. Mögen sie und die arme Luise bald Trost finden, möge bald der herbe Schmerz in sanfte Wehmuth übergehen, und ihre Gesundheit nicht Schaden nehmen. Schreiben Sie uns bald, und oft – es ist ein Linderungs- und Beruhigungsmittel – auch für uns eine Beruhigung.

Ich habe den Schmerz, der uns jetzt betrifft vielmal ertragen müssen, und kenne seine ganze Bitterkeit. 1801 starb mir ein lieblicher Knabe als zarter Säugling, 1807 ein zweiter, der beinahe ein Jahr alt war, und 1813 verlohr ich meinen dritten Sohn, meinen Fritz, in dem Alter von 5 Jahren – das waren traurige Tage! Wie oft habe ich nicht gezittert für das Leben meines Hermanns, der als einziger Sohn mir übrig blieb! Aber Gott hat doch geholfen und mir viele Freuden geschenkt. Auch Sie und die gute Luise wird er stärken, und wieder die Sonne auf Ihren Lebenspfad scheinen laßen. Darum nur Muth! – und christliche Ergebung.

Mit aller Liebe und Freundschaft nebst herzlichen Grüßen an Luisen, und die Familie der Ihrige J.B. Trommsdorff"

Friedrich Christians eigene tiefe Betroffenheit von dem Tod des Kindes kommt noch in einem Brief vom 22. Februar 1851 an Rosalie Mensing, seine spätere zweite Frau, zum Ausdruck: „Schon vor Deinem Briefchen, welches die Nachricht von dem traurigen Tod unseres Pathchens brachte, hatte ich durch Bley erfahren, welche Sorgen und Schmerzen über des guten Schwagers Haus gekommen. Die Leiden des kleinen Paul erinnerten mich lebhaft an Krankheit und Tod meines jüngsten Söhnchens. Wenn bei diesem auch kein so trauriges äußeres Zeichen der Krankheit sichtbar war, so hatte dessen allmähliches Hinschwinden mit dem wunderbar verklärten Blick, welcher ganz auf jenseits hinwies, für uns etwas so Ergreifendes, daß ich den lieblichen Kleinen nie ohne Erschütterung sehen konnte. Als ich den kleinen Paul sah, konnte ich nicht abweisen, daß dessen Hinfälligkeit, Lächeln und besonders dessen Blick nur so viel Aenlichkeit mit denen meines lieben Ernstchens hatte."

Die Familie stützt und tröstet sich gegenseitig, Luises Bruder Hermann (1811–1884), (Lauterbach 2000) war nach Ankündigung des Vaters zu einem längeren Besuch in Redwitz:

1835, 2. Mai, Friedrich Christian an Trommsdorff: „Recht spät bringe ich Ihnen meinen Dank für den längeren Aufenthalt Hermanns dahier. Seit dem vergangenen Herbst hatte ich keinen so schönen Tag, als sie mir in Menge durch dessen Anwesenheit zu Theil wurde. Je länger er blieb, desto mehr gute und schöne Seiten lernte ich an ihm schätzen und wenn sein Gemüth für Alle, die ihn kennen eine Seelenfreude ist, so werden sie nicht weniger auch durch seine gründlichen Kenntnisse und seinen Ernst und Liebe zur Forschung, früher oder später, die schönsten Hoffnungen verwirklicht sehen. – Ich freue mich wieder sehr auf seinen Brief aus Berlin, den ich erhalten soll, wenn er seinen Studien und Lebensplan in Berlin verwirklicht".

Über die wechselseitigen Besuche zwischen den Familien, die offenbar nicht selten waren und auf eine tatsächliche Freundschaft zwischen den beiden sehr verschiedenen Alten Herren schließen lassen, erfahren wir eher beiläufig aus Briefen, hier wohl nur deswegen, weil Bruder Wilhelm in London war:

1835, 27. Juni, Friedrich Christian aus Redwitz an Bruder Wilhelm in London: „Der Vater geht morgen nach Marienbad, Rosalie [seine im Hause lebende Tochter] und Ludwig begleiten ihn. Heute noch erwarten wir meine Schwiegereltern und die Schwägerin Mensing mit einigen Kindern."

Mensing zitiert über das Verhältnis zwischen Vater Wolfgang Caspar und Sohn Friedrich Christian aus einem – leider nicht mehr vorliegenden – Brief vom 20. Januar 1836. Darin schreibt er seinem Schwager (!) Wilhelm Mensing: „Unser Verhältnis ist allerdings eigentümlich, indem das Geschäft des Vaters Leitung entwachsen ist, er dieses aber nicht zugeben will und auch nicht kann, ohne sein ganzes Wesen zu ändern. Ja, ich darf sagen, ohne seine Bedeutung größtenteils aufzugeben. Es gab eine Zeit, bereits sind es über 10 Jahre, wo ich zu einen Bruche Ursache hatte, wollte ich damals, trotz wiederholter geäußerter Wünsche von meiner Seite, nicht aus dem Verhältnis eines ganz unmündigen Kindes zu kommen glauben. Dies hat er jedoch, bevor ich zu dem äußersten Schritt kam, von seiner Seite gemacht, und ich war seitdem zufrieden."

Und Mensing an anderer Stelle: „Auch nach der Verheiratung hat sich Fritz voll befriedigt gefunden in der reichlichen Tätigkeit durch das rasche Wachsen der Fabrik, viele neue Einrichtungen (Schwefelsäure), viele neue Versuche, Darstellung des Rübenzuckers, die damals noch ganz neu war. Als ich 1836 mit meinem Vater zu Besuch in Redwitz war, wurde schon lebhaft Rübenzucker fabriziert, doch waren dies nur die Vorarbeiten, auf denen der Bruder Friedrich (1810–1879) in Regensburg dann seine Fabrik gründete". Doch wir lesen auch: „Allmählich hat sich Fritz mehr und mehr gedrückt gefühlt dadurch, dass er mit dem Kopf voller neuer Pläne und Gedanken nicht freier Herr war über seine Tätigkeit, aus Rücksicht auf seinen Vater. Dabei lag ihm schwer auf dem Herzen die Sorge, wie es bei dem etwaigen Tode seines Vaters werden sollte, da doch der größte Teil des Vermögens in dem Geschäft steckte, so dass ein Sohn oder auch zwei dasselbe nicht übernehmen könnten. Ein Testament war nicht vorhanden, aber doch unter seinen Aufzeichnungen mancherlei Notizen, die es erleichterten, die Erbteilung in des Verstorbenen Sinne in vollem Frieden und Einigkeit durchzuführen. Die beiden Brüder Fritz und Wilhelm übernahmen die Fabrik zusammen, behielten auch dem 25-jährigen Bruder Friedrich den Eintritt vor, falls er später dazu Lust hätte. Dies ist dann aber nicht der Fall gewesen. In der großelterlichen Wohnung blieben zunächst die Schwestern, während Fritz mit seiner Familie in der Wohnung äußerst beschränkt war. Er ging aus Rücksicht auf die Schwestern daher zunächst mit dem Gedanken um, sich ein eigenes Haus zu bauen."

Am 21. Juni 1836 war Martha geb. Hoyer, die Frau von J.B. Trommsdorff, in Erfurt gestorben.

1936, 30. Juni, Sophie geb. Trommsdorff aus Erfurt an ihre Schwester Luise in Redwitz: Trauer wegen des Todes der Mutter, diese hatte bis zuletzt an die einzelnen Familienmitglieder gedacht, „Der Vater trägt sein schweres Leiden mit stiller Ergebung, aber man sieht ihm wohl an, wie tief es ihn beugt."

Dazu auch Johann Gottlieb Wilhelm Mensing, der Schwager und ebenfalls Schwiegersohn von Trommsdorff am 2. Juli 1836 aus Erfurt an Friedrich Christian: „Es ließ sich nicht anders erwarten, als dass Du die größte Theilnahme bei dem allgemeinen Trauerfalle der Familie zeigtest. Danach ging uns allen das Herz auf über die Tiefe deines Gefühles, da Du zu Schritten bereit warst, von denen wir, die wir Dein Geschäft wohl kennen, wissen, dass sie große Opfer enthalten." In einem langen Brief beschreibt er die Trauer der einzelnen Familienmitglieder, doch erfahren wir nicht, worauf er sich hinsichtlich der Trauerbekundung Friedrich Christians beziehen könnte.

Fehlende Nachlassregelungen

Das Thema der fehlenden Nachlassregelung durch Wolfgang Caspar F. lässt auch Trommsdorff keine Ruhe, und er selbst erklärt seine ganz andere Haltung hinsichtlich der Sorge um die Nachkommen:

1836, 21. Oktober, Trommsdorff aus Erfurt an Friedrich Christian in Redwitz: „Sehr betrübend ist mir die Nachricht, dass sich der Vater noch immer nicht bestimmen kann, und meinem Gefühle nach ist mir das rein unbegreiflich. Ich könnte nicht eine Minute Ruhe haben wenn ich nicht die Existenz meiner Kinder festgestellt wüßte. Ich habe mich so eingerichtet, daß ich zu jeder Stunde abscheiden kann ohne daß mein Tod die geringste Störung für die Meinigen hervorbringen wird; alles ist so eingerichtet und in Ordnung, daß ich mit der größten Ruhe auch einen plötzlichen Tod nicht scheuen darf.

Hermann (Lauterbach 2000) hat mich mit seiner Herzensangelegenheit recht überrascht, – da ich gar nicht das Geringste geahndet hatte. Indessen bin ich sehr zufrieden damit, da seine Auguste einen sehr guten Ruf hat und mir eine liebe Schwiegertochter seyn wird. Daß sie ein armes Mädchen ist hat gar nichts zu sagen. Meine liebe unvergeßliche Frau war im gleichen Falle, und welch einen Schatz habe ich an ihr besessen! Wie unaussprechlich glücklich hat sie mich gemacht! Die Leutchen sind indessen noch beide jung, und ich habe ihnen gesagt, dass sie noch zwei Jahre warten müssen, womit sie auch vollkommen zufrieden. Hermann mag nun sein Geschäfte treiben: er hat große Hoffnungen, die ich natürlich nicht niederschlagen will, indeßen wird er alle Hände voll zu tun haben, wenn er es soweit bringen will, daß er jährlich auf einen Gewinn von 3[00] bis 400 Rth rechnen kann. Es mag darum seyn, ich trete ihm dann die Apotheke zu einem mässigen Pacht(satz) ab, und dann soll es schon gehen.

Ich habe von 2 Jahren gesprochen – aber (für Sie gesagt) ich denke schon nach einem Jahre ihm die Apotheke zu überlassen und mich in Ruhe zu setzen, und die Lebenstage, welche mir der Himmel etwa noch schenken wird dem Besten meiner Mitbürger zu widmen und meinen Kindern zu leben."

Soweit die menschliche und familiäre Seite des Wissenschaftlers Trommsdorff, Vorbild für seinen Schwiegersohn Friedrich Christian! Das junge Brautpaar wurde selbstverständlich und sogleich Teil der Familie, und die ausbleibenden Regelungen in Redwitz beschäftigen die Erfurter:

1836, 30. Dezember, ein recht langer Brief von Schwager Mensing an Friedrich Christian: „Der Vater sowie das Brautpaar aßen am Heiligen Abend bei uns und es war ein recht heiliger Abend. Ich wollte, wir hätten auch Euch bei uns gehabt, doch Ihr werdet auch fröhlich gewesen seyn.

Nun noch etwas, lieber Bruder, was mir noch am Herzen liegt. Wozu eine Freundschaft, wenn man keinen Gebrauch davon machen könnte! Der Vater erzählte mir nämlich vor kurzem, wie Du ihm geschrieben, daß Du mit Deinem Vater im neuen Jahre über Deine künftige Wohnung mit ihm ernsthaft reden würdest. Sonderbar! Der Vater (der hiesige) bestärkt Dich darin. Nimm mir ja nicht übel, lieber Bruder, dass ich mich auf diese Art in Deine Angelegenheiten mische, aber Du wirst mich am Ende wegen eines unwiderstehlichen Gefühles gewiß gerechtfertig finden. Ich kann Dir gar nicht sagen, welche Bangigkeit mich ergreift, wenn ich mir den Gedanken ausmale, dass Du Dich mit Deinem Vater ernsthaft erzürnen könntest."

Tod der beiden Väter

1837, 30. Januar, Trommsdorff aus Erfurt an Friedrich Christian: „Ich sehe dem Frühling und Sommer sehr sehnsuchtsvoll entgegen. Dann werde ich nach Bernburg und nach Redwitz reisen ... Daß der

Vater nicht nach München zum Landtag gehen will freut mich sehr, ich finde ihn dann doch in Redwitz."

Trotz der neuen Reisepläne kam es nicht mehr zu einer persönlichen Begegnung zwischen Trommsdorff und Wolfgang Caspar Fikentscher:

1837, 11. März, Friedrich Christian an Trommsdorff: [Der vierseitige inhaltsreiche Brief hat ihn nicht mehr erreicht, er war in derselben Nach gestorben wie W. C. F.] „Theuerster Vater! Gestern Nachmittag wurde die sterbliche Hülle unsres theuren Verewigten der Gruft übergeben, so daß er nun zur Seite unserer geliebten Mutter und unsers August ruht. Jetzt, nachdem ich Alles etwas ruhiger überdenken kann, finde ich in der Todesart des Vaters Manches Beruhigende, und doch kann ich es noch nicht fassen, daß er nicht mehr unter uns ist. Wenn wir jetzt seine letzten Lebenstage, wo er noch ganz wohl und rüstig war, ins Gedächtniß rufen, so finden wir Vieles, das andeutete, dass der Gedanke an seinen Tod, oder wenigstens die Ahnung desselben, nicht fern von ihm war. Seine Papiere und Kasse finden wir in ungewöhnlich großer Ordnung, so daß von diser Seite für uns nicht die kleinste Verlegenheit entspringt. Am Sonnabend, wo er sich ein wenig wegen Zahnweh unwohl fühlte, gieng er die ganze Fabrik durch und besah Alles mit solchem Interesse, dass es den Arbeitern auffiel und als er daraus fortgieng, blieb er lange unter dem Thorweg stehen und kehrte einigemal wieder um, um Alles noch einmal zu übersehen.

Nachmittags kam er zu uns um zu sehen was Emma machte, weil wir dise einige Tage nicht zu ihm gebracht hatten. Er hatte die Kleine so lieb, und gab sich so viel mit ihr ab, daß wir uns eben so darüber wunderten als freuten, weil es sonst nicht in seiner Weise lag viel Zeit auf Unterhaltung mit den Kleinsten zu wenden, oder auf deren Neigungen einzugehen." Die Enkelin Emma war gerade eineinhalb Jahre alt, und nur sie von Friedrich Christians Kindern hat er noch erlebt. Es folgt eine umfangreiche Beschreibung des weiteren Verlaufs der kurzen Krankheit bis zum Tode am 8. März 1837. Und dann weiter: „In der letzten Zeit hatte er Sorge um das Fortbestehen seiner Schöpfung, weil Wilhelm sich bestimmt erklärte (und ich denselben darinn unterstützte) daß er, weil er einsah, daß er es hier nicht zur Selbständigkeit bringen könne, ein anderes Geschäft anfangen werde. Auf dises gieng er, obwohl mit Widerstreben, zuletzt in der Art ein, daß er seine Vorschläge prüfen wolle und auch zu disem Behuf an eine Bekannte in Chemnitz schrieb, um sich die nöthigen Data zu verschaffen. Die Antwort kann jeden Tag eintreffen, ist indessen, sie mag lauten wie sie will, überflüssig, denn Wilhelm bleibt nun hier und die Geschwister sind so viel wir wissen darin einig, daß die dazu fähigen Brüder das Geschäft zusammen übernehmen. Daß wir jetzt noch keine näheren Bestimmungen darüber treffen, werden Sie natürlich finden. Es muß Vieles vorausgehen (namendlich eine vollkommene Inventur) u. es muß einige Zeit verstreichen, bevor wir an unsre Persönlichkeiten denken können. So viel kann ich Sie zu Ihrer Beruhigung versichern, daß die Gerichte bei unsrer Mündigkeit und Übereinstimmung nichts in unsern Angelegenheiten zu thun bekommen. Nur für den Fall, als vor der Auseinandersetzung des Vermögens einer von uns Familienvätern stürbe, könnte gerichtliche Einmischung erfolgen, und deßwegen treten wir diese Tage unter Beistand eines Rechtskundigen zusammen um uns gegenseitig auch darinnen sicher zu stellen. Ist dises geschehen, so glaube ich, wird sich Alles Andre recht gut machen, da die Geschwister einander vertrauen, ein Jeder nur des Andern Bestes wünscht."

Der Brief endet mit dem Wunsch: „gebe der Himmel, daß uns nicht ein neuer Krankheitsfall heimsuche. Gott erhalte Sie theuerster Vater noch lange gesund und behalten Sie lieb Ihren trauernden Sohn Fikentscher"

Diesen Brief verdanken wir allein dem Umstand, dass beide, Wolfgang Caspar Fikentscher und Johann Bartholomäus Trommsdorff, gleichzeitig, in einer Nacht, in den frühen Morgenstunden des 8. März 1837 starben. Einen Brief dieses Inhalts und dieser Offenheit konnte Friedrich Christian nur an seinen Schwiegervater schreiben, und dies freilich nur in dem Glauben, ihn als Lebenden zu erreichen. Die Zeit vom 8. bis 11. März hatte nicht gereicht, die Todesnachricht zu übermitteln. Ähnlich war es mit dem Bericht über den Tod von Trommsdorff, den Schwiegersohn Mensing am 17. März 1837 in die andere Richtung schrieb, doch der Stil des Schwagers war ein ganz anderer. Hier zum Vergleich:

„Geliebter Bruder. Wie wenig mögt ihr Guten geahnt haben, daß, als ein Kummer der Empfindungen an euch vorüber ging, ein zweiter schon die schwarzen Schwingen rüstete, um euch ebenso schmerzlich zu berühren. Zwei würdige, glückliche Familienhäupter hat der trauernde Genius der Erde tief, tief bis ins Grab gebeugt, und ihre Aufrichtung dem Genius des Himmels überlassen. Wie leise legte sich auf beide Edlen die Hand des Todes, wie dankbar müssen wir Zurückbleibenden für ein solchen schmerzloses Ende seyn und uns ein gleiches wünschen. Mit Rührung haben wir Deinen Brief gelesen, der uns den Scheideblick schildert, mit welchem der Vorangegangene das Hervorgerufene treuen Händen übergab, die seinen schaffenden, ordnenden, erhaltende Geist dadurch empfangen haben. O ihr lieben Brüder lasset den Geist des Friedens unter euch wohnen immerdar, baut in geschwisterlicher Eintracht eine Hütte in euren Herzen und lasset darin walten ein inniges Vertrauen, Sanftmuth und Nachgiebigkeit, denn warlich warlich, das ist das höchste, das reinste Glück des Lebens." Briefe dieses Schreibstils waren kennzeichnend für den Mathematiker Mensing, wohl auch für die Ausdrucksweise des Jahrhunderts, doch gänzlich anders als die von Friedrich Christian geschriebenen. Den christlichen Ermahnungen folgen auch Hinweise auf die hinterlassenen Papiere zur Regelung des Nachlasses usw. Insgesamt zeigt sich das vertrauensvolle Verhältnis zwischen den Familien, ein Umstand, der in späteren Jahren weitere Bedeutung erhält.

Doch zunächst noch einmal derselbe Absender, 1838, 4. Januar, an Friedrich Christian. Er schreibt an der Biographie von J. B. Trommsdorff und gerät dabei in einen Konflikt mit dem „Bruder Philister" in Bernburg. Gemeint ist der Schwager Franz Bley, der zugleich eine Trommsdorff-Biographie verfasste, jedoch mit anderer Schwerpunktsetzung. Beide Texte wurden 1913 gemeinsam von Rosenhainer herausgegeben. Dann erfahren wir Näheres über den Tod seines eigenen Vaters, Joh. Konrad Wilhelm Mensing, und die Begegnung mit der dortigen Verwandtschaft und deren Verhältnisse. Ein interessanter Stoff für Familienchroniken über Friedrich Christian hinaus.

1838, 2. April, Schwager Mensing aus Erfurt an Friedrich Christian in Redwitz: „Lieber Bruder. Diesmal will ich von der Regel abweichen und nicht zuerst von Geschäften sprechen, da ich euch sehr gute Nachrichten von Schwager Hermann [Trommsdorff-Sohn] mitteilen kann. Es geht seit einiger Zeit auffallend besser mit ihm ... Er fängt allmählich an, das kranke Bein mit der Hand zu beugen.“ Es folgen geschäftliche Angaben, denn offensichtlich hat Mensing es übernommen, das Trommsdorffsche Erbe für alle, wenigsten für Luise, Friedrich Christians Frau, mit zu verwalten. Dieser soll u. a. Quittungen nicht nur selbst unterschreiben, sondern auch durch Luise unterschreiben lassen: „Was die Quittungen anbetrifft so ersuche ich Dich dringend, dieselben gleich nach der Durchlesung meiner Briefe, wenn sie überschicktes Geld enthalten, zu schreiben und mir dann zugleich mit der Unterschrift auch Deiner Frau gelegentlich zu übersenden.“

1838, 11. November (Name?) aus Leipheim an Friedrich Christian in Redwitz: „Theuerster und Geliebter, Zierl fragt mich nämlich, ob er es wagen könne, um die Hand Deiner Schwester Henriette zu werben? Er habe sie 1836 in Redwitz und auch im München kennen und schätzen gelernt und führt dabei einfach auch noch die großen Vorzüge an, wodurch sie sich auszeichnet. Seine Frau sei seit dem 6. Mai 1837 todt und habe ihm 3 Kinder hinterlassen.“ Henriette, geb. 1801, blieb unverheiratet und starb 1880 in Regensburg.

Die geschäftlichen Angelegenheiten innerhalb der Familie, insbesondere auch zwischen den beiden Brüdern, die die Geschäfte weiterführten, galt es vertraglich klar zu regeln. Am 13. Januar 1839 unterschrieben dazu beide einen aus neun Punkten bestehenden „Vertrag zwischen Friedrich Christian und Wilhelm Fikentscher, Inhaber des W.C. Fikentscher firmirten Fabrikgeschäfts“. Es gibt dazu noch einen Entwurf, aus dem hervorgeht, wie um den abschließenden Text gerungen wurde, jedenfalls enthält dieser einen Punkt mehr und ist die Zuordnung an einigen Stellen geändert. Entscheidend ist die Feststellung im ersten Punkt: „Das von uns beiden übernommene väterliche Fabrikgeschäft mit den im Kaufvertrag näher bezeichneten Gebäuden und mit sämtlichen Einrichtungen und Vorräten, wird von uns mit gleichteiligen Nutzen und Lasten betrieben." Auf keinen Fall soll das Geschäft geteilt werden, denn im Falle des Todes eines Bruders – falls dieser keine anderen Bestimmungen vorher verfügt hat – soll der Überlebende auf der Grundlage der im Hauptbuch angezeigten Vermögenssumme einen Schuldschein ausstellen. „Durch diese Schuldverschreibung wird der Überlebende Eigenthümer des ganzen Geschäfts." Dieser Fall ist nicht eingetreten, doch bildete die hier vorliegende Vereinbarung offensichtlich die Grundlage dafür, wie Jahre später bei der Teilung im Zusammenhang mit der Fabrikgründung in Zwickau verfahren wurde.

Nun Teile eines Briefes von Johann Gottlieb Wilhelm Mensing (1792–1864) an seinen Schwager Friedrich Christian Fikentscher, der dreierlei zeigt: die unterschiedliche Art sich auszudrücken, die über das rein familiäre hinausgehende Verbundenheit – beide hatten eine Trommsdorff-Tochter zur Frau – sowie eine gewisse Hilflosigkeit bei der Sorge um Gesundheit und Leben, was in Kenntnis damaliger ärztlicher Kunst verständlich sein mag. Mensing war Mathematiker, Prof. Dr. phil., Oberlehrer am Gymnasium in Erfurt und ein tiefgläubiger Mensch, was aus späteren Briefen noch deutlicher zum Ausdruck kommt. Er war erst Ende Vierzig, als er diesen Brief schrieb und wurde, was damals noch nicht abzusehen war, später Friedrich Christians Schwiegervater.

18. August 1839: „Lieber Bruder. Diesesmal habe ich Dir mancherlei zu schreiben, u. manches was nicht ohne Interesse für Dich seyn wird. Was Deine Scheu vor dem Briefeschreiben anbetrifft, so scheint mir dieselbe ganz natürlich, aber ich erkläre sie anders als Du: Es heißt diese Scheu mit anderen Worten Bequemlichkeit. Ich muß diese Untugend, die ich selbst in einem hohen Grade habe, immer für die Stunden ablegen, sobald ich mich an den Schreibtisch setze; besonders seit mir das Schreiben körperlich lästig fällt. Mir ist überhaupt jetzt jede Art von Thätigkeit beschwerlich, was mir sonst eine Freude war, u. ich muß daraus schließen, daß es schneller mit mir bergab geht, als meine Jahre erwarten ließen. Ich bin oft viel schwächer, als ich den lieben Meinigen es mag anmerken lassen. u. nicht selten beschleicht mich ein Vorgefühl des nahenden

Abschiedes, ohne mich jedoch wehmüthig, wenn auch etwas weich zu stimmen. Diese Worte sind blos an Dich, als meinen nächsten Freund gerichtet. Was wäre die Freundschaft, wenn man nicht alles aussprechen dürfte. Uebrigens sind jene Ahndungen jetzt noch vorübergehend, u. ich vergesse sie gern.

Dein lieber Brief war mir eine rechte Herzstärkung, obgleich ich Dein liebevolles Gemüth, welches sich wieder so herzlich für die Familie Möller ausspricht, schon längst in seinem Reichthum erkannt habe. War denn die Möller allein bei Euch oder hatte sie Natalia mit? Beide sind herzensgute Menschen. Es thut mir sehr weh, dass sich Möller u. Dein Bruder nicht verständigen können, aber es ist wohl erklärlich. Ein Mann ohne eigentliche Bildung findet sich gar schwer in eine so sehr veränderte Lage, besonders wenn seine Meinung von sich nicht ganz gering ist, wenn er sich in seinem Fache für eine Art Hexenmeister hält. Es ist am Ende doch nur eine Schwäche, u. diese hat immer auch ihre liebenswürdige Seite, wenn andere gute Eigenschaften sich in reichem Maße dazugesellen, und eine Schwäche kann für die andere Parthei, wenn sie klug ist, ich wollte eigentlich sagen: wenn sie nur nicht albern ist, zur Stärke werden. Darin besteht bekanntlich ein nicht unwesentlicher Theil der Herrscher- oder Directionskunst. Es soll einer sehr lieb sagen, wenn Du dazu beiträgst, Möllern in eine Lage zu bringen, in welcher er sich wohlfühlt". Möller hatte die älteste Trommsdorff-Tochter geheiratet, es handelte sich folglich um einen nahen Familienzweig, auf den hier angespielt wird.

Die Teilung des grossen Erbes in Marktredwitz

Zur Geschäftsfähigkeit einerseits und zur grundsätzlichen Gerechtigkeit zwischen den Geschwistern andererseits, gibt eine Urkunde vom 2. November 1839 Aufschluss: Gerichtlich bestätigte Vollmacht von Christiane Emma Fikentscher, alle ihre Vermögensangelegenheiten dem Bruder Friedrich Christian zu übertragen, da sie „aus hiesiger Gegend wegzieht". Sie hatte am 19. November 1839 in Marktredwitz – als 34-Jährige – geheiratet, zog nach Augsburg und blieb kinderlos.

Man half und beriet in der Familie auch in wirtschaftlichen Fragen, insbesondere nach dem Tod von Trommsdorff. Sein einziger Sohn, der die Kindheit überlebt hat und selbst zum Unternehmer geworden war, Hermann (1811–1884), schreibt am 11. November 1842 aus Erfurt an Friedrich Christian in Redwitz: „Mein theurer Schwager!" Er geht auf den Tod der ersten Frau von Wilhelm ein, bedankt sich für Hilfen: „Dir habe ich so viel zu verdanken, und Du hast meinem Unternehmen so warme Theilnahme geschenkt, dass ich es für meine Pflicht halte, Dir von Zeit zu Zeit gewissermaßen meinen Rechenschaftsbericht über mein Thun zu geben und auf so manche Fragen zu antworten, die Du gewiß schon im Geiste an mich gerichtet hast". Er berichtet dann über die vielfältigen Schwierigkeiten beim Bau seiner Fabrik.

Doch in Marktredwitz geht die Teilung des beträchtlichen und weitverzweigten Vermögens weiter: Am 13. Juni 1843 beurkundet das Königliche Landgericht Wunsiedel ein von allen Beteiligten – letzte Unterschrift vom 7. August 1844 – bestätigtes recht umfangreiches Papier. Darin ist geregelt, welches der zahlreichen Grundstücke und Besitzungen aus dem elterlichen Erbe welcher Bruder, auch der älteste, Georg, erhält, und welche gemeinschaftlich weiter bewirtschaftet werden. Für die aufgeteilten Grundstücke wurden gesonderte Listen angefertigt. Alles in allem ein schwer nachzuvollziehender Vorgang, weil der in Jahrzehnten gewachsene erhebliche Besitz weit verzweigt war. Die Brüder wollten endlich die nötige Klarheit, was sich in den nächsten Jahren als zweckmäßig erwies. Das Dokument gibt Aufschluss über die Besitzungen und enthält umfangreiche Aufzählungen sowie Lagebeschreibungen.

Der von den beiden Brüdern am 13. Januar 1839 unterschriebene Vertrag über die gemeinsame Weiterführung des Fabrikgeschäftes usw. (s. o.) bedurfte offensichtlich im Hinblick auf unsichere Verhältnisse und die hohe Sterblichkeit eines weiteren und von Zeugen bestätigten Vertrages. Dieser wurde am 15. Januar 1844 von beiden unterschrieben und von drei Zeugen namentlich beglaubigt.

Entscheidend sind auch hier die Regelungen für den Fall des Todes eines der beiden Brüder. Zu diesem Zeitpunkt war Wilhelm bereits verwitwet – seine zweite Ehe wurde erst reichlich ein Jahr später geschlossen – und er hatte zwei kleine Kinder. Friedrich

Christian hatte eine Ehefrau und vier Kinder. Für alle sollte gesorgt werden. Ein angenommener monatlicher Vermögenszuwachs von „zwei Tausend fünf Hundert" Gulden für das gemeinschaftliche Geschäft diente als Grundlage. Der entsprechende Betrag wäre im Todesfalle des einen an die Hinterbliebenen des anderen auszuzahlen. Wichtig erscheint die Bestimmung, dass nur die Gattin des Verstorbenen und die bestellten Vormünder in das Inventarbuch und die Handlungsbücher Einsicht nehmen dürfen, sonst ausdrücklich niemand. Um die Größe des Vermögens abschätzen zu können, hier noch die letzte Bestimmung: „Die Rückzahlung geschieht in der Weise, daß mit Ablauf des ersten halben Jahres die Summe von *zwanzig Tausend Gulden* in Münze oder guten Staats- oder Aktienpapieren nach Kurs an die Erben ausbezahlt wird. Das übrige Vermögen soll in Beträgen von je Zehen oder Zwanzig Tausend Gulden und in halb- resp. ganzjährigen Fristen nach dem Wunsche der Erben heimbezahlt werden. Nach beiderseitigem Uebereinkommen können die Fristen auch verlängert werden."

Familienumzug nach Zwickau

Die Kinder wuchsen heran und besuchten die Schule. Wilhelm, siebeneinhalbjährig, gratulierte seiner Mutter Luise am 2. August 1846 zum 33. Geburtstag. Natürlich mag er den Text diktiert und die Hilfslinien mit Bleistift gezogen bekommen haben, doch bemerkenswert ist die Schönschrift des Kleinen (Abb. 10). Wir lesen:

> „Liebe Mutter.
> Noch zu klein, um anderes zu bringen,
> Bring ich Dir ein dankbar Herze heut;
> Noch zu schwach, um Schöneres zu singen
> Sing ich Dank dem Herrn in stiller Freud,
> Der so treu und gut
> Unter seiner Hut
> Mir bewahrt die Mutter vor dem Leid!
> Von Deinem Sohn Wilhelm
> den 2. August 1846"

Der Umzug der Familie nach Zwickau erfolgte zwar erst im Frühjahr 1848, doch für die Unterbringung wurde frühzeitig gesorgt. Bereits mit Brief vom 23. August 1846 meldet K. Beyer: „Das Wohnhaus geht seiner Vollendung entgegen, Herrn Gieses Wohnung wird binnen 14 Tagen bewohnbar seyn; in der selben Zeit wird auch von außen die Arbeit des Abputzens beendigt werden." Und dann am 10. September: „Die obere Etage des Wohnhauses wird im Laufe der nächsten Woche von den Maurern verlassen werden können, sodaß das Dielen ungesäumt ausgeführt werden soll, Thüren und Fenster sind vorhanden und auch die Oefen sind bestellt, welche nachdem sofort gesetzt werden ... Die untere Etage des Wohnhauses dürfte noch 14 Tage bis 3 Wochen zur vollständigen Beendigung in Anspruch nehmen, allem Anschein nach aber vor Ablauf des Monats vollständig so wie das ganze Wohnhaus fertig werden".

Doch noch lebt man in Redwitz. Offenbar im Zusammenhang mit Weihnachtsvorbereitungen sind einige Bestellzettel überliefert sowie ein Brief vom 2. Dezember 1846 von Luise Fikentscher an Herrn Baumann in Wunsiedel. Sie fragt, ob die Porzellanpuppenköpfe schon angekommen sind und möchte sie „noch Heute" mitgeschickt bekommen und auch „den neu erscheinenden Theil der Characterzüge Friedrich Wilhelm des Dritten von Eylert". Weitere Bestellzettel: „Bitte um ein Glas Köllnisches Wasser"; „Bitte um 1 Kästchen mit buntem Siegellack und einer Bleistiftzwinge"; „4 Pinsel von verschiedener Größe"; „Ich bitte um ein Schreibbuch mit eben solchem Umschlag als ich schon bekam, 8 Bogen starkes, doch unliniertes Papier". Soweit einige Beispiele dafür, was im wohlhabenden bürgerlichen Haushalt selbst im Fichtelgebirge benötigt und beschafft wurde.

Über das Leben miteinander, den bedachtsamen Umgang mit Geld und den Stoff in der Schule geben zwei kurze Briefe auf einem gemeinsamen Bogen von Ehefrau Luise und Sohn Wilhelm einen gewissen Aufschluss. Sie sind leider nicht datiert, können jedoch nur vom Herbst/Winter 1847/48 stammen.

Zunächst der reichlich achtjährige Sohn auf vorgezogenen dünnen Bleistiftlinien:

„Lieber Vater! Du hovvst gewiß auch auf einen Brief von mir, und darum will ich Dir auch schreiben. Gewiß wirst Du schon wißen, daß wir Raumlehre haben; zu dieser nämlich haben wir neue Körper bekommen. Was macht denn Bertha? Im Lateinischen haben wir wieder den Ellend angefangen, und werden bald zum zweiten Cursus kommen. Mit dem Brief Paulie an die Philliper sind wir endlich durch. Hast Du die Religion der alten Germanen und Griechen gelesen? Kennst Du die Wallhala, Niflheim und Elisium nebst Tertvarus? Von dem allein haben wir gehabt. Was hat Bertha denn bekommen. Redwitz, den 27. Grüße alle und komme bald zu deinem Wilhelm.

Und nun die Mutter: „Bei uns geht es einmal recht gut trotz der großen Kälte, diese macht mir jedoch viel Sorgen wegen Deiner Heimreise. Wende doch ja Zeit und Geld an so viel als nöthig, u. fahre nicht mit der Post, sondern im wohlverwahrten Wagen am Tage. – Marie strickt jetzt, da sie bessere Lust dazu hat, und ich weniger reizbar bin, so geht die Sache ganz gut, doch würde es ihr eine große Aufmunterung sein, wenn der liebe Pappa [!] Zeit u. Gelegenheit fänd, ihr einen Strickring mitzubringen. Ich finde es am besten gleich einen silbernen zu nehmen, da diese dann für immer halten.

Wie geht es bei Fischers? Sei doch so gut lieber Fritz, und schreib ungefähr wenn Du kommst; Du bist dieses mal nicht sehr schreibseelig. Leb wohl u. bleib gesund. Deine Luise.

Wünschest Du noch einmal Nachricht, so schreibe es."

Die Aufforderung der Mutter, gleich einen silbernen Strickring für das kleine Mädchen zu kaufen, ist ein winziges Beispiel dafür, wie sich in diesen Familien durch solch eine Einstellung über Generationen der Wohlstand vermehren konnte: Es brauchte nie wieder Geld für einen Strickring ausgegeben zu werden, man hatte das Beste auf Dauer.

Die enge Verbindung zur Familie Martius setzt sich in der Weise fort, dass deren Sohn Theodor von Erlangen nach Redwitz gegeben wurde, weil es andernorts Schwierigkeiten mit ihm gab und sein Verhältnis zu Vater Theodor Martius nicht gut war. Nun schreibt Friedrich Christian an diesen, seinen Freund. 10. Mai 1847: „Lieber Theodor! Seit drei Tagen bin ich von Sachsen wieder zurück und finde so viel Ruhe in und außer mir, um Deinen Brief vom 18. vorigen Monats zu beantworten." Er hatte zwar wenig Gelegenheit, den Sohn zu beobachten, kommt aber zu dem Schluss, dass

„das unnatürliche Verhältnis zwischen Dir und Deinem Sohn" ausgeglichen werden sollte, dass der Sohn nicht sehr begabt, aber leichtsinnig ist, dass seinen mangelhaften Schulkenntnissen „in Nürnberg nichts beigefügt" worden sei und empfiehlt eine Arbeitsstelle, „in einem kleineren Geschäft, wo stetige körperliche Arbeit die Hauptsache ist." Er könne aber keinen direkten Vorschlag machen.

So viel zu den Sorgen um die nächste Generation auch in diesen Familien. Angefügt sei, dass Friedrich Christian mit seinem Sohn Hermann (1837–1859) ebenfalls große Schwierigkeiten und Sorgen hatte, und es über dessen frühzeitigen Tod nur Vermutungen gibt. Jedenfalls nichts Schriftliches. Über dergleichen schwieg man in den Familien.

Zu den Schwestern gab es offensichtlich stets ein ausgleichendes Verhältnis, auch in Vermögensfragen, wie ein Brief Friedrich Christians vom 26. Mai 1847 aus Redwitz an die Schwester Henriette (1801–1880) nach Regensburg zeigt:

„Liebe Henriette! Was meine Bitte nicht zu bewirken vermochte, das hat der günstige Zufall gethan, dass Auguste [zweitjüngste Schwester, verh. Abel] mit ihrem Mann zum zweiten Pfingsttag hierher kamen. Nach einigen nicht immer zur Sache gehörigen Erörterungen erklärte Auguste, dass sie den Haupthof wie er steht bei dem Wellershof lassen wolle, und auf mein weiteres Zudringen, daß sie sich erklären sollen, wie es mit der Abrechnung mit Dir gehalten werden soll, hat sich Abel schnell erklärt, dass er eine runde Summe von f. 20,000, welche Du an sie bezahltest für ganz genügend halte. Auguste erklärte sich ebenfalls einverstanden, und damit wären die zweifelhaften Rechnungen glücklich beseitigt. Dir kommt demnach das ganze Anwesen auf etwas über f. 27,000 höher als die ursprüngliche Kaufsumme des Hofs allein oder im Ganzen f. 57,581 für das Inventarium an Vieh, Getreide und Branntwein, welches Pfeifer über f. 3700 übernahm und Letzteres auf Deine Rechnung verkaufte, wofür er Theils an Dich, theils an Abels und an uns f. 939 bezahlt hat, auch noch an f. 300 Ausstände beizutreiben hat, kommen noch an f. 5000 des Kapitals in Deine Hände, wodurch sich die Gesamtsumme der wirklichen Auslage bis 1846 auf ca. f. 52,600 beläuft. – Die Auslagen seit wenigen Jahren belaufen für den Bau sich auf f. 1060 und für Steuern auf f. 27. Das erste Geld ist wie mir scheint sehr zweckmäßig verwendet, denn der Schafstall ist so gut wie ein ganz neues Gebäude und in der zweiten Summe stecken noch einige frühere Kosten. Das Geschäft wäre soweit geordnet, wenn der Hof von jetzt an seine vollen Interessen trüge." Es folgen weitere Bemerkungen über den Ausbau und wie es weitergeht. Er betont seine „Vorliebe für das Besitzthum", und in der Tat geht es in zahlreichen Briefen und Verhandlungen immer wieder um den Wellershof.

Ein gemeinsamer Besuch des Ehepaares in Zwickau, offensichtlich in Vorbereitung der Übersiedlung, schuf Kontakte bis hin zu einigen über Zwickau laufenden Besorgungen mittels der Verwandten in Magdeburg. Jedenfalls lesen wir:

1847, 7. Oktober, Julius Giese aus „Glasfabrik Zwickau" an Friedrich Christian in Redwitz: „Die Liste für Ihre werthe Frau Gemahlin ist noch nicht angekommen, Herr Wießhügel, bei dem ich mich erkundigte, sagte mir auch, dass auf der Magdeburgerbahn sehr liederlich expediert werde, und die Waren oft längere Zeit liegen bleiben, sobald sie kommen sollten, werde ich sie umgehend durch H. Schickedanz nach Redwitz senden". Und weiter am 11. Oktober: „Soeben erhielt ich einen Frachtbrief von der Eisenbahn, welche mir die Ankunft der Liste ihrer Frau Gemahlin anzeigt, dieselbe kommt heute noch zu Schickedanz, damit sie bald nach Redwitz kommt. Mit Bedauern las ich in Ihrem Brief, dass Ihrer Frau Gemahlin die Rückreise nicht gut bekommen ist".

Und nun einer der aufschlussreichsten Briefe über das Verhältnis der beiden Brüder zueinander und Friedrich Christians Entscheidung für Zwickau. Zugleich ein Beweis für das vertrauensvolle Verhältnis zwischen den Schwägern Friedrich Christian Fikentscher und Wilhelm Mensing in Erfurt.

1847, 16. Oktober: „Lieber Schwager! Ich hätte freilich lieber mit Dir geplaudert als Dir geschrieben, da ich aber mit meiner Unterhaltung nicht warten will, bis es Dir einmal gefällig ist zu mir zu kommen, so muß ich schon das unbequemere Mittel ergreiffen Dich zum Schreiben zu zwingen. Von Wilhelm und von Mensing habt Ihr Nachrichten über uns erhalten. Ich kann diesen im Ganzen nicht viel Erfreuliches, was uns selbst betrifft mittheilen. Ich und die Kinder sind zwar ganz wohl, doch meine Frau leidet noch immer an dem chronischen Catharr, aber leider ist der Winter vor der Thür, und wegen des uns bevorstehenden Umzugs nach Zwickau [Anm.: er erfolgte im Juni 1848] ist auch zu der Gemüthsruhe nicht zu kommen, welche das körperliche Wohlseyn mehr als Arzneien zu unterstützen vermag.

Wie sich unsere Angelegenheit zwischen mir und Wilhelm lösen wird, kann ich noch nicht sagen. Seine Neigung und Berechnung widerstreiten sich so sehr, dass er noch zu keinem Entschluß gekommen ist. Während ich keine Wahl habe und meinen Weg, den ich angebahnt, fortgehen muß, ich diesen Entschluß stets auf gleiche Weise gegen Wilhelm kund gab, aendert sich seine Ansicht mit jedem guten oder schlechten Posttag. Um meiner und der Meinigen Ruhe willen muß ich suchen hier ganz abzuwickeln. Ich würde in demselben gereizten Zustand bleiben, in welchen ich bis in den letzten Winter war (wo sichs entschied, dass Wilhelm das hiesige Etablißment übernehmen will) wenn wir in Gemeinschaft noch hätten fortarbeiten wollen ob ich hier oder in Zwickau wäre. Ich fühle mich ruhig seitdem von mir die Entscheidung ausgesprochen ist, und hatte mit den Meinigen den Schritt, welcher auch schon halb gethan ist, nicht zu bereuen. Ich glaube auch, dass Wilhelm es nur zu bereuen hat, wenn er sich entscheidet hier zu bleiben. In seinem Wesen ist die Neigung selbst zu herrschen so festgewurzelt, dass er sich viel wohler fühlen muß, wenn er hier allein Herr seyn wird. Nur wird der Abschied vom elterlichen Wohnhaus nicht so leicht – ich bin der einzige von den Brüdern, welcher sich mit Neigung und durch die Erziehung an das hiesige Verhältniß anschloß, die Geschwister haben auch mein Bleiben hier als eine Sache betrachtet, die sich von selbst versteht, und einige davon sind so wenig mit meinem Schritt einverstanden, dass sie ihn geradezu missbilligen und die Ursache in meiner Empfindlichkeit, Unverträglichkeit zu finden glauben. Ehrlich gestanden ist die erstere auch eines der Motive, und diese ist in den letzten Jahren auch so gestiegen, dass meine Gesundheit darunter litt und durch sie die Frage der Trennung bei mir entschieden wurde. Ich wurde erst dann vollkommen ruhig, als ich sie auch ausgesprochen hatte. Daß ich alsdann nicht mehr die Frage stellen mochte ob ich oder Wilhelm von hier giengen, wird jeder natürlich finden, der mich kennt, sie ist auch schon entschieden durch mein Etablißment in Zwickau. (Die Frage der Rentabilität des hiesigen Geschäfts ist dabei freilich in den Vordergrund getreten. Es war bei mir und Wilhelm schon länger her entschieden, dass die goldne Zeit für hier vorüber sey, was natürlich involvirte, dass später für zwei Familien kein Bleibens seyn könne, obwohl Eine ein anständiges Auskommen behalten würde). Bei der Eigenthümlichkeit Wilhelms, im persönlichen Gegenübertreten stets entschieden zu seyn, und in Entschlüssen immer wankend zu bleiben, ist für ihn die Gründung eines neuen Etablißiments nicht gut denkbar. Er steht in der Beziehung in großem Nachtheil gegen mich, dass seine Neigung nicht bei dem Geschäft ist, welches er betreibt, und letzteres von ihm nur als ein gutes, wenn auch unangenehmes Mittel zum Erwerb gilt. Dieß verhindert ihn ein neues Geschäft zu gründen. Gerade der umgekehrte Fall ist es mit mir. Ich freue mich der Arbeiten ebenso wohl als des Resultats desselben, und wünsche, dass meine Kinder nicht anders fühlen und denken lernen, weil ich darin eine sicherere Bürgschaft ihres Glücks finde, als in dem bloßen Besitz von Kapital.

Im nächsten Frühjahr, vielleicht schon Anfangs Mai, ziehen wir fort. Von meiner Sammlung habe ich schon den größten Theil abgeschickt, und die häußliche Einrichtung wandert so wie es thunlich ist, nach. In einem Gebäude, welches ursprünglich für Verwalter und Buchhalter bestimmt war, finden wir auf längere Zeit ein anständiges Unterkommen, wir haben auch ein oder zwei freundliche Räume für Gäste bereit. So schön, als wir es hier hatten, bekommen wirs freilich nicht – wo in der Welt wäre auch das elterliche Haus wiederzufinden?! Ich bekomme indessen viel, und auch theils Angenehmes zu arbeiten, meine Frau wird sich durch Fischers bald heimisch finden, und die Kinder sind in der Veränderung ohnehin bald zu Hause. Pfeifer und Reichel gehen mit mir. Beide schließen sich mir gerne an, dasselbe gilt von Giese, der sich sehr brav macht, und so hoffe ich, giebt Gott sein Gedeihen dazu, dass unsere lieben bairischen Verwandten, wenn sie die sächsischen Geschwister besuchen, fröhliche Stunden und Tage finden und mit genießen."

Mit den Schwestern ging anscheinend alles Geschäftliche gut, mit Schwager Huscher, Mann von Schwester Johanne (1814–1895) offenbar nicht. Friedrich Christian, noch in Redwitz, am 8. März 1848 an Bruder Wilhelm, vermutlich in Regensburg: „Soeben erhalte ich die beiliegende Verzichtsleistung von Huscher mit der Weisung f. 788 für Senger in Asch, 1200 für Reinhold, 400 für J. Bamberger zu besorgen, weil diese sehr pressiren. Ich habe ihm geantwortet, dass ich Verhaltensregeln von Regensburg erwarte und ihm dann das Weitere schreiben würde. Er muß durchaus mürbe erhalten werden, wenn nicht Schaden und Aerger auf uns sitzen bleiben soll."

Und nun – endlich – der Umzug nach Zwickau, der bei einem großen Haushalt und zumal mit Pferdewagen nicht einfach zu bewältigen war. Friedrich Christian kündigt am 25. Mai 1848 bei Fr. Reichel in Zwickau an: Morgen fährt Hörnlein mit einer Ladung von allerlei Waren und Geräthen ab. Ich gebe denselben auch einige Gemüsepflanzen mit ... Herrn Giese werde ich morgen über das neue Fabrikgebäude ausführlich schreiben. Vorläufig bitte ich ihm zu sagen, daß er die Handwerkleute so viel als möglich pressieren möge, denn ich werde in 14 Tagen mit meiner Familie von hier abziehen ... Hörnlein bringt mehrere Güter mit Betten. Diese wollen sie in das Gewölbe zum Blei bringen und dafür die Steine herausschaffen lassen."

Der Umzug war geschafft, am 8. Juni 1848 steht in Friedrich Christians meteorologischem Tagebuch die letzte Eintragung aus Marktredwitz, und am 9. Juni berichtet er unverzüglich dem Bruder Wilhelm: „Wir kamen heute ganz wohlbehalten und schon um ½ zwei an. Über den Stand meiner Einrichtung hier will ich Dir später ausführlich schreiben ... Meine Frau lässt Dich und Deine Charlotte [seit drei Jahren seine 2. Frau] herzlich grüßen, und ich bitte Dich, die Dissonanzen, welche in meiner Weise in Redwitz häufig vorschlugen, nicht als den Grundton meiner Seele zu nehmen. Ich hoffe und wünsche, dass wir nicht blos in unserem Geschäftsverkehr lebenslang noch viel und gerne einander nahe kommen und bitte Gott, dass er den Segen, welcher auf unseren gemeinschaftlichen Arbeiten ruhte den nun getrennten Geschäften erhalten möge."

Wie die Reaktion zeigt, nahm der Bruder diesen Wunsch im gleichen Sinne auf: 1848, 19. Juni, Friedrich Christian aus Zwickau an Bruder Wilhelm: „Den Brief, von Deiner lieben Frau an die Meinige, nebst dem Spargel haben wir am Sonnabend erhalten, und den Dank dafür wird die Empfängerin selbst besorgen. Wir leben hier in der herrschenden tropischen Hitze erträglich fort, sind im Ganzen wohl dabei, nur Emma hat einen Anfall von Unterleibsentzündung und meine Frau war auch einen Tag etwas angegriffen. Erstere ist in der Besserung und letztere wieder auf."

Es folgen Briefe, die außer den üblichen Freundlichkeiten fast nur Geschäftliches enthalten, doch dann ein Beispiel dafür, wie sich die Brüder gegenüber der angeheirateten Verwandtschaft einig sein können:

1848, 28. August, Friedrich Christian aus Zwickau an Bruder Wilhelm: „Eine ganz saubere Geschichte hat Huscher [es handelt sich um den Mann der jüngster Schwester Johanna, s. auch „Stammbaum 1" sowie Brief von 1848, 23. Juli, Johann Georg Huscher /Schwager, aus Wien an Fr. Chr. in Zwickau in „Politik"] wieder geliefert, indem er von dem armen C. Fischer in Elberfeld zum Umtausch ö. Banknoten im Betrag von C 333.20 p am 15. April d. J. annahm, dagegen einen selbstgemachten Wechsel auf Erzberger u. Schmidt [wohl die 1828 in Wunsiedel für Nordbayern, Sachsen und Thüringen gegründete Schmidt-Regionalbank] auf 4 Monate gab, welcher natürlich nicht bezahlt wurde. Fischer, ohnehin zum äußersten gedrängt, schreibt mir einen kläglichen Brief und ersucht meine ‚Vermittlung', weil ich ihm meinen Schwager (in Münchberg) vorgestellt hätte. Mit den aufgelaufenen Spesen ist der Betrag, welcher am Anfang September bei Walz in Hof erlegt werden soll, cf 350.50, oder f. 420 [Gulden], weil sich diese Summe aus Huschers eigener Rechnung beziffert. Was soll man denn mit diesem Schuft anfangen? – Ich werde natürlich nicht intervenieren, denn wenn ich dafür, dass ich Huscher als meinen Schwager bezeichne, dessen schlechte Streiche gut zu machen hätte, so könnte ich noch mehr zahlen müssen, als mir möglich ist. Ich werde an den saubren Patron schreiben, das wird zwar wenig helfen, aber es ist nöthig, dass derselbe weiß, wir kennen seine Schuftigkeit. An die Johanna zu schreiben kann zu nichts dienen, da diese ihre Unterstützung als Anforderungen brauchen kann. Henriette [älteste Schwester] schrieb mir in diesen Tagen von Kaufhof, nach welchen sie sehr bald von Kissingen zurückgekehrt ist. Nach ihren Notizen steht es dort gut, sie wird aber schwerlich nach Redwitz oder hierher kommen, wie wir es meinten (nämlich noch in diesem Herbst). Von meiner Frau habe ich aus Ems in Bezug auf ihr allgemeines Befinden befriedigende Nachrichten ... Am vorletzten Sonntag besuchte mich Dein Schwager Fritz, wir waren recht vergnügt ... Ich bin Jettchen [verm. älteste Schwester Henriette] einen Brief schuldig, habe ihn schon zur Hälfte fertig, ohne die Möglichkeit, ihn heute mit fortzubringen."

Das Problem mit Huschers findet eine Fortsetzung: 16. September 1848, wieder an Bruder Wilhelm: „Vorgestern hatte ich den liebenswürdigen Besuch von Frau Huscher [Schwiegermutter der jüngsten Schwester Johanna], welche eigens zu mir reiste, um sich nach dem Befinden meiner Frau zu erkundigen und nebenbei um ein paar tausend Gulden – sie sagte für die Frau Tochter – anzuhalten, welche ich ihr von dem Schwabacher Gelde überlassen sollte. Ich sagte ihr auf den Kopf zu, dass ich nicht glaube, dass Johanna ihr den Auftrag gegeben hätte, und dass ich auch nicht Lust hätte einen Gulden den vielen Tausenden nachzuwerfen, welche ihr Herr Sohn bereits von uns gezogen, dass sie also auch nichts bekäme. Sie fragte mich: ob ich wohl die Papiere in den Händen hätte, welche Bezug auf die Zahlung haben? Worauf ich ihr antwortete, dass ich sie hätte, was mir sehr lieb sey um nicht geprellt werden zu können. Sie war abwechselnd sehr gerührt und gefühlvoll, und wiederum sehr aufgelegt, mir Bitteres zu sagen; wie z.B. dass ihr Sohn was Rechtes gelernt habe und nur nicht das Glück gehabt, wie andere, dass er sich in ein vom Vater wohl eingerichtetes und einträgliches Geschäft setzen konnte. Worauf ich ohne Zorn ihr bemerkte, dass ihr vortrefflicher Sohn auch mit einem größeren Vermögen fertig geworden wäre als mit dem der Schwester, dafür haben wir Beweise. Sie möchte sich übrigens enthalten, uns mit dem Herrn Sohn zu vergleichen. Da ich einmal in Herzenserguß war, so fragte ich sie auch, wie es mit dem Gelde sey, welches Huscher dem Herrn Fischer so schändlich vorenthalten habe. Worauf sie mit großer Selbstzufriedenheit bemerkte, dass dieser Geschäftsgang in Ordnung gebracht sey. Wie sie dazu die Mittel geschafft haben weiß ich nicht, glaube aber durch Berg, oder von Münchberg aus. Ich denke mir, dass wir auf die schändlichste Art um unser Guthaben geprellt werden, wenn wir nichts dazu thun, und das Rathsamste wird seyn, dass Du selbst oder durch C. Butters mit Vollmacht, die Hand auf alle noch einzugehende Zahlungen legst – Wie die Alte sagte, so wäre Huscher in Wien kränklich, und er wird wohl nach Hause gehen wenn er kann, aber er hat so viele wichtige Arbeiten über, dass er nicht kann. Ich glaube, dass ich von dem Besuch ein Gallenfieber hätte bekommen können, wenn ich nicht meinem Herzen Luft gemacht hätte gegen die giftgeschwollene Schlange ... Sie blieb über Nacht hier ..."

Die Geschwister dagegen gingen recht sorgsam und anständig miteinander um: 24. Februar 1849, Friedrich Christian an Bruder Wilhelm, der zu Besuch war: „Hast Du denn die f 100 [Gulden] an Johanna abgeschickt, worum ich Dich bei Deinem Hiersein ersuchte? Sie waren von Henriette beordert, und ich möchte nicht gerne gegen diese etwas versäumen, da sie sonst so nachsichtig ist."

Und nun direkt an Henriette in Redwitz, 28. Februar 1849: „Die Zinsen habe ich auf Deine freundliche Zusage hin wieder mit 3 ½ gerechnet. Nach dem jetzigen Zinsfuß allerdings ein großes Geschenk von Dir, und ich würde es von Jemand Andern als Dir nicht leichthin annehmen, auch nicht bekommen. Ich hoffe indessen, dass der Grund, weshalb ich Dich um niedere Zinsen bat, das geringe Erträgnis von Wellershof, bald wegfallen werde, und sey überzeugt, dass ich alsdann nicht hinter der Zeit zurückbleiben werde." Er beschreibt weiter die Lage des Wellershof und des Pächters Pfeifer.

Die Familie wächst und steht trotz vieler sonstiger Mühen vornan: 7. Juli 1849, Friedrich Christian an Bruder Wilhelm in Redwitz: „Lieber Bruder! Gestern Abend 8 Uhr kam meine Frau mit einem frischen Jungen nieder [Ernst Gottlob August, 6.7.1849–6.3.1850] und sie befindet sich selbst so wohl als es die Umstände erlauben. Ich bitte Dich, diese Nachricht an die Verwandten und Bekannten bringen zu lassen und vor allem die Wunsiedler nicht zu vergessen ... Wann ist denn Rosaliens Hochzeit? [seine zweitälteste Schwester, heiratete am 16.10.1849 in Regensburg Gottlob Reuß, die Ehe blieb kinderlos, s. auch „Stammbaum 1"].

Aber auch die Familie des Bruders wächst: 6. August 1849, Friedrich Christian an Bruder Wilhelm: „Zu der Vergrößerung Deiner Familie [Wilhelm hatte wieder geheiratet, das zweite Kind in dieser Ehe wurde geboren: Marie 29.7.1849–28.2.1874] unsern aufrichtigen Glückwunsch. Möge dieselbe Euer häusliches Glück dauernd vermehren! Mensing ist mit seinem Richard heute früh wieder nach Hause gereist, nachdem er nahe 14 Tage hier war. Trotzdem er hier wenig Unterhaltung haben konnte, so konnte und wollte er den Weg nach Redwitz nicht machen, weil ihm wie mir selbst scheint mit Recht etwas Ruhe gut und vielleicht nothwendig ist ... Sein Richard scheint mir ein recht ernster und geschickter Arbeiter zu werden, an dem seine Eltern gewiß Freude erleben. Er machte für mich eine Arbeit, bei welcher ihm manche Hülfmittel fehlten, und er zeigte, dass er sich gut und schnell zu helfen weiß. Dabei ist er sehr anspruchslos." (Richard Mensing [Abb. 39], Sohn des Schwagers und Bruder von Wilhelm Mensing, „Stammbaum 3").

Und immer wieder geradezu freundschaftliche Geschäfte innerhalb der Familie: 7. November 1849, Friedrich Christian an Bruder Wilhelm: „Der Besuch Deines Schwagers Ernst hat mir viel Freude gemacht, und besonders angenehm war es mir von ihm zu hören, dass er sich entschlossen hat, für Dich die Leitung vom Deggendorfer Geschäft zu übernehmen. Du hast an ihm gewiß eine gute Hilfe gewonnen, wie es an einem so entfernten Geschäft wünschenswerth ist. Mögest Du in Deggendorf viel Freude erleben und insbsondere mögen dort die Preise besser bleiben, als dies hier der Fall ist...Daß Dein Kauf von der Deggendorfer Fabrik die Einbringung des Wechterschen Kapitals mit zur Folge hat, ist mir sehr angenehm."

Luises Tod und die zweite Heirat

Luises Krankheit schreitet fort: 16. Februar 1850, Friedrich Christian an Bruder Wilhelm: „Mit dem Befinden meiner Frau geht es seit vielen Wochen nicht gut. Sie hütet fast beständig das Bette solange als die Kälte eingetreten ist, und wir hoffen auf mildere Witterung mit einer Sehnsucht, die ich nicht aussprechen kann. Die ist die einzige Ursache, warum sie nicht geantwortet hat. Auf dem Bette schreibt sie mit Anstrengung manchmal einige Zeilen an Emma [älteste Tochter, 14 Jahre alt]. Dies lässt sich nicht verbieten, obwohl ihrs besser wäre, sie unterließ auch das. In einigen Tagen sollen die Jungen an Euch schreiben. Die Kinder sind im Ganzen wohl, doch hat der Kleinste immer etwas Husten und Hermann hat Plage mit erfrorenen Zehen." Und weiter: 7. März: „Wir sind hier seit längerer Zeit ohne Nachrichten von Euch, was mir und besonders meiner Frau recht leid thut. Diese leidet noch immer an ihrem Brustübel so sehr, dass sie das Bette nur wenig verlassen kann. Seit etwa 8 Tagen war eine ziemlich versprechende Besserung eingetreten, da wurde unser Kleiner infolge der gestörten Zähneentwicklung kränker, und verschied heute Morgen um 7 Uhr [Ernst]. Das nicht ohne Kämpfe erfolgte Hinscheyden des anmuthigen Jungen betrübt uns alle tief, aber die Wirkung auf die Kranke macht mir die meiste Furcht. Gott gebe, dass dieser Schlag ohne trübe Folgen an ihr vorüber gehe!"

Die Sorge um Luise geht weiter, aber auch die Anteilnahme am Leben der weiteren Familie: 15. März: „In den letzten 8 Tagen waren wir sehr besorgt, weil sie außerordentlich aufgeregt war ohne Schlaf und fast beständig beklemmt war. Seit vorgestern befindet sie sich wieder besser, aber äußerst matt." (Luise Fikentscher, geb. Trommsdorff, starb am 6. April 1850 in Zwickau.) Weiter in demselben Brief: „Daß Rosalie und Reuß [Schwester, 44 Jahre, verh. seit 16.10.1849] ganz vergnügt leben ersehe ich zu meiner Freude aus Briefen von ihnen, die ich heute empfing. Aus Rosaliens Zeilen an meine Frau ist eine Ruhe und Befriedigung ersichtlich, die man nur von Herzen Deiner wünschen kann. Sonderbare Abstufungen in den Erfolgen von den Heirathen unserer Schwestern."

Und in der Tat wäre es auch heute noch interessant, das hier Angesprochene zu untersuchen, nämlich wie das Leben der „Töchter des Prinzipals" Wolfgang Caspar Fikentscher verlaufen ist.

Wie in Kapitel 3 schon kurz dargelegt, war es für die Familie erforderlich, wieder eine Frau und Mutter zu bekommen. Es zeichnete sich ab, dass eine Verbindung mit Rosalie Mensing allem zu entsprechen versprach, was zu den Voraussetzungen eines gemeinsamen Familienlebens erforderlich schien. Gekannt hat Friedrich Christian Rosalie schon seit ihrer Kindheit, doch unternahm er erhebliche Anstrengungen, um daraus eine Zuneigung zu ihm und den Kindern entstehen zu lassen. Dazu gehörte, dass im Frühjahr 1851 die 16-jährige Tochter Emma mit ihren drei kleineren Geschwistern Wilhelm (12), Marie (7) und Friedrich (5) zu einer längeren Kur nach Kösen gebracht wurde und zugleich auch Rosalie von Erfurt aus zu ihrer Aufsicht. Dies geschah jedenfalls in der Hoffnung, dass sich bereits dort die Kinder inniger an sie anschließen sollten. Später erfolgte die Verlobung und am 14. Oktober 1851 in Erfurt die Hochzeit.

Bei diesem gemeinsamen Aufenthalt in Kösen fehlte der Sohn Hermann. Über ihn erfahren wir von Wilhelm Mensing: „Dieser Sohn hat ihm viel Sorgen gemacht, da er nirgends auf den Schulen gut tat, später sogar mancherlei Torheit beging, er brachte ihn dann aber in eine gute Apothekerlehre zu seinem Freund Hornung in Aschersleben. Hier ging es auch scheinbar ganz gut, bis er eines Tages ein Telegramm bekam, Fritz solle sofort kommen, da sein Sohn schwer erkrankt sei. Er reiste sofort ab, fand aber nur den Toten." Hermann starb als 22-Jähriger am 2. September 1859.

Aber zurück in das Frühjahr 1851. Etwa ein Jahr nach dem Tod seiner Frau erlaubt uns Friedrich Christian einen tiefen Blick in seine sorgenvolle Lage als Witwer. Ein leider nur als Entwurf vorhandenes Brieffragment, zumal reichlich mit Korrekturen versehen und ohne Adressat, gibt darüber Aufschluss:

„Emma kam etwas ernster als sonst nach Haus [die älteste Tochter war seit 1849 in Pension bei der verwandten Familie Möller in Magdeburg] und am selben Abend gelangte auch Hermann an. Auf diesen scheint die Konfirmation mächtig gewirkt zu haben, er ist seitdem noch viel stiller und fleißiger und dabei sicher. Seine Lehrer sind trotz seiner langsamen Auffassungskraft mit ihm zufrieden ... Wilhelm ist nicht faul, eher ruschlig. Die Beobachtung, welche Ihr mir über sein Verhältnis mit Rudolph sagt, habe ich Herrn Subrektor Caspari [Pensionsbetreiber in Chemnitz, wo die beiden ältesten Söhne untergebracht wurden] mitgeteilt, er ist bei diesem in guten Händen, da er großen Einfluß auf die Gewerbeschüler hat. Die Gewerbeschüler sind leider in Bezug auf ihre Disziplin so sehr emanzipiert, dass ich deshalb Wilhelm noch einige Jahre in einem Gymnasium lassen muß ... Daß ich mit meinen 5 Kindern in Redwitz, Wunsiedel und Wellershof war, hat Emma ohne Zweifel umständlich berichtet. Es war für mich eine erquickliche und für die Kinder sehr erquickliche Reise, und sie wird bei Allen eine sehr schöne Erinnerung bleiben. Fritz, der scheue Gewohnheitsmensch sah, dass er manches entbehren kann, was er früher immer nöthig glaubte, und indem er sich Emma ganz anschloß, kam auch diese in ein gutes Verhältnis, in dem sie die Kräfte der Liebe übten, welche er früher oder später gebraucht. – Diese Wirkung ist zu meiner Freude nachhaltig. Marie ist von neuen dabei so verständig und beharrlich, wie Sie sie kennen [seine beiden kleinsten Kinder, Marie (8) und Fritz/Friedrich (5), hatte er bei sich zu Hause unter Aufsicht der Haushälterin/Hausmädchen Friederike „Ricke" Hanemann, Pfarrerstochter aus Schwaben]. Die kalte Witterung hielt uns von der Badreise bis zum 20sten zurück. An diesem Tag brachte ich Emma, Marie und Fritz über Lissen nach Kösen. Die paar in Lissen verplauschten Stunden waren mir eine rechte Erquickung. Ihr Bruder Wilhelm ist der alte und die Schwägerin fand ich viel frischer als im vorigen Jahr. In Kösen erwartete uns Rosalie mit ihrer Freundlichkeit, dem Lachen, und wie mir scheint befindet sich diese mit den Kindern zusammen recht behaglich. Ich gieng auf einige Tage weiter auf Weimar und Erfurt, vorzüglich, um Bruder Hermann zu sehen und sprechen und dann über Hof nach Hause. Nun sitze ich hier in meinem Hause unter meinen jungen Leuten halb und halb mir selber fremd, seit die Kinder nicht mehr hier sind. Viel Arbeit hilft meist ein wenig darüber hinweg. Seit einigen Tagen bin ich wieder weniger besorgt wegen Friederikens Bleiben, denn diese, welche seit Ostern allein hier ist, scheint mir an Heimweh zu leiden wenn sie müde ist, da sie ziemlich abgeschieden von der Welt lebt. Nun hat sie vor ein paar Tagen die Nachricht, dass ihre dritte Schwester (von 17 Jahren) in einigen Wochen kommen wird um ihr zur Hand zu gehen. Wenn dies ihr einigermaßen dienlich ist, so wird ihre Anwesenheit für Rieken und für die Kinder Gewinn sein. Was Sie [der nicht genannte Adressat des Brieffragmentes] aus Ihrem liebevollen Herzen aussprechen erscheint mir, wenn ich uns und die Hülflosigkeit meines Kindes im Fall eines schnellen Heimgangs ersehe, jetzt als eine Nothwendigkeit. Bedenke ich aber die Pflichten, welche ich jetzt einer Gattin aufzulegen habe und dabei die äußeren Verhältnisse erwäge, welche einmal nicht zu umgehen sind, so muß ich wohl sagen, es ist wohl besser, andere Mittel aufzusuchen als wieder zu freien. Mich den Gedanken etwa zu verschließen darf mir nicht einfallen, denn will es Gott gefallen, mir die liebende Mutter für meine Kinder zu ersetzen, so wird er mich bereit finden zu folgen, also die Schwierigkeit, eine Gattin zu finden, welche den Beruf hat, die Stelle einer guten Mutter meiner Kinder zu übernehmen, erkenne ich vollkommen. Wenn ich dieser Beziehung jede andre unterordne, so handle ich nicht bloß väterlich sondern auch klug, und da ich dies mit mir im Reinen bin, so werde ich nicht lange schwanken, wenn der erste Ruf an mich kommt."

Die Sorgen um die Zukunft der Familie bespricht Friedrich Christian mit seinem Schwager Mensing. Es geht zweifelsfrei bereits um die mögliche Heirat mit dessen Tochter Rosalie. 9. Juli 1851: „Lieber Schwager. Mit dankbaren Herzen und gestärkt an Leib und Seele traf ich am Sonntag Abend hier ein, wo mich Deine beiden Söhne [Richard und Wilhelm Mensing, s. „Stammbaum 3"] und H. Müller aus dem Wagen in Empfang nahmen ... Im Hause fand ich alle Wohl ... Hier finde ich im Geschäft und meiner Privatkorrespondenz vorläufig viel Arbeit, und das ist recht gut, denn sonst ist mein häusliches Leben zum melancholisch werden. Für gute Zeiten sind die Vorkehrungen für meine Familie ganz gut, aber wie es werden soll im schlimmen Fall, das nimmt mir oft den Schlaf. Wäre ich jünger, so würde der gute Rath meiner nächsten Verwandten rasch befolgt, der Muth entfällt einem aber gewiß, wenn man ehrlich mit sich zu Rath geht und erwägt, welch schwere Last man auf die Schultern einer zweiten Gattin brächte, und wie wenig ich dafür zu bieten habe. Auf der Reise drängte sich das, was zunächst Noth thut nicht so sehr auf, aber hier, wo auf jeder Stelle spricht, daß der häusliche Mittelpunkt fehlt, zwingt michs zur Erkenntnis, daß etwas geschehen muß, wenn ich nicht radikale Veränderungen in meiner bisherigen Lage und in meiner ganzen Weise gemacht werden sollen. Wenn Du kommst, soll das der Mittelpunkt unseres Gesprächs seyn. Deiner Theilnahme und Güthe sowohl als Deiner Einsicht vertrauend hoffe ich darauf."

Die Verlobung war offenbar ohne größere Feierlichkeiten im Sommer erfolgt. Am 14. Oktober 1851 fand dann in Erfurt die Heirat mit Dorothea Friderika Rosalie Mensing (1826–1895) statt. Vorausgegangen war ein intensiver Briefwechsel, durch den die beiden ein ganzes Jahr lang sehr viel übereinander erfuhren. Rosalie hat alle an sie gerichteten, insgesamt 32, Briefe sorgfältig nummeriert aufgehoben, während die an ihn gerichteten verloren sind. Aus diesen Briefen wird zwar in verschiedenen Kapiteln, insbesondere bei „Kultur“, entsprechend der jeweiligen Zusammenhänge vieles zitiert, doch enthalten sie darüber hinaus zahlreiche Stellen, die Friedrich Christian als liebenden Vater und Familienmensch zeigen. Wir erfahren sowohl viel Persönliches als auch über die Lebensverhältnisse des Witwers während der eineinhalb Jahre bis zur zweiten Ehe. Für Rosalie mögen diese Briefe eine große Hilfe gewesen sein, diesen Schritt mitzugehen.

Nun eine kleine Auswahl in zeitlicher Folge des Jahres 1851:

Seine „Kleinen“

9. Januar 1851: „Die beiden Kleinen [Maria (7), Friedrich (5)] waren über meine Zurückkunft lebhaft erfreut. Ich danke Gott, daß wenigstens diese noch längere Zeit bei mir seyn können. Es wäre wahrhaftig ohne diese nicht auszuhalten.“ [die drei älteren Kinder wurden wegen der Schulbildung nach auswärts gegeben].

22. Februar 1851: „Es kann wohl geschehen, daß ich gleichzeitig mit Euch [sie sollte mit den Kindern nach Kösen zur Kur] ein Bad gebrauche, und zwar Kissingen. Damit käme ich über die höchst fatale Zeit hinweg, hier ohne meine Kleinen seyn zu müssen, und als Nachkur dürfte die Reise nach London paßen.“

19. März 1851: „Ich werde die Kinder jedenfalls selbst nach Kösen bringen um sie Dir zu übergeben. Die erste Vorbereitung Fritzens’ für dessen Entfernung aus ‚seinem Hause‘ begann ich damit, ihn mit Marien nach Chemnitz zu nehmen. Am Sonntag vor 8 Tagen fuhren wir, ich, die beiden Kinder und Dein Bruder Wilhelm früh um 5 Uhr bei kaltem Wetter ab. Die Kleinen machten sich ganz gut. Unterwegs waren sie gar nicht lästig, in Chemnitz sehr lustig,

so daß wir eben so viel Vergnügen machten als empfanden, und was unstreitig die Probe auf ein genossenes Vergnügen ist, in den Tagen darauf waren die Kleinen heiterer als je ... Frau Caspari [Pensionsmutter] scheint das Vertrauen der drei Jungen in hohem Grade zu besitzen, und sie hat auch eine besondere Gabe, dieselben aus ihren alten schlimmen Angewohnheiten zu bringen. Wilhelm findet jetzt alles eßbar und wäscht sich gerne und viel. Hermann wird gegen sie gesprächig und muß auch vorzugsweise auswärtige Besorgungen machen. ‚da er besonders darin das wenigste Geschick hat'. Das Hermann am Palmsonntag konfirmiert wird, bringt mich wieder nach Chemnitz, außer dem wäre ich dann in Magdeburg. Dahin soll ich dafür am Gründonnerstag, an welchem Emma [15 Jahre] das Abendmahl empfängt."

30. April 1851, von einer Reise nach Redwitz: „Dabei fehlte es nicht an Unterhaltung, denn die mannigfaltigen, oft wunderlichen, oft klugen Fragen der beiden Kleinen zeigten, daß sie nichts unbeachtet ließen, und forderten ununterbrochen zur Mitbeobachtung und Mitheilung auf."

15. Mai 1851: „An meiner Neigung, recht bald zu kommen liegt die Verzögerung nicht: Ich würde lieber heute als morgen mit meinen Kleinen vor Dich treten, um sie Deinen gütigen Händen zu übergeben. Die Kinder versprechen sich übrigens schöne Tage in Fülle, auch Fritz ist mit der Reise so befreundet, daß ich nicht fürchte, er werde Dir durch Heimweh unbequem werden."

Die Kinder sind in Kösen unter der Obhut von Rosalie, und Friedrich Christian denkt zu Hause über Fragen der Erziehung nach. Hier einige seiner Überlegungen im Brief an Rosalie vom 29. Mai 1851:

„Es vergegenwärtigte sich mir zuerst Dein Verhältnis zu meinen Kindern. Daß dieses nur im Gefühl der Verpflichtung gegen Dich geschieht, bedarf wohl keiner Betheuerung; ich wünsche aber herzlich, daß Du für die Sorgfalt und Liebe, welche Du ihnen widmest, reiche Befriedigung in ihnen finden mögest. Davon wirst Du ein gutes Theil in der freiwilligen Annäherung derselben erhalten, und ich möchte gern dazu beitragen, daß sich die kleinen Herzen recht bald an Dich schmiegen. Meine Kinder sind, wie ich leider eingestehen muß, durch meine Nachsicht alle mehr oder weniger verwöhnt. Die Folgen hievon sind bei dem einen mehr, bei dem anderen weniger hervortretend. Alle kommen aber darin überein, daß sie sich etwas gehen lassen und sehr empfindlich sind gegen Zurechtweisung. Wenn die aelteren Geschwister dies etwas weniger scheinen als die jüngeren, so liegt das an der Erziehung, welche sie außer dem Hause erhielten; daß aber die Kleinen und besonders Fritz noch sehr daran leidet, davon erhältst Du jetzt Beweise genug. Diesem soll entgegengewirkt werden, und je früher, desto besser, aber es kann auf direkte Weise nicht geschehen. Der größte Feind gegen direkte Erziehung in uns ist der Widerspruchsgeist. Wenn dieser einmal herausgefordert ist, so übertäubt er besseres Wissen und Gefühl. Ich spreche hier aus eigener Erfahrung und nicht nur aus der meiner ersten Jugend: Denn noch heute wacht bei jeder geltend gemachten Einwirkung von einem Zweiten gegenüber diesem der Widerstand in mir und erregt den Gegensatz von dem, welcher von mir in der mir nicht behaglichen Weise gefördert wird. In meinen Kindern finde ich diese Eigenschaft leider wieder."

Es stellte sich heraus, dass es dieser Ratschläge und Betrachtungen nicht bedurft hätte, denn Rosalie berichtete, dass sie Fritz ins Bett bringen durfte, was als schwierig galt. Nach Kösen folgte ein Aufenthalt in Erfurt, wohin Friedrich Christian als nächstes schrieb und mit dem Satz endete: „Die Kleinen werden sich unter den Augen Deiner lieben Mutter nicht weniger wohl fühlen als in Kösen. Seyd alle recht vergnügt und grüße und küsse wer sichs gefallen läßt, von Deinem Dich liebenden Onkel Fikentscher".

Nach der Verlobung in Erfurt klingt es im nächsten Brief vom 7. August an „Meine theure Braut" dann so: „Im Hause ist es recht leer geworden – ich kann es mir nicht mehr ohne Dich denken; auch die Kinder finden es in ihrer Weise nicht anders, sie schmiegen sich auffallend an mich. Aber obwohl Du überall fehlst, bin ich innerlich dennoch froh und voll Zuversicht. Die schönen eben vergangenen Tage leuchten mir als freundliche Sterne und zeigen mir mit den Meinigen die kommende schönere Zeit ... Was in und um mich ist, soll Dir zu Gebote stehen, und ich hoffe mit Zuversicht, daß wir unsere Pflichten gemeinsam mit Freudigkeit erfüllen."

Soweit die schriftlichen Zeugnisse von dem Bemühen, der jungen Braut die Kinder des Witwers nahezubringen. Nun noch ein Zeichen dafür, wie ausgeprägt der Wunsch in der weiteren Familie gewesen sein konnte, den Zusammenhalt zu bewahren. Friedrich Christian am 17. August 1851 an Rosalie: „Die Antworten auf meine Briefe (mit der Verlobungsanzeige) kommen spärlich ein ... Henriette [älteste Schwester, verheiratet in Regensburg] läßt einfließen, wie sie überrascht gewesen wäre zu hören, daß ich schon zur Zeit, als ich in Regensburg war, den Gedanken an Dich festgehalten und ihr doch nichts mitgetheilt habe, dies müßte ihr um so mehr auffallen, als ich sonst gegen sie offen wäre und von ihrer Theilnahme für mich auch längst überzeugt seyn könne. Dies klingt sehr empfindlich, und ich schrieb ihr gleich wieder, daß ich von meinen Wünschen und Gefühlen niemanden sagen konnte, bis ich Gewißheit bei Dir selbst geholt hätte. Guten Rath und Aufmunterung hätte ich nicht bedurft, dazu wäre ich auch 51 Jahre alt um etwas scheu im Mittheilen in Herzensangelegenheiten zu seyn. – Henriette ist außerordentlich gut und zu jedem Opfer bereit, aber sie ist 50 Jahre alt und gewohnt, daß sich die Familienangelegenheiten mit allen Fäden in ihrer Hand einigen – mit Ausnahme von den Fällen, wozu der unsrige gehört, und diese Ausnahmen wollten ihr nie gefallen. Auch die kleine Empfindlichkeit wird sich bald legen, wenn Du ihr einmal geschrieben hast, doch hat es damit Zeit."

Neues Glück und neues Leben

Nachdem am 14. Oktober 1851 in Erfurt die Hochzeit stattfand, galt es, auch mit der Familie des Bruders in häuslicher Umgebung näher zusammenzufinden: 9. November 1851, Friedrich Christian aus Zwickau an Bruder Wilhelm: „Nun laßt Euch nicht abhalten noch vor Neujahr zu kommen, im Hause bei uns ist es trocken und warm. Schreibe aber zuvor, wann ihr kommen wollt, damit wir Euch vom Bahnhof abholen können. Meine Frau will einige Zeilen an die Deinige beilegen."

Offensichtlich ist ein neues Glück in das Haus eingezogen. Jedenfalls schreibt Friedrich Christian am 29. Dezember 1851 an seinen bisherigen Schwager und nunmehrigen Schwiegervater

Gottlieb Mensing: „Die Genauigkeit, womit Rosalie Alles besorgt, macht mich als Korrespondenten womöglich noch schlimmer als Du mich schon kennst. In allen Fällen, in denen sie die Zügel in der Hand hat gewiß. Dafür weiß sie auch wieder rechtzeitig zu erinnern wo es Noth thut. Da ich einsehe, wie sehr mich ihre Weise darin unterstützt, so glaubst Du auch, daß es sonst mit uns steht wie es Eltern wünschen können. Ihr Besitz hat mich wieder mir selbst gegeben, und die tausend Beweise, daß mein Haus wieder seinen Mittelpunkt hat, machen mir und den Kindern solches lieb, so daß ich nur den einen Wunsch habe: daß Gott diesem Dauer gebe."

Auch mit Georg, dem ältesten Bruder, standen die beiden jüngeren offensichtlich in gutem Briefkontakt, doch sind diese Zeugnisse nicht mehr vorhanden. Hier nur ein indirekter Hinweis: 20. Januar 1852, Friedrich Christian an Bruder Wilhelm: „Über Georgs Befinden habe ich mittlerweile von ihm selbst Nachricht in einem sehr munter geschriebenen Brief."

Die Familien wachsen immer mehr zusammen. 13. April 1852, Friedrich Christian an „Vater" Mensing in Erfurt: „Eben kommen die Zeugnisse für Wilhelm von Grimma zurück, die ich um so weniger zurückhalten will, als ich damit zugleich Nachricht für Rosalie mitschicken kann. Ich kam Nachmittags rechtzeitig nach Hause und traf auch Alles munter an. Die Kinder waren froh, daß ein Spielhans wieder ins Haus kam ... Richard [Mensing] ist schon in voller Tätigkeit. Ich hoffe, daß er den neuen Wirkungskreis so lieb gewinne als ich. Er ist der einzige, der mir bisher mehr Freude als Verdruß machte, weil er eben einem schon in stetigen guten Gange befindlichen Erwerb, durch die alten und neuen Beobachtungen mehr Aussicht auf interessante und gute Erfolge zeigt als einem meiner übrigen Erwerbszweige [Richard experimentierte mit Ton, dem späteren Hauptprodukt der Fabrik] ... Grüße die Mutter, Rosalien und Emma und Deine Kinder herzlich von Deinem Sohn Fikentscher."

Inzwischen war das erste Kind aus dieser Ehe geboren worden (Heinrich, 1852–1854), und der Geburtstag der Schwiegermutter sollte in Erfurt gefeiert werden. Durch eine Sturzverletzung des Vaters fiel der Besuch aus, die Gratulation für die Mutter erfolgt schriftlich, und dann weiter: 4. November 1852: „Rosalie wird von ihrem kleinen Pausback sehr in Anspruch genommen. Sie ist zwar recht frisch und heiter, aber die Anstrengung, welche der kräftige Junge erfordert, dürfte auf die Länge für sie nicht gut seyn, und ich schlug ihr vor, den Kleinen zum Theil mit junger Kuhmilch zu nähren. Sie will jetzt nichts davon wissen, und ich möchte Dich deshalb bitten, ihr mit Deinem mütterlichen Gewicht die Sache einleuchtend zu machen.“

Die heranwachsenden Kinder bewegen sich offenbar wie selbstverständlich zwischen den Familien bzw. Städten: 16. März 1853, Friedrich Christian aus Zwickau an Mensing in Erfurt: „Hermann in Chemnitz erhält erst am Sonnabend Abend Ferien, so daß er Lust hat, am Sonntag [Ostern] über Riesa und Leipzig nach Erfurt zu gehen ohne erst hieher zu kommen“

Und immer wieder Hinweise auf den Zusammenhalt in der Familie und die gegenseitigen Besuche auch der Kinder: 26. Nov. 1853, Friedrich Christian aus Zwickau an Bruder Wilhelm: „Gestern erfuhr ich durch einen Brief von Henrietten, daß Du nunmehr wieder zu Hause seyst ... Wenn Du noch acht Tage lang in Regensburg geblieben wärest, so würden wir Dich gebeten haben, Emma mit zurückzunehmen. Wir wollen sie doch vor Weihnachten hieher haben. Jetzt soll sie noch 14 Tage bei Henrietten bleiben, und dann werde ich sie in Nürnberg abholen lassen ... Wir sind alle wohl, denn auch die beiden Kinder Marie und Heinrich, welche die Spitzblattern – die unschuldigsten der Ausschläge – hatten, sind wieder frei davon und wohl. Fritz hat sie gar nicht erhalten.“ P.S.: „Bald hätte ich vergessen Dir zu sagen, daß ich das Anerbieten Georgs, mir beim Landgericht alles zu besorgen, annahm, und die Säumigen alle an ihn verwiesen werden.

Hoffe und wünsche wenigstens, daß es was hilft.“

Der frühe Tod des ersten Kindes belastet die Familie: 28. August 1854, Friedrich Christian an Mensing in Erfurt: „Seit dem Tode unseres lieben Heinrichs [Sohn, 16.7.1854] ist es im Hause merklich stiller. Ein so durchaus frisches junges Leben wird nicht so bald vergessen. Rosalie hat sich wohl sehr kräftig gehalten, aber wir durften ernstlich um sie besorgt seyn, wenn nicht die Sorge für den Jüngsten [Georg, geb. 18.2.1854] eine leibliche Stütze für die war, die mehr wirkte als alle von außen kommenden Trostesworte."

Die Familie wächst weiter: 3. Mai 1856, Friedrich Christian an Bruder Wilhelm: „Diese Zeilen sollen Dir und den Dir nahestehenden Geschwistern die Nachricht bringen, daß meine Frau am gestrigen Abend ein Töchterlein [Luise, verh. Engelhard] geboren hat. Mutter und Kind befinden sich den Umständen nach wohl und munter. Deine liebe Frau übernimmt in ihrer gewohnten Freundlichkeit gewiß die Anzeigen an Henrietten, Augusten und Friedrich [die Geschwister] zu machen."

29. Juni 1859, Friedrich Christian aus Zwickau an Bruder Wilhelm: „Zu meinem Vergnügen höre ich durch Georg, daß Du in Redwitz angekommen und daselbst mehrere Wochen zu bleiben gesonnen bist. Wegen der Niederkunft meiner Frau [Sophie, verh. Rudert, 25.6.1859], und einiger angefangener Arbeiten halber kann ich nicht sagen, ob ich in der nächsten Zeit auf länger von hier weggehen kann, und da ich vermuthe, daß Du einige Tage erübrigen kannst, so bitte ich Dich und Deine liebe Frau uns hier zu besuchen."

Alte Gepflogenheiten in der Familie: 8. Juli 1859, Friedrich Christian an seine Schwägerin Charlotte, zweite Frau von Bruder Wilhelm, geb. Nauck: „Wir wünschen nämlich, daß Du bei unserer Kleinen [Charlotte Sophie] Patenstelle übernehmen und mit Deinem Manne zur Taufe kommen möchtest. Wegen des Geistlichen, welche hier wochenweise den Dienst haben, wünschen wir die Taufe im Laufe der nächsten Woche abzuhalten ... Die Mitgevattern sind unsere Marie und Lottchen Wahn, zwei Dir wohlbekannte Persönlichkeiten und zugleich einige Bürgschaft dafür, daß die alte löbliche Sitte, den Täufling nach den Paten zu nennen, hier wieder Geltung bekommen soll."

Einige Jahre lang finden sich über die Familie keine nennenswerten Passagen in den Briefen bzw. wurden solche nicht aufbewahrt. Doch der Zusammenhalt blieb erhalten: 5. April 1863, Louise Trommsdorff (Patenkind und Nichte) schreibt mit gestochen scharfer Schönschrift aus Lissen an Friedrich Christian: „Mein lieber guter Onkel!" Große Freude über den Besuch der lieben Tante [Rosalie] zur Konfirmation. Hatte den Besuch nicht erwartet, da eigentlich die verstorbene Tante ihre Pathe war. Ein Beispiel dafür, wie sich Rosalie bemühte, die durch den Tod der verstorbenen ersten Frau entstandene Lücke auch in der weiteren Familie auszufüllen.

Formvollendeter Umgang: 6. Juli 1863, Hermann Mensing aus Erfurt an Friedrich Christian in Zwickau: „Lieber Schwager! Im Namen meiner Schwiegereltern wende ich mich heute an Dich, um Dich freundlichst und dringend einzuladen, doch mit Rosalie zu unserer Hochzeit zu kommen ... Die Trauung wird Montag d. 13. d.M. Vorm. 11½ Uhr in der Regler Kirche stattfinden und sich daran ein einfaches Dinner in Schall's Wohnung anschließen."

Inzwischen ist der nun 24-jährige älteste Sohn Wilhelm Student in Göttingen. An seinem Brief vom 8. Juli 1863 an den Vater ist zweierlei bemerkenswert: Zum einen erhielt er neben einem Brief auch Pechsteine vom Vater, die er analysieren soll, und er teilt zugleich das detaillierte Ergebnis einer Chemischen Analyse von zwei verschiedenen Steinen mit. Zum anderen geht es ihm wie einst seinem Vater als Student in Paris: „Wie ich Euch schon im vorigen Herbst von meinem Hierhergehen sagte, ist der Aufenthalt in Göttingen bedeutend theurer gekommen als in Berlin, und ich habe berechnet, daß der Rest des Wechsels, den Du mir für Berlin und hier ausgesetzt, nicht hinreicht, allen meinen Verbindlichkeiten nachzukommen, obwohl er noch 90 ... für dieses Semester beträgt. Wie es kommt, daß Berlin für den Studenten billiger ist, weiß ich selbst nicht. Jedenfalls halte ich es für besser, Dir dieses schon jetzt mitzutheilen und Dich zu bitten, mir bald wieder etwas zugehen zu lassen." Der Unterschied zur vorherigen Generation wird allein schon durch die Anrede deutlich: Dem „Theurer Vater" und „Sie" folgt das vertraute „Du".

Dreimal Abschied

Rosalies Vater war in Erfurt gestorben. Sie reiste zu den Lieben dorthin und schrieb am 15. April 1864 an ihren Mann nach Zwickau: Das Ende war nach einer sehr qualvollen Zeit eine Erlösung, Sohn

Wilhelm war in der letzten Zeit oft bei ihm, nun erhält die Mutter so viele ehrende Kondolenzbesuche, daß sich Mutter und die Schwester in die Erwiderungen teilen müssen. Auch ist sie aus der Ferne wegen des kalten Wetters besorgt um ihn, er möge sich deswegen in Acht nehmen.

Und dann der letzte Absatz:

„Und nun, geliebter Mann, ehe ich schließe, laß mich Dir von ganzer Seele danken für Alles, was Du an Eltern und Geschwistern immer gethan. Wieder war es Deine Güte, die es möglich machte, daß dem seligen Vater jede Erleichterung gewährt, jede Erquickung verschafft werden konnte, ohne daß die gute Mutter sich darum etwas hätte entziehen müssen. Mein einziges Bedauern ist, daß ich so wenig im Stande bin, Dir deine Liebe zu vergelten wie ich es möchte, daß Du in mir eine Frau zur Seite hast, die Dir durch ihre geistige u. körperliche Schwäche immer nur hindernd in den Weg tritt. Nichts ist mir in der letzten Zeit wieder so drückend gewesen, als Dir so gar nichts sein zu können, u. zu fühlen, daß ich immer nur Deine Güte u. Geduld u. Nachsicht werde ansprechen müssen. Doch ich will durch meine nichts ändernden Klagen nicht auch noch Deine kostbare Zeit in Anspruch nehmen u. Dir nur noch nebst vielen Grüßen an Alle ein herzliches dankbares Lebewohl sagen. Deine Rosalie“

Das war vermutlich der letzte Brief, den sie an ihn geschrieben hat.

Und nun zu seinem letzten Brief. Am 22. Juni 1864 war der älteste der Brüder, Georg Fikentscher, Dr. med. Kreisphysikus und Badearzt in Wunsiedel im Fichtelgebirge, gestorben. Dort trafen sich Geschwister und weitere nächste Angehörige. Friedrich Christian schreibt am 24. Juni nach Zwickau an seine Frau: „Durch Ludwigs [Sohn] Nachrichten und Fritzens [eigener Sohn Friedrich] Brief hast Du vernommen, was uns hier versammelt. Das Ende des guten Bruders war sanft, aber sein Leiden vorher groß. Ludwig war am Tag seines Verscheidens ganz hier und Auguste [Schwester] kam einige Stunden vorher an zu ihrer und der ihrigen Beruhigung, nachdem sie erst kurz vorher von der vollen Gefahr des Zustandes unterrichtet worden war. Emilie [Tochter] ist seit dem Montag hier und erwartet ihren Mann noch heute. Wilhelm ist mit Henriette [Bruder und Schwägerin] heimwärts gereist, um morgen früh zur

Beerdigung zu kommen. Henriette [Schwester] kam heute an. Friedrich [Bruder], welcher in Kissingen ist, kommt nicht, weil er nicht darf. Als natürliche Folge der Anspannung aller Kräfte und Gefühle der Angehörigen liegt trotz des inneren Leids einige Ruhe über Allem, die übrigens ihre Berechtigung auch darin hat, daß Georg sein Haus wohl bestellt hat. Morgen werde ich keinesfalls abreisen um mit den Geschwistern etwas zusammen zu seyn und vielleicht Henrietten zum Kommen nach Zwickau bewegen zu können. Fritzen fand ich am Bahnhof in Hof, und auch sein Aussehen wohl. Gott schütze Euch alle. Behalte Deine Liebe Deinem treuen Mann".

48 Tage später, am 9. August 1864, starb er selbst.

5

Bildung

Von der Ortsschule zur Wissenschaft

—

„Ein Blick ins Buch und zwei ins Leben,
das wird die rechte Form dem Geiste geben.“
Johann Wolfgang von Goethe

—

Der Vater dachte zweckmäßig. Sein erworbener Wohlstand sollte dazu beitragen, dass es seine Nachkommen leichter haben würden als er, der sich nach dem Unterricht in der Dorfschule alles Weitere mit Fleiß und erhöhten Anstrengungen selbst erarbeiten musste. Als 1798 sein erster Sohn, Georg, geboren wurde, hat er gewiss auch daran gedacht, einen Nachfolger für seine Fabrik zu bekommen. Darüber lesen wir bei Mensing (FAF 1): „Der Vater brachte ihn bald auf ein Gymnasium, wo er bei seinen großen Fähigkeiten auch bald gut fortkam. Aber der Wissensdrang war bei Georg größer als der Schaffensdrang: Er gewann keine Neigung, Fabrikant zu werden, sondern hat dann Medizin studiert. Ich glaube kaum, dass dies dem ursprünglichen Gedanken seines Vaters entsprach, aber dieser war viel zu verständig, um auf ihn einwirken zu wollen gegen eine so entschiedene Neigung“. Georg wurde Arzt und vier Generationen nach ihm ebenso.

Schule und Selbststudium

—

Weiter mit Mensing: „Am 15. November 1799 wurde der zweite Sohn, Georg Friedrich Christian geboren. Derselbe ist von Kindheit an bis in sein Alter stets Fritz genannt worden. Den schon im

Kinde liegenden Wissens- und Schaffensdrang hat der Vater früh erkannt, als ihm selbst sehr ähnlich. Hieraus ist die Art der Erziehung erklärlich, die er ihm gegeben hat. Fritz hat die Ortsschule, sogenannte lateinische Vorbereitungsschule bis zum 14. Lebensjahr besucht. Dieselbe soll für damalige Zeit recht gut gewesen sein, doch sind die dort erworbenen wirklichen Kenntnisse schwerlich hoch anzuschlagen. Vom Besuch einer höheren Schule wurde abgesehen. Sein Vater durfte die Überzeugung haben, dass dieser Sohn ebenso gut, wie er selbst es getan hatte, und auch durch die äußeren Verhältnisse noch leichter als er, durch privates Studium sich die wissenschaftlichen Erkenntnisse erwerben würde ... So begann Fritz dann im 14. Lebensjahr das Selbststudium im väterlichen Hause und nebenbei die praktische Arbeit in der Fabrik. Technisches Talent hatte er von Kindheit an und bildete dies nun auch im Laboratorium weiter. Chemische Untersuchungen und Versuche waren Hauptarbeit für ihn. Apparate hierzu hat er selbst angefertigt, mit allem Handwerkszeug war er geschickt, am Glasblasetisch war er eingeübt, hat sehr viele Thermometer und Psychrometer zur Luftfeuchtigkeitsmessung gefertigt. Bei dieser praktischen Arbeit muss er aber in dieser Zeit viele wissenschaftliche Werke gründlich studiert haben, namentlich physikalische, botanische und chemische. Nebenbei hat er auch Sprachen gelernt. Französischen Unterricht hatte er mit ein paar Schwestern zusammen bei einem von der Französischen Revolution nach Redwitz verschlagenen Emigranten. Zum Studium des Englischen ist er oft nach Wunsiedel gegangen, um es dort mit einem Freunde zu lernen." Allerdings erfahren wir im Zusammenhang mit späteren Reiseberichten, dass er dabei vermutlich nicht über ein Grundwissen hinausgelangt war. „Schon damals waren oft Gäste im Hause, nicht nur Geschäftsfreunde, sondern auch Industrielle, Gelehrte verschiedener Wissenschaften, Staatsbeamte usw., so dass hierdurch immer neue geistige Anregung in die Familie kam. Doch für den Sohn wurde der Mangel einer gründlichen systematischen Ausbildung in den Wissenschaften immer fühlbarer." Soweit Mensing.

Der Vater suchte deshalb nach der bestmöglichen Ausbildungsstelle für seinen Sohn, und das war in dieser Zeit das Trommsdorff'sche Institut in Erfurt. Er fragte an, bekam die gewünschte

Antwort und schrieb am 24. Dezember 1816 an J.B. Trommsdorff in Erfurt: „Für die gefällige Mittheilung des ganzen Lehrplans in Ihrem Institute bin ich Ihnen in Beantwortung Ihrer sehr verehrten Zuschrift vom 1.te d. [Monats] recht herzlich verbunden. Ich habe mich entschlossen, meinen Sohn ihrem Unterricht, Aufsicht und väterlicher Leitung nächste Ostern zu überlassen und bitte Sie, mir gelegenheitlich zu sagen, wenn er bestimmt eintreffen muß und ob etwa seine Ankunft bis zur hiesigen Ostermesse kann aufgeschoben werden. Erlauben Sie mir nur noch einige Bemerkungen. Mein Sohn ist blos für die Leitung meiner chemischen Fabrik bestimmt und soll sich hauptsächlich die Chemie theoretisch und praktisch eigen machen. Als unzertrennlich mit dem Studium ersterer ist Physik an sich und Logik, als Mittel zum Denken, höchst nöthig. Wenn mein Sohn jedoch statt der Botanik und sonstiger naturhistorischer Zweige Gelegenheit hätte, sich in der englischen und italienischen Sprache zu bilden, so wäre es mir doppelt angenehm, weil er beide Sprachen vielleicht einstens brauchen kann. Die französische Sprache ist ihm bekannt ... Mein Sohn heißt: Friedrich Christian und ist gerade 17 Jahre alt.“ Es folgen Angaben über die Glasbereitung, chemische Stoffe und Herstellungsprobleme.

Johann Bartholomäus Trommsdorff: Lehrer und Freund

An dieser Stelle ist ein längerer Einschub unverzichtbar, denn man kann nicht über Friedrich Christian Fikentscher und seine Familie schreiben, ohne auf seinen Lehrer, väterlichen Freund und späteren Schwiegervater Johann Bartholomäus Trommsdorff (1770–1837) einzugehen. Dieser hat neben seinem Vater den wohl tiefsten und nachhaltigsten Einfluss auf ihn ausgeübt, und das nicht nur durch seine Person direkt, sondern auch über seine Nachkommen. Er war zweifelsfrei ein bedeutender Mann, der noch heute als „Vater der pharmazeutischen Chemie“ bzw. „Vater der wissenschaftlichen Pharmazie“ (Rosenhainer 1913, Patzer 1971/72, Götz 1977, Götz 1993) bezeichnet wird, zumindest aber als „einer der bekanntesten Apotheker und Pharmazeuten seiner Zeit“. Immerhin hat die

„Deutsche Akademie der Naturforscher Leopoldina", die jetzige „Deutsche Nationalakademie" von 1988 bis 2009 in elf Lieferungen seinen gesamten Briefwechsel – etwa 1.500 Briefe mit 250 Briefpartnern – herausgegeben, was deshalb hier erwähnenswert ist, weil die dritte Lieferung von 1993 auch den mit Fikentscher Vater und Sohn enthält, immerhin 58 Seiten füllende 47 Briefe, aus denen im Folgenden vielfach zitiert wird.

Die Literatur von und über Trommsdorff ist umfangreich. Sie wird hier nur in kurzen Auszügen wiedergegeben, weil er in den zahlreichen folgenden Briefzitaten selbst zu Wort kommt und darin sein Wesen deutlich wird. Geboren wurde er am 8. Mai 1770 in Erfurt als Sohn eines Arztes und Medizinprofessors, der jedoch im Alter von 43 Jahren starb, als Johann B. selbst erst zwölf Jahre alt war. Um ihre neun Kinder erhalten und erziehen zu können, führte die Mutter die zuvor verpachtete Apotheke ihres Mannes weiter. Johann Bartholomäus durfte noch zwei Jahre das Gymnasium besuchen, bevor er eine Apothekerlehre in Weimar begann. Nach drei Jahren folgten dann naturwissenschaftliche und mathematische Studien und eine weitere Ausbildung in einer Apotheke in Stettin. In diese Zeit fallen seine ersten eigenen wissenschaftlichen Veröffentlichungen. Nach Erfurt zurückgekehrt, befriedigte ihn die Beschäftigung mit der handwerksmäßigen Apothekerkunst nicht, denn deren Wissen beschränkte sich in dieser Zeit auf wenige Handgriffe. Ohne Kritik waren die unglaublichsten „Heilmittel" in den damaligen Arzneischatz aufgenommen worden. Trommsdorff begann damit, die sich langsam als Wissenschaft entwickelnde Chemie in die Apothekerkunst einzubeziehen. Um damit Erfolg zu haben, musste zugleich der Bildungsgrad seiner Fachgenossen auf ein höheres Niveau gehoben werden. Deswegen gründete er als 24-Jähriger 1794 das „Journal der Pharmazie für Ärzte, Pharmazeuten und Chemiker", die erste pharmazeutische Zeitschrift der Welt. 1794 wurde er in Erfurt zum Dr. phil. promoviert und übernahm 1795 eine Vorlesungstätigkeit als Professor an der medizinischen Fakultät Erfurt. 1809 wurde er noch zum Dr. med. promoviert. An der Universität Erfurt hielt er Vorlesungen über Pharmazeutische Chemie, Mineralogie, Geschichte der Chemie, Rezeptierkunst und Allgemeine Chemie. Als besonderes Verdienst Trommsdorffs wird sein modernes Ausbildungskonzept für Pharmazeuten angesehen. 1795 gründete er die „Chemisch-physikalisch-pharmaceutische Pensionsanstalt für Jünglinge", das erste in einer Reihe von pharmazeutischen Instituten in Deutschland, in dem angehende Apotheker in Physik, Chemie und Pharmazie ausgebildet wurden. Damit kann er als Wegbereiter des akademischen pharmazeutischen Studiums bezeichnet werden. Als er 1828 das Institut aus gesundheitlichen Gründen schloss, hatten es über 300 Schüler erfolgreich absolviert.

Trommsdorff engagierte sich zudem auf vielerlei Art für den Apothekerberuf und die Pharmazie. So war er 1809 Mitbegründer des „Erfurter Apothekerkränzchens", ab 1811 sammelte er zusammen mit seinem Kollegen Christian Friedrich Bucholz (1770–1818) Spenden für ein Unterstützungsinstitut für „kranke, ausgediente Apothekergehilfen". 1813 gründete er eine chemisch-pharmazeutische Fabrik in Teuditz (heute Tollwitz/Bad Dürrenberg). Trommsdorff wurde 1822 Direktor der Erfurter Akademie gemeinnütziger Wissenschaften und 1827 Mitbegründer des Erfurter Gewerbevereins und der Gothaer Lebensversicherung. Er hinterließ ein umfangreiches wissenschaftliches Werk, das 34 eigene Bücher und 512 Zeitschriftenaufsätze umfasst. Er war Herausgeber mehrerer Zeitschriften.

Die Verdienste Trommsdorffs wurden in Erfurt immer geachtet, auch weil er trotz verlockenden anderen Angeboten seiner Stadt treu blieb. Seit 1902 mündet die vormalige Mariengasse als Trommsdorffstraße auf den Anger. Es gibt Gedenktafeln, mehrere ehrende Veranstaltungen wurden ihm gewidmet. Auch wird ihm noch heute seine patriotische Gesinnung nachgerühmt: 1806 hatte die Stadt Erfurt als Folge der verlorenen Schlacht von Jena und Auerstedt vor den Franzosen kapituliert. Trommsdorff widersetzte sich der französischen Besetzung, was dem 36-Jährigen Kerkerhaft, Demütigungen und wirtschaftliche Repressalien einbrachte. In die Geschichte eingegangen ist seine Begegnung mit Napoleon am 23. Juli 1807. Napoleon fragte ihn, wen er für den größten zeitgenössischen Chemiker halte und erhielt die Antwort: „Die Chemie hat kein großes Haupt mehr, seit Lovoisier das seinige verloren". Dieser deutliche Hinweis auf die 1794 erfolgte Hinrichtung des großen französischen Chemikers, der die Rolle des Sauerstoffs bei Oxydationen erkannt hatte, verdross den Kaiser so sehr, dass er ihm abrupt den Rücken zukehrte und kein Wort mehr sagte (Abb. 7).

Friedrich Christian wurde also nach Erfurt zur Ausbildung und in die Obhut dieses Mannes gegeben. Parallel dazu entwickelte sich zwischen den beiden ganz unterschiedlichen alten Herren eine lebenslange Freundschaft mit wechselseitigen Besuchen. Jedenfalls lesen wir bereits in einem Brief vom 14. Juli 1817, den der Vater aus Redwitz schrieb, dass er die Rückreise von Erfurt in 36 bis 40 Stunden geschafft hat. Er bedankt sich für die Gastfreundschaft und hat „von meinem Fritz schon mehrere Male Briefe erhalten". Dadurch hörte er von wichtigen Entdeckungen aus Paris, die Trommsdorff bekannt geworden seien, und bittet, das Neueste über den Sohn an ihn weiterzuvermitteln.

Die Wirkung dieses Jahres in Erfurt auf den jungen Mann beschreibt Mensing so: „Bei seinem eminenten Fleiß hat er in dieser Zeit einen großen Schatz von Kenntnissen in vielen Wissenschaften gesammelt, Chemie, Physik, Geologie, Mineralogie und Botanik. Außerdem hat natürlich auch der persönliche Umgang mit den Lehrern, gebildeten intimen Freunden auch in weiteren gesellschaftlichen Kreisen, sowie das ganze Leben der größeren Stadt auf seine innere Entwicklung in vieler Hinsicht einen großen Einfluss gehabt."

Anlässlich der Abreise des Sohnes schrieb der Vater aus Redwitz am 7. März 1818 an Trommsdorff nach Erfurt und dankte ihm dafür, dass er väterlich über ihn gewacht habe, und weiter: „Die Zeugnisse, die Sie meinem Sohn gegeben, machten mir diesen werther und erregten meine Vaterpflichten aufs neue, um an der Ausbildung dieses Menschen nichts fehlen zu lassen. Deshalb habe ich meinem Sohn die Erlaubnis gegeben, dass er noch 1 Jahr nach Göttingen gehen und dann nach ½ Jahr oder wie lange es nöthig, wieder in Ihr Haus zurückkehren könne, um die Wissenschaft, der er sich hingegeben unter Ihrer Leitung ferner pflegen zu können. Ich weis zwar im allgemeinen, dass in Göttingen die meisten Fächer gut besetzt sind, doch ist es Ihnen besser bekannt, wie es in Technologie, Mineralogie, Mathematik und Sprachen aussieht, und ob die Lehrer in diesen Wissenschaften Vorzüge vor denen in Erlangen haben. Ich bitte Sie mir hierüber Ihre freundschaftliche Meinung zu sagen."

Die genannten Zeugnisse sind kurz und eindeutig. Von Dr. Bernhardi lesen wir lediglich: „Daß Herr Fritz Fikentscher aus Rettwitz meine Vorlesungen über Botanik, Zoologie und Mineralogie während des Schuljahres von Ostern 1817 bis dahin 1818 fleißig und mit viel Aufmerksamkeit besucht habe, darüber kann ich ihm ein sehr vortheilhaftes Zeugniß ausstellen. Erfurt den 11ten März 1818. Dr. J. J. Bernhardi". Darunter rotes Siegel mit J. J. B.

Das Zeugnis von Trommsdorff selbst lautet: „Ich, Endsgesetzter attestiere hierdurch, dass Vorzeiger dieses Herr Fikentscher aus Redwitz bei Wunsiedel sich ein Jahr lang als von Ostern 1817 bis dahin 1818 in meinem pharmazeutisch-chemischen Institut als Pensionair aufgehalten, und nicht nur durch einen außerordentlichen Fleiß, sondern auch durch ein sittlich gutes Betragen sich meine ganze Liebe und Achtung erworben hat.

Erfurt d. 20. März 1818".

Unterschrift: „D. Johann Bartholm. Trommsdorff Hofrath, Professor der Chemie u. Pharmacie, Beisitzer der Sanitätskommiss. Der Königl.Preuß. Regierung des erfurter Bezirks, Apotheker zu Erfurt, Vicedirektor der Königl. Academie nützlicher Wissenschaften zu Erfurt u. mehrerer gelehrter Gesellschaften Mitglied" (ebenfalls mit Siegel).

Die Aufzählung dieser Titel – später kam noch der preußische „Roter Adlerorden" hinzu: Goldenes Kreuz mit weißem Mittelschild, darauf der gekrönte rote brandenburgische Adler – deutet Trommsdorffs damalige Bedeutung an, die ihm auch nach zwei Jahrhunderten zugemessen wird.

Das Wort im Zeugnis, er habe sich Trommsdorffs „ganze Liebe und Achtung erworben", war ein Leben lang gültig. Die frühzeitige und anhaltende Förderung durch seinen späteren Schwiegervater zeigte sich beispielsweise daran, dass er bei seinem Studienaufenthalt in Paris durch dessen Empfehlungsschreiben an verschiedene Professoren leichter den neuesten Stand der Wissenschaft erfuhr und für die eigenen industriellen Unternehmungen erfolgreich einsetzen konnte. Ähnlich hilfreich waren Empfehlungsbriefe nach London, die ihm 1830 viele Türen öffneten (Lauterbach 2013).

Warum es zu den vom Vater in Aussicht genommenen weiteren Studien in Göttingen und dann wieder in Erfurt nicht gekommen ist, bleibt unbekannt. Zu vermuten ist nur, dass der Sohn in der väterlichen Fabrik voll ausgelastet war und sich zu Hause auf vielfältige Art ständig wissenschaftlich weiterbildete. Dafür gibt es einen bedeutenden Zeugen, nämlich Goethe, der vier Jahre später die Familie besuchte, worauf nun mit einigen Auszügen eingegangen werden soll, denn über das Thema „Goethe und die Familie Fikentscher" wurde bereits seit weit über hundert Jahren wiederholt gesprochen und geschrieben (Biedermann 1879, Gebhardt 1906, Goethe im chemischen Laboratorium 1938, Müller 1949, Schrenk 2005, Berg 2009, Berg 2013, Fikentscher 2015).

Das meiste über den Besuch Goethes und die sich anschließenden Kontakte wissen wir aus Goethes eigener Feder. Zur Vorgeschichte und dem Verlauf des Besuches in Marktredwitz zunächst Folgendes:

10. August 1822. Goethe weilte auch in diesem Sommer teils zu mineralogischen Studien, teils zur Kur in Eger und Marienbad. An jenem Tag war er bei Polizeirat Grüner in Eger. Dieser hatte sich durch jahrelange Hilfsbereitschaft und kluge Mitarbeit an den Forschungsarbeiten seine Freundschaft erworben. Zu Besuch kam auch der damals 22-jährige Friedrich Christian Fikentscher aus Marktredwitz. Er war im Auftrag seines Vaters in Geschäftsangelegenheiten unterwegs. Goethe fand Gefallen an dem jungen Mann, der schon eine ansehnliche Steinsammlung besaß, sich mit geologischen Problemen beschäftigte und den weit über das geschäftliche Interesse hinaus chemische und physikalische Fragen bewegten. Goethe horchte auf, als Friedrich Christian von der Glasfabrik erzählte, die der Vater in Marktredwitz betrieb, denn er beschäftigte sich in dieser Zeit erneut intensiv mit seiner Farbenlehre. Es ging um die Herstellung entoptischer Gläser, die dort möglich sein sollte. Goethe ergriff sogleich die günstige Gelegenheit, wichtiges Beweismaterial für die Farbenlehre zu erhalten und schrieb am 10. August in sein Tagebuch: „Fikentscher, junger Chemiker und Fabrikant von Redwitz ... Polizeirat Grüner wegen der Tour nach

Redwitz ...“ Der Polizeirat hatte sogleich im Namen des dortigen Hausherren Goethe nach Marktredwitz eingeladen.

Dann, am 12. August, notierte Goethe in seinem Tagebuch: „Geordnet, gepackt, damit vor der Abreise nach Redwitz gute Ordnung sei ...“ Am Tag darauf war alles bereit und die Reise begann. Er schreibt: „Um drei Uhr abgefahren nach Waldsassen und Mitterteich, um achte in Redwitz, eingekehrt bei Herrn Fikentscher, Fabrikherrn.“ Goethe war offenbar recht müde, denn erst in dem später verfassten „Notiertes und Gesammeltes auf der Reise vom 16. Juni bis 29. August 1922“ schildert er ausführlich seine Fahrt nach Redwitz. Dort heißt es dann unter anderem: „Um acht Uhr kamen wir nach Redwitz, wohl empfangen von Herrn Fikentscher und Familie. Abendgespräch erheitert durch Rath Grüners frühere Verhältnisse, denn Redwitz stand sonst unter österreichischer Hoheit und war gewissermaßen zu dem Egerlande gezählt, auch von der Stadt Eger bevormundet, nunmehr als von Bayern völlig eingeschlossen, an dieses Königreich abgetreten; nicht ganz zum Vortheil der Einwohner, denen ihre Fabrikate nach Böhmen auszuführen versagt ist.“ Dann weiter: „Von fünf Söhnen [richtig: vier] ist nur einer zu Hause, der älteste in Selb als Arzt angestellt, die drei jüngeren in Erlangen zur Schule und zur Apothekerkunst durch Martius, den Vater des brasilianischen Reisenden, angehalten“. Und weiter: „Der nunmehr ältere, ein junger lieber Mann von 22 Jahren, hatte schon früher beim Vater, der zuerst Apotheker gewesen, sich in diesen Künsten unterrichtet, sodann aber bei Trommsdorff im Erfurt'schen einen jährlichen Kursus durchlaufen, ist in der neuen Chemie ganz unterrichtet, in dem das Haus auch den notwendigen Journal hält, um einer Wissenschaft im Ganzen zu folgen, die bei solchen Unternehmungen im Großen von der höchsten Wichtigkeit ist, wie man an den Operationen sieht, die mir freundlich und umständlich mitgeteilt werden. Wir besahen das Mineralienkabinett des Sohnes, welches, obgleich nur vor wenigen Jahren angelegt, schon sehr gute und wohlgeordnete Stufen besitzt. Überall bemerkt man Geschick und Nutzbarkeit, auch zeigen sich die höheren chemischen Zwecke bei geologischen und oryktognostischen Bemühungen.“ (Oryktognosie = Lehre von der Beschreibung und Ordnung der Mineralien.)

Wir kommen zum Donnerstag, den 15. August 1822. Goethe notiert: „Um acht Uhr mit dem Sohne weggefahren; zuerst den Berg Cossain zur Rechten, dann bei Brand über genanntes Wasser, den Berg hinauf über einen schrecklichen Basaltweg auf die Glashütte, wo 17 Menschen arbeiten." Goethe war beeindruckt: „Es werden große Fenstertafeln gefertigt; wir sahen die ganze Manipulation mit an, die wirklich furchtbar ist. Sie bliesen Walzen von drei Fuß Höhe, in verhältnismäßigem Durchmesser. Diese ungeheuren Körper aufschwellen, glühend schwingen und wieder in den Ofen schieben zu sehen, je drei und drei Mann ganz nah nebeneinander, macht einen ängstlichen Eindruck. Dann weiß man die Walze, die erst unten rundlich geschlossen ist, mit immer fortgesetzter Erhitzung zu öffnen, dass Glocken daraus entstehen. Diesen wird die Mütze genommen, die Walze selbst durch ein glühend Eisen getrennt, damit sie sich auseinander gebe, welches im Kühlofen geschieht. Das alles geschieht mit der zerbrechlichsten, glühend biegsamsten Masse, so takt- und schrittmäßig, dass man sich bald wieder beruhigt. Das Gefährliche mit Sicherheit ausgeübt, erregt eine bängliche Bewunderung." Dann beschreibt er, wie man im Arbeitszimmer des jungen Fikentscher schnell gekühlte, kleine Glaskolben fand, deren ausgeschnittener Boden die entoptische Erscheinung trefflich gab, wozu uns „ein ganz reiner Himmel vollkommen begünstigte." Dann weiter: „Wir ließen sodann einen Glasstab schnell verkühlen und fanden ihn seiner Gestalt gemäß höchst schön entoptisch. Wir fuhren den schrecklichen Weg zurück, und ich wäre der Mittagshitze ungeachtet den Berg gern hinabgegangen, hätte mein jungen Begleiter sich nicht vor kurzer Zeit auf einer Fußreise an dem Hacken beschädigt." Und: „Mittags mit der Familie. Zustände früherer Zeiten, sowohl auf die Stadt als die Einzelnen bezüglich wurden durchgesprochen. Sodann wendete man sich zu chemischen Versuchen. Das trübe Glas bei hellem Grund gelb, bei dunklem blau erscheinend, geriet fürtrefflich mit aufgestrichener Salzsäure; das entoptische Täfelchen wollte nicht völlig gelingen."

Die trüben Gläser waren für Goethe deshalb so wichtig, weil sie am bequemsten die Urphänomene seiner Farbenlehre zeigen. Dieses „Urphänomen" offenbarte sich ihm auch in den Farberscheinungen des Himmels. Er erläutert dem Vater und dem Sohn den wichtigsten Satz seiner Farbenlehre so: „Es ist diese eine der wichtigsten Erscheinungen der Farbenlehre, indem wir ganz greiflich erfahren, dass ein quantitatives Verhältnis einen qualitativen Eindruck auf unsere Sinne hervorbringt."

Die exakte Naturwissenschaft hat sich mit der auf phänomenologischen Betrachtungen beruhenden Farbenlehre Goethes eingehend befasst. Sie war ein Gegenentwurf zu Newtons Zerlegung des weißen Lichtes durch ein Prisma, worauf er die Lehre von den sieben Grundfarben aufbaute, die weitestgehend anerkannt worden ist. Goethe dagegen konnte trotz seiner eingehenden Beobachtungen und Untersuchungen für seine Farbenlehre nur wenige Anhänger finden.

Wie aber verhält es sich tatsächlich mit den Gläsern für die entoptischen Farben und den Gläsern, die Friedrich Christian für ihn herstellte? 2008 teilte Prof. Dr. Dr. Gunnar Berg aus Halle dazu Folgendes mit: „Ein ‚normales' Glas wird mit einer Silberpaste, z.B. Silberchlorid, bestrichen. Im Ofen diffundieren Silberionen in die Glasoberfläche, und bei einer anschließenden Temperaturbehandlung bilden sich daraus Teilchen von kompaktem Silber im Glas. Das Besondere daran ist, dass die Teilchen unmittelbar unterhalb der Glasoberfläche sehr klein sind, während ihre Größe ins Glasinnere zunimmt. Die oberflächennahen kleinen Teilchen sind für die Gelbfärbung verantwortlich, während die großen Teilchen etwas weiter innen notwendig sind, um die Blaufärbung zu erzeugen. Die ‚richtige' Größen- und Konzentrationsverteilung der Silberteilchen ergibt sich nur bei der ‚richtigen' Temperaturbehandlung. Diese ist offenbar nur Fikentscher zur vollen Zufriedenheit gelungen. Da er aber den beschriebenen Mechanismus nicht kannte, und deshalb auch nicht wusste, worauf es ankommt, konnte er auch nicht mitteilen, worauf man zu achten hat, um zu reproduzierbaren Ergebnissen zu kommen. Die beschriebene Größenverteilung wurde Ende 2007 auch bei Originalgläsern aus Goethes Besitz, einer Leihgabe des Goethe-Nationalmuseums Weimar, zweifelsfrei nachgewiesen. Da nun der physikalische Mechanismus bekannt ist, lassen sich solche Gläser natürlich auch reproduzierbar herstellen."

Doch nun weiter mit dem Besuch Goethes 1822. Der Nachmittag des 15. August wurde mit chemischen Versuchen an verschiedenen Gläsern verbracht. Dann gab es um ein Haar noch eine kleine Peinlichkeit. Als man nämlich Goethe mitteilte, dass für den Abend Gäste ins Haus gebeten seien, wäre er gern weggeblieben. Er bemerkte jedoch die Verlegenheit über diese seine Absicht und erfuhr auf Nachfragen, dass die Gesellschaft seinetwegen geladen sei. Daraufhin gab er zwar das Vorhaben des gänzlichen Wegbleibens auf, zog sich aber beizeiten zurück, indem er Friedrich Christian mit einem „kommen Sie, Freundchen" aufforderte, ihm zu folgen.

Am anderen Morgen, Freitag, den 16. August, stand Goethe schon in seinem weißgoldenen Schlafrock in dem kleinen Laboratorium des Hauses und machte mit Friedrich Christian Versuche zur Herstellung der trüben Gläser in verschieden starker Trübung. Darüber steht in seinen Notizen: „Ganz den pyrotechnischen Versuchen gewidmet. Die trüben Scheibentäfelchen gelangen zuletzt in allen Abstufungen vortrefflich und wurden zu Dutzenden fertig, wodurch einer meiner sehnlichsten Wünsche erfüllt war."

Der nächste Tag, es war Samstag, wurde sowohl im Labor als auch mit Gesprächen verbracht. Goethe schreibt: „Die trüben Täfelchen gemustert und die meisten trefflich gefunden. Das Durchglühen und Abkühlen der entoptischen fortgesetzt. Schon gelang es besser."

Am Sonntag, den 18. August 1822 reiste Goethe zurück nach Eger.

Wie befriedigt und angetan er von diesem Besuch gewesen ist, lässt sich an zwei Briefen ablesen. Er schreibt am 22. August 1822 aus Eger an seinen Sohn August von Goethe: „Vorzüglich hat mich der Aufenthalt in Redwitz aufgeheitert. Es ist so erfreulich, eine Existenz zu sehen, die durch Einsicht, Klugheit und Ausdauer glücklich gedeiht. Von gelungenen trüben Täfelchen lege (ich) einige bei, dies war ein großer Fund." Geradezu begeistert schreibt er am Tag darauf an Carl Ludwig von Knebel: „... mit ihm [Polizeirat Grüner] gelang mir auch ein Ausflug nach Redwitz, einem Städtchen, das sonst als ein Intermundium zwischen Kulmbach und Böhmen lag, jetzt aber an Bayern abgetreten sich in neuere Verhältnisse zu schicken weiß. Die zweckmäßigste Tätigkeit in Fabrikation mancher Art, noch eine alte, seit Jahrhunderten bewährte Bürgerlichkeit, die sich ohne Polizei, in vortrefflichem Fleisch, Bier und

Brot, besonders auch in den unschätzbarsten Kaffeebrötchen zu Tage legt, machten mir viel Freude. Ich wohne in dem Hause eines Fabrikanten, der Sublimat und zugleich kristallisierte Weinsteinsäure usw. in großen Massen herstellt. Sein Sohn, der bei Trommsdorff einen jährigen Kurs durchgearbeitet, hat mir sogleich mit Glück die Glasscheiben, die bei veränderter weißer und schwarzer Unterlage gelb oder blau darstellen, zu Dutzenden gefertigt, sodass [ich] das einfache Credo meiner Farbenlehre jedem Naturfreunde zugleich in die Hände geben kann ... Auch entoptische Glaskörper erhielt ich dort durch schnelle Verkühlungen. Diesem Kapitel hoffe [ich] durch die Tätigkeit dieses jungen Mannes, dem ich die Anlage zu einem Apparat wohlgeordnet zurückließ, viel zu gewinnen. Eigentlich muss man reisen, um sein Erworbenes anzubringen und neu zu erwerben; was ich hier an einem Tage fand, daran laboriere ich in Jena zwei Jahre, ohne zum Zweck zu gelangen."

Bis vor wenigen Jahren gab es über den Besuch Goethes in Marktredwitz nur dessen eigene Aufzeichnungen und wenig verlässliche später aufgezeichnete Äußerungen von Grüner. Dann fand sich 2008 im Familienarchiv Fikentscher ein Brief von Wolfgang Caspar Fikentscher an die befreundete und später verschwägerte berühmte Familie Martius in Erlangen, geschrieben am 28. August 1822, also nur zehn Tage nach Goethes Abreise. Der Brief wurde 2009 im Goethe-Jahrbuch vollständig abgedruckt und kommentiert (Berg 2009). Nach einigen familiären Angelegenheiten steht darin:

„Am Abend vor Minas Abreise erhielt ich einen seltenen Gast. Es war unser Göthe! – Schon Anfangs Juny gieng dieser durch Eger und äußerte dem Polizeirath Grüner, wenn er vom Bade zurückkömme, so wünscht er von ihm nach Redwitz begleitet zu werden, weil er die Absicht habe, auf einige Tage hieher zu gehen. Grüner zeigte mir dies gleich an und Göthe hielt Wort. Ich war darüber um so mehr erfreut, weil ich hörte daß er mit Fritzen mehrere Tage Ausflüge machen und Steine sammeln will, aber die Sache wurde anders. Einen einzigen Tag gieng dieser seltne Mann mit Fritz auf die Glaßhütte, und so wie er im Hauße sich erwärmt hatte, keinen Schritt weiter" ... „Göthe wurde jeden Tag traulicher und Gespräche über Optick pp. war nun vollends die Losung zu seinem längern

Aufenthalt ... Fritz praeparirte die Gläßer in seinem Muflofen und sie gelangen augenblicklich. Wie sich nun damit die gewünschten Farbenbilder darstellten, wurde der Mann jugendlich freudig.

Es war ein eigener Anblick, in der Obern Küche unsern Fritz mit schwarzem Gesicht und Händen, und Göthe im schneeweisen Nachtkleide, zwischen Kohlenkorbe und Klühofen zu sehen. Auf Göthes Antrag gieng die Sache immer weiter, und Er ersuchte unter den höflichsten Complimenten, ob wir denn nicht auch einige Versuche machen wollten, um gläßer, indem auf einer Seite salzsaures Silber aufgetragen und in dem Mufel weggebrant, herzustellen, welche gegen das Licht orange gelb und gegen dunkel schoen satt himelblau reflektirten. Dies geschah, und die Satisfraktion war so groß, dass Fritz, der doch wohl mit Glaß etwas besser manipulieren kann, als viele andere, seinem Herrn und Meister gewiß hundert dergleichen Glaßplatten fertigte, und die der gefeyerte Mann sich alle selbst sorgfältig einpackte. So vergieng eine Woche und nur dadurch, daß er selbst abgeholt wurde verkürzte sich gegen seinen Willen sein hiesiger Aufenthalt um mehrere Täge. Sein Abschied war so: ‚Freund! indem ich für all' Ihre Güte tausend mal danke, bitte ich herzlich, daß – wenn ich noch lebe und nächstes Jahr wieder nach Böhmen ins Bad gehe, beim Rückgehen wieder einige Tage in Ihrem Hauße wohnen darf.'"

Die Kontakte zur Familie Fikentscher rissen nicht ab, bereits am 22. August besuchte ihn Friedrich Christian in Eger und im folgenden Jahr Vater und Sohn dort gemeinsam. Und bald war auch ein Austausch von Mineralien erfolgt, wie aus einem Brief Goethes hervorgeht:

10. November 1822: „An Fikentscher Sohn, Ihre reiche und höchst willkommene Sendung, mein Wertester, ist seinerzeit glücklich bei mir angekommen und freut mich doppelt, da sie meine Sammlungen ergänzt und mich zugleich an die schönen Tage erinnert, die ich im Kreise Ihrer werten Familie zugebracht. Empfehlen Sie mich allerseits und nehmen beikommende Stufen mehr als Zeugnis meines dankbaren Andenkens als für ein Äquivalent Ihrer bedeutenden Gaben; erinnern Sie sich dabei eines aufrichtig Teilnehmenden der nichts mehr wünscht, als im nächsten Jahre abermals einige Zeit in Ihrer Nähe zu verleben und sich einer an der

Hand des theoretischen Studiums immer fortschreitenden technischen Tätigkeit als Augenzeuge zu erfreuen".

Der Antwortbrief Friedrich Christians vom 17. Dezember 1822 aus Marktredwitz drückt über den Stil der damaligen Zeit hinaus wohl deutlich aus, wie dieser junge Mann vor Ehrfurcht geradezu dahin- schmolz. Er schreibt: „Euer Exzellenz gütevolles Schreiben und die Sendung von hochinteressanten Fossilien, welche ich vor etlichen Tagen empfing, beglücken mich zweifach: Beide werden unauslöschliche Andenken von denen selben bleiben. Auch die ehrenvolle Aufnahme in die Mineralogische Gesellschaft zu Jena kann ich bloß der Empfehlung Eurer Exzellenz, die gewiß weit über meine Verdienste war, verdanken. So viele Güte drückt mich schwer, da ich nichts als den Wunsch dagegen besitze, durch irgend eine Veranlassung in den Stand versetzt zu werden, meine Verehrung und meinen Dank auszudrücken, wie es mir mit Worten unmöglich ist. Möchte es doch der Vorsehung gefallen, Eure Exzellenz wieder in unsere Mitte zu führen, wodurch ein sehnlicher Wunsch meiner Angehörigen, insbesondere meines Vaters, der sich dero geneigten Andenken hochachtungsvoll empfiehlt, erfüllen werden, damit wir mehr Gelegenheit hätten zu beweisen, wie groß unsere Hochachtung und wie tief die Verehrung ist, mit der ich auch lebenslang sein werde. Euer Exzellenz ganz gehorsamster Friedrich Fikentscher, Redwitz, den 17. Dez. 1822."

Betrachtet man den Wunsch Goethes beim Abschied und liest diesen Brief, so ist verwunderlich, dass es im nächsten Jahr nicht zu einem weiteren Besuch Goethes in Marktredwitz gekommen ist. Die Erklärung dafür geht aus einem 2010 im Familienarchiv gefundenen Brief hervor (Berg 2013): Der junge Fritz Fikentscher schrieb am 18. August 1823 an seinen zu geschäftlichen Angelegenheiten in Wien weilenden Vater, während er in dessen Vertretung die Fabrik mit allen geschäftlichen Dingen und gerade erfolgenden Umbauten zu leiten hatte. Nach der Mitteilung aller dieser Abläufe lesen wir Folgendes: „Von Grünern in Eger erhielt ich am vergangenen Freitag die Nachricht, daß Göthe am 20. in Eger eintrifft und mich dort sehen will. Er sagte nicht daß G. nach Redwitz wollte aber wahrscheinlich bedürfte es nicht viel glukliche Umstände die ihn hieher bewegen würden. Ich bin deßwegen recht übel dran und muß doch auf einen Tag hinein was sich zu keiner Zeit weniger schicken könnte. Wenn nur nicht die Hütte dazwischen käme; wäre mir auf der Welt nichts erwünschter, als mit diesem liebenswürdigsten Patronen 8 Tage wieder zusammen zu leben; aber unter diesen Umständen geht es nicht, und ich werde, wenn er Lust bezeigt, so schiklich als möglich vorbauen. Am Sonnabend oder am Sonntag werde ich jedoch in jeden Fall hineingehen, und an dem selben Tag wieder zurück. – Am Sonntag wurde der Ofen auf der Hütten zugemacht ..."

Und tatsächlich lesen wir bei Goethe am Freitag, 22. August 1823: „Graf Trauttmannsdorff und drei andere Badegäste von Franzensbrunn abgewiesen. Der junge Fikentscher mit Rat Grüner, über des Vaters Reise, den Gang ihrer Geschäfte und sonst. Nach Tisch bey Rat Grüner." Das bedeutet, dass Goethe andere Besucher zur gleichen Zeit abgewiesen hat, den junge Fikentscher aber empfing. Dieser hatte es offenbar geschafft, rasch wieder zu verschwinden und einen weiteren Besuch Goethes in Marktredwitz und der Fabrik abzuwenden. Dafür ist in Abwesenheit des gestrengen Vaters ohne dessen Zustimmung schlichtweg keine Zeit vorhanden. Aus heutiger Sicht schwer begreiflich.

Die geschäftlichen und wissenschaftlichen Beziehungen zwischen Goethe und Friedrich Christian sowie dessen Vater sind offensichtlich intensiver gewesen, als die geringe Zahl der überlieferten Briefe zunächst vermuten lässt. Ein Brief Goethes endet mit den Worten: „Die barometrischen Mitteilungen bitte fortzusetzen schönstens grüßend das Beste wünschend, Marienbad, den 13. Juli 1823." Dieser letzte Satz besagt, dass Friedrich Christian offensichtlich ganz nach den Anweisungen Goethes jahrelang Wetteraufzeichnungen im Fichtelgebirge vorgenommen hat und sie ihm regelmäßig übermittelte.

Die Kontakte zwischen Goethe und der Familie Fikentscher reichen bis in das Jahr 1830. Einige Briefe befinden sich im Weimarer Goethe-Archiv. Der letzte stammt vom 9. Juli 1830, an den Vater gerichtet, aus dem hervorgeht, dass Goethe über die Verhältnisse und Vorgänge in der Familie unterrichtet blieb. Zunächst geht es darin um die Bestellung von Gläsern, die nach einer beiliegenden Zeichnung zu fertigen sind, und dann: „Durch Herrn Rat Grüner vernehme ich das gewünschte von Euer Wohlgeboren und Familie. An einem glücklichen Erfolg der wohl eingeleiteten Geschäfte kann es freilich nicht fehlen. Ihr Herr Sohn befindet sich in England, als ein vorzüglicher Deutscher gewiß zu seinem Vorteile, und so habe [ich] nur gute Gesundheit und Fortsetzung solcher günstigen Umstände zu hoffen."

Zu vermuten ist, dass es in der Familie über längere Zeit einige mündliche Erzählungen über den Goethebesuch in Marktredwitz gegeben hat, von denen auch der Goethe-Forscher Biedermann bei einem Besuch in Zwickau erfahren haben wird. Es ist aber überliefert, dass Friedrich Christian von sich aus niemals über seine Bekanntschaft mit Goethe gesprochen hat.

Dieses Mit-eigenen-Leistungen-nicht-nach-außen-Treten gehörte anscheinend zu den Eigenschaften Friedrich Christians, denn mit Ausnahme einer winzigen Mitteilung im Trommsdorff'schen Journal über eine unvermutete Gasexplosion bei der Schwefelsäureherstellung ist keine Schrift in einer wissenschaftlichen Zeitung von ihm bekannt. Diesen Vorgang hatte er in einem Brief vom 24. Mai 1826 Trommsdorff mitgeteilt, der ihn sogleich in seinem Journal unter dessen Namensnennung veröffentlichte (Fikentscher 1826). Mensing deutet diesen Umstand anhand eines Beispiels aus späteren Jahren so: „Im Jahre 1857 hatten einige Gymnasiallehrer mit anderen vereinigt zu einer Reihe von Vorträgen eingeladen ... Hierzu war auch Fritz aufgefordert worden und hat zu diesem Zweck sein Lieblingsthema gewählt: ‚Die Entstehung der Steinkohlen' ... Mehrere angesehene Geologen haben mit ihm darüber korrespondiert. Er wurde auch aufgefordert, seinen Vortrag drucken zu lassen. Das ist nicht geschehen. Einerseits war es gegen seine Natur, mit seinem Wissen öffentlich als Gelehrter aufzutreten, andererseits wusste er sehr gut, dass er zu einem Drucke nochmals den Vortrag in ganz anderer Weise hätte umarbeiten müssen, wozu er unmöglich Zeit fand."

Und das alles, obwohl er von jungen Jahren an Neues erfunden oder erarbeitet hat, wie bereits aus einem langen Brief vom 30. März 1823 von seinem Freund Carl Haendel, „jetzt Apotheker in Sachsa bei Nordhausen am Harze", anzunehmen ist: „Wohl möchte ich Dein steter Begleiter seyn, da Du so angenehme Beschäftigungen hast! Aber warum theilst Du der gelehrten Welt keine Deiner wissenschaftlich gewiß interessanten Arbeiten mit? Sie würden dem Promod Journale willkommen sein. Für die übersandten schönen Pflanzen meinen besten Dank." Er zählt dann mehrere Pflanzen mit lateinischem Namen auf, woraus ersichtlich ist, dass Fritz damit völlig vertraut gewesen sein muss.

Studium in Paris 1824

Und dann kam doch noch ein bedeutender Schritt in die große wissenschaftliche Welt, zum Studium nach Paris. Über diesen Aufenthalt wissen wir recht gut Bescheid, denn es blieben 15 teils recht lange und ausführliche Briefe an den Vater sowie die Schwester nach Redwitz erhalten. Sie wurden zusammen mit anderen Briefen (s. „Reisen") von Lauterbach 2013 vollständig übertragen und mit Erläuterungen herausgegeben. Aus ihrem Buch soll hier in kleinen Auszügen zitiert werden. Vorausgeschickt sei, dass er diese Reise zusammen mit August Schuster (1801–1824), seinem Freund aus Erfurter Zeiten, den er auf der Hinreise in Neustadt an der Weinstraße abholte, gemeinsam unternahm. Das Wohlwollen Trommsdorffs und seine Unterstützung wird in zwei Briefen von ihm deutlich: 5. Februar 1824: „Lieber Freund! Ihren Entschluß, mit A. Schuster Paris und seine merkwürdigen Anstalten und Männer kennen zu lernen hat meinen ganzen Beifall. Mehrere meiner ehemaligen Freunde sind leider! schon dem Lande zugeeilt, aus welchem noch Keiner je zurückkehrte: aber ich kann Sie noch an einige Männer addreßieren, die sich ein Vergnügen daraus machen werden Ihnen die beste Anleitung zu geben Ihren dortigen Aufenthalt bestmöglich zu benutzen. Herr Apotheker Robiquet einer der gebildetsten Pharmaceuten in Paris und ein tüchtiger Chemiker, hat Alle freundschaftlich aufgenommen, die ich an ihn addreßirte, Auch Ms. Vauquelin hat viel Güte für mich gehabt."

Und am 7. März: „Hierbei erhalten Sie einen Brief an Robiquet und einen an D. Kranichfeld den Leibarzt des Baron von Stroganoff, in beiden Briefen habe ich Sie und A. Schuster sehr warm empfohlen, und Sie dürfen der freundschaftlichsten Aufnahme versichert seyn. Herr D. Kranichfeld wird Ihnen die Bekanntschaft Gay Lussac's der jetzt Präsid. der Academie ist, und der vorzüglichsten Gelehrten der großen Hauptstadt verschaffen. Ich wünsche, daß Sie ein recht reich gefülltes Tagebuch von Ihrer Reise mitbringen mögen, und werde mich freuen, wenn Sie mir davon eine oder die andere Notiz mittheilen wollen, wenn Sie zurückkommen. Interessant werden Sie die Einrichtungen der Laboratorien finden, und ich bin begierig die jetzigen kennenzulernen, denn seit 20 Jahren haben sie gewiß eine ganz andere Gestalt angenommen."

Soweit Trommsdorff, von dem wir nicht wissen, ob er das gewünschte Tagebuch oder Auszüge daraus erhalten hat. Es ist jedenfalls nichts darüber bekannt, so dass die Briefe von dieser Reise die alleinige, wenngleich reichhaltige Quelle darüber sind.

Nun Lauterbach: „Im April 1824 war Friedrich Christian Fikentscher in die französische Hauptstadt gereist, um naturwissenschaftliche Fächer aus erster Hand zu studieren. In Paris lehrten ja seinerzeit zahlreiche bis heute bekannte wissenschaftliche Kapazitäten. Nach ersten Orientierungsbesuchen stellte Fikentscher fest, dass er mit sämtlichen Herren unbedingt nur französisch zu sprechen hatte, auch mit dem dort weilenden großen deutschen Naturforscher Alexander von Humboldt (1769–1859), sobald andere Personen zugegen waren. Natürlich beherrschte er noch nicht die Feinheiten der französischen Sprache und sprach nicht akzentfrei, was ihn jedoch nicht demotivierte, sondern im Gegenteil anspornte, an der Verbesserung zu arbeiten. Diese erhoffte er sich vornehmlich während der zahlreichen Vorlesungen, die er mit seinem Freund August Schuster gemeinsam besuchen wollte. Über seine zumeist bedeutenden Dozenten, ihre Fächer, Vorlesungsorte, aber auch über das Verhalten der Studenten berichtete er seinem Vater häufiger. Er schilderte seine Lehrer zudem derart ausführlich, dass man den Eindruck hat, einen Vorläufer des „Who is who" der seinerzeit in Paris versammelten Wissenschaftler zu lesen.

Speziell Fikentschers Brief vom Anfang Mai 1824 bietet eine Fülle von Informationen, weshalb er im Originaltext wiedergegeben werden soll:

„Von einigen der hiesigen Lehrer schrieb ich Ihnen schon. Clement ist wirklich unser Lampadius, aber Thenard wird kaum seinesgleichen in Deutschland finden. Dieser trägt wie alle die ich hier hörte gut und aus dem Gedächtniß vor (Ein Lehrer der nach seinem Handbuch lesen wollte würde hier alles Zutrauen verlieren – aber für die Franzosen und ihresgleichen hat er noch den Rezensend, den Possenreisser (-Freylich anständig) zu machen. Dagegen ist Dulong ein würdiger trefflicher Lehrer der mit einer ausgezeichnet guten Sprache eine Masse Kenntnisse besitzt, die Erstaunen erregt. In der vorigen Vorlesung hergeleitete er die Verhältniße des Phosphor und dessen Salze. – So abstrakt diese Materie für die meisten Zuhörer seyn mußte, so bemerkte ich doch zu meiner Lust, daß von den 3[00]–400 Zuhörern (die bei anderen Lehrern hin und wieder laufen) keiner zukte. – Wenn Sie die Unruhe der jungen Leute hier kennten, die blos in die Vorlesungen wie auf den Boulevard und in die Tuilerien laufen, würden Sie das wie ich für eine außerordentliche Wirkung halten.

Dulong hat, wie Sie sich vielleicht erinnern bei einem Experiment mit dem Chlorine Stickstoff ein Auge verloren, dis trägt noch mehr dazu bei, seinen vollkommenen Gelehrtenblick zu erhöhen. Thenard liest im Kollege de France, Clement im Conservatoir, Dulong in der Sorbonne und aber daselbst auch Poulliet, und Laugier im Jardin des Plantes. Dieser letztere hat das schönste Lokal. 6[00]–800 Zuhörer haben sicher bequem Raum in der schönen Rotunde, und die Mannigfaltigkeit der Präparate und Geräthschaften ist merkens würdig wie in der Sorbonne und das andere. Laugier trägt allgemeine Chemie vor und hat fast angefangen wie wir hier waren. In einigen Tagen fängt Brogniart eben auch im Jardin an Kollege über Mineralogie zu lehren. Das ist mir sehr erwünscht, denn ich bin jetzt überzeugt daß wir die Männer weit mehr durch 10–15maliges Zuhören als durch 1–2 magere Conversationen kennen lernen, und auch blos in der Absicht behufs wie bis jetzt, und wenigstens noch 1 Monat alle Kollegs. In der Sorbonne und blos daselbst wird jeder welcher nicht seine Karte von Thenard unterzeichnet vorzeigt, abgewiesen. Dieses scheint aus früheren hier vorgefallenen Unruhen gefolgt zu seyn. Alle Zuhörer sind einregistrirt, wie etwas vorfällt kann man sie Packen. – Wir haben uns gleich in den ersten Tagen mit dieser versehen, und werden heute noch die nöthigen erhalten wodurch man alle Tage Zutritt in die Museen bekommt ... Robiquet ist wie wir hören ziemlich angesehen als verständiger Apotheker und Chemiker, Gay Lussac steht aber oben an. Schön, daß dieser gerade liest während wir hier sind."

Fünf Wochen später ergänzt er diese Beschreibung wie folgt:

„Mit Dulong sind für gewöhnlich mit den einfachsten Geräthen die schönsten Entdeckungen zu machen. – Wie ich von einem jungen Gelehrten hier (Zoege, ein Däne) hörte öffnet Gay Lussac eine unchemische Werkstätte. Er ist oben an unter den Gelehrten, vorzüglich ist er der erste Physikus Frankreichs scheint aber nicht so wie Thénard oder Cuvier vom zeitlichen Glück begünstigt zu sein. Mehr werde ich erfahren. – Fortin, der hier sehr geschätzt wird theilt gleiches Los mit vielen Chemikern – er ist recht weich."

Diesen Brief hielt sein Vater für so bemerkenswert, dass er umgehend, am 21. Juni 1824 an Trommsdorff schrieb:

„Wohlgeborner, Hochvererter Freund

Sie hatten vor einiger Zeit die freundschaftliche Güte und gaben meinem Sohn, Fritz, einige Empfehlungen nach Paris wofür ich Ihnen noch herzli. danke. Derselbe ist nun Ende Merz über Neustadt abgereist, hielt sich kurze Zeit bei Schuster auf, und kam schon am 19. April in Paris an.

Seitdem erhielt ich mitunter sehr intreßante Aufschlüsse über Manches und besonders in Beziehung auf Fabricken. Unsre Reisende fingen gleich im Anfange an, ihren dortigen Aufenthalt auf die beste Weise zu benutzen und hören bei vielen pariser Gelehrten Vorlesungen die sie auch bis zum Schluße – August – fortsetzen.

Von Thenard, der im College de France allgemeine Chemie liest, schrieb mein Sohn im Anfange viel gutes, nur bedauerte er, daß jener mit seiner unglaublichen Gewandtheit und fließenden Vortrag, eine mit dem rechten Gelehrten unverträgliche Charlatanerie vereinigt. Im Verfolg der Zeit ist jedoch von diesen der Anfangs glänzende Nimbus sehr gewichen. Dulong soll der geistreichste und Vauquilin der praktischste unter allen pariser Chemikern sein. Ersterer soll mit einer ausgezeichnet guten Sprache eine solche Maße von Kenntnissen besitzen, die Erstaunen erregt. Clément soll nicht sehr hervorstechen, so wie Brogniard der Mineralogie liest. Letzterer trägt jezo Oryctognosie und Cordier Geologie vor. Die Vorträge Cordiers sollen intreßant sein, weil er die neuesten Data gut zusammenstellt.

Desfontaines liest Botanik, die er aber unnatürlich breit und leer vortragen soll, so daß dies Collegium bald aufgegeben wurde. Auch soll der Botanische Garten in Erfurt reicher sein als der in Paris, nur wißen ihn die Franzosen fürs Auge glänzend zu schmücken. Von denen pariser Loboratorien und chemischen Geräthschaften hat man in Deutschland eine viel zu hohe Meinung. Mit dem Laboratorium in der polytechnischen Schule in Prag soll sich auch das best'eingerichtetste in Paris nicht messen können. Die Mineraliensammlung in der Ecole des Mines, die in 5 Sälen ausgesuchte Stücke hat, ist jedoch bei weitem nicht so glänzend als Werners Sammlung in Freiberg. So ist die Zoologische Sammlung in Wien viel bedeutender als die im Museum des Jardins in Paris.

Ein 4–5 monatlicher Aufenthalt in Paris kostet Geld, allein ich glaube, dass dieser für die jungen Leute von bleibendem Nutzen ist, und umso ferner mag er sein. Nach beendigten Collegien wollen sie erst Paris kennenlernen und dann die Rückreise durchs südliche Frankreich über Marseille, Lyon und die Schweiz antreten."

Dieser Brief als eine Art Zusammenfassung vieler Briefe, die der Vater tagebuchähnlich von seinem Sohn erhielt, reicht hier aus, um zu zeigen, wie der 24-jährige Friedrich Christian die Zeit nutzte, welche Bildung er in Paris sich aneignete, besonders jedoch, mit welchen Vorkenntnissen und scharfem vergleichendem Urteil er die wissenschaftliche Seite der Stadt Paris betrachtete. Denn schließlich muss er viele Vergleiche aus anderen europäischen Städten genau im Gedächtnis gehabt haben, um sich so klare Urteile über die Pariser Einrichtungen erlauben zu können. Außerdem ist beim Lesen dieses Briefes klar, wie ernst die beiden „Alten" ihn und seine Beschreibungen nahmen, obgleich – was in anderem Zusammenhang noch näher darzulegen ist (s. Kap. Geld) – der Vater den Sohn außerordentlich kurz hielt.

Nach dem Paris-Aufenthalt geht die Arbeit in der Fabrik in Redwitz in vollem Umfang, aber auch mit wissenschaftlichen Überlegungen, weiter. Friedrich Christian übermittelt seine Beobachtungen seinem Lehrer und väterlichen Freund nach Erfurt.

24. Mai 1826 aus Redwitz an Trommsdorff in Erfurt:

„Theuerster Herr und Freund! Seit ich Ihnen von hier das letzte mal schrieb, trug sich nichts von Bedeutung zu. Neue Erfahrungen, welche wir häufig machen, betreffen meist das Technische, welches für uns häufig noch wichtiger ist als das Chemische. Einige Bemerkungen, welche ich im verflossenen Winter machte, finde ich jedoch in keinem chemischen Handbuche, weßwegen ich mir die Freyheit nehme, sie Ihnen mitzutheilen: Die 60 prozentige Schwefelsäure wie sie aus der Kammer kommt wird in bleyernen Kesseln noch weiter eingedampft ...“ Es folgt die ausführliche Beschreibung eines technisch-chemischen Vorgangs. Der Brief schließt mit der Bitte um einen Besuch noch in diesem Jahr und dem Bedauern, was er selbst auch in diesem Jahr wieder nicht tun kann: „nämlich nach Erfurt gehen um Sie mit Ihrer Familie wieder zu sehen.“

Wie die Bildung von Friedrich Christian weiter verlief, lässt sich aus dem Zusammenhang leicht erahnen, denn die laufenden Geschäfte, in die er vom Vater insbesondere während dessen häufiger Abwesenheit, auch infolge dessen Tätigkeit als Landtagsabgeordneter ab 1828, immer mehr eingebunden wurde, ließen nur den Raum zur wissenschaftlichen Weiterbildung je nach den Erfordernissen des Tages. Von Mensing erfahren wir zusätzlich, dass Friedrich Christian neben der fachlich bedeutenden Literatur seit jungen Jahren auch deutsche Klassiker gründlich gelesen habe. Ein besonderer Liebling von ihm sei der in damaliger Zeit hoch gefeierte Jean Paul gewesen. Auch habe er auf einer mehrtägigen Reise nach Berlin im März 1829 nicht nur Fabriken besichtigt und bedeutende Chemiker wie Professor Eilhard Mitscherlich besucht, sondern auch eine Vorlesung von Hegel über „Das germanische Prinzip“ gehört.

Dann aber, im Frühjahr 1830, erfolgte eine bedeutende Reise nach England, die Friedrich Christian nun bereits als kenntnisreicher Fabrikant unternahm. Natürlich begleitete ihn erneut ein Empfehlungsschreiben Trommsdorffs. Darüber an anderer Stelle mehr (s. „Reisen"), weil sich bei dieser Reise der praktisch-wirtschaftliche Zweck zunehmend in den Vordergrund drängte, was aus Sicht des Vaters ohne Zweifel der entscheidende gewesen sein muss.

Bruder Friedrichs Ausbildung

Aus England war Friedrich Christian offensichtlich nicht nur wissenschaftlich und wirtschaftlich gebildeter zurückgekehrt, sondern wusste sich auch vollkommen weltmännisch zu bewegen. Es spricht vieles dafür, dass er die Geschäfte der Fabrik mit der nun gewonnenen weiteren Sicht mehr und mehr vom Vater übernahm – ohne allerdings dessen alleinigen Anspruch jemals in Frage zu stellen. Zugleich übernahm er auch wichtige Aufgaben in der Familie, so für das weitere Fortkommen des elf Jahre jüngeren Bruders Friedrich (1810–1879) (Abb. 14), wie es der Vater 13 Jahre zuvor für ihn getan hatte. Er wusste um die Bedeutung allgemeiner Umgangsformen, wie aus einem Brief vom 24. Juli 1830 an Trommssdorff in Erfurt – „Ritter des rothen Adlerordens III. Klasse", wie nun auf der Adresse steht – zu entnehmen ist:

„Verehrtester Herr Hofrath! Mein jüngster Bruder (der ebenfalls Friedrich heißt) hat im kommenden September seine Lehrjahre als Apotheker überstanden. Der Vater wünscht es, und ich mit ihm, dass er wenigstens noch ein Jahr lang kondizionirt, ehe er die Universität bezieht; wir sind auch darin ganz einig, dass er nicht bei seinem Lehrprinzipal dieses Jahr zubringen soll; (obgleich Herr Raab ein sehr wakkerer gebildeter Mann und geschikter Apotheker ist), aber wir kennen selbst keine Stelle, welche für ihn paßte. Friedrich ist unverdorben, hat viel guten Willen und war ziemlich fleissig, aber es fehlt ihm der äußere Zuschnitt, welchen die Welt von ihm verlangen darf, und eben deswegen ist es nützlich, ja notwendig, daß er seine Stelle (wo möglich mit der in einem größeren Ort) vertausche. Freylich würde eine Stelle in Berlin, wo er vielleicht des Tages eine Stunde für eine chemische Vorlesung verwenden könnte, am wünschenswerthesten seyn; ich weiß aber nicht, ob dieses angeht, und, es kommt auch nicht blos darauf an, wenn sonst nur das Geschäft frequent und gut ist.

Sie würden uns sehr verbinden, wenn Sie sich gütigst für uns bei einem Ihrer vielen Bekannten für uns verwendeten – mein Vater ist auch erbötig, jede Erleichterung welche zum Ziele führte, zu gewähren."

Der Hinweis auf den Vater zeigt, dass dieser unverändert an der bestmöglichen Ausbildung seiner Söhne interessiert und alle dafür erforderlichen Kosten zu übernehmen bereit war.

Die Sorge um das Gedeihen des Bruders geht ein halbes Jahr später weiter: 6. Februar 1831, ebenfalls an Trommsdorff, nun mit der Anrede „Theuerster Herr Vater! Mein jüngster Bruder Friedrich, welcher bei Raab in Baireuth seine Lehrzeit schon im vorigen Herbste beendigte, hat sich zwar ebendaselbst noch auf ein halbes Jahr als Gehülfe zu bleiben verpflichtet, aber nur, weil er selbst meinte, dass es besser für ihn sey, aus letzterer auszutreten. Herr Raab ist ein sehr schätzenswerther Mann und geachteter Apotheker, hat auch ein recht frequentes Geschäft, so daß ein junger Mann daselbst die ersten Erfordernisse für einen Apotheker, Ordnung und Fleiß, sich gut aneignen kann. Er hat aber bis jetzt weniger Leute gehalten, als notwendig gewesen wäre um diese Zeit für Selbststudium und Arbeiten im Laboratorio, geben zu können – die Leichtigkeit, Präparate, besonders chemische zu kaufen und zu prüfen, hat ihn auch abgehalten, Vieles selbst arbeiten zu lassen, so daß, wie seine anderen Schüler auch, Friedrich hierin bei einer ziemlich starken Wißbegierde, zurük blieb. Mehr Mangel an Gelegenheit war noch für diesen, sich äußerlich auf die Weise auszubilden, wie es für Jeden durchaus nothwendig ist, um ohne Anstoß unter gebildete Leute zu gehen – Friedrich hat die Unbeholfenheit und Schülerhaftigkeit, welche beim ersten Anblik weit weniger Verstand und Kenntnisse bei ihm vermuthen läßt, als er wirklich hat. Vorzüglich das Letztere macht dringend nötig, dass er bald in eine Lage kommt, welche ihn zwingt, auf sein Äußerliches streng zu sehen, und dazu ist für ihn die Fremde das einzige Mittel. Diese würden wir vergebens in Baiern suchen, um so mehr, da im Allgemeinen den Süddeutschen diese Freiheit im Benehmen fehlt, welche für die Norddeutschen gewöhnlich einnimmt. Aus dem Wenigen werden

Sie am besten beurtheilen, was für Friedrich gut ist und das einzige Hindernis, welches Sie haben finden können, möchte ich Ihnen vielleicht selbst durch die späte Eröffnung unseres Wunsches, herbei geführt haben – nämlich die kurze Zeit bis Ostern. Mein Vater, welcher seine Bitte mit der meinigen vereinigt, sagte mir, dass von einem Salair, für F. gar nicht die Rede seyn könnte, wenn nur die wesendlichen Bedingungen für ihn erfüllt würden. Er meint dabei, daß eine Gelegenheit für ihn die freyen Stunden mit Unterricht in Chemie pp ausfüllen zu können, sehr wünschenswert sey, ich bin damit aber auch nicht ganz einverstanden, da ein Kursus auf einer Universität demungeachtet nicht umgangen werden kann, und solche Bedingungen Ihre Wahl schwieriger machen."

An der Vermittlung Trommsdorffs hat es wohl nicht gefehlt, doch der Versuch ist zunächst offenbar nicht wie gewünscht verlaufen, eine Krankheit muss hinzugekommen sein, ohne dass es darüber einen direkten Bericht gibt. Jedenfalls lesen wir anderthalb Jahre später in einem der aus verwandtschaftlichen Gründen nun häufigeren Briefe an Trommsdorff von 10. Juli 1832: „Daß Friedrich bei H. Frenzel nicht an seinem Platze war, hätte ich mir freylich nicht gedacht. Die Ursache hiervon mag nun seyn welche sie will, so ist das ganz gewiß, was Sie aussprechen, dass er nicht unbeschäftigt bleiben darf. Hierüber ist mein Vater ganz einverstanden, und also auch darüber, dass mein Bruder seine Rückreise hierher so bald antreten soll als ihm möglich ist. Selbst dann, wenn der seltene Fall einträte, daß jetzt sogleich eine gute Kondition für ihn offen würde, dürfte man einmal Niemanden zumuthen, einen nicht völlig hergestellten Kranken in sein Offizin zu nehmen, und dann auch wären sehr günstigen Verhältnisse erforderlich um ihn herzustellen. – An Beschäftigung für ihn hätte ich hier keinen Mangel ... Ich bitte Sie daher, Friedrichen mit Rath und, wenn ers bedarf, mit Geld zu unterstützen. Seine Hieherreise soll er, wenn er sich rüstig genug fühlt, zu Fuß gehen, über Rudolstadt, und wenn er das Gehen nicht ertragen kann, über Jena und Schleiz mit einem Einspänner fahren."

Über den weiteren Lebensweg des Bruders zu schreiben ist hier nicht der Ort, doch immerhin lesen wir in einem Brief vom 13. November 1832 an den „Theuersten Herrn Vater" in Erfurt, wie es mit ihm zunächst weiterging und dass der ältere Bruder sich für ihn verantwortlich fühlte:

„Die Sachen für meinen Bruder Friedrich, welche Sie die Güte hatten, vor 14 Tagen hieher zu schiken, sind gut angekommen. Dieser ist seit vier Wochen in München um daselbst sein Universitätsjahr zu machen. Er wohnt bei Prof. Buchner und hat bei diesem Unterricht in praktischen Arbeiten – So wenig ich von der dort von ihm benützten Zeit hoffe, so musste doch etwas geschehen, und dann ist es noch des Vaters Wille, daß er von seinem Fach nicht abspringe; Auf diese Weise war kein Ausweg gelassen."

Anmerkung: Friedrich Fikentscher widmete sich später ganz der von seinem Bruder Friedrich Christian durch langjährige Untersuchungen vorangebrachten Zuckerherstellung, war Besitzer von Zuckerfabriken in Regensburg, wo er sich niedergelassen hatte, sowie in Straubing, und war Präsident der Handelskammer in Regensburg. Die Brüder standen lebenslang in stetiger auch wirtschaftlicher Verbindung (s. „Wirtschaft").

Anerkennung in der Wissenschaft

In diesen Monaten und Jahren entstand offensichtlich ein reger, nicht nur privater, sondern auch fachlicher Briefwechsel zwischen Marktredwitz und Erfurt. Jedenfalls berichtet Friedrich Christian an seinen nunmehrigen Schwiegervater Trommsdorff nach Erfurt über verschiedene chemische Experimente und Beobachtungen im Labor und in der Fabrik. Die zugehörigen Briefe Trommsdorffs nach Redwitz sind zwar nicht vorhanden, doch spiegelt sich einiges in denen von Friedrich Christian wider. Das wiederum belegt, dass hier ein Austausch auf hohem wissenschaftlichem Niveau erfolgt sein muss. (Beispiele vom 12. September 1832 sowie 30. Juni 1833).

Friedrich Christian war bereits in diesen Jahren über das unmittelbar wissenschaftliche und geschäftliche Interesse hinaus auch mit bestimmten Personalentwicklungen im Wissenschaftsbetrieb des Landes insgesamt vertraut. Er schreibt am 30. Juni 1833 aus Erlangen an Trommsdorff: „Ich hörte hier viele Neuigkeiten. Kastner ist nach München an des alten verstorbenen Prof. Vogels (des Physikers) Stelle berufen, und die Universität ist nun in Sorge wegen der Wahl eines Chemikers. So viel ich vernehme, wünscht man einen jüngeren Mann, welcher freylich fürs Erste nur einen fixen Gehalt von 1.2[00] bis 1.500 Gulden und freie Wohnung bekäme (Kastner hatte 2.200 fl.) aber dann später auf Gehaltszulage um so mehr rechnen darf, als die Universität Willen und Kräfte dazu hat. Diese hat nämlich in München eine gefährliche Nebenbuhlerin, besonders an der medizinischen und naturhistorischen Fakultät daselbst und muß sich nun rühren und tüchtige Männer pflegen, und andererseits hat dieselbe erst vor wenigen Tagen einen Prozeß gewonnen wodurch sie gegen 400.000 Gulden gewinnt. Sollte sich Wackenroder nicht dazu qualifizieren? Kastner wird ohne Zweifel den Ruf annehmen."

Der Umgang mit gebildeten und bedeutenden Menschen riss selbst in der Kleinstadt Marktredwitz nicht ab. So teilt Friedrich Christian am 22. Juli 1835 an Trommsdorff eher nebenbei mit: „Letzten Montag kam im Vorbeifahren Hecht, Laimann mit Hofrath Carus und noch einigen Personen zu uns. Nach Besichtigung der Fabrik eilten sie aber sogleich weiter. Hecht lässt sich Ihnen besonders empfehlen." Und tatsächlich steht in den Lebenserinnerungen von Carl Gustav Carus, dass er im Juli 1835 in die böhmischen Bäder gereist ist, so dass eine Verwechslung mit einem anderen Hofrat gleichen Namens auszuschließen ist.

Im Grenzbereich zu anderen Betrachtungen geht es Friedrich Christian nicht nur um die eigene Bildung, sondern ebenso um die Ausbildung junger Leute für die Wirtschaft (s. „Politik"): 31. Dezember 1833 an Trommsdorff: „Die Gewerbeschule in Wunsiedel ist nun in voller Thätigkeit und wie mir scheint lässt sich von dieser Vieles Gute erwarten. Dazu mögen nun freilich einige Lehrer das Meiste beitragen. Kaum hat man aber den Unterricht begonnen so denkt man schon auf den Bau eines Hauses von stattlichem Äußern und geräumigen Innern, welches über die vorhandenen Kräfte gehen wird. Es scheint, als ob die Baulust, welche in München sich selbst erschöpft hat, nun auch die Provinzen infizirt. – Hier fehlt es an Fonds, obgleich nicht an gutem Willen, um etwas zur Verbesserung der Schule durch Anstellung eines Zeichen- und Sprachlehrers zu thun. Vielleicht, dass sich in der Folge Mittel dafür ausfindig machen lassen."

Das bereits erwähnte Fehlen wissenschaftlicher Veröffentlichungen bedeutet nicht, dass Friedrich Christian nicht fähig zu eigenen Schriften gewesen sei. Es gibt zahlreiche wissenschaftliche Gutachten und Abhandlungen von ihm, die als Entwürfe für Manuskripte überliefert sind und für die Administration in der Region angefertigt wurden, so im April 1835 über das Bleichen von Leinwand mit Chlorkalk und später über die Zuckergewinnung aus Rüben (s. „Wirtschaft").

Für Friedrich Christians Anerkennung als wissenschaftlich gebildeter und auf der Grundlage wissenschaftlicher Erkenntnisse arbeitender Fabrikant gibt es aus der Zeit nach der Fabrikgründung in Zwickau zahlreiche Bestätigungen. Er schreibt am 15. April 1851 an seine spätere zweite Frau Rosalie Mensing nach Erfurt: „Prof. Rose und Magnus waren drei Tage lang hier und am Sonntag, während meiner Abwesenheit, hat zum Theil Wilhelm meine Stelle vertreten. Besuche von solchen Männern sind eine Erquickung, und, wie mir schien, waren sie auch befriedigt. Dr. Schneider scheint ein wohl unterrichteter Mann zu seyn, der vielleicht noch bessern Eindruck machen würde, wenn er sich weniger Mühe gäbe. Sein etwas geschraubtes Wesen nimmt in der ersten Zeit nicht für ihn ein, und insbesondere will einem nicht so bald einleuchten, daß nicht mehr Phrase als Ernst seine Sache sey, aber er ist gewiß besser als seine Weise."

Zu zwei der genannten Professoren ist Folgendes anzumerken: Rose, Heinrich (1795–1864), Apotheker und Chemiker, seit 1835 Professor für Chemie in Berlin, Mitglied mehrerer wissenschaftlicher Akademien, war mit Friedrich Christian bereits bei dessen Studium in Paris bekannt geworden.

Mitscherlich, Eilhard (1794–1863), seit 1825 Professor der Chemie an der Berliner Universität. Er stellte als erster Permanganat her, entdeckte den Isomorphismus der Kristalle und 1832 gemeinsam mit Justus von Liebig (1803–1873) die Zusammensetzung der Milchsäure.

Prof. Rose hatte auch Anteil beim Zustandekommen einer anderen Begegnung, über die im Familienarchiv nichts vorhanden ist, worüber in der Familie offensichtlich nie gesprochen wurde, die aber aus einer anderen Quelle bekannt wurde. Es ist der Besuch von Louis Pasteur (1822–1895) in Zwickau, über den in der Biographie von Vallery-Radot 1948 ausführlich berichtet wird. Louis Pasteur, seit 1849 Professor für Chemie in Straßburg, begann 1846 an der Pariser „École Normale“ seine Studien über optisch aktive Verbindungen und begründete mit der Entdeckung, dass die Traubensäure ein Gemisch von rechts- und linksdrehender Weinsäure ist, die Stereochemie. Pasteurs Besuch in Zwickau erfolgte während der ihm 1852 von der „Académie Francaise“ finanzierten Studienreise.

Im August 1852 war Pasteur nach Paris gekommen und traf dort die deutschen Professoren Mitscherlich – der sich bei der Akademie für die Ernennung zum auswärtigen Mitglied bedanken wollte – und Rose. Er schreibt an seinen Vater: „Was mir bei der Begegnung mit diesen Herren am Wichtigsten und angenehmsten war, ist die sehr wichtige Mitteilung, daß es einen deutschen Fabrikanten gibt, der neuerdings die Traubensäure gewonnen hat. Ich habe sofort den Entschluß gefaßt, zu ihm und seinen Produkten zu reisen und die merkwürdige Substanz gründlichst zu untersuchen.“ Das wissenschaftliche Problem bestand damals darin, dass 1820 einmal bei der Produktion der Weinsäure die Traubensäure – das optisch inaktive Gemisch aus den beiden optisch aktiven Formen der Weinsäure – aufgetreten war und niemand dieses Phänomen erklären und die Säure herstellen konnte. Pasteur: „ich gehe bis ans Ende der Welt. Ich muß die Quelle der Traubensäure entdecken“. Pasteur erhielt von Mitscherlich „ein Empfehlungsschreiben an den sächsischen Fabrikanten namens Fikentscher, der in der Nähe von Leipzig wohnte“. Daraufhin reiste er sofort ab, noch ehe die Akademie über die mögliche Finanzierung der Reise entschieden hatte. Am 12. September berichtet er an seine Frau: „Ich halte mich nicht in Leipzig auf, sondern fahre sofort nach Zwickau und von da zu Herrn Fikentscher. Ich verlasse ihn bei Einbruch der Nacht und komme heute morgen in frühester Stunde wieder und habe den heutigen Sonntag bei ihm verbracht. Herr Fikentscher ist ein sehr unterrichteter Mann und hat mir seine Fabrik bis in die kleinsten Einzelheiten gezeigt, ohne das geringste Geheimnis vor mir zu haben ... Es ist eine sehr gut gehende Fabrik. Sie Umfaßt eine Gruppe von Häusern, die von Ferne und infolge einer Anhöhe, auf der sie liegen, wie ein kleines Dorf aussehen. Im Umkreis liegen zwanzig Hektar schön bebauten Landes. Es ist das Ergebnis der Arbeit einiger Jahre ... Herr Fikentscher hat Traubensäure erstmals vor zweiundzwanzig Jahren erhalten ... Da in Zwickau kein Laboratorium ist, fahre ich nach Leipzig zurück mit zwei Portionen Weinstein, wie ihn Herr Fikentscher gegenwärtig verwendet ... Herr Fikentscher hat mir versichert, daß ich dort von verschiedenen Professoren sehr gut aufgenommen werden würde, da sie mich, wie er sagte, sehr gut kennten." Es folgen Angaben zu seiner weiteren Arbeitsplanung, der Traubensäure auf die Spur zu kommen, dann weiter: „Herr Fikentscher will für seine Produkte nichts annehmen. Aber ich habe ihm Ratschläge und ein gutes Teil meiner Begeisterung gegeben. Er will die Linksweinsäure für den Handel herstellen. Ich habe ihm alle dafür wichtigen kristallographischen Einzelheiten mitgeteilt. Ich zweifle nicht, daß es ihm gelingt". Und dann am Mittwoch, den 15. September 1852: „denn ich habe seit drei Tagen das Laboratorium nicht verlassen und kenne von Leipzig nur die Straße, die vom Bayrischen Hof nach der Universität führt ... Herr Fikentscher hat mir freundlicherweise die Adresse eines Leipziger Handelshauses gegeben und selbst dorthin geschrieben ... Leipzig, 18. September 1852 ... die Frage ... zeigt sich doch als recht schwierig ... Glücklicherweise ist Herr Fikentscher ein sehr klarer Kopf, der die Wichtigkeit dieser Säure sehr gut begriffen hat, und will die Angaben aufs genaueste befolgen, die ich ihm machte, um diese merkwürdige Substanz in einer Menge zu erhalten, die es leicht ermöglicht, sie in den Handel zu bringen ... Ich übersehe die Geschichte dieses Produkts schon einigermaßen".

Ehrungen

Die Verbindung zur Wissenschaft und zu bedeutenden Wissenschaftlern, die im Laufe von Jahrzehnten entstanden war, kommt – was abschließend hier angefügt werden soll – in einigen ehrenden Ernennungen während seiner letzten zehn Lebensjahre zum Ausdruck.

Am 23. Januar 1854 schreibt Carl Gruner, Secretär des Gewerbevereins Dresden:

„Mein werther alter Freund! Es gereicht mir zu besonderem Vergnügen, Dir mit umstehender Einladung [zum Stiftungsfest des Vereins am 31. Januar] Notiz geben zu können, daß der Verwaltungsrath unseres Gewerbevereins in seiner am 19. D.M. abgehaltenen Sitzung einstimmig beschlossen hat, in Anerkennung der großen und vielseitigen Verdienste, welche Dein Streben und Wirken sich um die Gewerbe im Allgemeinen wie im Besonderen erworben, Dich zum Ehrenmitglied unseres Vereins zu ernennen. In Folge dessen erhältst Du gegenwärtige Einladung, der ich privatim nur noch die Versicherung beifüge, daß Deine Gegenwart bei unserem Feste für mich die Quelle doppelter Freude sein würde indem ich Dich zunächst als Ehrengast und dann als biederen Herzensfreund willkommen heißen dürfte".

Eine weitere Ehrungsurkunde:

Der „Verein studierender Pharmaceuten zu München".

Zur Beurkundung der Aufnahme des Herrn Fabrikanten Fikentscher in Zwickau als EHREN – Mitglied des Vereins. München am 13ten Juli 1854. Ph Hugo Zoeller, D. Z. Vorstand; C. Francke, D.Z. Secretär. In einem Begleitschreiben zur Übersendung dieser Urkunde heißt es: „Der Verein ... Geehrt sich Ew. Wohlgeboren, als geringes Zeichen der Anerkennung Ihrer vielfachen Verdienste um die practischen und theoretischen Naturwissenschaften, das Diplom eines Ehrenmitgliedes andurch zu überreichen."

Die Verbindungen zu den bereits erwähnten Professoren Mitscherlich und Rose – hier allerdings dessen Bruder – wirken sich über Jahre aus: Schreiben vom 9. Dezember 1856 aus Berlin an: „Herrn Fabrikbesitzer Fikentscher in Zwickau": „Der Vorstand der deutschen geologischen Gesellschaft beehrt sich Ihnen hierdurch anzuzeigen, daß Sie infolge des Vorschlages der Herren Mitscherlich, G. Rose und Rammelsberg in der am 3. Dezember 1856 abgehaltenen Sitzung als Mitglied der Gesellschaft verzeichnet worden sind."

Mensing berichtet von weiteren neun Vereinen, in denen Friedrich Christian Mitglied, meist Ehrenmitglied, gewesen ist, und deren Diplome er in den Händen gehabt habe: Societät für Mineralogie (1822); Kunst- und Handwerksverein des Herzogtums Altenburg (1826); Naturforschende Gesellschaft der Osterlande (1826); Altenburgische Pomologische Gesellschaft (1826); Landwirtschaftlicher Verein im Obermainkreis (1836); Apothekerverein im nördlichen Deutschland (1836): Gewerbeverein in Erfurt (1836); Societas physico-medico Erlangensis (1837); Zoologisch-mineralogischer Verein Regensburg (1847).

Und schließlich erreichte ihn noch ein Schreiben vom 20. Februar 1862 aus Leipzig von Dr. Heinrich Hirzel, Director der Leipziger Polytechnische Gesellschaft: „In hochachtungsvoller Anerkennung der großen Verdienste, welche sich Euer Wohlgeboren um die praktische Technik erworben haben, hat die Leipziger Polytechnische Gesellschaft Sie auf Vorschlag des unterzeichneten Directoriums ... einstimmig zum Ehrenmitglied ernannt".

Das alles galt gewiss nicht dem politisch Tätigen, auch nicht dem erfolgreichen Fabrikanten, sondern dem von vielen bedeutenden Wissenschaftlern Geschätzten, wenngleich er sich, wie oben ausgeführt, für Veröffentlichungen in wissenschaftlichen Journalen nie die dafür erforderliche Zeit genommen hat, sondern nur durch Vorträge und Ausarbeitungen von Berichten und Stellungnahmen zum praktischen Gebrauch hervortrat.

6

Reisen

Aus der Kleinstadt in die Welt

—

„Die beste Bildung findet ein gescheiter Mensch auf Reisen."
Johann Wolfgang von Goethe

—

Reisen bildet – diesen Zusammenhang wird kaum jemand infrage stellen. Doch man kann auch eine überragende Bildung erwerben, ohne zu reisen, wie das Beispiel des Philosophen Immanuel Kant (1724–1804) zeigt, der seine Heimatstadt Königsberg nie verlassen hat. Andererseits mag es ungezählte Urlaubsreisende unserer Zeit geben, die dabei nahezu keine zusätzliche Bildung erwerben. Doch in der hier besprochenen Zeit wurde dergleichen wohl noch nicht deutlich. Für Friedrich Christian steht jedenfalls fest, dass er einen erheblichen Teil seines Lebens auf Reisen verbrachte und dabei weite Teile seiner Bildung erwarb. Der Wohlstand der Familie ermöglichte ihm das, denn damals konnten sich die wenigsten Menschen eine Reise leisten. Zwar gingen die Handwerksgesellen auf die „Walz", doch dann blieben sie meistens dort, wo sie Arbeit fanden und besuchten allenfalls die Verwandten in der Umgebung. Nicht so in der Familie Fikentscher. Denn der Vater hatte an sich selbst und an seinen ausgedehnten Geschäftsreisen, die ihn bereits in jungen Jahren bis nach Wien gelangen ließen, die Nützlichkeit und Notwendigkeit des Reisens erkannt. Deswegen ergab es sich wie von selbst, dass auch der junge Friedrich Christian bald nicht nur die nähere, sondern auch die weitere Umgebung kennenlernte. Freilich bedurfte es stets der Zustimmung und Finanzierung durch den gestrengen Vater.

Offenbar war es damals üblich, Reisetagebücher zu führen

und diese anderen zum Lesen zu geben, zumal es Reiseliteratur und Reiseführer kaum gegeben hat. Erst 1827 wurde von Karl Baedeker in Koblenz der später so bedeutende Verlag für Reisehandbücher gegründet. Niemand weiß, wie viele solche Tagebücher Friedrich Christian insgesamt schrieb und wo einige von ihnen geblieben sind. Folglich kann in allem Weiteren nur auf diejenigen zurückgegriffen werden, die noch zur Verfügung stehen. Doch weil er außerdem viele Briefe von seinen Reisen schrieb, dürfte der Verlust nicht ganz so erheblich sein.

Ins Riesengebirge und nach Böhmen 1819

Der früheste Bericht über eine seiner Reisen steht in einem kleinen schwer lesbaren Notizbüchlein, dessen Inhalt von Wilhelm Mensing wörtlich übertragen und mit Zwischenbemerkungen ausgefüllt wurde: Reise ins Riesengebirge mit 19 Jahren: „Der rühmlich bekannte Botaniker Funck [H. C. Funck, Apotheker zu Gefrees, Oberfranken, gab Herbarien heraus] forderte mich auf, ihn auf einer wissenschaftlichen Reise ins Riesengebirge zu begleiten. Mein Vater willigte ein, und alsbald wurden Schuster und Schneider in Tätigkeit gesetzt. Am 24. Juni 1819 ging ich früh weg auf die Luisenburg, wo wir uns – freilich aus gutem Grunde – länger verweilten als wir sollten. Von der angenehmen Gesellschaft feierlichen Abschied nehmend zogen wir fröhlich weiter nach Wunsiedel. Dann ging's durch das „fränkische Sibirien“ nach Hof. Die Polizei in Hof machte Schwierigkeiten wegen des Redwitzer Passes, so dass die Aufnahme in den Postwagen erst nach Herbeiholen eines ansässigen Beamten erfolgen konnte. Mit Postwagen nach Plauen, Zwickau, Chemnitz; allmählich mehrten sich die Passagiere, so dass 23 Personen mit der Post in Freiberg ankamen. Durch die vielen Erzählungen gereizt, wollte ich auch den Plauenschen Grund besehen. Seine Reize hielten mich wirklich zu lange, so dass ich ziemlich spät am Abend über Tharandt in den Wald kam. Ich verfehlte den Weg und ging, ohne zu wissen wohin, immer in dichtem schauerlichen Wald dahin. Immer mehr umhüllte mich Dunkelheit, Mattigkeit ergriff mich, so dass mir nicht wohl bei der Sache war. Endlich erreichte ich doch das Ende des Waldes und zu meiner Freude erblickte ich ein Licht, das einsam durch die grauenvolle Finsternis blinkte. Diesem folgend kam ich nach langem Suchen in ein Dorf, und zwar gleich in ein Haus, aus welchem mir Schalmeienjubel und Gesang entgegen tönte. Es waren die Jünglinge des Dorfes, die mich nun auf meine Anfrage nach dem Dorfwirtshaus hinwiesen. ‚Wer da?' ‚Ein müder Reisender, der sich verirrt!' ‚Gott weiß, was für ein Taugenichts ihr seid, um Mitternacht mache ich niemand mehr auf.' Und das Fenster wurde zugeschlagen. Was tun? Ich ging noch einmal die lustigen Jungen aufsuchen und die beschieden mich nun auf ein kleines Häuschen, wo ich sicher aufgenommen werden würde. Dies war nun auch der Fall. Aber welche Herberge! Mehrere Kerle lagen in der schmutzigen Stube umher auf Stroh oder den bloßen Dielen. Ein Wesen bat ich, bei meiner Müdigkeit mir nur ein Bündel Stroh zu geben. Dies erhielt ich auch, konnte aber aus übergroßer Übermüdung nicht schlafen. Dazu mochte auch der pestilenzialische Geruch in der Stube, das schlechte Äußere der Schlafgesellen und die Ungewissheit, wo ich war, beigetragen haben. Früh um vier Uhr brach ich auf und erfuhr nun auch den Namen meiner Beherbergung: es war das Gemeindehaus!

Mit Funck in Dresden angekommen, liefen wir wohl eine Stunde herum, um ein Unterkommen zu finden; alles war des Jahrmarktes wegen voll; endlich mussten wir doch in das Hotel „de Saxe", dessen französisches Schild uns nicht weniger anlockte, aber Not bricht Eisen." Drei Tage waren sie in Dresden und haben sich von früh bis Abend alle Merkwürdigkeiten angesehen. „Kaum kann ich noch einen kleinen Teil von dem vielen, was ich sah, erfassen."

Die Weiterreise war meist zu Fuß, stellenweise mit Wagen oder Post. Sie kamen nach Pirna, Bastei, Winterberg, das Elbtal: „Kein Pinsel fasst das Gemälde auf wie es ist, nur ärmliche Nachbilder kann er schaffen, – wie wenig vermag da erst eine bloße Beschreibung!"

Kuhstall – „Die herrliche Felsengrotte sollte niemand umgehen, schade nur, dass die Wände von Namen so beschmutzt sind, dass kein Fleckchen übrig geblieben ist!" Dann reisten sie durch Oybin, Hirschberg, Schmiedeberg. Am 8. Juli waren sie in der Hampelbaude, am 9. in der Wiesenbaude, wo sie nun Standquartier auf längere Zeit hatten. War schon auf der ganzen Reise das Botanisieren das Hauptinteresse gewesen, so wurde es nun die einzige Beschäftigung. Wenn das Wetter es nicht ganz unmöglich machte, waren sie den ganzen Tag im Gebirge bei botanischer Arbeit, unternahmen auch einige mehrtägige Ausflüge. Sie machten außerdem mehrere Bekanntschaften mit anderen reisenden Botanikern. Doch nicht nur die Begeisterung für die Wissenschaft erfüllte Friedrich Christian, sondern dabei war auch sein Gemüt immer schwärmerisch erregt über die Schönheit der Natur. Am 19. Juli steht im Tagebuch:

„Wegen viel Lärm im Hause nicht schlafen können; früh um zwei Uhr deshalb aufgestanden und hinauf nach der Schneekoppe, eine Stunde, die ich nie vergesse; um mich war es ganz still, und als sich der Himmel etwas erhellte, vernahm ich den Laut einer Schneelerche. Ich eilte der Koppe zu, welche schon ziemlich erleuchtet ganz in ihrer majestätischen Größe dastand. Mit Ehrfurcht bestieg ich den Koloss, nicht ohne einigen Schauder, wenn ich mich im Verhältnis zum Ganzen, was mich umgab verschwinden sah. Könntet doch ihr Lieben meine Gefühle teilen, die Gefühle, die mich beseligten, mich in eure Mitte führten, rief ich aus. Ich hatte aber schon zu viel genossen – mehr als ich fassen konnte. Mehr als befriedigt, eine Welt im Herzen, kehrte ich heiter zurück in die Baude."

Am 26. Juli 1819 schreibt er an seinen Vater unter anderem: „Mit unserem Wohlbefinden geht es uns insofern nicht ganz gut, als wir uns wieder sehnen nach Ordnung, guten Betten, Gemüse und gutem Bier, denn alles dieses muss hier jeder entbehren. Es tut uns aber doch nichts, denn wir sind gesund und frisch wie die Fische, uns fehlt nichts hier oben als manchmal Papier zum Einlegen der Pflanzen!"

Am 4. August reisten sie von der Wiesenbaude ab nach Schmiedeberg. Hier steht im Notizbuch: „Zum ersten Mal nach vier Wochen wieder in Betten geschlafen!" Auf den Bauden gab es damals nur Heulager.

Die weitere Reise: Landeshut, Waldenburg, Schweidnitz, Breslau (9.–12. August), Jaromer, Prag (21.–24. August), Karlsbad, und am 25. August zurück nach Redwitz.

Auch von kürzeren Reisen fertigte Friedrich Christian genaue Berichte an, so über Landschaft, Gesteine und Böden. Aus seinen

„Reisebemerkungen in Böhmen“ vom Juli 1820 erfahren wir daraus auch, dass er beispielsweise in Karlsbad sogleich eine Theateraufführung von „Überall ist's gut zu Haus aber besser!“ besuchte. Und noch eine Besonderheit: Reisebekanntschaften, Personen, die ausführlich über ihre eigenen Angelegenheiten mit ihm sprechen. So erfährt er in Karlsbad über die günstigen Verhältnisse der Landeigentümer in Salzuflen: „Die Regierung ist reich, die Steuern sehr niedrig und der Absatz auf der Weser außerordentlich bequem. Zudem schützt sie ein Zollvertrag gegen die Wasserzölle weiter abwärts“. Und ein Hopfenhändler aus einem Dorf bei Saatz vertraut sich ihm an mit der Beschreibung seiner schwierigen Lage: „Die Verhältnisse drücken den armen Menschen sehr“, denn der Vater erledigt die Geschäfte zwischen Saatz und Prag nicht mehr gut, die Mutter ist, weil ein anderer Sohn von ihr verunglückte, wahnsinnig, und nun hat er nur noch eine jüngere Schwester zu Hause, „welche das Anwesen nicht steuern kann“. Außerdem „will der Vater nicht ablassen vom Schmuggeln, so daß er, weil man ihn kennt, jetzt verliert.“ Heute schwer vorstellbar, dass sich Menschen einem jungen Reisebekannten in solcher Offenheit anvertrauen. Dergleichen erfahren wir allerdings auch bei späteren Reisen.

In Südwestdeutschland 1821

Im Frühjahr 1821 wirft eine längere Reise durch Süddeutschland ihre Schatten voraus. Friedrich Christian schreibt aus Redwitz an Theodor Martius in Erlangen: „Mit vielem Vergnügen vernehme ich von meinem Vater, dass Sie noch diesen Sommer einen Spaziergang an den Rhein machen wollen; weil ich dasselbe im Sinne habe und ein so lieber Reisegesellschafter wie Sie mir höchst erwünscht sein muss. Ich nehme an, dass Sie mit mir bei dieser Reise die Absicht haben, in der kürzesten Zeit so viel als möglich zu sehen, und auch von naturhistorischen Gegenständen so viel als möglich zu erobern. Dass wir deswegen doch nicht blos ausgehen, um zu sammeln, bedarf keiner Erörterung, da wir als gute Deutsche vielleicht beide zu viel Achtung für unsern schönsten Strom haben, um ihm nicht unsern schuldigen Tribut zu bringen. Meine Verhältnisse gestatten nicht füglich, früher als gegen den 8. März zu gehen. Dann würde ich etwa um den 10. bei Ihnen eintreffen."

Die Reise verschiebt sich. Friedrich Christian reist überwiegend allein und hat ein kleines Reisetagebuch mit 105 beschriebenen Seiten hinterlassen, in dem vom 10. Mai bis 24. Juni 1821 wie in einem Reiseführer jeder Tag mit allen Sehenswürdigkeiten und Begebenheiten genau wiedergegeben ist. Parallel zu den Tagebucheintragungen schreibt er einige Briefe an den Vater sowie die Schwestern. Daraus soll hier mit Betonung seines Lerneifers, der persönlichen Begegnungen bzw. Bekanntschaften und Wirtschaftsverhältnisse einiges wiedergegeben werden. Das ist auch dadurch aufschlussreich, weil bereits hier sein lebenslanges Interesse für Landwirtschaft und Geologie deutlich wird. Man kann die Reise heute auf der Landkarte leicht verfolgen, wenngleich manche Ortsnamen damals etwas anders geschrieben worden sein mögen. Angaben zu den aufgesuchten und genannten Personen über das Genannte hinaus können hier entfallen, da ein näherer Kontakt zu Friedrich Christian kaum bestand, und sich die meisten ohnehin nicht mehr nachweisen lassen.

„Bayreut den 10ten May: Das Wetter wollte nicht zum Besten werden, aber der Tag war festgesetzt, an welchem ich in Streytberg eintreffen sollte, und ich mußte fort. Beyer hatte die vorige Nacht etwas pokuliert [getrunken], und er war daher nicht aus dem Bette zu bringen, ob er gleich versprach, Knorr und mich, noch einzuholen ... In Nahamberg trafen wir einige Leute aus dem Dorfe im Wirtshause, die uns aufmerksam betrachteten und bald mich, bald meinen Hammer anstierten als zwei ganz unvereinbare Dinger. Ein schwarzbärtiger nervigter Kerl brach endlich das Stillschweigen und fragte so höflich als möglich: ‚sän de Här eppes a Schmied?' – ‚Da müßte ich rusiger seyn!' – ‚Vielleicht gar a Mauerer?' Auch nicht! – Über jenes Fragen lächelte sein Kamerad gar listig, und als dieser hinausging hub er an: ‚Der dumme Kerl waß niet, daß ma a ka Maurer sa ka, und doch an Hamma bei si führt. In unsern Grund da nauf da hauts vil grute Stai, da is scho vil laberirt worn; dau gains wul naffe?' So steckt in den Köpfen fast aller Bewohner des Fichtelgebirges der Glaube an einen ungeheuren Goldreichtum der Berge, um welchen viele Abentheurer und weise Leute hierherreisen. Die

Bewohner des südlichen Theils des Fichtelgebirges bilden in jeder Hinsicht ein eigenes Völkchen, das sich zu seinen protestantischen Nachbarn vorzüglich in physischer Hinsicht wie der Italiener zum Deutschen verhält. Sie sind meistens kleiner, hager aber muskulös, ja man trifft öfters Leute von herkulischem Aussehen unter ihnen. Einnehmende Physiognomien trifft man selten: entweder trotzige Gesichter mit kohlschwarzem Haar und Bart oder hundsdemüthige Götzendiener, die in ihrer Dummheit durch ihre Pfaffen erhalten wurden. Unter letztern giebt es wohl jetzt rühmliche Ausnahmen, aber der größere Theil hängt immer noch an der alten Barbarei."

„Gegen 4 Uhr kamen wir in Bayreuth an. Bei Hofgärtner Adler blühte außer Cactus Hyllantus und Aloe verencosea nichts besonderes."

„Erlangen, den 13.: Früh um 8 Uhr eilte ich zu Martius, kam eben recht, denn M. war im Begriff ein zu steigen und nach München zu fahren, – Freundlicher Empfang, Mineralienkabinett ... Der Botanische Garten ist jetzt in ziemlich schlechten Zustande, ja wenn nicht Schubert sich dieses so tätig annähme, so würde er bald nichts mehr als einige wuchernde Gräser haben. Nachmittags hospitierte ich bei Schubert in der botanischen Vorlesung. Sein Vortrag ist angenehm und auch unterhaltend. Er hat gegen 30 Zuhörer, worunter allein gegen 10–12 Pharmazeuten sind. Nachmittag. Retzbach und neues Spital. – Letzteres wird ganz neu mit vielen Kosten errichtet, hat ausgezeichnet schöne Keller und wird ungefähr 60 Kranke beständig aufnehmen. Über Studentenwesen und Unwesen."

„Nürnberg, den 18.: Früh um 6 weckte mich Theodor. Ich gieng mit ihm in das Collegium zu Kestner über die chemischen Verwandtschaften. Sein Vortrag ist sehr geordnet, aber so, daß mich 6 Studenten versicherten, sie hatten nicht gewußt, was er wollte. Es geht ihm wie Döbereinern, er kennt sein Publikum nicht im Geringsten [Johann Wolfgang Döbereiner, 1780–1849, Chemiker und Pharmazieprofessor in Jena, u.a. Berater Goethes in chemischen Fragen]. Um 8 Uhr nahm ich endlich Abschied von den Lieben und Theuern in Martius Haus und setzte in Begleitung von Theodor und vier Pharmazeuten meinen Fuß gen Nürnberg. Im Walde trennten wir uns ... In Nürnberg lud mich Seeberger ein bei ihm zu wohnen, ich schlug es nicht aus. Durst fuhr Karln und mich nach Mittag nach Fürth. Dieses riecht man wie vormals die pontinischen Sümpfe ehe man es sieht. Es hat viele Juden – fast die Hälfte seiner Einwohner sind solche – und diese zeichnen sich hier wie überall durch die höchste Unreinlichkeit aus."

„Feuchtwangen, den 19ten: In Kloster Heilsbronn traf ich einen Reisenden, Kaufmann Küster aus Bremen, mit Wagen. Nach einigen Hin und Herfragen bot er mir an, mit ihm zu fahren. Ich war sogleich entschlossen, meinen Plan über Rothenburg zu gehen, aufzugeben und stieg ein, denn um 1 ½ Tag konnte ich nun früher bei F. eintreffen."

Es folgen Ansbach, Crailsheim, Schwäbisch Hall, Neuenstein, Öhringen: „Das Hohenlohsche Ländchen ist ein großer Garten, denn alle Felder sind mit den schönsten Obstbäumen geziert, und die Hügel und freundlichen Dörfer mit den schönen, obwohl nicht hohen und rauen Bergen im Hintergrund geben der Gegend einen Reiz, den die flachen und fast sehr fruchtbaren andern Würtenbergischen Besitzungen meist entbehren. Öhringen ist sehr bevölkert und sonst nicht übel."

Es folgen Weinsberg, Heilbronn, „Die Aussicht gegen das Nekkarthal ist herrlich", wirtschaftliche und technische Fragen eines dortigen Kanalbaus, Ölgewinnung aus Rübsamen oder Leinen. „Nach dem Essen führte mich R. auf den Wartberg, den vorzüglichsten Belustigungsort der Heilbronner. Er liegt ½ Stunde östlich von der Stadt und ist ganz mit Wein bebaut (der hier im Winter eingeschlagen wird, da er sonst erfriert). Heilbronn liegt ganz zu den Füßen des Berges so gedrängt, daß man glaubt, Wunsiedel vor sich zu haben, und doch hat es über 7.000 Einwohner ... Nachdem ich nach Hause geschrieben, giengen wir vor das Thor den Wetter entlang spazieren. Über den Handel mit Frankreich. Maisbau. Gutes Bier."

„Früh gegen 4 Uhr fuhren wir ab. Die Gegend über Heilbronn bis beinahe nach Sinsheim ist nicht romantisch, doch wie es scheint fruchtbar, und waren die vielen Obstbäume nicht den Unsrigen sehr vergleichbar? Wohlfeiles Frühstück. Nekkargemünd. Hier verunglückte vorigen Winter ein Kaufmann, als er, weil seine Pferde durchgiengen, aus dem Wagen sprang. Er stieß sich im Fallen die Hirnschale ganz entzwei; und noch jetzt zeigt man den Stein, an dem es geschehen ... Nekkargemünd liegt wunderschön an einem Zusammenfluß von Thälern in den Nekkar. Die Höhen umher prangten mit blühendem Ginster, Crataegus, den schönsten Eichen, und dazwischen mit Gärten, an denen Baum an Baum stand. Gegen Heidelberg gibt es Gruppen, die wahrhaft idealisch sind. Der Genuß wird noch unendlich erhöht, daß man zugleich die Milde des Klimas und Üppigkeit des Bodens in den herrlichen Nuß- und Kirschbäumen vor sich hat. Über die Lage Heidelbergs läßt sich nichts sagen. Das alte Schloß allein wäre eines Dichters werth. Die Bewohner dieses Paradieses sind seiner nicht würdig, so sagt jeder Unterrichtete. Und die Universität! Ein Neuangekommener Student kommerzierte [von „Kommers" abgeleitet] mit und trank so fürchterlich, daß man ihn früh tod im Bette fand. Gmelin [Leopold Gmelin, 1788–1853, einer der Mitbegründer der physiologischen Chemie] ist sehr beliebt." Es folgen Personen und die Beschreibung eines dortigen Vorhabens zur Errichtung eines Observatoriums, dazu Maße, Kosten und einem Vergleich mit Göttingen.

Einige Briefe nach Hause ergänzen oder ersetzen das Tagebuch. Sie zeigen aber auch die enge familiäre Bindung, denn er nimmt sich nicht nur die Zeit, an den Vater genaue Berichte, von denen noch vier vorhanden sind, zu schicken, sondern aus gutem Grund – wie er selbst bemerkt – Briefe etwas anderen Inhalts an je eine der beiden ältesten Schwestern.

„25. May 1821, Liebe Henriette! Aus den Briefen an Vater wirst Du gesehen haben, daß ich glücklich nach Heilbronn kam, – und auch vielleicht, daß mir das Ländchen, was ich bis dorthin durchreiste, überaus wohl gefiel. heute will ich Dir manches mittheilen, was Vater wenig interessiert hätte, und daher in den 2 Briefen an ihn nicht erwähnen konnte." Es folgen sieben Seiten mit ganz ähnlichen Texten wie im Tagebuch, jedoch auch durch Anekdoten angereichert. Den für den Vater wichtigsten Zweck der Reise, natürlich von diesem finanziert, deutet Friedrich Christian im letzten Satz an die Schwester an: „In 3 Tagen gehe ich nach Strasburg, wovon aus ich dem Vater vieles zu schreiben hoffe. Überhaupt sehe ich nun, daß die Reise nicht ohne Folgen sein wird." Kleine Bemerkung am Rande: Adressiert ist auch dieser persönliche Brief an den Vater!

Von Heidelberg ging er zu Fuß über Schwetzingen nach Kötsch: „In Kötsch warne ich jedermann Wein zu trinken. Es war das schlechteste Getränk, das noch je über meine Zunge kam. Hier wird zu jeder Stunde über [den Rhein] gesetzt, so auch ich, der hier zum ersten mahle die grünlichen Fluthen des deutschen Stromes sah. Ich war nun wieder auf baierschen Boden, aber nichts erinnerte mich daran, und ich hatte es im ganzen Rheinkreise nicht empfunden, wären mir nicht in Speyer u. Landau blauuniformierte Soldaten begegnet ... In Speyer hielt ich mich nur solange auf, als zur Besichtigung des Doms erforderlich war. Dies Gebäude ist sehr alt und hat durch die etwas neuere Zugabe der Fassade nichts gewonnen." Vier Stunden Fußmarsch brachten ihn nach Neustadt „an der Haard" [jetzt: „an der Weinstraße"], wo er seinen Freund August Schuster besuchte, dessen Vater schwerkrank war. Es folgen Beschreibungen der Verhältnisse und der Gegend, auch der Schusterschen Fabrik, geologische Betrachtungen, Besuch Hambachs mit seinem Schloss.

Weiter berichtet er am 30. Mai aus Straßburg dem Vater: „Am 28. ging ich von Neustadt weg, bis Weißenburg, – hatte fürchterliches Wetter. Hagel, Regen u. Kälte, so daß ich den Schwarzwald voll Schnee sehen konnte. In Weissenburg, dem ersten französischen Besitzthum, das ich betrat, machte die Grenze keine Schwierigkeit, ja ich durfte nicht einmal mein Ränzchen öffnen. Da es von Neustadt 10 Stunden sind, ich mir eine Blase gelaufen hatte, fuhr ich abends 8 Uhr mit dem Kurierwagen, der sehr bequem – wie die Oesterreichischen – ist, weg, und kam so früh gegen 5 Uhr nach Strasburg. Ich hatte kaum etwas gefrühstückt, als ich auf das Münster eilte. – Die meisten bestiegen ihn der schönen Aussicht wegen, u. es ist wahr, diese ist, besonders gegen den Rhein hin wunderschön, aber das Münster für sich – auch in einer Sandwüste stehend, wäre es werth, daß man 100 Meilen weit hierher reiste. Ich kann Ihnen den Eindruck, den dieses Meisterwerk deutscher heroischer Baukunst machte, nicht beschreiben. – Lange stand ich bewundernd zu seinen Füßen, ehe ich es wagte, ihn zu besteigen ... Gegen 9 Uhr suchte ich Herrn Haller auf. Ihre Fabrik liegt etwa ½ Stunde vor den Festungswerken der Stadt nordwestlich ganz isoliert. Sie gleicht einem Dorf. Haller war nach Colmar verreist, aber sein Freund Herr Bes-

son (der früher Antheil an dem Geschäfte hatte) war in seine Stelle eingetreten u. war so artig als es nur eine Freude seyn kann. Mit der größten Artigkeit zeigte er mir das Theuerste seines Heiligthums – so daß ich mir freylich nur mit dem ungeheuren Kostenaufwand etwas Ähnliches zu errichten getrauen dürfte. Nach alle dem was ich sah, wäre es jetzt aber etwas zu spät, da wie ich hörte schon Oppermann nicht mal dabei gewann. Die Anstalt hat 3 Kammern, jede Kammer hat 2 Dampfkessel und ein kleines Kämmerchen in der Mitte, wo der Schwefel in einem heißen Kessel verbrannt wird, und fleißig umgerührt." Es folgen die genauen Angaben des Vorgangs, wie die Schwefelsäure hergestellt wird. „Naeheres werden Sie aus meinem Tagebuch ersehen. [Das Tagebuch enthält tatsächlich über mehrere Seiten einschließlich einer Zeichnung genaue Angaben zum Fertigungsprozess der Schwefelsäure]. Nachdem wir die Fabrik gehörig besehen hatten, kam Herr Luhmann, und dieser zeigte mir sonstige Merkwürdigkeiten wie das Grabmal der Conte de Saxe [Moritz von Sachsen 1696–1750, französischer Feldherr, legitimierter natürlicher Sohn August des Starken] ... Besson lud mich ein, mit ihm bei Schalmus auf dem Landgute ½ Stunde von Strasburg zu essen. Da es noch nicht an der Zeit war, so führte mich Luhman in der Stadt herum. Schönes Kaffeehaus, alle Tische sind von Marmor. Am Exercierplatze erwartete mich Besson in Schalmus Geschirr. Zwei arabische Hengste voran ging er herrlich zum Thore hinaus zum Landgut des H. Schulmeister, – der noch immer die Seele der Schwefelsäurefabrik ist – um mit ihm zu essen. Von dem Gütchen werden Sie einen kleinen Begriff bekommen, wenn ich Ihnen sage, daß es 1.300 Morgen Weizenboden und Wiesen hat. 12 Pferde bearbeiten es. Ich kann Ihnen die gute Aufnahme und Gefälligkeiten des Herrn Schulmeister nicht genug rühmen. Da ich sagte, daß Sie ein sehr eifriger Agronom wären, so trug er mir auf, Ihnen von seiner eigenen Weise, das Feld zu bebauen nur recht viel zu erzählen, damit Sie Lust bekämen, ihn zu besuchen ... Herr Schulmeister und Besson lassen sich ihnen bestens empfehlen."
Anmerkung: Karl Ludwig Schulmeister (1770–1853), Sohn eines Pfarrers und verheiratet mit einer Französin, war ein bedeutender Spion im Solde Napoleons. 1806 erwarb er ein Gut in Meinau bei Straßburg, wohin er sich zeitweilig zurückzog. Nach einer faszinie-

renden Laufbahn mit hohen Funktionen lebte er als wohlhabender Bürger unter anderem auf diesem Gut. Er liegt in Straßburg begraben. Über ihn gibt es viel Literatur und eine Serie im französischen Fernsehen.

An dieser und anderen Stellen der Aufzeichnungen und Briefe wird indirekt klar, dass diese Reise des 21-jährigen Friedrich Christian zwei ganz unterschiedliche Seiten hatte: Zum einen lief er zu Fuß mit seinem Ranzen über staubige Wege und Landstraßen freilich nicht ohne die Gegend genau zu beschreiben – und mag einem Wanderburschen nicht unähnlich gesehen haben. Zum anderen wurde er in wohlhabenden Häusern von interessanten Männern wie selbstverständlich aufgenommen und bekam alles Sehenswerte bis in die Einzelheiten von Fabriken gezeigt, was nur durch die Bekanntheit und Achtung des Vaters vorstellbar war. Es muss folglich auch ohne Empfehlungsbriefe einen Plan gegeben haben, der dies ermöglichte, denn er selbst besuchte diese Gegenden bekanntlich zum ersten Mal. Außerdem war er offensichtlich ein interessanter Gast, dem man gern half: „Ich unterhielt mich mit Schulmeister über allerlei, da kam das Gespräch auf Karlsruhe und er fragte mich, ob ich Bekannte dort hätte. Auf die Verneinung riß er aus einem Brief, den er eben erhalten hatte, die Unterschrift heraus. Da! der beste Empfehlungsbrief, den ich in der Eile schreiben kann! Es war aus einem Briefe seiner Schwester, der geheimen Finanzrätin Oelenheinz. Als wir von meiner Wohnung kamen sagte er: ‚Nun lassen Sie Ihr Ränzchen holen, und wir bleiben zusammen in Mainau. – Gesagt, getan. Er hielt solange unten, und ich war in der Eile mit dem Wirth fertig. So gings hinaus."

Am 4. Juni 1821, nun bereits aus Karlsruhe, folgte der nächste Brief an den Vater, acht engbeschriebene Seiten: „Am dritten Tage meines Aufenthaltes in Strasburg war ich wieder durch Besson in Hallers Hause eingeladen, und da trifft auch Schulmeister, Dr. Straßburger, Sir Francis Burdett, ein Herr Walther und noch ein Herr Schomes ein. Die Gesellschaft war so artig, sich meistens deutsch zu unterhalten, weswegen ich auch Theil am Gespräche nehmen konnte. Sonst spricht man fast mehr Französisch als Deutsch – ein Bild von Straßburg, wo man oft in Familien kommt, wo die eine Deutsch fragt, der andere Französisch antwortet. Die

Artigkeit der Strasburger, welche ich kennenlernte, ist überaus groß … Früh um 6 Uhr brach ich auf und nahm noch viele Empfehlungen und die schönste Einladung auch an Sie mit." Weiter auf dem Weg nach Karlsruhe; Zum Marktflecken Bühl, der wegen seiner Wochenmärkte berühmt ist, blieb ich über Nacht. Am anderen Morgen ging ich nach Baden, das in vieler Hinsicht Karlsbad sehr ähnlich ist. Zu guten Zeiten zählt es öfters 1[.000]–2.000 Kurgäste. Die Hauptquelle hat 54 Grad R. Die ist sehr mächtig, doch aber nicht mit dem Sprudel zu vergleichen. Kölzander hat Dampfbäder eingerichtet u. auch für manche Kranke das Wasser durch Zusatz von Glaubersalz und Kohlens. dem Karlsbadens gleich gemacht. Die Analyse des Wassers von Baden (das Aurelia der Römer) durch Salzer steht in einem Hefte von Schweiggers Journal [für Chemie und Physik]. Schon zu der Römer Zeiten war dieses Bad sehr bekannt, u. die häufigen Alterthümer, die in dieser Gegend gefunden wurden, beweisen auch, dass jene hier ganz heimisch waren. Wie die Karlsbadener und Wiesbadener glauben, daß es nur ein Karlsbad und ein Wiesbaden gäbe, so bleiben auch die Badenbadener dabei, daß unmöglich ein Bad in der Welt dem ihrigen gleichkomme … In Gernsbach blieb ich über Nacht. Die Abspannung, in die ich durch die große Hitze, durch den 12stündigen Marsch fiel, bewirkte, daß ich bald in Schlaf gerieth, u. vielleicht war sie auch die Ursache, daß ich mich die ganze Nacht im lieben Redwitz träumte …"

„Rastatt ist neu gebaut, aber wie alle von ihrem Hof verlassenen Siedlungen öde und leer. Das Schloß ist groß und hübsch, ich glaube aber, daß die paar Schildwachen den größten Teil ihrer Bewohner ausmachen." Dazu ist anzumerken, dass Rastatt bis 1771 markgräfliche Residenz war. Durch den Ausbau Karlsruhes im Zusammenhang mit Erbangelegenheiten wurde dieser Sitz nach dort verlagert.

Es folgt eine ausführliche Beschreibung von Karlsruhe, ähnlich der im Tagebuch, und schließlich beklagt er sich am Schluss, dass er nun seit vier Wochen von zu Hause weg sei und noch keinen Brief erhalten habe, was recht hart sei. Zusatz: „Nehmen Sie ja nicht übel, dass ich Sie von dem Straßburger Wohlleben so breit unterhielt – oder vielleicht langweilte." Nach Hause schrieb er noch drei weitere Briefe: am 7. Juni an die Schwester sowie am 17. und schließlich am 22. Juni an den Vater aus Frankfurt, von wo er über erfolgversprechende Geschäftsverbindungen berichten kann.

Nun wieder das Tagebuch: Von Straßburg kommend überquerte er den Rhein, durch dessen Mitte die deutsch-französische Grenze läuft, und er freut sich darüber, wieder auf Deutsch angesprochen zu werden. Seine ständigen Beobachtungen entlang des Weges setzt er fort: „Über Renchen ist an der Straße Geschiebe – wahrscheinlich aus dem Rheine aufgeschüttet, aus welchem man die schönsten Granite, auch Porphyr und grünes Gestein, das ich nicht recht kannte, vielleicht Vasiolith, in Menge auslesen kann. – Die Hitze war unbeschreiblich stark, und der Mangel an gutem Wasser dadurch doppelt fühlbar. Saure Milch mit Zucker restaurirt trefflich."

„Gegen 2 Uhr kam ich in Karlsruhe an. Nach Umkleidung suchte ich mit einem Brief von Schulmeister in der Hand den geh. Finanzrath Oelenheinz auf. Ich fand an ihm einen etwas podagrischen [d.h. von Gicht gezeichneten] großen Mann mit blauen Augen und offenem geraden Blick. Zufällig kam gerade einer seiner Vettern, ein Herr Stein, der bei der Hauptkasse bedienstet ist, und diesem trug er auf, mir was sehenswerth wäre zu zeigen. Die Gebäude der Ministerien sind dem Schlosse gegenüber nebst noch andern ähnlichen Häusern im Halbzirkel herum. Alle haben Arkaden, die abends von der schönen Welt auch bei Regen besucht werden. Von der Kuppel des Schlosses sieht man in alle 7 Längenstraßen, die von der Hauptstraße, und noch zwei kleineren Straßen gerade durchschnitten werden. Da die 7 Straßen alle nach einem Punkte sehen, so sind auch die Ecken der Häuser nothwendig alle spitz- und stumpfwinklicht ... Der Schloßgarten ist zum Theil neu angelegt, größtentheils aber aus dem Walde, der noch jetzt bis an die Mauern der Stadt geht, gebildet ... Gegen 6 Uhr begann das Theater."

„Karlsruhe am Montag: Früh schrieb ich an Schulmeister und nach Hause. – während dem kam ein anderer Neffe der Ohlenheinz, ein L. Scholl, Kassierer beim Waisenfond. Die katholische Kirche ist ein Rundgebäude mit einer runden Kuppel und einer 18' weiten Öffnung oben, durch welche Licht einfällt. Sie hat gerade da, wo die Rotunde aufsitzt, 100 Fuß im Durchmesser, ist sehr einfach verziert, so daß der Eindruck wirklich majestätisch ist ... Die protestantische Kirche ist wie die vorige von Weinbrenner, kostet noch einmal so viel, hat aber eine ebene Decke, und diese wird von 2 Reihen Säulen getragen, welche leider zu nahe beisammen stehn, so daß der Eindruck sehr schwach ist.“ Anmerkung: Friedrich Weinbrenner, 1766–1826, war ab 1800 Baudirektor von Karlsruhe, wesentlich für die wichtigsten Bauten und das klassizistische Stadtbild von Karlsruhe verantwortlich. Über ihn weiß Friedrich Christian noch einige Anekdoten zu berichten: „Weinbrenner hat viele Verdienste um die Verschönerung Karlsruhes, und man sagt ihm vieles nach, was auch von anderen Künstlern gefrevelt wird. So soll er an der prachtvollen katholischen Kirche die Sakristey vergessen haben, und es mußte diese erst angeflickt werden, was das schöne Äußere sehr verunziert. In einem Privathause ging es ihm mit dem Abtritte so (salva venia) [mit Verlaub]. Seine Bauanschläge sind immer halb so hoch als nachher die Ausführung kostet – doch das haben viele Baukünstler mit ihm gemeinsam. An allen Gebäuden von Weinbrenner erkennt man ihn.“

„Böckmann ist, wie ich hörte, dem Tode nahe, aber Kölreuter ist gesund – dessen überzeugte ich mich selbst. Scholl kennt ihn, und so hatte ich um so leichter Eingang – ob ihn gleich auch die Wissenschaft gebahnt hätte. Er spricht gerne von seinen Bädern, überhaupt von Mineralwässern – am liebsten von seinen Meinungen darüber. Nach kurzer Unterhaltung empfahl ich mich, und gieng nun mit Scholl in den Garten der Markgräfin, der noch im Werden ist.“

„Der Mangel an frischem Wasser ist in Karlsruhe sehr empfindlich. Wären nicht die Bausteine (Sandstein mit schönen Ablösungsflächen) in der Nähe (bei Durlach), so fände ich gar keinen Grund zu seinem Hierseyn als im Eigensinn eines Fürsten, der hier noch vor nicht sehr langer Zeit, da, wo jetzt Paläste stehen, jagte. Da die Karlsruher noch jetzt zum Theil nicht Eingeborene, sondern meist zusammengelaufenes Gesindel sind, so schreibt man ihnen auch keinen Generalcharakter zu als den, die Leute so zu übervorteilen, als möglich, was ich freylich weder bejahen noch verneinen kann. Die ich kennen lernte waren ziemlich artig, aber diese machen erst 1/2.000 der Gesamtbewohner aus.“

„Neustadt, Dienstag den 5.: Germersheim ist nicht hübsch, auch seine Lage nur durch den Rhein angenehm. Ich eilte nun dem lieben Neustadt zu, wo ich entsetzlich durstig noch vor Sonnenuntergang eintraf. Schusters Vater ist leider nicht besser geworden. Eben schlägt mir S. vor, mit ihm morgen nach Mannheim zu fahren ... Es geht fort über Trier – diesen Umweg habe ich ganz Schustern zu verdanken – er schwatzte mir so lange von der Porta nigra, bis ich bestimmt war ... Am Mittwoch fuhr ich mit ihm nach Mannheim über Mutterstadt. Da traf ich zu Hause Brucknern, den ich ganz umgestaltet fand. Als ich ihn in Erfurt von Hause kommend sah, war er ein junger Rothkopf, und nun ist er zwar letzteres noch immer, aber zum gesetztesten, und wie ich bemerkte gescheitesten Menschen umgeschaffen. Er fuhr mit uns, und ich hatte stündlich mehr Gelegenheit ihn zu achten ... Vor der Stadt, nahe dem Schloßgarten stiegen wir aus und giengen dann erst dem Labyrinth nach (Stephaniberg!) den Rheine etwas entlang. Das Schloß. Sternwarte, Sands Grab wird nicht mit Gewißheit angegeben, da nach Bruckners Versicherung an seinem Todestage 3 gleiche Gräber hergestellt waren, und am andern Morgen alle drin auf gleiche Weise ausgefüllt zu seyn schienen [Karl Ludwig Sand, geb. 1795 in Wunsiedel, hingerichtet 1820 in Mannheim, Theologiestudent, radikaler Burschenschaftler, der aus schwärmerischer Freiheitsliebe A. v. Kotzebue erdolchte. Der nahezu gleichaltrige Friedrich Christian aus dem Nachbarort Marktredwitz wird ihn gekannt haben]. Nekkar und Nekkarbrücke, Kotzebues Wohnung, Schiller, Göthe, Wieland, Thümmels Gedichte, Monument auf dem Stadtplatze, gerade Straßen, Sand's Lieblingswalzer für Guitarre und Klavier."

Zurück in Neustadt. Es folgt eine genaue Beschreibung der Herstellung von Weinstein in der Schusterschen Fabrik und der Arbeitslöhne, dann: „Der Weg nach Türkheim führt durch Weingärten, Weizen giebt es hier, wie fast im ganzen Rheinbruche nicht; der Boden ist vielleicht nicht fett genug. Hie und da steht am Wege ein Mandelbaum ... Deidesheim, Wachenheim, Türkheim" Es folgen Beschreibungen der dortigen Gradierhäuser und Angaben zu deren Kochsalzerzeugung. Dergleichen Kenntnisse mögen ihm später in Zwickau gute Dienste bei der Kochsalzherstellung aus Schachtwasser geleistet haben (s. „Wirtschaft").

Kaiserslautern, den 9.: „Früh gegen 7 Uhr trennte ich mich von S. [Schuster], und schritt nun fort, nicht ganz frohen Muthes, theils der Trennung und der fatalen Umstände Schusters wegen, theils des Wetters wegen, das sich allgemach zum Regen einrichten wollte ... Ich wurde durchaus naß wie noch nicht auf meiner Reise und fühlte es doppelt, als ich nicht Hoffnung hatte, bald einen wohlthätigen Schirm zu finden."

„Die Flößer im Neustädter Thale stehen in schlechtem Rufe, und ihr Aussehen trägt auch nicht im Mindesten dazu bei, Vertrauen zu erwecken. Man hört hier, von Zeit zu Zeit, von gewaltsamen Räubern, und ich würde mich sehr hüten, bei Nachtzeit hier durchzugehen. Herr Doctor Koch war sehr artig, besonders vielleicht durch Bischofs Briefchen." Solche kleinen Empfehlungsbriefe werden selten erwähnt, doch mögen sie die ganze Reise in dieser Art erst ermöglicht haben.

„Baumholder. Früh gegen 5 Uhr war ich schon fertig zum Abmarsche und mußte des heftigen Regens wegen warten bis 8 Uhr – da hellte es sich auf, und es schien auch von Grunde auf besser zu werden. Der Weg von hier über Rotenbach, Weilerbach, Reichenbach hat nichts merkwürdiges, als daß er, was mir sehr zustatten kam, recht sandig ist. Ein Theil führt durch den Wald, wo ich mich etwas verlief, kam aber doch noch gegen 1 Uhr in Neunkirchen im Wirthshause nahe bei der Kirche, bei Weiß, an. Die Leute hatten Besuch vom Bergmeister, ein klapperdürrer Mann, der mir aber recht gut Auskunft über das Vorkommen des Zinnobers im Sandsteine geben konnte. Dieser ist theils ziemlich rein ausgeschieden, theils doch durch den ganzen Gang vertheilt. Die Gänge sind ganz senkrecht in pur Sandstein, und würden viel hergeben, wenn sie eifriger bearbeitet würden. Der Wirth und seine Frau waren überaus artig – und wollten mir noch auf dem Weg von Gebakenem einschieben. Als ich nach der Zeche fragte hieß es – nichts, wenn ich sie nicht am ersten Feyertage beleidigen wolle. Ich bat – alles umsonst, ich mußte noch unter der Hausthüre ein Stückchen Zinnober mit nehmen – ein Großes konnte ich freylich nicht brauchen. Der Sohn des Hauses, ein junger Färber, der viel gereist war, mußte mir noch den Weg zeigen."

„Der Weg nach Baumholder führt zum Theil durch einen Eichenwald. Es wurde der Wolken wegen ziemlich düster, und ich eilte durch das Loch (so heißt der Wald) zu kommen. Da steht auf einmal am Wege halb noch im Gebüsche ein mächtiger Kerl, der sagt: ‚kann ich wohl eine Pfeife Tabak bekommen?‘ ‚Rauche nicht‘, war meine Antwort. Dabei schoß mir doch eine kleine Röthe ins Gesicht, und als ich noch einen Pfiff hörte, wand ich meinen Stock um, daß das Eisen oben war, und schritt stark darauf los, bis ich das Loch ganz hinter mir hatte. Ich glaube fest, daß es blos ein Hirte war, aber die Umstände konnten doch nicht sonderbarer zusammen treffen.“

„Im Wirtshause zum Engel hatte ich billige Wohnung und Essen, und einen gefälligen Wirth. Gediegenes Kupfer findet sich bei Reichenbach, auf den Feldern Porphyr und Mandelsteinberge – Achate, Kalzedonen.“

„Hermeskeil d. 11.: Früh um 4 Uhr wollte ich fort, aber theils die verschlafenen Wirtsleute, theils der Fuhrmann, der meinen Corpus durch den fürchterlichen Schmutz bringen sollten waren Schuld, daß ich erst nach 6 Uhr fort kam und mit dem schlechtesten Fuhrwerke in einem zweirädrigen Karren traf ich auch erst gegen 10 Uhr in Birkenfeld ein. Ich eilte was ich konnte nach Hermeskeil, durch die zum Theil oedeste Gegend die man sich denken kann – aber ein tüchtiger Landregen verhinderte auch bald das Projekt, nach dem von Birkenfeld 11 Stunden entfernten Trier zu kommen, und ich blieb bei Schwarz in Hermeskeil. Das Essen war sehr gut, Betten nicht ganz, und die Zeche ziemlich billig. Der erste Moselwein. Die Jagt, Geschichten im Nonnweiler, der Papiermacher Schuck.“

„Prozession am 2ten Feyertage in Echternach, 4 Stunden von Trier. Bei 10.000 Menschen versammeln sich hier, und dann hüpfen gewöhnlich an einige Tausende 2 Schritt vor und einen zurück eine Stunde weit. Früher soll es noch ärger gewesen seyn, daß sogar angesehene Leute mitsprangen zur Ehre Gottes, und als die Franzosen einstmals einige Kompanien Soldaten hinschickten, um das Unwesen zu endigen, waren so viele Menschen da, daß jene unverrichteter Sache wieder umkehren mußten. Jetzt springt wohl nur die Hefe des Volkes aus der Umgegend, aber doch ist die Wuth noch schrecklich genug. Ein Augenzeuge (Beck) versichert, daß er alte Leute habe vor Mattigkeit hinfallen sehen, und daß diese doch, nachdem sie eine Weile so gegangen seyen, wiederum mitgesprungen wären.

Schlechte Leute machen sich dabei zu Nutzen, daß diese, wenn jemand für sie springen, doch büßen, gegen einen, 2 francs eine Weile springen. Den Ursprung dieser schrecklichen Tollheiten leiten sie von einer Viehseuche in Echternach ab, wo das Vieh ebenso wie jetzt die Menschen gesprungen wäre, und welche erst durch eine ähnliche Prozession in die noch jetzt dazu gebrauchte Kirche aufgehört habe; seitdem springen nun die Menschen zur Ehre Gottes alle Jahre."

Der Weg nach Trier, Beschreibung der Lage und der Umgebung und der Porta Nigra. „Die gläubigen Einwohner erzählen sich von dieser Porta, daß der Teufel damit schön angeführt worden seye. Dieser glaubte, es würde ein Wirtshaus, und half getreulich mit mauern. Zuletzt habe nur noch eine eiserne Thüre gefehlt, und als er diese vollends beibringen wollte, wäre es zur Kirch eingeweiht worden, worüber der T. so entrüstet war, daß er die Thüre durch die Mauer geworfen habe. Das Loch zeigt man noch ... Am Abend kam Rumschöddel zu Fäsch, mich abzuholen. Wir gingen nun in das Fischersche Gasthaus, wo eine artige Gesellschaft von Offizieren und anderen die der demagogischen Umtriebe fähig gehalten würden, (von der Regierung) war. Die italienische Sprache ist die schwerste neuere Sprache – nach der deutschen."

Beschreibung des Palastes Kaiser Konstantins, Angaben über die Backsteine und die Festigkeit des alten Mörtels usw. „Die Kirche unweit der Porta nigra mit den Greuelszenen aus der Zeit der Christenverfolgung – meisterhaft." Es folgen weitere Begegnungen und eine eingehende Beschreibung der geologischen Verhältnisse in der Eifel, ehe er mit dem Schiff nach Koblenz weiterreist.

Nun geht es die Mosel abwärts: „Der Weg nach Bernkastel ist einer der schönsten, den man sich denken kann. Fortwährend hat man die Mosel zur Seite, deren beide Seiten mit Wein und Bäumen bepflanzt sind. Die freundlichen Dörfer links und rechts verschönern die Gegend ungemein. Bernkastel hat die engsten Straßen die ich noch sah, oft sind sie kaum 6 (Fuß) breit, und Marktplätze sind kleine Hofräume hinter Häusern." Nun folgen Beschreibungen der Weingegend und Besonderheiten des dortigen Weinanbaus.

„Ein – wie es schien gebildeter, reicher Jude bot mir an, nach Koblenz in seiner gemieteten Gondel zu fahren. Er wollte früh bald fort, was wohl ganz nach meinem Wunsche war, aber – ich wollte vielleicht dem Juden nicht danken? – und ich lehnte es ab, und gieng lieber den schönen Weg zu Fuß."

„Wirklich einzig ist die Lage des Klosters Laach, das nun blos zum Theil – (das Gebäude ist dazu viermal zu groß) zur Oekonomie und zum Branthewein brennen eingerichtet ist. Als ich gegen Geld etwas Milch verlangte, gab man mir ein Weinglas voll unentgeldlich, denn verkaufen dürfen sie nichts."

„In Niedermendig blieb ich bei dem Wirth Beyer, der ein entsetzlicher Schwetzer ist, und jede Periode bis 4 mal wiederholt."

„Früh gegen 9 Uhr war ich wieder in dem 3 Stunden entfernten Andernach, wo die Besorgung der Kisten, das Einpacken, Umladen, Schreiben fast den ganzen Vormittag wegnahm ... Direktor Richter, seine Empfehlung, Kunstsammlung; Naturkenntnisse, die über alle Begriffe schlecht sind. Komplimente. Theure Zeche, Lage von Andernach."

An dieser Stelle verrät uns Friedrich Christian, was mit den vielen Steinen, Pflanzen und sonstigen Gegenständen, die er sammelte und unmöglich mitschleppen konnte, geschah: Mit der Post ab nach Hause!

„St. Goar den 18. Juni: Früh um 8 gieng ich zu der Apotheke Mohr, einem artigen Mann, wenn man ihn von seinen Lieblingssachen reden läßt. Gegen seine Kollegen u. Chemiker ist er sehr strenge im Beurtheilen. Mineralquellen, Barometer, Thermometer. Seine vornehmen Besuche! Dufft ist noch immer der alte – nein! er ist weit unleidlicher noch, und stärker für sich eingenommen als in Erfurt."

„Die Windungen des Rheins sind öfter sehr stark, und man kann annehmen, daß er alle Viertelstunden eine neue Ansicht gewährt. Die schönsten Aussichten der Burgen von hier nach Rüdesheim sind folgende": Hier zählt er 35 Burgen auf, unterschieden nach „rechts", „Mitte" und „links" und unterstrich die schönsten. Auch beschreibt er die entgegenkommenden Flöße nach Größe und Herkunft. „Auf einem solchen Floß sind oft gegen 8[00]–900 Menschen, die in vielen Hütten wohnend ein ganzes Dorf bilden. An Ort und Stelle in Cöln ist ein solches Floß 2[00.000]–300.000 fl. [Gulden] werth. Wenn ein solches Floß durch starken Wind quer getrieben wird, was oft die anstrengendste Arbeit nicht verhindert, so trifft es sich öfters, daß es an den Wänden scheitert, wobei gewöhnlich Leute zu Grunde gehen. Ein Flößer hat täglich fl. 1 Lohn."

„Schierstein d. 19.: Um 3 Uhr gieng die Fahrt von neuem an. Es war windig und kalt, sodaß ich gerne nur den Kopf aus der Kajüten-Luke steckte, um so die Wunder der Natur sehen zu können. Romantischer Theil um den Loreley-Felsen. Echo."

„Kein Wunder, daß der Rüdesheimer Wein so vorzüglich ist. Der herrliche Rheingau hat seinen Ruf nicht umsonst. Was wir mühsam in der Sonne ziehen, das bauen diese im Schatten unter Nußbäumen."

„Hattersheim den 20.: früh um ½ 4 brach ich auf und gieng das erstemal, und desto wohlgemuther der aufgehenden Sonne entgegen. In Wiesbaden war noch alles tod, blos die Maurer und Zimmerleute kamen an und begannen ihr Tagewerk. Der Kochbrunnen ist zum Glück jederzeit offen. Seine Hitze ist auch so, daß er brüht, also ca. 54 Grad. Er setzt wie der Karlsbader, doch nicht so häufig, Kiesel, Eisen und Kalk ab. Der Kursaal ist wirklich prächtig, ob er gleich meiner Erwartung, die aber auch auf das Höchste gespannt war, nicht übertraf ... Zusammenfluß des Rheins und Mains. Der trübere Main vermischt sich stundenweit nicht ganz mit dem lichten Rhein, was man vorzüglich auf der Schiffbrücke sehr scharf bemerkt."

Es folgen einige sehr flüchtige Eintragungen über die Wanderung zwischen Weinbergen und Obstbäumen, „Den Rhein zum letztenmale", Höchst, weitere Besuche und Gasthäuser, wo er sowohl einen Brief von zuhause als auch von Schuster vorfindet. Dieser Aufenthaltsort muss folglich lange zuvor geplant gewesen sein.

„Während meines Aufenthaltes in Frankfurth gieng ich immer im Fieber, und dieses vermehrte sich immer durch das längere Bleiben. Nach dem Essen gieng ich nun noch zu dem berühmten Grobian Leonhardi und dann über Sachsenhausen nach Offenbach zu. Der Weg am Main hinauf ist unvergleichlich. Eben wollte ich nach dem Namen des Dorfes fragen, als man mir sagte, daß ich in Offenbach wäre. Sogleich suchte ich Dr. Simeons Vater, der Baurath hier ist, auf. Ich traf ihn in einem netten Häuschen und fand an ihm einen geraden artigen Mann, und dasselbe an seinem

Schwager, der mich fast eine Stunde weit geleitete. Ziegelofen, worinnen 2.000.000 Stück gebrannt werden, Mainbrücke. Schönes altes Schloß. – Mühlheim."

„Aschaffenburg d. 23.: Schon beim Eintritt wollte es mir in dem Wirtshaus nicht außerordentlich gefallen und noch mehr, als ich beim Abendessen eine Menge ungeschlachter Zuschauer hatte, die gierig jeden Bissen, den ich verschlukte mit den Augen verfolgten; aber als ich erst mein Nachtlager besah, fehlte wenig, daß mir nicht graute. Die Stube hatte ein oder 2 Tage vorher einen Tanzsaal abgegeben, und die mephitischen Rückstände in der Luft, und die solidern klebrigen auf den Bänken waren noch in integrum vorhanden. Außerdem hatte die Thüre kein Schloß, und eine Nebenthür führte zu der allgemeinen Schlafstätte des Hauses. Ich verrammte alles mit den überflüssigen Bänken und erschlief in meinen Kleidern so den Morgen. Als es graute weckte mich ein abscheuliches Gepolter, und noch konnte es mich nicht erschrecken und wundern, als ein ehrlicher Pfannenfliker, welcher das Geräusch verursacht, indem er die Thüre aufmachte. Gegen 4 Uhr gieng ich fort, setzte über den Main, und gieng gemach an dessen sandigen Ufer in die schöne Stadt."

Aschaffenburg, Würzburg den 24."

Mit diesem kurzen Eintrag auf Seite 104 endet das Tagebuch, das dazu verleiten könnte, die gesamte Reise nicht nur gedanklich nachzuvollziehen, sondern vor Ort auch das heutige Land und die Unterschiede zu erleben.

Mit Freund Schuster 1824 nach Paris

Im April 1824 reiste Friedrich Christian gemeinsam mit seinem Freund August Schuster zum vier- bis fünfmonatigem Studium nach Paris. Seine Eindrücke von dort wurden bereits im Kapitel „Bildung" wiedergegeben bzw. folgen im Kapitel „Geld". Das unerwartete Ende dieser Reise durch den Tod Schusters gehört dennoch an diese Stelle. Zunächst sei daran erinnert, dass sämtliche erhaltenen Briefe aus Paris von Irene R. Lautenbach herausgegeben wurden, durch diese jedoch der Abschluss der Reise nicht deutlich wird. Die Vermutung war, dass der dort getroffene psychisch erkrankte Freund Schlemmer die Ursache für eine baldige Rückreise nach Marktredwitz gewesen sein könnte, und zwar entgegen dem ursprünglichen Vorhaben, mit Freund Schuster weitere Wochen in Frankreich zu verbringen, um zu reisen und Fabriken zu besichtigen. Noch am 3. Juli war nicht klar, ob man Schlemmer allein oder nur mit Begleitung nach Hause reisen lassen konnte, und Friedrich Christian schrieb dem Vater, dass es ihm „schwer wäre, einen großen Theil des Zweckes [der Reise] zu verlieren, wenn es nicht nothwendig wäre." Folglich war es durch die Besserung des Freundes offenbar möglich, ihn nicht zu begleiten, sondern zu bleiben. Aber warum keine Briefe mehr? Wir wissen es nicht. Möglich wäre, dass Friedrich Christian bis weit in den September hinein blieb, wie aus dem Folgenden geschlossen werden könnte:

20. Oktober 1825, Friedrich Christian aus Redwitz an Trommsdorff in Erfurt: Er teilt ihm zunächst den Tod seiner Mutter mit und erwähnt eine wesentliche bauliche Vergrößerung der Fabrik. Und dann. „Daher kam es auch, daß ich einen Auftrag vergaß, welchen zu erfüllen mir heilige Pflicht ist: nämlich Sie zu bitten, den innliegenden kleinen Aufsatz in Ihr geschätztes Journal einrücken zu lassen. Frau Schuster, mit welcher ich bei ihrer Anwesenheit in Erlangen darüber sprach, wünscht, daß Sie diese Zeilen unverkürzt, wenn auch hie und da abgeändert wie Sie es für schicklich finden – drucken lassen möchten. Dem Verewigten geschah sehr wehe, von Männern, die das weit unter ihrer Würde halten sollten – das ist jedoch im Nekrolog so leise berührt worden, daß ich ihn durchaus gefahrlos glaube. Wenn Sie es aber ja für gut halten sollten Ihre Quelle zu nennen, so bitte ich nur mich zu nennen; damit ist auch Frau Schuster, so wie Herr u. Frau Prof. Kapp einverstanden. Diese lassen sich Ihnen bestens empfehlen u. Erstere wird ehestens selbst Veranlassung finden Ihnen zu schreiben. Ueber A. Schusters Verhältnisse mit einigen bedeutenden Männern, die, sowie sie von seiner Seite sind, ihm doch viel Verdruß machten, wünschte ich sehnlich, mündlich einmal mit Ihnen sprechen zu können, brieflich wage ich einerseits so etwas nicht zu sagen, und andererseits will ich Ihnen die Zeit nicht mit Geschichten verderben, welche wohl im Zusammenhang Bedeutung haben, aber an sich gewöhnlich scheinen."

3. Januar 1826, Trommsdorf an Friedrich Christian: „Haben Sie Dank für die mitgetheilte biographische Skizze; wörtlich soll sie abgedruckt werden, nur mit einigen Zusätzen begleitet, die ich dem Verewigten schuldig war. Sorgen Sie nicht, daß dieser Necrolog Veranlassung zu Nachfragen geben wird, sollte dieses seyn, so will ich das Gesagte vertreten, und im äußersten Falle mich auf Sie beziehen – doch schwerlich wird dies nöthig sein. Die Sache ist wahr, dafür bürgt mir Ihr Wort. Und daß der edle A. Schuster stets rechtlich gehandelt hat, bin ich so fest überzeugt, daß mir nie ein Zweifel dagegen aufgestoßen ist. Der Necrolog erscheint im n[euen] Journ[al] 12 Bd 1 Stck, welches im Februar erscheint." Tatsächlich erfolgte der Abdruck bereits im Band vorher (Fikentscher 1826).

Nach diesen eher geheimnisvollen Sätzen und Anspielungen erhofft man Aufklärung, insbesondere, weil an dem Text intensiv gearbeitet wurde. Der beigelegte Entwurf von Friedrich Christian, ein handschriftlicher (Vor-)Entwurf von Trommsdorff und der letztlich gedruckte Artikel unterscheiden sich in einigen Punkten deutlich, jedenfalls enthält letzterer nennenswerte Zusätze. Deswegen sei dieser hier vollständig wiedergegeben:

„August Schuster, geboren den 5. August 1801 in Elberfeld, wohnte seit 1807 in Neustadt an der Haard, gestorben in Paris, den 15. September 1824. Mit innigster Wehmuth und tiefer Trauer widme ich diese Zeilen dem Andenken eines meiner ausgezeichnetsten Schüler, dessen früher Tod ein großer Verlust für die Wissenschaft ist. Der früh vollendete war einer der edelsten jungen Männer, die ich kennen lernte, einer der redlichsten aber eben so talentvollsten und meinem Herzen so theuer wie mein eigner Sohn. Zwei Jahre lang war er mein Hausgenosse und Schüler, sein rastloser Fleiß, seine ungemeinen Fortschritte in den Wissenschaften, seine innige Anhänglichkeit an mich und meine Familie werden mir ewig unvergeßlich bleiben.

Aus meinem Hause ging er im Jahre 1818 nach Berlin, um auf der dortigen Universität sich noch mehr auszubilden, und kehrte 1820 in das elterliche Haus zurück, und übernahm alsbald die Aufsicht über die chemische Fabrik, welche sein Vater schon vor 10 Jahren errichtet hatte, und die nun nach Trennung eines Associés seiner alleinigen Hülfe bedurfte. Mit Zuversicht trat er an diese Stelle und bewies, so wie ein Jahr später, wo er seinen biedern Vater, einen meiner theuersten Freunde, verlor, daß für ihn nichts zu schwer sey. Er übernahm nun auch die kaufmännischen Geschäfte, und sorgte für Verbesserung seiner Güter, welches Letztere durch die goldne Medaille des landwirtschaftlichen Vereins in München erkannt wurde, und verlebte im häuslichen Kreise seine Mußestunden in stets wissenschaftlicher Thätigkeit.

Hochgeachtete Männer, edle Freunde theilten die Freude der Familie, in dem einzigen Sohne einen solchen zu besitzen, der mit hohen Gaben des Geistes ein tadelloses Leben führte, dem Sittlichkeit, Gottesfurcht und Tugend das Element war, worin er lebte.

Zur weiteren Ausbildung seiner Kenntnisse, und zum Vortheil seines Geschäftes, trat er im April 1824 mit seinem Freunde Fr. Fikentscher aus Redwitz (einem vortrefflichen jungen Manne von edlem Charakter und hohen Geistesgaben) den er früher in meinem Hause kennen lernte, und welcher auch schon Mitarbeiter in den großen chemischen Etablissements seines würdigen Vaters ist, eine Reise nach Paris an. Er fühlte sich stark genug vermittelst der Hülfe eines treuen Freundes, das Geschäft auch aus der Ferne zu führen, und lebte hier froh in der Befriedigung seines wissenschaftlichen Strebens.

Obgleich durch seine Lage unmittelbar auf das Praktische hingewiesen, und die vollste Befriedigung in den musterhaften Vorträgen und Experimenten Vauquelin's, Thenard's und Clement's findend, zog ihn sein unablässiges Streben nach dem Höchsten in der Wissenschaft nicht weniger zu Dulong's Vorlesungen, dessen einfacher geistreicher Vortrag seiner genialen Ansichten ihn mit der höchsten Bewunderung erfüllten. Wie sehr ihn dieses die Bekanntschaft Berthier's, Robiquet's, der tägliche Besuch der reichen Sammlungen und der sehr interessante Vortrag Cordier's über Geologie zur höchsten Thätigkeit bestimmten, zeigt sein reiches Tagebuch.

Die Ferien wollten beide Freunde zu einer technischen und wissenschaftlichen Reise in die Auvergne und nach Marseille, Lyon u. s. w. benutzen, und bis zum nächsten Frühjahr in Paris bleiben, sie waren schon ganz bereit zur Reise, da trat ein unglückliches Ereignis ein, das die nächste Ursache seines Todes war.

Er erhielt nämlich die Nachricht, daß ein Brief von ihm, an die Firma seines Hauses, welcher eine für dieses sehr wichtige Inlage an ein anderes Handelshaus enthielt, eröffnet und von königl. baier. Postamte in Kaiserslautern, mit der Anzeige, ihn so entsiegelt erhalten zu haben, auch offen bis Neustadt weiter befördert wurde.

In den für deutsche Jünglinge so verhängnisvollen Jahren 1818–1820 auf der Universität traf ihn der Verdacht demagogischer Gesinnungen. Ruhig im Bewußtsein, daß er nicht auf den Trümmern des Glücks anderer, sondern durch eigne Thätigkeit das seine zu erhalten und zu fördern verstand, war er unbekümmert bei allen Zuflüsterungen und Warnungen, die er erhielt, bei der spätern Wegnahme seiner Correspondenz mit einem Bekannten, die, der Erklärung eines hohen königl. preußischen Beamten zufolge, nichts Politisches enthielt, zurückgegeben wurde. Aber nichts verminderte den Argwohn gegen ihn, selbst sein ganzes Leben, welches offen und klar da lag, reichte nicht dazu hin, und dieses schmerzte ihn.

Alle Eröffnung und Wiederversiegelung seiner Briefe konnte ihn nicht stören, aber jener nicht wiederversiegelte, der seinem Wohnorte und dessen nächsten Umgebungen die Verhältnisse seines Geschäfts offen zeigte, und so die heiligsten Pflichten verletzend seiner Familie Nachtheil bringen konnte, betrübte ihn auf's Tiefste! Ein augenblickliches heftiges Kopfweh war die Folge davon, dazu gesellte sich ein nervöses Fieber, das in drei Wochen sein Leben endete!

Er starb bei vollem Bewußtseyn, ohne organischen Fehler, mit Ruhe, den Tod nicht fürchtend, bis zum letzten Augenblicke bemüht, sein wissenschaftliches Streben zu vermehren, umringt von Freunden und Bekannten, die seinen Verlust als edlen Mann beweinten, und stets mit Achtung und Liebe sein Andenken ehren werden.

Er ruht auf dem Kirchhof von Père Lachaise, wo ihm der protestantische Pfarrer Goepp unter zahlreicher Begleitung seiner Freunde die letzte Ehre erwies.

Hätte die Vorsehung dem Verewigten ein längeres Lebensziel gesteckt, so würden die Wissenschaften an ihm einen thätigen Beförderer gefunden haben. Eine kleine chemische Arbeit von ihm, die er unternommen, als er kaum die praktische Laufbahn betreten, findet sich in diesem Journal 2. Bd. 2. St. S. 345 ff. Außerdem hat er auch mehrere Abhandlungen aus den französischen Zeitschriften für dieses Journal bearbeitet."

Es folgt ein dreistrophiger Gedicht- bzw. Liedtext und die Unterschrift J. B. Trommsdorff.

Dieser Nekrolog bedarf einiger Erklärungen. Zunächst ist festzustellen, dass er zum überwiegenden Teil wörtlich dem entspricht, den Friedrich Christian an Trommsdorff beigelegt hatte, man diesem folglich die eigentliche Autorschaft zuerkennen könnte. Trommsdorff vertraute ihm so sehr, dass er nur eine Reihe lobender Worte für beide einschob bzw. anfügte. Man kann wohl von den heute etwas schwülstig erscheinenden, aber für Nachrufe üblichen und die damalige Zeit kennzeichnenden Formulierungen absehen und muss dennoch einiges anmerken. Zunächst Schusters Art des Todes, der durch die Folgen einer Briefaffäre entstanden sein soll, was medizinisch durchaus möglich ist, wenn nämlich durch eine schwere seelische Verletzung die Abwehrkraft gegenüber einer sonst harmlosen Infektion zusammengebrochen ist. Dann die vorsichtige Beschreibung der damaligen Behandlung von Briefen und der Kontrollen durch den preußischen Staat. Schließlich die so überaus wohlwollende, geradezu Hochachtung ausdrückende Bewertung der beiden jungen Leute durch ihren Lehrer Trommsdorff. Bei dem Hinweis auf die „für deutsche Jünglinge verhängnisvollen Jahre 1818–1820" kann es sich wohl nur um die Radikalisierung der Burschenschafts-Bewegung in dieser Zeit handeln, was wiederum einen Zusammenhang mit Friedrich Christians Interesse für das Grab K.L. Sands in Mannheim herstellt (siehe S. 142). Die Erwähnung des schusterschen Tagebuches kann als indirekter Beweis dafür dienen, dass ein solches auch von Friedrich Christian geschrieben wurde, aber später verloren gegangen ist. Und ganz zuletzt sei festgehalten, dass es sich bei August Schuster um den vermutlich engsten Freund Friedrich Christians handelte, dessen Verlust ihn tief getroffen haben mag. Allerdings: Wann er aus Paris zurückreiste, und ob er zu den Freunden gehörte, die den sterbenden Schuster umringten, bleibt offen, ebenso wie die Frage, warum der Anstoß zu diesem Nachruf erst mit einem Jahr Verzögerung erfolgte.

Durch Südbayern und Österreich 1827

Im Spätsommer 1827 unternahm Friedrich Christian gemeinsam mit Karl Brandenburg aus Wunsiedel, der 1826 bis 1827 ebenfalls Trommsdorffs Institut besucht hatte (s. „Bildung“), eine ausgedehnte und intensive Reise durch Südbayern und Österreich. Ein kleinformatiges Reisetagebuch von über 40 Seiten enthält die erste Eintragung vom 29. August und nach vielen leeren Seiten eine weitere Eintragung aus München vom 14. November. Es sind darin ungezählte Einzelheiten, Preise und Zahlen über Wirtschaft, Landwirtschaft, Natur, Bergbau, aber auch Grenzkontrollen und weitere Reisebedingungen festgehalten. Hier sollen lediglich einige kleine Beispiele wiedergegeben werden, die den Zweck der Reise, nämlich bestimmte Verhältnisse in Natur und Wirtschaft zu erkunden und persönliche Verbindungen zu pflegen, sowie seine Beobachtungsgabe verdeutlichen.

Von Redwitz aus geht die Reise teils mit der Post, teils zu Fuß über Nabburg, Neunburg, Stamsried, Kötzting, Arnbruck, Drachselsried nach dem kleinen Ort Bodenmais, dem ersten wichtigen Ziel; das alles jedoch nicht ohne Erwähnung der Entfernungen und Beobachtungen zur Mineralogie, dem Bierbrauen und der Landwirtschaft. In Bodenmais besuchen die beiden den Bergmeister Fuhrmann, der sich seit zwölf Jahren mit dem Anbau und der Veredelung des Flachses beschäftigte. (s. „Frühe Industrien“, die Bedeutung des Flachses in Sachsen). Er „gab seine Erfahrungen zum Besten“. Nach deren eingehender Beschreibung lesen wir dann: „Fuhrmanns Gattin hat eine Spinnschule errichtet, und zwar indem sie gegen 30 Mädchen während dem Winter in einem Zimmer unter Aufsicht im Spinnen unterrichtete, und diesen beständig zu spinnen gab. Hierbei ist die größte Aufmerksamkeit von Seiten der Lehrerin nöthig. Einmal, daß der Faden gleich, und dann, daß er gehörig gedreht wird. Dieß Letztere ist besonders bei Verbrauch zum Weben durchaus erforderlich. Gering (flach) gedrehtes Garn läßt sich nicht füglich verweben, wohl aber sehr gut zu Zwirn verarbeiten. Zur verhältnismäßigen Löhnung hat Fuhrmann von Sommer in München eine Preistabelle.“ Das Spinnrad kommt aus den Niederlanden, die Spindeln aus München usw., dazu eine Zeichnung und Überlegungen, wie man den Vorgang verbessern und die Technik verbreiten könne. Wir erfahren auch manches über den Erzbergbau und die Holzwirtschaft in der Gegend. Aus dem dortigen Magnetkies wurde bereits Gold gewonnen. Überlegungen über die Gewinnung von Vitriol. Die Hütte dazu wurde von einem Sachsen errichtet.

„Am Sonntag früh ½6 machten wir uns mit dem Jagdgehülfen Xaver auf, um den Arber zu besteigen [Großer Arber, 1.457 m, höchster Berg des Böhmerwaldes im bayrischen Gebiet]. Das Wetter war sehr schön und der Weg obwohl öfters steil aber doch, da der Jäger sehr ortskundig war, nirgends sehr schlecht. Der Jäger war früher, als sein Vater Revierförster in Bodenmeis gewesen, Vitriolbrenner, von wo er alles umständlich wußte. – Auch eine Bärenjagd, die er gegen 1804 mit seinem Vater mitmachte, und wo an der Wand des großen Sees ein alter und junger in der Höhle erlegt wurden, erzählte er genau, was uns sehr amüsierte. – Veilchen am Wege, eine Quelle, schöne Bäume ... Ungefähr in der Höhe von 3.200 Fuß sind zwischen dem Walde Weideplätze ausgehauen, wo das Vieh von den benachbarten Gütern übernachtet. Für den Hirten ist eine schlechte Hütte angebracht, und darin bringt er den ganzen Sommer und größtentheil des Herbstes zu." Es folgen verschiedene Angaben zu Preisen und Löhnen. Und dann weiter: „Bei diesem schlechten Lohn sind die armen Leute allem Ungemach ausgesetzt." Er sah die Hirten und ihre Helfer: „Diese Leute waren halb wild."

Nach einigen Tagen ging die Reise weiter über Teisnach nach Ruhmannsfelden, über Schloss Egg, wo sie in Abwesenheit des Grafen und seiner Familie alles Äußere genau besichtigten, und weiter nach Deggendorf. „Die Gegend ist sehr angenehm und besonders von Deggendorf landeinwärts ganz schön. Die Zwetschgen sind schon reif, haben aber den Geschmack der Frankenzwetschgen nicht, ob sie gleich eben so groß sind. Mir scheinen es Frühzwetschgen zu seyn. Ein Bauer schüttelte uns gegen ein ‚Vergelt's Gott' die Mützen voll."

„In Niederalteich, wo ein Kloster war, lebt ein Weber, welcher schöne Gewebe aus dem Hanf macht, und Kaufmann Herslein in Passau soll mit einem Mann in Verbindung stehen, welcher dessen Verfeinerung so wie die des Flachses ausnehmend und auf eine neue Weise versteht."

Unterwegs nach Passau: „Der Weg geht von der Straße rechts ab über einige kleine Dörfer, wo noch Kirchweih (am Dienstag) war, u. wo wir auch hier und da auf dem Felde einen halbbetrunkenen Akkersmann sahen, wo uns Leute begegneten die von der Kirchweih kamen. Ja, in einem Dorf war noch das Wirthshaus voll Bauern, die bei einer verstimmten Geige fidel sangen. Ein einzelner Zimmermann arbeitete jedoch schon nahe bei, u. einen Weber hörten wir schlagen, es war ½ 8 Uhr früh."

Ein weiteres festes Ziel der Reise war der Besuch eines Herrn Fürst in Frauendorf. Dieser hatte dieses Dorf, das aus lediglich vier Bauernhöfen bestand, ganz gekauft und legte eine Baumschule an. „Junge Bäume giebt es sehr viele, u. in einem oder 2 Jahren wird Fürst jedermann befriedigen können. Ich bemerkte freylich, daß der Boden durchweg ziemlich schlecht u. der Wuchs der jungen Bäume ebenso war, umso mehr als sie nicht beharkt waren. ... Fürst, welchen ich erst, nach dem wir schon eine Weile in seinem Gehöfte aus seinem Wirtshaus, welches von seiner Frau u. Tochter versehen wird, gegessen und getrunken hatten, traf, führte uns – anfangs etwas mißgestimmt –, später aber freundlicher durch alle Anlagen. Wir mußten mit bei ihm essen, u. ich ersah nun ganz, was ich schon vorausgeahnt hatte: daß er schwer angefaßt habe, und schwer allein alles durchzuarbeiten im Stande seyn kann. Er ist kränklich, leidet sehr im Unterleib, u. hat so viel auf einmal erfaßt, daß ein sehr starkes Betriebskapital erforderlich ist, wenn nicht alles in Confusion kommen soll. Zu wundern ist es daher nicht, wenn Unkraut überhand nimmt und viele Gewächse bedeutend vernachlässigt werden. In 2 Jahren will er mit der Bearbeitung des Gröbsten im Reinen seyn; bis dahin will er auch das neue Wohnhaus fertig haben. In kurzer Zeit soll in eins der Bauernwohnungen die Druckerey für die Bauernzeitung u. Gartenzeitung kommen ... ich bestellte die Gartenzeitung complete."

Passau: „Der Polizeydiener findet den Paß verdächtig, weil Bayern nicht mit unter den zu bereisenden Ländern aufgeführt ist. Brandenburg will sich einen Regierungspaß auswirken. Vormittags des anderen Tags war er nicht angekommen und Nachmittag erfuhren wir, daß es nicht einmal nötig sey." „An der Grenze visitirten bayrische Gendarmen unsere Pässe und in Gattern bearbeiteten oestereichische dieselben. Brandenburg mußte seinen Tabak ausschütten, durfte aber doch einige Pfeifen behalten."

Es ging das Salzachtal hinauf nach Reichenhall und Salzburg, wobei sowohl über die Nussbäume im Tal als auch über die Lachsforellen im Fluss berichtet wird. Dann lesen wir über die Gewinnung des Salzes, dessen Mengen und die Preise, doch nichts mehr darüber, wie die Reise weiterging. Es folgen viele leere Seiten.

Allerdings war München ein weiteres Ziel, denn die letzten Seiten, ebenso klein beschrieben, sind mit „München d. 14. Nov." datiert. Sie enthalten einen Bericht über den Besuch des Gefängnisses in Au, einem Stadtteil von München (es wurde 1901 zugunsten eines Neubaus abgerissen). „Stuhlmüller gab uns Brief an v. Wevel, den Polizeikommissar in Au. Dr. Martin Wilsen u. ich gingen früh hinaus. Die Hälfte der Anstalt war früher ein Nonnenkloster, die andere Hälfte wurde von v. Wevel gebaut. 684 Sträflinge sind daselbst, 32 in Ketten u. die anderen mehr oder weniger eingeschlossen. Die meisten werden auf Tuchfabrikation verwendet, wozu man hier keine Maschine hat. Alle, welche auf kürzere Zeit eintreten müssen, wenn sie nicht ein in der Anstalt brauchbares Handwerk können, spinnen". Wirtschaftliche Angaben dazu. Die Anstalt hat zwar inzwischen eigenes Kapital erworben, braucht aber noch jährlichen Zuschuss. Man besichtigt in Au noch ein Brauhaus: „Der Brauknecht bekommt 6 Maas Bier u. monatlich 14 Gulden mit Kost. Werkführer ist ein Sohn vom Hakerbräu". Und auch eine Seidenweberei in Au wurde besichtigt, d.h., diese Reise diente wie andere dem Erwerb wirtschaftlicher Kenntnisse in erstaunlich weitem Umfang, ausgestattet mit Empfehlungen und offensichtlich fachmännischem Auftreten. Demnach galt Friedrich Christian in Wirtschaftskreisen schon als angesehener Partner, trotz seiner jungen Jahre.

Der folgende Brief gehört zeitlich in die Lücke, die das Notizbuch gelassen hat: Am 8. Oktober 1827 schreibt er nämlich aus München an seinen Vater in Redwitz – es sind sechs eng beschriebene Seiten, die auf einen offenbar längeren Aufenthalt gemeinsam mit Brandenburg dort schließen lassen: „Theurer Vater! Gleich am zweiten Tag zog ich mit Bg. aus dem Gasthofe u. in ein Privatzimmer wie ich Ihnen schon schrieb. Darin gefällt es mir sehr gut, da es recht gut fast in der Mitte der Häuser, welche ich zu besuchen habe, liegt." In dem Bericht wird deutlich, dass der Vater ihn im Grunde wegen der Bedienung von Geschäftsbeziehungen und den Ausbau wirtschaftlicher Kontakte in die Hauptstadt Bayerns geschickt hat (s. „Wirtschaft").

Familienreisen und Verwandtenbesuche

Nicht nur von Friedrich Christian haben wir Reiseberichte und -pläne, sondern ebenso vom Vater und anderen Familienmitgliedern, weil das Reisen offensichtlich aus vielerlei Interessen heraus verbreitet und hilfreich war.

1830, Vater Wolfgang Caspar kommt von einer Reise nach Böhmen/Prag zurück und berichtet, dass sein Sohn Wilhelm aus England zurück sei und ihm von gigantischen Ausmaßen der englischen Industrie berichtete, besonders von den Flachsspinnmaschinen (s. „Frühe Industrien").

1830, Vater Wolfgang Caspar schreibt an einen (guten Bekannten) in München, der eine gemeinsame Reise, einschließlich der Frau Gemahlin, mit ihm plant. Sein Vorschlag – er war gerade aus Marienbad zurückgekommen – ergibt einen interessanten Überblick über die vielgestaltige Wirtschaft dieser Regionen. Der Bekannte/Freund soll „Von München über Regensburg fahren. Von hier gingen wir nach Franzensbad, Marienbad und Karlsbad, auf dieser Reise, die in zwei Tagen gemacht ist, besuchen wir die schöne Porzellanfabrik von Fischer zu Pirkenhammer [s. „Entscheidung"], dann die Porzellan- und Wedgwoodfabrik von Geidinger. Geidingers erfreuliche Bekanntschaft wird ihnen ebenfalls angenehm sein. In Karlsbad nehmen wir einen 6sitzigen Eilwagen und fahren in einem Tag nach Prag. Der dortige Aufenthalt ist ganz willkürlich und richtet sich nach den Umständen. Nach Prag gingen wir über Teplitz nach Dresden, ein Ort von mannighaftem Interesse und vielseitiger Beziehung. Von Dresden nach Freiberg, wo Breithaupt und Lampadeus den kurzen Aufenthalt gewiss angenehm machen. Wenn wir wollen, können wir auch die Meißener Porzellanfabrik mitnehmen und dann die deutsche Manufaktur Chemnitz besuchen. Von Chemnitz sind zwei Tage weiter hierher. Wollen Sie nun auf der ganzen Reise vom 22. August bis zum 3. Oktober sogleich 41 Tage aufwenden, so kann 4 Tage von München bis hierher, von hier nach Prag mit allem Aufenthalt 4 Tage, in Prag 4 oder 5 Tage, bis Dresden über Teplitz 2 Tage, in Dresden 4 bis 5 Tage, bis Freiberg mit Aufenthalt 2 Tage, bis Chemnitz mit Aufenthalt 2 Tage, von Chemnitz bis hierher 2 Tage, hier in Redwitz auf dem Hinweg 2 bis 3 Tage, nach der Rückkehr 9 Tage, von hier nach München 4 Tage, so dass Sie am 3. Oktober erfreulich in 41 Tagen wieder in München sind.“ Es folgen weitere Reiseüberlegungen sowie ein Vorschlag für eine Reise nach Wien. Er hat selbst auch Lust, von Salzburg nach München usw. zu reisen. Unklar bleibt, an wen der Brief gerichtet ist; es herrschen offenbar recht vertraute Verhältnisse.

1830, 15. Februar, Trommsdorff aus Erfurt an Friedrich Christian in Redwitz vor dessen Abreise nach England: „Mein Aufenthalt vor zwei Jahren in London war leider nur zu kurz, als dass ich mehr als einen flüchtigen Überblick hätte gewinnen können, und ich traf es so unglücklich, dass mehrere der Gelehrten, auf deren persönliche Bekanntschaft ich mich freute, abwesend waren, und einige sind nun schon in die Ewigkeit gegangen. Ich lege hier einen Brief bei, der Ihnen gute Dienste leisten wird. Er ist an Doktor Schwabe, einem meiner intimsten Jugendfreunde gerichtet, der in England lebt, allgemeine Achtung genießt, und mit allen interessanten Personen in London speziell bekannt ist. Er hat seit vielen Jahren ein Erziehungsinstitut, und die Söhne der ersten Häuser sind Zöglinge von ihm. Er wird Sie mit den Männern bekannt machen, deren Bekanntschaft Sie wünschen, und Ihnen Gelegenheit verschaffen, alles zu sehen, was Sie zu sehen wünschen. Ich habe nur einige Fabriken in London besucht.“ P.S.: „Ich hoffe in einigen Jahren auch noch einmal nach England zu reisen, und zwar in Gesellschaft meines Sohnes; dann aber denke ich, einige Monate zu bleiben.“

Briefe aus England von Friedrich Christians erster Reise dorthin sind hier nicht aufgeführt, da sie in dem Buch von Lauterbach 2013 vollständig wiedergegeben wurden. Das betrifft die Zeit von 15. März 1830 bis 11. Juni 1830.

1830, 24. Juli, Friedrich Christian aus Redwitz an Trommsdorff in Erfurt, an einen Brief ganz anderen Inhalts angefügt: „Durch die verspätete Abreise meines Vaters, der sich Ihnen herzlich empfiehlt, wird auch mein Ausflug nach Thüringen bis gegen den 15. August verschoben. Ihre wiederholte gütige Einladung hat meine Schwester noch mehr in Ihrem Vorsatz befestigt, mich zu begleiten – wir haben nur noch den Wunsch, Sie und die theuren Ihrigen recht wohl anzutreffen."

1831, 10. August, Friedrich Christian aus Redwitz an Trommsdorff in Erfurt: „Auf der Reise hatte ich nur eine einzige Ungemächlichkeit, und zwar an der baierischen Grenze, wo man mir, weil ich meinen Paß nicht von der Sanitätskommission in Erfurt unterschrieben hatte, den Eintritt verweigerte, bis ich von der nächsten preussischen Behörde beigebracht haben würde, dass ‚während meines Aufenthalts in Erfurt daselbst ein guter Gesundheitszustand geherrscht habe.'" Er kehrte zum Schein um, nahm einen anderen Weg nach Hause und bittet nun Trommsdorff um die Übersendung eines entsprechenden Scheines, damit er nicht Unannehmlichkeiten bekomme.

1833, 3. April, Friedrich Christian aus Redwitz an Trommsdorff in Erfurt: „In ein oder zwei Tagen kommt Wilhelm von seiner Reise nach München, Augsburg und Nürnberg zurück, und zwar, so wie ich hoffe und wünsche, entschlossen, seinen Weg selbst zu gehen."

1833, 30. Juni, Friedrich Christian aus Erlangen an Trommsdorff: „Theuerster Herr Vater! Nur mit wenigen Zeilen will ich Ihnen heute sagen, was nicht schon von Luisen über unsere Reise geschrieben wurde. Wir waren, von Wetter begünstigt, an allen schönen Punkten, welche an unserer Reise lagen, und kamen am Donnerstag hier an. Nur die große Hitze am Mittwoch, welche bei Bamberg und Erlangen bis auf 28 Grad R stieg, war etwas beschwerlich, doch nicht ganz hinderlich. In Bamberg hatten wir nicht Zeit H. Bach aufzusuchen, da wir erst Nachmittag um 2 ankamen und noch die Altenburg besahen. Hier in Erlangen sind wir nun vergnügt und finden nur zu wenig Zeit, um Alles mitzunehmen. Martius, welcher sich Ihnen einstweilen empfehlen lässt, bittet Sie, den an mich gerichteten Brief gefälligst zu oeffnen, da vieles darin mehr Sie als mich angeht."

1834, 14. Februar Friedrich Christian aus Redwitz an Trommsdorff in Erfurt: Trommsdorff plant eine Reise nach Redwitz, auch ist ein Ausflug nach München vorgesehen. Der Vater ist bereits in Vorbereitungen auf den Landtag in München, „am 1. März beginnen die Sitzungen."

1834, 28. April, Trommsdorf aus Redwitz (!) an Wolfgang Caspar Fikentscher in München: Hatte von einem längeren Aufenthalt in Redwitz einen Ausflug nach München zu ihm (Landtag) gemacht, bedankt sich herzlich für alles; war über Augsburg, Nürnberg, Erlangen (Besuch bei Dr. H. Martius) und Bayreuth zurückgefahren. Überall Besuche bei wichtigen Leuten.

1834, 13. August, Friedrich Christian aus Redwitz an Trommsdorff: „Der Vater ist von Marienbad ganz wohl wiedergekommen und hat nun eine Reise nach Sachsen und Preussen vor. Wenn er diese ausführt, so kommt er auf dem Rückweg nach Erfurt."

1835, 2. Mai, Friedrich Christian aus Redwitz an Trommsdorff in Erfurt: „Der Vater hatte Ihnen einen flüchtigen Besuch zugedacht, wenn er von Buttstädt zurückkehrte, aber es gieng ihm wie immer. Erst musste er die Abreise auf den äußersten Termin verschieben, und dann hatte er zwei Pferde gekauft, welche er Niemand als dem Andreas vertrauen wollte – aber mit vier Pferden und einem etwas wunderlichen Geschirr wollte er nur den kürzesten Weg nach Hause suchen ... Wilhelm ist nun seit 8 Tagen in Paris, wenn er den Plan nach seinem aus Strasburg datirten Brief ausführen konnte. In Strasburg besuchte er außer mehreren ... eine Schwefelsäurefabrik."

1835, 6. Mai, Friedrich Christian aus Redwitz an Bruder Wilhelm in Paris: „Ich freue mich recht, dass Du den Eintritt in ‚Fremde Länder' unter so gute Auspizien angetreten hast."

1835, 9. Juni, Friedrich Christian aus Redwitz an Bruder Wilhelm in England: „Deinen Brief vom 26. vorigen Monats an den Vater haben wir erhalten, er schildert den Eindruck, welchen England auf Dich macht wenig verschieden davon, wie ich ihn selbst an mir erlebte, und dieser Eindruck wird durch einen längeren Aufenthalt in dem Lande der Solidität nicht geschwächt werden. Wenn die materiale Seite des Menschen zu einer so vollkommenen Ausbildung gelangt wie in England, so kann es nicht fehlen, daß die Extreme des Materialismus auch häufiger getroffen werden als in unserem sentimentalen Vaterlande, und es kann nicht fehlen, dass man vielen höchst widerlichen Erscheinungen der Selbstsucht begegnet, aber die Konsequenz der Regenten des Welthandels muß stets Achtung einflößen und mit letzterer wirst Du auch England verlassen."

1835, 27. Juni, Friedrich Christian aus Redwitz an Bruder Wilhelm in England: „Der Vater geht morgen nach Marienbad, Rosalie und Ludwig begleiten ihn. Heute noch erwarten wir meine Schwiegereltern und die Schwägerin Mensing mit einigen Kindern. Letztere will einige Wochen hier bleiben und dann von ihrem Mann abgeholt werden. Mit meiner Frau und Henriette war ich in der vorigen Woche in Marienbad und Karlsbad. Wir blieben bei Fischern eine Nacht und waren überhaupt sehr vergnügt. Du schreibst nicht, welche Runde Du im Lande zu machen gedenkst. Daß Du nach Manchester, Liverpool Bangor, Leeds u. Sheffield gehst und einen der Kriegshäfen besuchst, ist natürlich."

Aufgeschlossene Mitreisende

1850, Herbst (ohne Datum) Friedrich Christian aus Zwickau an Rosalie Mensing in Erfurt (vollständige Wiedergabe s. „Kultur").

1851, 9. Januar, Friedrich Christian aus Zwickau an Rosalie in Erfurt, Rückreise aus Erfurt: „Auf dem Wege nach Weimar, mir selbst überlassen, malte ich Alles, was hinter mir lag und alles, was mich erwartete grau in grau, in welcher erquicklichen Stimmung ich Petzolds [Hofgärtner in Weimar, s. „Kultur"] resolutes freundliches Gesicht erblickte. Daß sein Vorschlag, „mich bis Weißenfels zu begleiten" freudig begrüßt wurde, kannst Du Dir denken ... Ich hatte meine gewöhnliche Zuversicht beinahe ganz wiederbekommen, als wir [in Halle] eine mit Petzold sehr befreundete Familie, Rendant Kirchner [Rechnungsführer in großen Kirchgemeinden] aufsuchten. Da ich beinahe 3 Stunden Zeit vor mir hatte, so besahen wir einige bedeutende Punkte der Stadt und dann das Waisenhaus. Dein Vater, welcher darin selbst eine Zeitlang wirkte, kann Dir ein besseres Bild davon geben, als ich es vermag. Bei Kirchners, sehr freundlich angenehmen Leuten, aßen wir zu Mittag, und ich schied mit dankbarem Herzen von dem wackeren Hofgärtner. Möge für diesen bald ein freundliches Los fallen."

Mit der Bahn weiter nach Zwickau, dort von Wilhelm abgeholt, denkt er bereits wieder an die nächste Reise nach Redwitz, um dort einiges zu erledigen.

1851, 24. Januar, Friedrich Christian aus Zwickau an Rosalie in Erfurt: elfseitiger Brief über eine Reise von Zwickau über Plauen nach Marktredwitz, in dem er über Reisebekanntschaften „plaudert": „Am gleiche Tage mit Dir reiste ich von Hause ab. Der Tag war schön, und ich fuhr sogleich in guter Gesellschaft. Ingenieur Dost, der Erbauer der Göltzschtalbrücke, fuhr mit bis Reichenbach. Ich freue mich jedesmal, dessen scharfes Gesicht mit den klaren tiefen Augen wiederzusehen, und dazu kommt, daß wir uns durch jede Begegnung näher rücken."

Dazu ist anzumerken, dass die Brücke über das Tal der Göltzsch im Vogtland 78 Meter hoch und bis heute die größte Ziegelsteinbrücke der Welt ist. Sie wurde von der Sächsisch-bayrischen Eisenbahngesellschaft für die Bahnverbindung zwischen Leipzig und Hof in Auftrag gegeben. Baubeginn war 1846, und die Einweihung erfolgte am 15. Juli 1851, also ein halbes Jahr nach der Begegnung mit dem Ingenieur Ferdinand Dost (1810–1888). Dieser war der Bauleiter. Für die Gesamtausführung und Oberbauleitung war der Oberingenieur Robert Wilke zuständig. Heute ist die Göltzschtalbrücke ein „Historisches Wahrzeichen der Ingenieurbaukunst".

Doch nun weiter mit den Begegnungen auf der Reise durch das Vogtland: „Bei dem Übersetzen von der Eisenbahn in den Postwagen fand ich mich in Gesellschaft dreier Weißwarenhändler aus Plauen, Mitteldinger zwischen Hausierer und Kaufleuten, resolute Leute von gutem Humor. Dazu gesellte sich noch eine geputzte Dame, deren zuversichtliches Wesen sogleich eine Grosstädterin vermuthen ließ. Es dauerte nicht lange, so wußten wir, daß sie aus Dresden, Witwe eines Schuhmachers und im Begriff sey, einen kleinen Landbesitzer im Voigtlande glücklich zu machen.

‚Wenn ich sehe, daß mir die Verhältnisse meines Bräutigams paßen', setzte sie hinzu. Ihre Schwatzhaftigkeit, unterstützt durch von Zeit zu Zeit angebotene und gerne genommene geistige Stärkung in feinem Schnaps, ließ bald keine Falte ihres Herzens und ihrer Geschichte unentwickelt. Wenn ja nicht alles klar geworden seyn sollte, so lag dieß eben sowenig an ihr als an ihren Begleitern. In Hof traf der Zug um 9 Uhr ein, und ich befand mich in der Mitte meines heimathliche Idioms recht wohl. So lange ich unter meinen Landsleuten lebte, waren mir deren breiter bequemer Dialekt und deren unbezwingliche Neigung für viel gutes Bier fortlaufende Quellen von Unbehagen und Aerger; jetzt aber, nachdem ich kaum zehn Meilen von ihnen weg, erquickt von dem süßen sächsischen Dialekt lebe, finde ich meine Oberfranken beinahe liebenswürdig. Als ich am Donnerstag Morgens von Schwarzenbach mit der Post fuhr, war ich schnell mitten unter meinen Verwandten in Redwitz und Wunsiedel. Der Kondukteur äußerte nach dem Einsteigen sogleich bedauernd: daß ich zur Taufe in Redwitz zu spät käme: ‚der Herr Doktor, die Frau Doktorin, Fräulein Luise und Auguste waren dort sehr vergnügt gewesen': Sie habe von uns (dem Posthalter) ein Pferd geborgt, weil sie vor einigen Wochen ihr Handpferd verkaufen mußten, da dieses dumm war und die Frau Doktorin nicht mit ihm fahren wollte'. In dieser Weise führte mich mein Landsmann in alle Haus- und Familienbegebnisse meiner Wunsiedler Bekannten ein, und ich kam dabei unvermerkt an das Ziel."

Zum Schluss berichtet er noch von einem Brief seiner Schwester Rosalie aus Stuttgart, „den einige Zeilen ihres Mannes begleiten. Beide schreiben so vergnügt, wie es zwanzig Jahre jüngere Leute thun können. Sie wollen im nächsten Jahre entweder mit mir nach London, oder wenigstens hieher kommen, um von hier aus die große Vetterstraße zu ziehen". Die sogenannten „Vetternreisen" waren in diesen Jahrzehnten, wohl bis zum Ersten Weltkrieg, in der großen Familie üblich. Man besuchte die Verwandten, wohnte dort kurz, tauschte sich aus und reiste weiter. Da bei allen ein gewisser Wohlstand herrschte, war dies offensichtlich überall wohlgelitten.

1851, 6. Februar, Friedrich Christian an Bruder Wilhelm in Redwitz: „Von meinem Ausflug zu Euch kam ich wohl zurück ...

Hast Du schon wegen der Reise nach London festes bestimmt. Ich und Fischer werden gegen Ende Juni abreisen, versteht sich ‚wenn's geht'."

1851, 20. Februar, Friedrich Christian aus Zwickau an Schwager Mensing in Erfurt: „Nach den Erfolgen an Gliedern meiner Familie zu schließen glaube ich, wird ein vierwöchentlicher Gebrauch von Kissingen das Beste thun. Ob ich dazu vor oder nach der Londoner Reise schreite hängt von der Zeit ab, in welcher Letzte gemacht wird."

1851, 19. März, Friedrich Christian aus Zwickau an Rosalie in Erfurt: Es geht um die Frage, wie die verschiedenen kurzen Reisen, meist in Familienangelegenheiten, zu vereinbaren sind: Chemnitz, Magdeburg, Redwitz. „Mit meinen Projekten zu Reisen in diesem Sommer wird es manchmal ganz flau."

1851, 6. April, Friedrich Christian aus Zwickau an Rosalie in Erfurt: „Bis Anfang Mai soll hier alles zur Abreise unserer kleinen Badegesellschaft bereit sein, sodaß ich sie mit Gottes Hilfe in den ersten Tagen desselben Deinen Händen übergeben kann. Wie wir dabei unsere Reise einrichten, kann ich noch nicht sagen, ich wünsche aber solche mit meinem eigenen Wagen zu machen, da solches unschwer an einigen Tagen geschehen kann ... Vor wenigen Tagen schrieb ich Dir und einigen meiner Geschwister, dass ich jede andere Reise als die ins Bad unterlassen würde. Was wirst Du und andere Vernünftigen von mir denken, wenn ich heute erkläre: sehr wahrscheinlich nach London, aber keineswegs in ein Bad gehen! Diese Sinnesumänderung kommt von zwei Besprechungen mit Dr. Schlobig. Derselbe bewies mir überzeugend, dass mir ein Bad nicht so viel helfen könne als passende Diät mit angemessener Beschäftigung und viele körperliche Bewegung." (Samuel Schlobig, 1816–1887, stiftete der Stadt Zwickau das Johannes-Bad, ein Platz ist nach ihm benannt.)

1851, 30. April, Friedrich Christian aus Zwickau an Rosalie in Erfurt: „Nach einer fröhlich durchlebten Woche, wie sie uns in der alten Heimat vergönnt war ... Bis Plauen hatte ich meinen Wagen. Da wir ziemlich zwei Stunden bis zum Abgang des Zuges vor uns hatten, so besah ich mit meiner kleinen Heerde die hübsche Stadt und hatte dabei Gelegenheit, für die Redwitzer einige Kleinigkeiten einzukaufen ... In Schwarzenbach fanden wir Bruder Georgs Wagen, in welchem wir schnell nach Kirchenlamitz zu den lieben Zinks gelangten."

1851, 15. Mai, Friedrich Christian aus Zwickau an Rosalie in Erfurt: „Gestern kam ich von meiner Reise ins Gebirge zurück ... Als ich neulich die Badereise aufgegeben hatte, war mirs wie einem zu Muthe, der plötzlich reich geworden. Die dadurch gewonnene Zeit erschien mir, als wäre sie nicht aufzubrauchen. Nun rückt die leidige Gegenwart mit ihren kleinen unbequemen Ansprüchen hervor und zieht von den 5 Wochen, welche mir geschenkt worden, ein paar Tage um die anderen ab, so dass ich jetzt angefangen, auch mit meiner Reise nach München zu markten. Diese sollte erst eine Ausdehnung über Stuttgart, Augsburg, Regensburg bekommen, was weder unpassend noch unerwünscht wäre. Ich hätte dabei alle Geschwister gesehen, und weiß, dass ich damit nicht nur meine eigenen Wünsche erfüllte ... Meine kleine erzgebirgische Reise wurde im Regen begonnen und in einem Gemisch von Regen und Schnee ausgeführt."

1851, 17. Mai, Friedrich Christian aus Zwickau an Bruder Wilhelm in Redwitz: „Am nächsten Montag soll die Badereise nach Kösen vor sich gehen, falls kein Hinderniß weiter kommt. Ich werde dazu noch einige Tage mehr verwenden, um Ettersberg und Erfurt zu besuchen, sodaß ich zu Ende der Woche wieder zu Hause zu seyn hoffe."

1851, 16. Juni, Friedrich Christian aus Zwickau an Rosalie in Kösen: „Da ich auf meiner Reise nicht ohne Nachricht von Dir seyn möchte, so theile ich Dir die Eintheilung meiner Zeit, wie sie unterwegs verwendet werden soll, mit: Am 18. (Mittwochs) früh Abreise, Nachtlager in Redwitz; 19ten Fahrt nach Wellershof am Tage und nach Regensburg in der Nacht. In Regensburg 2 Tage; am 3ten nach München, wo ich den 22ten eintreffen und bis zum 24ten Abends bleiben möchte; am 25. in Augsburg; 26–27 in Stuttgart und unterwegs; am 29ten u. 30ten in Kösen oder Zwickau, je nach den Nachrichten, welche mich bestimmen sollen."

1851, 9. Juli, Friedrich Christian aus Zwickau an Rosalie in Erfurt: Er war fast drei Wochen unterwegs, insbesondere zu Besuch bei seinen Geschwistern.

1851, 17. August, Friedrich Christian aus Zwickau an Rosalie (nun seine Braut) in Erfurt: „Wir haben also beschlossen, mit dem Dampfboot, welches von Freitag auf Sonnabend zwischen Ostende und London fährt, zu gehen, zu welchem Zweck wir am Donnerstag Früh von Erfurt abfahren müssen." („Wir" bedeutet: zusammen mit Christian Fischer, dem Porzellanfabrikanten aus Zwickau.)

Anlass der Reise war, dass am 1. Mai 1851 durch Königin Victoria in London die erste Weltausstellung eröffnet wurde. Damit begann die Ära der großen internationalen Ausstellungen. Es sollte neben dem Weltstand der Entwicklungen und der führenden Stellung Großbritanniens auch die völkerversöhnende Wirkung des Freihandels demonstriert werden und war ein Protest gegen Wirtschaftsblockaden. Die Zahl der Aussteller wird mit 13980 angegeben, die der Besucher mit sechs Millionen.

1851, 23. August, Friedrich Christian aus London an Rosalie in Erfurt: „Ich schreibe in einem so stillen Stübchen, als wir es in Zwickau nicht finden können, und doch liegt es in der Mitte von der lebensvollsten Stadt der Welt. Das ist ein Fund der, jetzt höchst schätzbar, es in den nächsten Tagen noch mehr wird, wenn die gewaltigen Eindrücke von London erschöpfend zu werden drohen, denn alsdann flüchten wir uns aus dem Geräusch zu uns. Die höchst mannigfaltigen Begebnisse auf dem Wege von Eisenach hierher werde ich in meinem nächsten Briefe, den ich an Emma richten will, ausführlich beschreiben" [dieser Brief ist nicht bekannt]. „dass ich mich jetzt vollkommen wohl befinde, trotzdem ich in Köln fast gar nicht, und auf dem Dampfschiff ganz und gar nicht schlief und dabei der See in hohem Grade opfern musste ... Wilhelm ist also auch hier, ich habe ihn jedoch noch nicht gesprochen, da er erst in einer Stunde in seine Wohnung (wo ich dies schreibe) zurückkommt. Nach dem, was ich von seiner Absicht weiß, werden wir wahrscheinlich zusammen nach Liverpool oder Bangor gehen. Er ist bereits 4 Wochen hier und erwartet Friedrich täglich."

Demnach waren alle drei Brüder, die zu Hause Fabriken betrieben, zur Weltausstellung nach London gefahren.

1851, 30. August, Friedrich Christian aus London an Rosalie in Erfurt: „Wir sind eine volle Woche hier und haben uns wohl eingerichtet, dass wir, was uns nach Hause zieht, zu dem Behagen gelangten, welches hier einen sehr langen Aufenthalt angenehm machen kann. Ja, soweit sind wir glücklicher als tausende unsere Landsleute, die nur im Zwang hier blieben und die Stunde ihrer Abfahrt als jene ihrer Erlösung betrachteten ... Unsere Verhältnisse hier machen die Abreise in das Land morgen Früh passend. Wir wissen noch nicht, wie lange wir damit zubringen, gedenken aber, zwischen 5 und 7 Tagen zurückzukommen. Wenn wir dann noch 4–5 Tage hier bleiben, so überschreiten wir jedenfalls unsere vorgesetzten drei Wochen. Dies ist mir auch nicht lieb, aber nicht zu ändern, wenn wir nicht sehr wesentliche Aufklärungen, die wir erst in den letzten Tagen zu bekommen im Stande sind, zurücklassen wollen. Die ersten 8 Tage werden von den nöthigen Einleitungsversuchen ganz konsumiert. Erst nachdem diese abgethan sind kann man anfangen auszuscheiden, was für uns passend ist, und an diesen Punkt sind wir jetzt gekommen. Wir haben schon einiges, für uns positiv Nützliches besehen, und dadurch vielleicht schon genug gethan, um die Reise nutzbringend für unsere Geschäfte zu machen, mehr noch fanden wir aber die außerordentlichen industriellen Vortheile aufgedeckt, welche sich für die nachhaltige Forschung in diesem wunderbaren Lande bieten. Für unsere Gewohnheiten und Lebensansichten ist England sehr ungefügig, ja in vielen Fällen widerwärtig, dass wir uns schwer mit dem Gedanken befreunden würden, hier das Leben zu verbringen. Wenn wir aber auch dahin gelangten, so würde vor allem nöthig, dass wir aufgeben Deutsche zu seyn, weil wir außerdem keine Geltung erhalten können. Wenn sie an einem Einzelnen von unseren Landsleuten Ausnahmen machen, so geschieht dies nur für seine persönlichen Eigenschaften, „obgleich er ein Deutscher ist", und wenn wir auch unsere Schwächen selbst fühlen und zugeben müssen, dass hier vieles besser ist als in unserem armen Vaterlande, so würde die Gewissheit, dass man als Deutscher „nicht gilt" unerträglich für dauernden Aufenthalt. Es ist bei aller Mühe und Entfernung, welche die Reise mit sich bringt, ein behagliches Gefühl, das Gesehene in sich umzuarbeiten und für seinen Bienenkorb in der Heimath mitzubringen ... Ich sah die Ausstellung an den 2 ½ und 5 Schillingtagen und habe ein ziemlich klares Bild von derselben als Neustellung. An den wohlfeileren Tagen ist entschieden größeres Interesse der Besucher unverkennbar. Die Landleute, Arbeiter und Fremden bilden den großen Theil des reichlichen Besuchs. Man sieht Gruppen von Leuten aus dem Arbeiterstande vorzugsweise vor Gegenständen, die für sie da sind, und aus den Urtheilen derselben kann man schließen, dass sie mit Nutzen sehen. Das ist an den Tagen höheren Preises ganz anders. Was nicht blinkt und schimmert, ist nicht da, ja die Meisten scheinen die Hauptgänge als Spaziergang in kühlem Wetter passender zu finden denn die Straßen. Und sie haben Recht dazu, denn der Weg ist „soft", die Gesellschaft „more evolusiae" und die Schaustellung bietet several things gegen Langeweile. Ich habe noch nie in meinem Leben soviel Gleichgültigkeit beisammen gesehen als an dem five shillings day. Und doch ist gerade dieser der unterhaltendste, weil an diesem viele hunderte von Maschinen im Gange sind, welche alle einzeln großes Interesse auch bei Nichtkennern erregen müssen. Ich habe früher die Ausstellung für mich hinweggewünscht, um das, was England als solches bietet, ungestört aufnehmen zu können, bin aber davon gänzlich zurückgekommen. Diese Vereinigung industrieller Kräfte ist das Außerordentlichste, was zu Stande kommen kann, und es ist glaublich, dass diese Leistung mit ihr auf lange Zeit abgeschlossen sein dürfte. Keine Nation, selbst Frankreich und Nordamerika nicht ausgenommen, hat diese ungeheure Entwicklung der inneren Kräfte verbunden mit dem Zufluß der äußeren Hilfsmittel in ähnlichem Grade wie England, und wenn auch, so hat keine den alten soliden Reichtum und die Ausführung in aehnlicher Weise zu machen. Wir haben uns nur so weit orientiert, dass wir mit Nutzen einige Fabriken im Lande aufsuchen können, und damit haben wir uns auch 10 Tage tüchtig geplagt, so dass wir uns dem Genuß der Landreise mit gutem Gewissen ganz hingeben können. Wir haben zwar manchen Schilling ausgegeben um zu schauen, ja wir waren auch in Vauxhall – der Inbegriff aller Abendvergnügungen, aber wir sind doch nicht aus der Arbeit gekommen. Heute Nachmittag werden wir nach Clairemont oder Hampton Court fahren. Wird das Wetter günstig, so giebt es auch Vergnügen – es sollen beide sehr schöne Landschaftsgärten haben –, schöner als Richmond, nach Petzolds Urtheil. Vorher werden wir noch Mittag bei unserem Nachbar, einem französischen Wirth, machen, der eine wahre Perle unter den hiesigen Diningrooms hält. Ich bin überzeugt, dass das Heimweh der meisten Süddeutschen geringer würde, wenn sie für ihr tägliches Jausenbrot in Rostbeef veal o motton, das sich nur in der Ordnung ändert, den unerschöpflichen Wechsel der französischen Küche genießen könnten. Von allen Klagen unserer Landsleute ist jene über die englische Küche die bitterste, und es ist auch einzuräumen, dass für aeltere empfindliche Mägen die englische Kost sehr schwer verdaulich ist. Für Verwöhnte hat sie durch ihren Mangel an Suppen und Mehlspeisen etwas Belastendes. Wir werden nun auch mit ihr fertig, nachdem wir unseren französischen Koch an der Seite haben."

1851, 10. September, Friedrich Christian aus London an Rosalie in Erfurt: „Wir sind in den Vorbereitungen zur Abreise, um morgen früh mit der Eisenbahn über Dover und Calais der Heimath zu zu eilen. Vorgestern kamen wir von unserer Landreise nach Birmingham, die Pottery und Bangor Chester sehr befriedigt von dem Erfolg derselben zurück. Wir haben das reiche schöne mit einiger Beklemmung betreten, wie es wohl stets geschieht, wenn überwältigende Eindrücke ungemessen auf uns einwirken. Dies dauerte aber nur so lange, bis wir den inneren Zusammenhang der politischen und gesellschaftlichen Entwicklung des mächtigen Volkes in eine richtige Parallele zu der unsrigen gebracht hatten; von da an befanden wir uns wohl, und wir scheiden mit dem Vorsatz öfter wiederzukommen, wenn wir können."

Obgleich Friedrich Christian durch seine ausgedehnte Reise nach England 20 Jahre zuvor auf vieles gefasst sein musste, drückt er seinen tiefen Eindruck über diese starken inneren Kräfte Englands sehr deutlich aus. Und in der Tat sollte er noch einige Jahrzehnte damit recht behalten, denn noch 1870 betrug der Anteil Englands an der Weltindustrieproduktion 31,8 Prozent, der Deutschlands dagegen lediglich 14 Prozent. Doch der industrielle Nachzügler Deutschland entwickelte sich im Laufe des 19. Jahrhundert zu einem ernsthaften Konkurrenten des bewunderten Pionierlandes England und begann um 1900, seinen Lehrmeister einzuholen. Während der britische Anteil der Industrieproduktion bis 1913 auf nur noch 14 Prozent fiel, stieg der des Deutschen Reiches auf 15,7 Prozent an. Die britische Industrieproduktion wuchs im Jahresdurchschnitt nur noch um 2,1 Prozent, die deutsche dagegen um 4,1 Prozent und die USA-Produktion sogar um 4,7 Prozent (Berghoff u. Möller 1993). Aber das war ein halbes Jahrhundert nach dem Tod von Friedrich Christian.

Doch nun zurück in das Jahr 1851, 14. September, Friedrich Christian schreibt aus Zwickau an Bruder Wilhelm in Redwitz:

„Am Montag Abends kam ich von meiner Reise zurück. Fischer war einen Tag früher hier, da ich ihn in Brüssel verlassen hatte, um in Namur und Charleroi Glashütten und chemische Fabriken zu sehen. Friedrich wollte noch zwei Tage länger in die Ausstellung gehen und am Sonnabend abreisen ... mit meinem Befinden in London wurde es erst dann besser, als wir eine französische Restauration, etwa 6 Häuser unter Benetplace fanden, worin sehr gutes Essen und besonders treffliche Suppe billig zu haben waren. Am Montag nach Deiner Abreise fuhren wir nach Birmingham. Noch am selben Tage besahen wir die Glasfabrik und am andern Tag, Dienstag, die Spiegelfabrik und Krystallglasfabrik, Elkington, Plake und einige andere. Tags darauf, Mittwoch, in die Pottery, wo wir sehr viel hatten, indem wir die größten Manufakturen von Copeland, Wedgwood, Mintor und Adams im Detail sehen konnten, weil sich Fischer als Porzellanfabrikant vorgestellt hatte. Die war das gerade Gegentheil von dem, was uns einige Rathgeber in London gesagt hatten. Noch besahen wir Röhren- und Ziegelfabriken, Mühlen für Porzellanmaterien, den Park in Treatham, eine Farm, beide dem Herzog von Sutherland gehörig. In letzterer wurden wir sehr freundlich aufgenommen und zuletzt fein bewirtet – vermutlich unseres vortrefflichen Englisch wegen. Somit war auch Friedrich einigermaßen zufrieden gestellt. Derselbe hatte von uns wegen seines unfruchtbaren Brummens viel zu leiden, so dass er wie ich hoffe, noch davon kuriert werden dürfte, wäre er beständig in so guter oder böser Gesellschaft. Über Chester gingen wir nach Beuge, wo wir einen höchst vergnüglichen Tag verbrachten – freilich war der angenehme Tag wie alles auf dem Lande etwas theuer, 2 (Pfund) pro Tag. Wir haben aber alle Ursache diesen Preis für niedrig zu halten, wenn wir die Summe für Lebens- und Geschäftserfahrungen zusammenhalten, welche uns dafür wurden. Nach London zurückgekommen waren wir gegen die Ausstellung viel kühler geworden. Wir besahen daselbst nur die Docks, den Tunnel, die großen Kirchen, einige große Töpfereien, wo chemische Apparate gemacht werden, Vauxhall, giengen in die große Oper, kauften Kleinigkeiten ein, und schlenderten in den Straßen. Über Dover, Calais. Lille fuhren wir nach Brüssel. Ich gieng denselben Tag nach Namur, wo ich von Zaude, einem großen Fabrikanten sehr freundlich aufgenommen wurde. In einem etwas gedrängten Tag sah ich viel und kam zu dem Schluß, dass Belgien von uns vor (!) England gründlich besucht werden muß, und dass ich, wills Gott, im nächsten Jahre wieder dahin gehe. Um Namür werden ungefähr 100.000 Ctr. Kochsalz in Glaubersalz und Soda verarbeitet und die Produkte abgesetzt. – Ich hoffe daselbst eine gute Verbindung für den Eintritt in alle Fabriken angeknüpft zu haben."

Reisen, Reisen und das Ende einer Dienstreise

1851, 22. September, Friedrich Christian aus Zwickau an Rosalie in Erfurt: „Meine Reise zu Euch werde ich am Sonnabend antreten können. Da ich in Leipzig mehreres zu tun habe, so wäre es möglich, dass ich erst am späten Abend bei Euch einträfe."

1851, 2. Oktober, Friedrich Christian an Rosalie in Erfurt: „In Leipzig ersah ich, dass wir um 1 Uhr in Erfurt abreisend, dort um 5 ½ Uhr ankommen; gerade recht passend, ehe die volle Nacht kommt. Der letzte Zug trifft erst um halb zehn und jetzt noch später ein. Meine Reisegesellschaft war erst etwas einsilbig. 2 Russen, ein Dresdner Gardeoffizier nach Halle, nebst einem Petersburger Juden, einer aeltlichen Dame, welche nach der Lausitz reiste, sehr belesen war, englisch sprach und mich, nach Gewohnheit alter Weiber bald alle ihre Sorgen über ihre Gesundheit ausgefragt hatte, das gab mir freilich Gelegenheit zu sprechen, da sie von Jod, Chlor und Brom zu sprechen wusste. Wir schieden als die besten Freunde."

1851, 9. November, Friedrich Christian aus Zwickau an Bruder Wilhelm in Redwitz: „Unlängst war ich in Glauchau, wo ich deinen Schwager Fritz in bestem Wohlseyn traf und auch von ihm Hoffnung bekam, dass er uns bald besuchen würde."

1852, 14. Juli, an Bruder Wilhelm in Redwitz: „Die Zeit muß bald kommen, welche für Deine Reise nach Posen und Königsberg bestimmt war, und da mir daran liegt hier zu seyn wenn Du kommst, einige Ausflüge welche ich während des Sommers machen muß, verschoben werden können, einer (der am 28. zur Hochzeit Pfeifers nach Magdeburg) zwar nicht, so liegt mir sehr daran zu wissen, wann Ihr hier eintreffen könnt. Ich bitte Dich darum sehr, mir mit einigen Zeilen mitzutheilen, was Du beschlossen hast."

1853, 5. Juli, an Bruder Wilhelm in Redwitz: „Mit meinen guten Vorsätzen bezüglich der schönen Ausflüge nach Redwitz, Regensburg usw. geht es noch wie früher. Aus der Ferne gesehen machen sich die Reisen ohne Schwierigkeit, und wenn die Zeit gekommen ist sie zu machen, so denkt man entweder nicht daran, oder man findet es geradezu lächerlich ‚in diesem Sommer' auf Erholung auszugehen."

1853, 19. September, an Bruder Wilhelm in Redwitz: „Daß unsere Reise so stark abgekürzt wurde, war mir erst recht fatal, jetzt, da wir zu Hause sind, ist mirs lieb geworden. Viele Vorkommnisse erforderten durchaus meine Gegenwart, wenn nicht manche dringliche Angelegenheiten hinausgeschoben worden und verkehrt gehen sollten."

1854, 12. März, an Bruder Wilhelm in Redwitz: „Deine Frau wird uns doch jedenfalls besuchen, wenn sie durchkommt!, aber noch hübscher wäre es, wenn Du sie von Chemnitz abholtest und hierher begleiten würdest. Es giebt zwar keinen anderen Weg von Chemnitz zu Euch als über hier, aber es käme doch darauf an, dass Ihr Euch wenigstens auf einen Tag Aufenthalt dahier einrichtet. Wir fänden genug zu besprechen."

1854, 28. August, Friedrich Christian aus Zwickau an „Schwiegervater" Mensing in Erfurt: „Von meiner Reise nach München ließe sich viel erzählen, wenn ich auf alles Bedeutende eingehen sollte. Denn obgleich die Ausstellung im Prinzip verfehlt ist, da sie viel zu früh kam und München nicht der Ort dafür ist, ebenso wenig als eine Ausgabe von anderthalb Millionen für das Königreich Bayern im Verhältnis steht, so wurde für mich das Begegnen mit vielen alten Bekannten und mit neuen bedeutenden Männern höchst interessant und außerdem war die Ausstellung sowie eine Menge von Bildern einer sehr entwickelten Industrie in Oesterreich und Würtemberg für mich recht bedeutungsvoll und anregend." Fahrt auf dem Starnberger See, Donaufahrt nach Regensburg.

1859, 7. August, Friedrich Christian aus Ostende an Rosalie, seine Frau. Er ist mit Fischer zusammen einige Wochen zur Kur, deren Ablauf angedeutet wird. „Unsere Lebensweise hat sich sehr einfach gestaltet. Das Bad wird um halb zwölf und das Essen um 2 Uhr eingenommen, um 10 Uhr zu Bette gegangen. Wir haben so viel von der Umgebung sehenswerth ist, beschaut, und ich erfreue mich je mehr ich die solide Lebensweise der ländlichen wie städtischen Bevölkerung kennenlerne, desto mehr über das Land. Die untere Klasse hat von der französischen Kleidung noch wenig angenommen, und Du siehst an einem Festtag ganz stattliche Frauen und Mädchen mit schwarzen Mänteln mit feinem Tuch, mit Kapuze daran, ähnlich wie die Erfurter Mäntel, die Bürger im Frack. Die Arbeiter aber alle in dunkelblauer Jacke stattlich ehrbar einherschreiten. Auf mich hat der Vergleich unserer Verhältnisse mit der belgischen etwas demüthigendes. Hier eine Solidität, welche durch alle Lebensverhältnisse zieht und im Vaterlande Schein, denn selbst der Luxus dafür ist ein soliderer als dort. Über unsere Rückreise sind wir einig, dass wir erst nach Antwerpen, von da nach Brüssel, Namür, Luxemburg und Saarbrücken, Mannheim, Frankfurt gehen, wozu etwa 1 Woche ausreichen dürfte. Ich sehe dabei die wichtigsten Ziegeleien, Glasfabriken und Chemische Fabriken nebst Kokereien, womit meine Zwecke ganz erreicht werden dürften. Die Reise dauert damit allerdings fast zwei Wochen länger als ursprünglich beschlossen war, aber sie ist sehr lohnend. Hier, oder vielmehr eine halbe Stunde von hier, sah ich eine Ziegelei, wo außer gewöhnlichen Mauersteinen noch die eigenthümlich geformten Dachziegel und Töpfergeschirr gemacht wird. Der Besitzer, ein noch sehr junger gebildeter Mann, hatte seinen ersten Brand Steingut mit Erfolg gemacht und war sehr erfreut in mir einen Fachgenossen zu finden. Er gab mir sogleich Adressen nach Antwerpen und Namür und allerlei Details über die Fabrikation der belgischen Ziegel, die mir sehr angenehm sind. Daß ich dabei mit meinen Geheimnissen nicht zurückhaltend blieb, wirst Du begreifen, und wir schieden sehr zufrieden miteinander, ich mit dem Versprechen, wiederzukommen ... Von den mancherlei Bekanntschaften, welche wir hier machten, ist keine, die besonders anziehend ist; es scheint fast, als wenn für diejenigen, welche mehr Geist und weniger Geld haben, Ostende zu weit und zu theuer ist. Doch ist meine Einsicht in die Gesellschaft lediglich auf einen Theil der deutschen Gäste beschränkt. Der Adel und die jüdische Geldmacht, welche hier sehr vertreten ist, sind für mich nicht da, und unter den Übrigen mag mancher interessante Mann seyn, der nur für uns nicht nahbar ist, weil der Zufall es nicht gestattet" (s. „Kultur").

1863, 8. Juli, Friedrich Christian aus Baden an Rosalie in Zwickau: Auf nur einer halben Seite teilt er mit, dass er in Baden, „Angelegenheiten" zu ordnen hatte, über Karlsbad zurückreise und deshalb erst einen Tag später zurück in Zwickau sein werde.

Friedrich Christians Leben endete mit einer Reise: Ende Juli 1864 war er als Landtagsabgeordneter auf einer mehrtägigen Exkursion zur Erkundung von Kalkwerken in Sachsen unterwegs, zuletzt in der Gegend von Plauen. Das Wetter war schlecht. Stark erkältet kehrte er heim, bekam eine Lungenentzündung, verlor das Bewusstsein und starb am Vormittag des 9. August 1864.

7

Wirtschaft

Herstellen und Verteilen, Lust und Notwendigkeit

—

„Wer zu spät an die Kosten denkt, ruiniert sein Unternehmen. Wer zu früh an die Kosten denkt, tötet die Kreativität.“
Philipp Rosenthal

—

Wirtschaft, begriffen als die Einheit von Herstellen und Verteilen, brachte zwar von jeher eine zweckmäßige Arbeitsteilung hervor, doch blieb jeder Bereich vom anderen nicht nur abhängig, sondern hatte sein Handeln auch auf den anderen einzustellen. Die schöpferische Tätigkeit befand und befindet sich nicht nur beim Hersteller, doch zunächst überwiegend dort. Aus dieser Sicht versteht es sich nach allem bisher Dargelegten wie von selbst, dass Friedrich Christian sein Leben lang mehr am Schaffen als am Verteilen interessiert war. Seine vielfältigen Kenntnisse und Verbindungen nützten seiner wirtschaftlichen Tätigkeit, doch waren sie nicht allein dem Kaufmännischen untergeordnet, wie es übereinstimmend seinem Bruder Wilhelm nachgesagt wurde. In aller Deutlichkeit beurteilte er sich selbst in diesem Sinne, ausgedrückt in einem Brief vom 16. Oktober 1847 an seinen Schwager Mensing. Ein Satz daraus kennzeichnet vermutlich sein lebenslanges Streben am deutlichsten: „Ich freue mich der Arbeiten ebenso wohl als des Resultats desselben und wünsche, dass meine Kinder nicht anders fühlen und denken lernen, weil ich darin eine sicherere Bürgschaft ihres Glücks finde, als in dem bloßen Besitz von Kapital.“

Frühe Aufgaben vom Vater

Friedrich Christian wuchs in der väterlichen Fabrik schon beim Lernen und Experimentieren zum Zwecke der Ausbildung unter Aufsicht des gestrengen Vaters in die Wirtschaft hinein. Beispielsweise übertrug dieser dem erst 17-Jährigen eine wichtige Aufgabe, die ihn auch für die geschäftliche Seite der Produktion mitverantwortlich machte, und zwar die Leitung der im Reichsforst bei Brand – heute ein Ortsteil von Marktredwitz – liegenden Glashütte. Dort wurde durch schwierige und langdauernde Versuche die Produktion des Glases auf Glaubersalz, statt wie bis dahin mit Soda, umgestellt. Mit 22 Jahren hatte er einen so guten Einblick in bestimmte Produktionen, dass er anlässlich einer Reise durch Südwestdeutschland dem Vater über Fabrikbesichtigungen berichten konnte, so in einem Brief vom 30. Mai 1821 aus Straßburg, in dem er eingehend über die dortige Art der Schwefelsäureherstellung schreibt, und außerdem findet er die Herstellung der Weinsteinsäure in einer weiteren Fabrik so unvollkommen, dass man zu Hause das Doppelte herstellen könne.

Kurz darauf schickte er den folgenden Brief aus Frankfurt, der ihn als einen vom Vater bevollmächtigten Kenner eines bedeutenden Absatzgebietes für die eigenen Produkte ausweist, der erkunden soll, warum die Geschäfte dort schlecht gehen und was zu tun sei. Bemerkenswert erscheint, dass er überall als vollwertiger Geschäftspartner galt. Ohne auf die einzelnen Namen und Geschäfte achten zu müssen lesen wir Folgendes in einem Brief vom 22. Juni 1821 an den „Theuren Vater!“. Zunächst beschreibt er die Weingegend und dann weiter: „Durch Prof. Steininger in Trier war ich an den Apotheker Mohr adressiert. In diesem fand ich einen artigen gesprächigen u. nicht ungeschickten Mann, der von vielen zu reden weiß u. mir auch über manches Aufschluß gab, namentlich, daß in Koblenz keine eigentliche Drogerie ist, daß die 5 Apotheker der 11.000 Seelen zählenden Stadt alles von Frankfurt nehmen. Von diesem hörte ich auch, daß der Neffe Rommsdorfs, Duffet, hier konditionierte. Diesen suchte ich auf; er erwartet seinen Onkel, den Gifreth dieses Jahr ganz bestimmt in Koblenz, was mit der Nachricht, die wir in

Redwitz hatten, und die hier auch mein alter Freund Vogel bestätigte, daß er nach Böhmen gehe, freylich nicht stimmt ... In Mainz suchte ich sogleich L. Schmidt auf, der so, wie sein Jugendfreund schon ziemlich bejahrt ist, aber sich sonst wohl befindet u. so, wie alle über die Flaute des Handels klagt, da darin nur eine Steuer ist, selbst in dem gemüthlichen Frankfurt. So finden Sie schon dadurch einen Theil der Frage, warum wir so wenig zu thun haben, gelößt. – Schmidt versichert auch, daß sie nirgends sonst Merkurialia [Quecksilberpräparate] nehmen als von Ihnen, daß er aber davon stets weniger gebrauche, weil die Frankfurter alle Kundschaft an sich zögen. Ich gab ihm einen Preiskourent, worauf er bestellen will. Aus allem sehe ich, daß nur ungeheuer niedrige Preise hier entscheiden u. was dazu zu thun ist, wissen Sie am Beßten. Vielleicht, daß es nur gelingt Preiskourente von den Fabriken die ich nannte zu bekommen. Ich werde mein möglichstes thun. Robher u. Kroff will ich eben aufsuchen – von diesen letzten Kunden dann mündlich mehr ... aber da weiß ich, daß unsere Merkurialien wohlfeil sind u. daß also die Frankfurter künftig doch von uns nehmen, wenn Sie fleißig Preiskourente schicken. – Diese alle wollen erinnert seyn".

Er war folglich auch als Handelsreisender für die väterliche Fabrik unterwegs und erkundete die Absatzmöglichkeiten während einer Wirtschaftsflaute. Deutlich wird zugleich der weite Raum, in dem insbesondere die Quecksilbererzeugnisse der Fabrik ihren Absatz fanden.

Reichlich vier Jahre später. Friedrich Christian war von seinem Studienaufenthalt aus Paris zurück und voll in der Fabrik beschäftigt, wohl auch immer mehr anstelle des Vaters. Der jedoch, was immer wieder deutlich wird, lässt sich nichts Entscheidendes aus der Hand nehmen. Die Geschäfte gehen gut, die Fabrik wird erweitert, und die Verbindung zum Lehrer und väterlichen Freund Trommsdorff bleibt erhalten. An ihn schreibt Friedrich Christian am 20. Dezember 1825 nach Erfurt: „Seit dem Frühjahre im Bau begriffen, welcher unsere Fabrik um mehr als das Doppelte erweiterte, waren mein Vater und ich ununterbrochen in Anspruch genommen, und als wir freier atmen konnten da kam ein Schlag, welcher alle beugte. Am 2ten September starb meine Mutter" (s. „Familie"). „Wie ich Ihnen vielleicht schon sagte, wollten wir eine Schwefelsäurekammer errichten. Das ist nun geschehen, und seit 14 Tagen ist sie im Gange. Wir sind mit dem Erfolg recht wohl zufrieden, ob wir gleich nicht mehr als 250 pct [Prozent] Säure aus böhmischem Rohschwefel gewinnen. Später soll es noch etwas besser werden u. dann hoffen wir auch, wenn unsere Arbeiter mehr Übung haben, mehr in derselben Zeit zu verarbeiten als jetzt. (1 ½ Ctr. B.G. Schwefel des Tages). Die Bereitung des Chlorkalks im Großen wird im nächsten Frühjahre beginnen."

Keine Reise nur zum Selbstzweck. Friedrich Christian am 8. Oktober 1827 aus München an seinen Vater in Redwitz: Er befindet sich seit Tagen gemeinsam mit einem Freund in München, besucht viel Theater, ist aber auch in Fabrikangelegenheiten unterwegs: „Morgen fahre ich mit ihm [Hofrath Fuchs] nach Schleißheim, wo er jetzt, wegen der Verfertigung von Zucker öfters ist. Er hat schon große Proben davon hergestellt u. auch raffiniert u. spricht frey aus, daß, da aus den Rüben 5–6 t dargestellt werden kann, die Sache auch bei dem jetzigen Zuckerpreise sogar vorteilhaft ist". Weiter berichtet er über Methoden der Zuckerherstellung sowie über verschiedene Personen und deren Tätigkeit.

Verantwortung in der väterlichen Fabrik

Vater Wolfgang Caspar Fikentscher ist seit 1828 Landtagsabgeordneter und hält sich lange in München auf. Die Leitung der Fabrik und der Geschäfte liegt weitgehend in den Händen Friedrich Christians, der jedoch dem Vater auf das Genaueste zu berichten hat. Davon zeugt ein langer Brief vom 8. Januar 1828. Darin geht es zunächst um einen Rechtsstreit mit einer Augsburger Fabrik vor dem Gericht in Bayreuth, dann den Absatz von Weinsteinsäure, die Chlorkalkfabrikation, die Familie, das Wetter sowie verschiedene regionale Zusammenkünfte. „Alles läßt grüßen, besonders der Herr Landrichter."

Allem Anschein nach gehen die Jahre in diesem Sinne weiter, wobei der Vater nicht nur lange Zeit in München zu verbringen hat, sondern auch zur Kur nach Marienbad fährt. Dazwischen liegt noch die mehrmonatige Englandreise Friedrich Christians (s. „Reisen") und natürlich eine Entwicklung, in der er immer selbständiger die Fabrik leiten kann, die dem Vater wenigstens in Teilbereichen zu entgleiten beginnt. Es bestehen gute Verbindungen nach München und zu Verwaltungsmitarbeitern des Landes, was zweifelsfrei dem Wirtschaften hilft, wie folgender sehr langer und im Persönlichen vertrauter Brief an Friedrich Christian zeigt:

7. Januar 1831, Stuhlmüller aus München an „Verehrter Freund". Er ist im Ministerium tätig und gibt Ratschläge. „Ich schrieb Ihrem Herrn Vater schon vor geraumer Zeit, daß das Gutachten von der Kreisregierung abverlangt wurde; er solle es also in Baireuth betreiben oder betreiben lassen, damit es vortheilhaft und schnell herkommt. Ich weiß nun nicht, ob er diesen Brief erhalten hat, da Sie dessen (in Ihrem Brief) mit keiner Silbe erwähnen. – Ich selbst bin nicht Referent, und was von mir abhängt, darauf dürfen Sie sich bei mir stets verlassen. Es könnte aber seyn, daß auch Herr Gemeiner in Lohr Blei walzen würde; denn dort existieren sehr gute Walzwerke, wo sie Mainaufwärts bis Bamberg in Fracht billiger wegkämen. Dieses alles nur, um der Ehre des Vaterlandes willen, daß man bei uns auch machen kann, aber nicht um Ihnen für diesen konkreten Fall zu schaden. Ueberhaupt, wenn Sie oder in der dortigen Gegend jemand was von Eisen für Maschinen, ganz rein und nett gegossen, braucht, ist jenes Etablissiment, welches unter geschickter Leitung steht, zu empfehlen. Sehr interessant war mir die Vergleichung der Preise der Materialien zur Schwefelsäurefabrikation zwischen Ihnen und England, das sind bedeutende Referenzen. Auffallend wohlfeil ist der Schwefel u. besonders das Kochsalz. Recht sehr hätte ich gewünscht, daß Sie sich in England hinsichtlich des Stahls und besonders der Gußstahlfabrikation recht umgesehen hätten! Wahrscheinlich haben Sie's gethan, und ich werde vielleicht doch was davon erfahren [zur Vorreiterrolle Englands s. auch Kapitel 1] ... Jetzt wäre es aber Zeit zu schließen, zumahl ich heute schon eine langweilige Sitzung von 5 Stunden im Leib habe, wo es viel zu gähnen gab. Herr! Das ist oft zum Verzweifeln; das sind Tantalusqualen. Nichts ist furchtbarer als eine langweilige, geisttötende Sitzung, wo man so unnützes fades Gelatsch anhören und umsonst reden muß."

Soweit der Ministerialbeamte!!

Und nun wieder Trommsdorff in einer kleinen geschäftlichen Angelegenheit. 28. April 1831 aus Erfurt an „Lieber Herr Sohn!" Er benötigt weiße viereckige Gläser zur Aufbewahrung chemisch reiner Substanzen und bittet um Vermittlung, wer solche zu günstigen Preisen liefern kann. Es geht ihm um Reagenzienkästchen, die er früher bereits hergestellt hatte, und die sogar Alexander v. Humboldt auf seine Reise mitgenommen habe.

Die Antwort erfolgt prompt. 7. Mai 1831: Friedrich Christian teilt mit, dass er in dieser Angelegenheit bereits Briefe nach Prag geschrieben habe und rät dazu, sich Proben der Gläser schicken zu lassen.

Dieses kleine Beispiel ist ein Hinweis auf den noch immer bestehenden wirtschaftlichen Zusammenhang zwischen dem seit 1816 bayerischen Marktredwitz und der böhmischen Wirtschaftswelt, wie es sich auch an anderen Stellen zeigt. Die Wirtschaftsräume wurden nicht durch Ländergrenzen völlig getrennt, so wie es zwischen den deutschen Ländern schließlich auch nicht gewesen ist.

Die Fabrik entwickelt sich offensichtlich weiter gut, jedenfalls schreibt Friedrich Christian am 24. März 1832 – kurz vor der Hochzeit mit dessen Tochter – an Trommsdorff: „In der Fabrik ist es nun recht lebhaft. Chlorkalk wird eben eine Fuhre geladen und zur Befriedigung der Nachfrage nach Schwefelsäure u. Salzsäure sind wir in aller Eile über den Bau von zwei Kaminen, worin wir täglich 400 Ctr. von ersterer mehr konzentrieren können. In 14 Tagen werden diese beendigt seyn, ob sie gleich ganz massiv u. gewölbt werden. Im Bau der Kapellenöfen, habe ich mich überzeugt, waren wir früher noch sehr zurück. Durch die Verengerung des Feuerraumes im unteren Theile und durch Isolirung der innern Wände sparen wir bestimmt ¼ bis ⅓ Holz, was für uns von großer Bedeutung ist."

Aber es geht nicht nur um chemische Produkte. Friedrich Christian interessiert sich ständig auch für die Ergebnisse der Landwirtschaft. Diese soll sogar zu seinen Hauptneigungen gehört haben. Hier ein Beispiel: Am 31. Dezember 1833 schreibt er an Trommsdorff: „Ich habe mich herzlich über die verschiednen u. schönen Kartoffelsorten gefreut und ich hoffe damit unsern Kartoffelessern ein und den andern guten Beitrag zu liefern, und werde sie auf dem besten dafür geeigneten Boden auslegen, um recht bald eine gute Vermehrung zu haben. Diese Frucht ist im Allgemeinen von solcher Bedeutung für unsere Gegend, daß wir bei einem guten Bau derselben fast die Hälfte der Körnerernte ohne Schaden entbehren können. Der Boden und Klima scheint auch hier vollkommen dazu zu gehören indem wir hier gar nichts von Ausartung der besten Sorten wissen."

Und dann wieder die Fabrik und die Sorgen in einer Wirtschaftsflaute:

14. Februar 1834, ebenfalls an Trommsdorff: „In der Fabrik geht es ziemlich lebhaft, nur sind die meisten Preise sehr herabgedrückt. – Doch läßt sich noch immer arbeiten und kleine Ersparnisse, welche wir hie und da theils schon machten, theils noch treffen können, müssen Manches hereinbringen was die Konkurrenz uns entzog ... Neulich schrieb Morian an meinen Vater wegen der Herabdrückung der Weinsteinsäurepreise. Er meinte, daß wir uns verständigen könnten, um den Preis auf einer anständigen Höhe zu erhalten. Wir sind freilich nicht seiner Meinung, da die Ausländer weder nach uns noch nach Morian fragen, während sie in die Gegenden, wo das meiste verbraucht wird, verkaufen". Die Weinsteinsäure wurde nur von wenigen Unternehmen hergestellt, so dass regionale Preisabsprachen zum Hochhalten des Preises naheliegend sind. In anderem Zusammenhang – s. „Die Konkurrenz der Brüder" – hat Friedrich Christian später diesen Weg in ähnlicher Weise versucht. Doch nach seiner Englandreise war er mit dem länderübergreifenden Handel hinreichend vertraut und wollte offensichtlich die Konkurrenz durch eigene günstige Angebote überbieten, was dem genannten inländischen Konkurrenten Morian wohl eher nicht möglich erschien. „Bei der Revision des vorjährigen Verbrauchs an rohen Materialien der verkauften Fabrikate habe ich zu meiner Freude gefunden, daß wir im Ganzen vorgeschritten sind. So haben wir z.B. bei der Bereitung von 2.400 Ctr. Schwefelsäure im Jahre 1831 ebenso viel Arbeitslohn und doppelt so viel Brennmaterial gebraucht als im vergangenen Jahr wo wir 4.000 Ctr. Säure erzeugten. Dabei gebrauchen wir jetzt nur 6 Theile Chilisalpeter wo wir früher 9 Theile Kalisalpeter nöthig hatten" usw.

Wenn es um offizielle wichtige Schreiben an die „Hochwohllöbl. Königl. General Bergwerks u. Salinen Administration“ geht, ist es wohl immer noch der Vater, der die Schreiben sendet. Jedenfalls wird das an einem Entwurf von ihm deutlich, der im März eine Bitte um die erneute Bewilligung einer bestimmten größeren Menge Salz beinhaltet. Die Endformel lautet: „Dieser meiner ganz gehorsamsten Bitte füge ich die tiefe Verehrung bei, welche ich vielmals gesagt als Euer hohen Königl. General Bergwerks und Salinen Administrator.“

Das Ringen um die Zuckergewinnung

Familiäre Verbindungen helfen auch anderen. Man erfährt, wie Wirtschaft in dieser Zeit funktionierte: 19. Juli 1834, Friedrich Christian an Trommsdorff: „Ich komme heute mit einer Bitte, welche den Zucker- und Essigfabrikanten Knorr hier angeht. Dieser hat sich zur Fabrikation des Stärkezuckers vermittelst Malz sehr gut eingerichtet, er hat aber jetzt bei wachsendem Absatz noch nicht hinreichenden Vorrath, und hier unter 10 Wochen noch keine Aussicht auf Kartoffeleinkauf. Diser erfährt, daß eine Erfurter Fabrik bedeutende Mengen an Zucker nach Baiern verkauft und er wünscht zur Aushülfe welchen zu kaufen, weiß aber die Addreße nicht. Nun bin ich überzeugt, daß Sie die Sache gewiß kennen und dürfte ich Sie daher bitten, für J. D. Knorr, ein Faß mit einigen (ca. 5) Ctrn. Syrup als Probe sogleich zu bestellen, und dasselbe vermittelst Friedr. Wilh. Rau in Hof hieher zu schicken. Knorr ist für den Betrag von einigen 100 Thalern ganz gut und überhaupt solid. Freilich kann man dabei keine Hoffnung geben, daß in späteren Zeiten ein starker Absatz hieher zu machen seyn wird, weil es unser Bemühen seyn wird, die Sache hier selbst so bald als möglich in die größte Ausdehnung zu bringen, aber der Fabrikant verkauft wo und wann er kann.

Haben Sie vielleicht Antheil an der Entstehung der Syrupfabrik in Erfurt? – Daß die Sache von der größten Bedeutung für die Folge wird, ist nicht zu läugnen, aber freilich wird sie erst unbedingten Eingang finden, wenn die Diastase wohlfeil hergestellt werden kann, so daß man auch weißen trocknen Zucker billig herzustellen im Stande seyn wird. Haben Sie denn Ihre Versuche welche Sie vorhatten ausgeführt? Mit der Landwirtschaft verbindet sich dieser neue Erwerbszweig umso schöner, als die Abfälle sehr gut zu nutzen sind. Die Faser nährt nämlich ausnehmend gut, und das schwarze Wasser düngt auf Wiesen und auf Schafsweiden außerordentlich ... Nun fällt mir aber noch eine andre Bitte ein. Ein hiesiger Färber und naher Verwandter von mir hier, Zahn, ist in großen Nöthen wegen eines echten nicht gar zu theuren Lila auf Baumwollgarn. Könnten Sie vielleicht aus der Noth helfen?"

Man erkennt hier zweierlei: Wer solche Verbindungen hatte, stand vorteilhaft mitten in der Wirtschaft. Und zweitens: Es ist offensichtlich so, wie Mensing schreibt: „Von jeher hatte Fritz viel Interesse an der Landwirtschaft." In einem späteren Brief nennt er dieselbe sein ‚Steckenpferd'. Im Jahre 1838 wurde in Bayern eine Behörde zur Hebung der Landwirtschaft eingerichtet, und zu diesem Zweck in jedem Bezirk ein zuverlässiger Mann gesucht zur Vermittlung und Redaktion der von den Landwirten eingehenden statistischen und sonstigen Berichte. Dieses Amt hat Fritz für den Bezirk Voigtland und die Sechsämter mit Liebe übernommen. Außer den Berichten hat er viele große Arbeiten die Landwirtschaft betreffend geschrieben.

Doch zunächst dankt Friedrich Christian seinem Schwiegervater Trommsdorff in einem Brief vom 13. August 1834 für die rasche Erfüllung der Wünsche aus dem vorigen Brief. Violett wurde nach seiner Vorschrift bereits gebraucht. Es folgen eingehende Betrachtungen über die Zuckerherstellung. Übereinstimmende Meinung über „trockenen weißen Stärkezucker aus Paris". Malzzucker will gar nicht fest werden, Zuckerherstellung aus Kartoffeln usw. „Die Schönheit des trockenen Schwefelsäure-Stärkezucker wird seine Anwendung selbst dann, wenn er etwas theurer werden sollte als der Malzzucker, dennoch allgemeiner anwendbar machen, wenn man im Stande seyn wird, den herben Gypsgeschmack ganz zu beseitigen. In diesem Fall muß man freilich auf die Schwefelsäure ein wachsames Auge wegen des Arsenikgehaltes haben."

Die gegenseitigen Hilfen gehen weiter: Friedrich Christian schreibt am 21. Januar 1835 an Trommsdorff, dass er dessen Auftrag über Quarzpulver sogleich besorgt habe und abschicke. Er verweist auf einen Bericht über die Münchener Industrieausstellung, welche in den letzten Blättern der allgemeinen Zeitung erschien: „Sie werden sich dabei gewiß sehr erbauen, denn es ist keine gewöhnliche Lobrede. Die ausführliche Beschreibung der ausgestellten Sachen kommt indessen erst später." (Die erwähnte Industrieausstellung kann nur eine regionale Bedeutung gehabt haben, denn die „Erste Deutsche Industrieausstellung" fand erst 1842 in Mainz statt und gilt als eine Wegmarke der deutschen Wirtschaftsgeschichte, weil sie für alle Staaten des deutschen Zollvereins offen war. In München fand erst 1854 die „Allgemeine Deutsche Industrieausstellung" statt. Diese Ausstellungen unterschieden sich von den traditionellen Märkten und Messen dadurch, dass der Wettbewerb weniger um die Kunden als um die Auszeichnungen und Preise ging, die anschließend der Werbung dienten. Welche der Ausstellungen Friedrich Christian besucht hat, ist nicht bekannt, vielleicht auch nur deswegen, weil es keine Briefe dazu gibt. Die große Ausnahme ist die Weltausstellung in London 1851 (s. „Reisen").

Die Wirtschaft in Sachsen erfährt ein höchstes Lob durch einen E. Caltaria, der am 6. Februar 1835 aus München schreibt. Er war auf der Leipziger Messe und bereiste die gewerbereichsten Gegenden Sachsens. Voller Bewunderung teilt er mit, was er in Sachsen gesehen und gehört hat: „außer der hinreichenden Intelligenz, versierter Gewandtheit, Sinn für Fleiß und fortwährendes Streben nach Vollkommenheit aller Manufaktur- und Fabrikerzeugnisse, finden sich in Sachsen in den Händen der Fabrikunternehmen zahllose Capitalia, mit deren Größe ich vorher nicht gerechnet hatte."

Friedrich Christian war, wie wir wissen, auch als Gutachter in Herstellungsfragen amtlicherseits gefragt. In einem nur als Entwurf vorliegenden Schreiben vom 20. April 1835 geht es um eine von ihm verfasste Stellungnahme zu einem vom Polytechnischen Verein am 2. März abgegebenes Gutachten (anfordernde Stelle nicht bekannt) „zum Bleichen von Leinwand mit Chlorkalk". Er kritisiert es scharf und gibt Literaturhinweise sowie Verweise auf jahrelange Erfahrungen, die dem entgegenstehen. Schließlich beschreibt er sein eigenes Verfahren. Es bleibt offen, wer recht hat.

Und dann wieder die Verbindung zu Trommsdorff. Am 21. November 1835 kündigt er ihm eine Kiste mit gepulfertem Quarz und geschmolzenem ganzen und gepülfertem Wasserglas an. Dazu einige Rezepte. Dann: „Wie es mit der Bereitung des Runkelrübenzuckers in allen Ländern seyn wird, so haben wir auch schon unsere Versuche ueber disen angestellt. Ich glaube dabei auf eine Methode gekommen zu seyn, welche die Arbeit wesentlich verbessert.“ Er beschreibt die damals üblichen Verfahren, um mehr Zucker zu gewinnen und geht dann auf das von ihm gefundene ein, mit dem er offenbar den gesamten Zuckergehalt auf vergleichsweise einfache Weise erhält. Im kommenden Jahr sollen noch mehr Rüben angebaut werden, um die Versuche auszudehnen. Dann fügt er in dem Brief Gedanken über Anbauflächen und Größen des Grundeigentums in der Gegend an. Zur Zuckergewinnung aus Rübenzucker ist anzumerken, dass bereits im 18. Jahrhundert in der mitteldeutschen Landwirtschaft mit den dort besonders guten Böden ein Strukturwandel begann, ab etwa 1800 die Zuckerrübe angebaut worden ist und ab etwa 1840 hohe Gewinne durch die auf Zuckerrüben und deren Verarbeitung konzentrierten Unternehmen erzielt wurden. Ab 1850 entstand daraus eine eigenständige Industrie. Friedrich Christian war mit seinen Versuchen und Untersuchungen folglich auf der Höhe der Zeit, wenngleich die in seiner Umgebung vorhandenen Böden hinsichtlich ihrer Ertragsfähigkeit weit unter der des mitteldeutschen Raumes blieben. Wohl auch deswegen konnte Bruder Friedrich Fikentscher – mit dem nötigen Wissen durch die Untersuchungen seines Bruders Friedrich Christian ausgestattet – seine Fabriken nicht dort, sondern im Raum von Regensburg aufbauen.

Querverbindungen in der Wirtschaft

Die Vielfalt der wirtschaftlichen Betätigungen wird in einem Brief an Bruder Wilhelm deutlich, der sich im Auftrag des Vaters zum Zwecke der Einrichtung eines Walzwerkes in Bodenwöhr/Oberpfalz aufhielt. Dort gab es bereits seit Jahrhunderten einen Eisenhammer. Friedrich Christian schreibt ihm am 19. Februar 1836, dass der Vater rät, die Maschinen nicht nur auf Wasserkraft, sondern auch auf Tierkraft einzustellen. Außerdem übermittelt er Betrachtungen über die Herstellung von Eisenbahnschienen und berichtet, dass die Oberpfälzer Eisenfabrikanten auf Unterstützung durch die Regierung hoffen. Dies sei etwas Natürliches, denn ihr Gewerbe sei unentbehrlich. Er bittet darum, dass der Bruder auch nach Wackersdorf gehe und aus den dortigen Braunkohlegruben für ihn einige Proben entnehme, damit er sie analysieren kann, denn: „Eine genaue Kenntnis der Gruben dieses einzigen Materials ist, wenn auch nicht unnützlich, doch so belehrend, daß es einen Ausflug von zwei Tagen reichlich lohnt." (In Wackersdorf, ebenfalls in der Oberpfalz/Bayern gelegen, war nach 1800 Braunkohle entdeckt worden, doch begann der Abbau erst um 1840.) Im Fabrikbetrieb, so schreibt er weiter, geht es gut: Chlorkalk und Glaubersalz sowie Weinsteinsäure werden nachgefragt. „Merkurialis sind aber tod." Das bedeutete, dass quecksilberhaltige Produkte zu dieser Zeit nicht nachgefragt wurden.

Eine Woche später, 27. Februar, an Bruder Wilhelm: Er erbittet dringend Nachrichten über die Braunkohlevorkommen in Wackersdorf, weil er sich durch den Bezug von dort günstige Brennmaterialien erhofft und weitere Nutzung und Verarbeitung plant: „Suche also vorzüglich über die Unkosten der Gewinnung und die mögliche Qualität der Braunkohle ins Reine zu kommen. Ist die Sache der Mühe werth, so müssen wir etwas unternehmen oder wenigstens veranlassen, wenn wir selbst nicht im Stande wären, Hand anzulegen ... Dieser Tage wurde uns ein Gutachten über den in der Hitze getrockneten Torf abverlangt, was der Regierung auch sogleich gegeben wurde".

Die Gemeinschaft der Brüder

Dann kam der Tod des Vaters und mit ihm ein tiefer Einschnitt auch in die wirtschaftlichen Abläufe und Bestrebungen. In Friedrich Christians Brief vom 11. März 1837 an seinen Schwiegervater Trommsdorff (s. „Familie"), steht der aufschlussreiche Satz: „Sie können nicht glauben mit welchem Gefühl ich die Dispositionen treffe, welche sich der Vater immer vorbehalten hatte. Es ist mir, als ob es nicht recht sey wenn ich in seinen Papieren schalte, während ich die Nothwendigkeit dessen weiß." Es galt folglich, nicht nur selbständig zu denken, sondern nun auch in allen wirtschaftlichen Belangen selbständig zu entscheiden.

Wie an anderer Stelle dargelegt, führten die beiden – sehr verschiedenen – Brüder Friedrich Christian und Wilhelm die Fabrik einige Jahre gemeinsam weiter. Und auch die übrigen familiären Verbindungen rissen nicht ab. So berichtet beispielsweise am 11. November 1842 Trommsdorffs Sohn Hermann (Lauterbach 2000) aus Erfurt an seinen Schwager Friedrich Christian in Redwitz über sein „Geschäft", Bau eines Laboratoriums usw., Herstellung vieler verschiedener Präparate, es gäbe gemeinsame Geldangelegenheiten bzw. gegenseitige Schulden und will von Friedrich Christian Glasgeräte geliefert bekommen. Außerdem bittet er um Ratschläge. Am 25. April 1843 schreibt er dann an den „Bürgermeister" (Friedrich Christian) in Redwitz, dass sein eigenes Geschäft gut gehe und bittet um die Lieferung bestimmter Glasgefäße sowie um die Lieferung von rohem salzsauren Kali, das bei ihm bestellt werde, was er jedoch nicht selbst liefern könne. Die zeitlich großen Abstände der Briefe weisen darauf hin, dass nur wenige überliefert sind, sonst hätte man nicht mit einer solch selbstverständlichen Vertrautheit miteinander Geschäfte betreiben können.

Mit der Verbindung zur Familie Martius (s. „Familie") mag es sich ähnlich verhalten haben. Ein Brief vom 27. Dezember 1843 von Friedrich Christian an Theodor Martius in Erlangen blieb aufbewahrt. Theodor war zu Besuch in Redwitz, ist nun wieder zu Hause, und es wird ein Gesprächsfaden wiederaufgenommen, nämlich über die verschiedenen Herstellungsarten von Zinnober, wobei Friedrich Christian der Ansicht ist, seine Methode müsse noch etwas ausgearbeitet werden, dann sei sie sehr gut. Deswegen bittet er darum, wenn Martius mit einem Partner über eine andere Herstellung spricht, seine nicht zu erwähnen.

Und dann kommt der Weg nach Zwickau. Dazu auch die Briefe bei „Familie", doch hier nun die wirtschaftliche Seite der Übersiedlung.

Bereits in einem nicht zuzuordnenden Brief vom 5. Januar 1845 geht es um den Ankauf von Grundstücken in Zwickau. Der Umgang miteinander wirkt sehr vertraut. Dann wird es ganz konkret. Es folgen drei Briefe von 1845 von Johann Gotthilf Krüger, Nagelschmied in Zwickau, an Friedrich Christian in Redwitz:

15. September 1845, Kauf und Pacht von mehreren aneinandergrenzenden Grundstücken in Zwickau, Kaufpreise und Bedingungen für Pächter. Gebaut werden soll eine Fabrik. Die Zeit für den Kauf wird knapp. 23. September, er drängt auf einen baldigen Besuch Friedrich Christians in Zwickau, weil der Verkaufswillige sein Grundstück nun doch behalten wolle bzw. mündlich die Sache klären möchte.

29. September 1845: „Erstens Cratuliere ich Ihnen zur Aufnahme als Bürger in Zwickau schon im voraus, dieweil Ihrige Aufnahme bei dem geehrten Stadtrath am 22ten sowie im Collegium der Herrn Stadtverordneten am 27ten September erfolget ist, man hat sich sowohl bei dem geehrten Stadtrath, sowie seitens der Herren Stadtverordneten, dahin ausgesprochen, daß es in Persönlicher so wie in Localer Hinsicht, nun wünschenswert erscheine, so ein Werk hier Edabelieret zu sehen, und Wünschte Ihnen schon im voraus viehl Glück und Seegen zu so einem grosartigen Unternehmen." Es geht dann weiter um die einzelnen Grundstücke, auf denen die Pächter bleiben und die Aussaat vornehmen dürfen. Offensichtlich ist der Briefeschreiber auch Verkäufer eines Grundstückes, der sich nun dienstbar macht. Wichtige Zuarbeiten in Zwickau leistet ein Herr Pählig. Auch er schreibt Berichte an Friedrich Christian nach Redwitz, der von dort aus einen Großteil der beginnenden Arbeiten leitet und Entscheidungen trifft.

Alle folgenden aus dem Jahre 1846 stammenden Briefe werden hier nur nach ihrem wesentlichen Inhalt wiedergegeben.

7. März 1846, Pählig aus Zwickau: „Hochgeehrtester Herr": Es geht um den Ankauf von Holz zum Bauen. In der Gegend werden verschiedene Waldstücke besichtigt, mit einem Händler namens Leonhardt schwierige Verkaufsgespräche geführt, für den Fabrikbau

ungeeignetes Holz soll weiterverkauft werden, Arbeiten in der Kiesgrube beginnen, eine Dampfmaschine soll erworben werden usw.

Es war im weiten Umfeld bekannt geworden, dass Friedrich Christian eine Glashütte errichten will. Das führt auch zu ganz anderen Angeboten: 18. März 1845, Johann Nicolaus Böhms Erben aus Weitersglashütte bei Eibenstock an Friedrich Christian Fikentscher in Redwitz. Es handelt sich um das Angebot zum Kauf eines Familienbesitztums mit Glasfabrik, Feldwirtschaft und Wohn- u. Wirtschaftsgebäuden. Eine Beilage mit Aufführung desselben vom Landgerichtsbezirk Eibenstock ist angefügt. Die Frage lautet, ob er den Plan „bei Zwickau eine Glasfabrik zu bauen" aufzugeben und stattdessen den angebotenen Besitz zu kaufen bereit sei. Es versteht sich nach Lage der Dinge, dass Friedrich Christian das Angebot ablehnte, aber immerhin den Brief aufhob.

Und dann folgten die vielen Arbeitsuchenden.

20. März 1846, Johann Adolph Petri, Privatgelehrter und Sprachlehrer aus Zwickau: Er begrüßt die Gründung einer Fabrik, die Hoffnung auf Broterwerb erzeugt. Er sei gut ausgebildet, habe einen längeren Lebensweg – der genau beschrieben wird – hinter sich. Habe Theologie studiert, war beim Militär und sei nun als Hauslehrer tätig Allerdings habe er durch längere Krankheit jetzt viele Schüler verloren. Auch seine Frau unterrichte andere Frauen usw. Er wisse alles Erforderliche, was zur Führung eines Fabrik- und Handelsgeschäftes nötig sei und bitte nun um Anstellung und baldigen Bescheid, um aus seiner schwierigen Lage herauszukommen. Dies ist ein eindrucksvoll zu lesendes Papier, das in die Verhältnisse der Zeit blicken lässt, wenngleich nicht in die in dieser Zeit vielfach hungernden niedrigen Schichten der Bevölkerung. Ein Antwortschreiben ist nicht vorhanden, und unter den später genannten Personen beim Fabrikaufbau und der Verwaltung taucht der Name nicht auf.

Zur damaligen Notlage vieler Menschen gehört noch Folgendes: Aus den Briefen von und an Friedrich Christian geht kaum hervor, in welch wirtschaftlich schweren Zeiten er die Fabrik in Zwickau gründete. Liest man bei Wehler 1996 die umfangreichen und mit viel statistischem Material gestützten Darstellungen der Agrar- und Gewerbekrisen 1845–1848, unter denen Europa,

Deutschland und folglich auch Sachsen und Bayern litten, so ist das zunächst schwer verständlich. Wir lesen: „Wohin auch immer man blickt, überall ergibt sich für 1846 und 1847 ein in den Grundzügen ähnliches düsteres Bild. Ohnehin gilt ja für die Jahrzehnte vor der Jahrhundertmitte der vielfach erhärtete empirische Befund, dass die Mehrheit der Bevölkerungen in den Deutschen Staaten keine ausreichende Ernährung erhielt und meistens ‚hart an der Hungergrenze' lebte. 1846/47 musste die Mehrheit eine außergewöhnlich lange Zeit unterhalb jener Grenze ihr Leben zu fristen versuchen." Die hohen Nahrungsmittelpreise verminderten die Haushaltseinkommen bald so erheblich, dass auch das Handwerk die Krise zu spüren bekam. Wehler weiter: „Die Verarmung der kleinen Einzelmeister, die seit langem die Mehrheit stellten, wuchs sich zu einem Massenphänomen aus. Den meisten Gesellen wurde nicht nur der Verlust des reputierlichen ständischen Sozialstatus zugemutet, der Aufstieg in die begehrte Meisterstelle und damit die jahrzehntelang angestrebte Autonomie materieller Selbständigkeit verwehrt, sondern sie standen auch wegen der völlig ungenügenden kollektiven Interessenvertretung den Lohnkürzungen hilflos gegenüben. Kurzum: Der Pauperismus fraß sich immer tiefer in das Handwerk hinein." Dies alles gehörte dazu, als 1848/49 die Revolution ausbrach, über deren Vorgänge Friedrich Christian seinem Bruder ausführlich und plastisch berichtet (s. „Politik"). Aber warum schreibt er – wenigstens in den überlieferten Briefen – nicht über Hunger und Verarmung? Zum einen ist anzunehmen, dass darüber ganz allgemein gesprochen worden sein mag, aber nicht geschrieben wurde, weil alle um die langfristigen Verhältnisse wussten. Auch kann davon ausgegangen werden, dass die infolge von Missernten teilweise mehr als verdoppelten Getreide- und Kartoffelpreise zwar bei dem Großteil der ärmeren Bevölkerung eine schreckliche Hungersnot auslösten, die Wohlhabenden den Hunger jedoch persönlich nicht spürten und sich das Mitleid mit den Ärmeren in dieser geschichteten Gesellschaft in Grenzen hielt, obgleich man davon wusste, wie das Beispiel aus Friedrich Christians Bürgermeisterzeit in einem Brief an Trommsdorff vom 13. November 1834 zeigt in dem er auf die „aermere Klasse" Bezug nimmt (s. „Politik"). Es mag auch regionale Unterschiede gegeben haben, denn im Zusammenhang mit dem Eisenbahnbau nach Schwarzenberg (s. „Politik") spielt „das arme Gebirge" bei Friedrich Christian auch später noch eine nennenswerte Rolle. Und dann gibt es bei den Bewerbungen um eine Arbeitsstelle und der wiederholt ausgedrückten Hoffnung auf Arbeit in Zwickau den indirekten Hinweis auf einen Mangel an Arbeit, ohne dass das Ausmaß eines Mangels beziffert werden konnte. Doch nun weiter mit den Briefauszügen:

25. März 1846, Franz Pelz/Glasmacher von der Glasfabrik Hartenberg: Er bietet an, „es sind unsere vier", bei ihm zu arbeiten, lobt ihre guten Fähigkeiten: „welche beim Brandenburg bestehen, die bestehen gewiß überall".

6. April 1846, Schönherr aus Zwickau: Er teilt Einzelheiten über die Schwierigkeiten der „hiesigen Bau Angelegenheiten" mit, berichtet auch über Geldbeträge, die er erhalten und bereits ausgegeben habe. Es geht um Bretter, Steine, Geld, Löhne, Schuppen, Verbindung zu Herrn Pählig usw. Der Grundgraben zu dem Hauptgebäude ist ziemlich beendigt, Maurer sind nicht gekommen. Wegen dieser Schwierigkeiten bittet er um Anordnungen.

10. April 1846, Joseph Schotten, Glasschmelzer aus Glashütte: Bittet um Arbeit in der Glashütte als Schmelzer, hat Erfahrung.

13. April 1846, Pählig aus Zwickau: Rapport über den Fortgang der Bauarbeiten. Factor Schönherr wünscht, dass bereits vorhandenes Holz für das Hauptgebäude aufgehoben werden soll. Sie warten auf Anweisungen und eine Zeichnung. Kauf von weißem Sand in Mosel von einem Herrn Stengel. Es fehlen immer noch Pfosten. Erneute Bitte, die notwendigen Befehle zu geben.

18. April 1846, Ernst Engel aus Dresden (langer Brief mit feinster Schrift): Er hörte von der Absicht, eine Glashütte in Zwickau zu bauen. Vor Jahren hatte er die gleiche Absicht, doch nicht genügend Mittel. Inzwischen habe er viel Erfahrung und bietet seine Dienste an. Möchte technischer Beamter werden, falls der „Hochgeehrte Herr Fikentscher" nicht beständig selbst in Zwickau sein wird. Auch hatte er bereits Kontakt mit Herrn Fischer, weil dieser vermeintlich auch eine Glashütte errichten wolle. Jedenfalls würde er sich „gern dem Willen eines Mannes unterordnen, dessen Name in der wissenschaftlichen Welt bereits einen guten Klang hat." Nun warte er auf eine Entscheidung.

1

1 Wolfgang Caspar Fikentscher (1770–1837) gründete 1788 in Marktredwitz die erste Chemische Fabrik Deutschlands (Porträt von Helmsauer, 1833)

2

3

2 Wohnhaus der Familie Fikentscher in Marktredwitz, erbaut 1794, heute Rathaus mit einem Goethezimmer

3 (Brief-)Siegel von Friedrich Christian Fikentscher

4

4 Friedrich Christian Fikentscher (1799–1864), Porträt von Ferdinand Freiherr von Lütgendorff, 1845

5

6

5 Der Zwickauer Porzellanfabrikant Christian Fischer (1801–1892), Stadtverordneter und Freund Friedrich Christians
6 Johann Bartholomäus Trommsdorff (1770–1837) „Begründer der modernen Pharmazie“, Schwiegervater von Friedrich Christian (1. Ehe)

7

7 Trommsdorff im Juli 1807 zu Napoleon: „Die Chemie hat kein großes Haupt mehr, seit Lavoisier das seinige verloren“

20 NEUGROSCHEN

Zwickauer Bürger-Schein.

Ich Friedrich Christian Fikentscher

verspreche und gelobe, Sr. Majestät dem König von Sachsen so wie den Gesetzen des Landes und der Obrigkeit allhier unter genauer Beobachtung der Landesverfassung treu und gehorsam zu sein, und

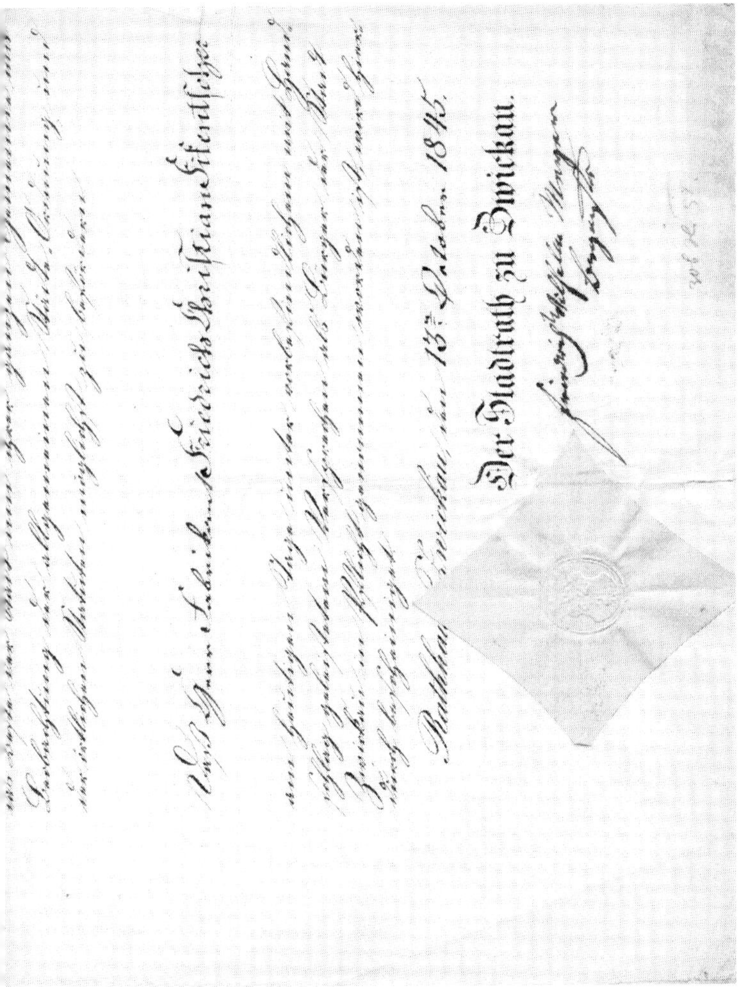
Rathhaus Zwickau, den 13. October 1845.
Der Stadtrath zu Zwickau.

8 Zwickauer Bürgerschein für Friedrich Christian Fikentscher

9

9 Luise Trommsdorff, verh. Fikentscher (1813–1850), 1. Ehefrau von Friedrich Christian

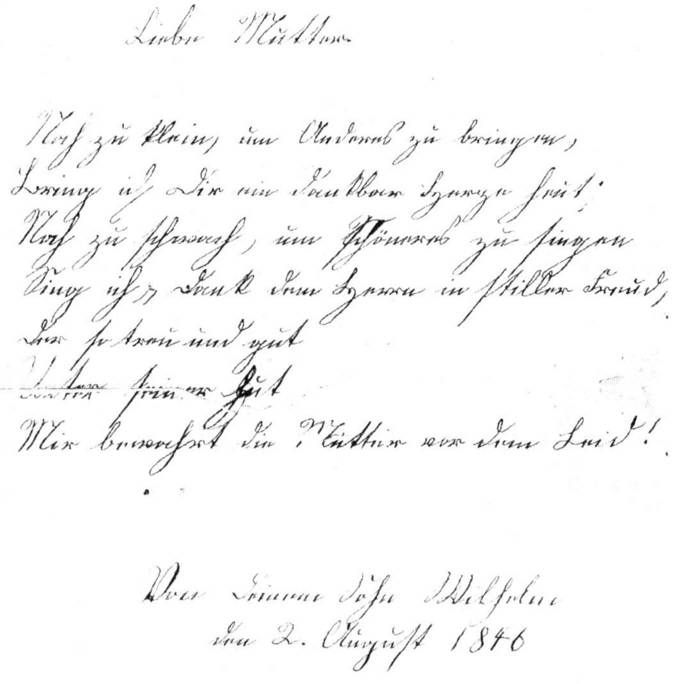

Liebe Mutter

Noch zu klein, um Anderes zu bringen,
Bring ich Dir ein dankbar Herze heut;
Noch zu schwach, um Schönes zu singen
Sing ich Dank dem Herrn in stiller Freud,
Der so treu und gut
Unter seiner Hut
Mir bewahrt die Mutter vor dem Leid!

Von Deinem Sohn Wilhelm
den 2. August 1846

10

10 Geburtstagsbrief des siebenjährigen Wilhelm Fikentscher (1839–1890) an seine Mutter Luise

11

Marktredwitz mit der Fikentscher-Fabrik im Vordergrund um die Mitte des vorigen Jahrhunderts

12

11 Blick auf den Zwickauer Markt und den Brückenberg, Postkarte
12 Die chemische Fabrik in Marktredwitz im 19. Jahrhundert

13

14

Reichsmark **1000,–**

Chemische Fabrik Marktredwitz Aktiengesellschaft

Marktredwitz in Bayern

1000 Reichsmark **STAMMAKTIE**

über

TAUSEND REICHSMARK

Der Inhaber dieser Stammaktie ist mit dem Betrag von **Tausend Reichsmark** bei der **Chemische Fabrik Marktredwitz Aktiengesellschaft, Marktredwitz i. B.,** nach Maßgabe des Gesetzes und des Gesellschaftsvertrages beteiligt.

Marktredwitz in Bayern, im Juli 1931.

Chemische Fabrik Marktredwitz Aktiengesellschaft

Der Aufsichtsrat: Der Vorstand:

15

13 Wilhelm Fikentscher (1803–1882), Chemiefabrikant in Marktredwitz, Bruder von Friedrich Christian (Porträt von D. Kaiz, 1844)

14 Friedrich Fikentscher (1810–1879), Zuckerfabrikant in Regensburg und Puchhof, jüngster Bruder von Friedrich Christian

15 Stammaktie der Chemischen Fabrik Marktredwitz

20

21

20 Die Wohnhäuser der Familien Fikentscher auf dem Zwickauer Fabrikgelände Reichenbacher Straße 67, 1859

21 Bronze-Relief auf dem Hauptfriedhof in Zwickau: Friedrich Christian und Ehefrau Luise geb. Trommsdorff

22

23

24

22 Wilhelm Mensing (1825–1903)
23 Emma Fikentscher, verh. Mensing (1835–1888)
24 Wilhelm Fikentscher (1839–1890)

25

26

27

28

25 Friedrich Fikentscher, Oberst (1846–1905)
26 Maria Fikentscher, verh. Peppmüller (1843–1914)
27 Georg Fikentscher, Musiker (1854–1919)
28 Louise Fikentscher, verh. Engelhardt (1856–1938)

29

30

31

32

29 Johannes Fikentscher (1857–1921)
30 Gertrud Schubart-Fikentscher (1896–1985)
31 Bruno Rudert (1849–1927) Senatspräsident in Dresden
32 Sophie Fikentscher, verh. Rudert (1859–1945)

33

34

35

33 Paul Fikentscher, Kommerzienrat (1861–1924)
34 Otto Fikentscher, Maler (1862–1945)
35 Jenny Fikentscher, geb. Nottebohm, Malerin, Selbstporträt

Zur Feier
des
50jährigen Bestehens
der Fabrik
Fr. Chr. Fikentscher
Ges. m. b. H.
in
Zwickau.
1896

36

36 Umschlag des Jubiläumsheftes von 1896 zum 50-jährigen Bestehen

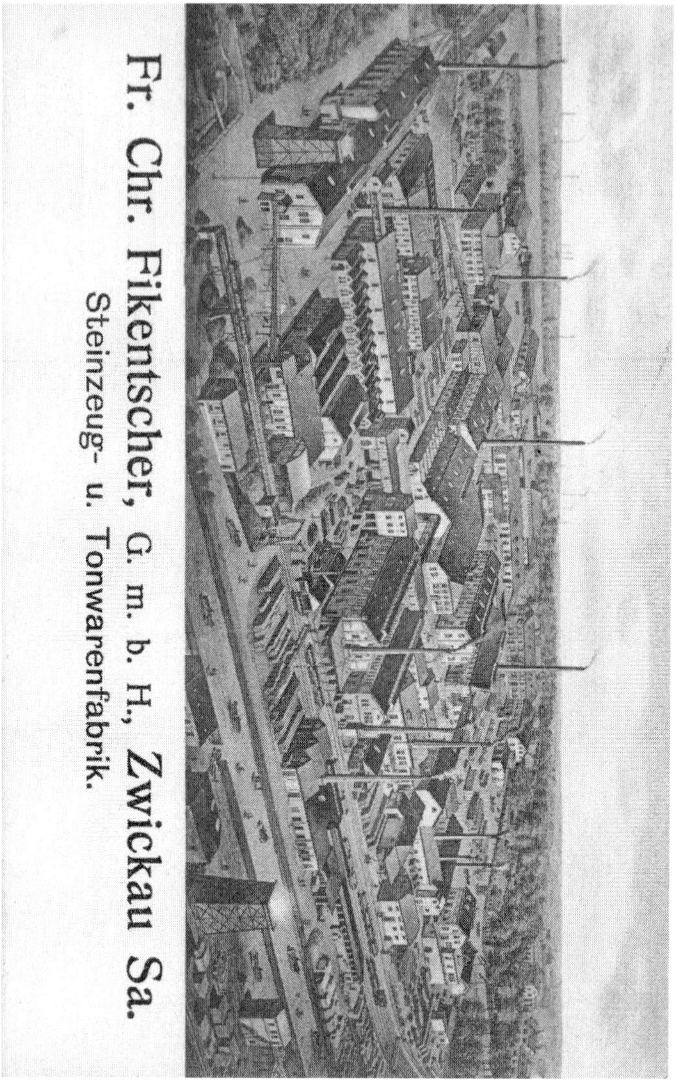

37

37 Das Betriebsgelände der Friedrich Christian Fikentscher GmbH

38

38 Werbemittel, Pappumschlag, Anfang 20. Jahrhundert

39

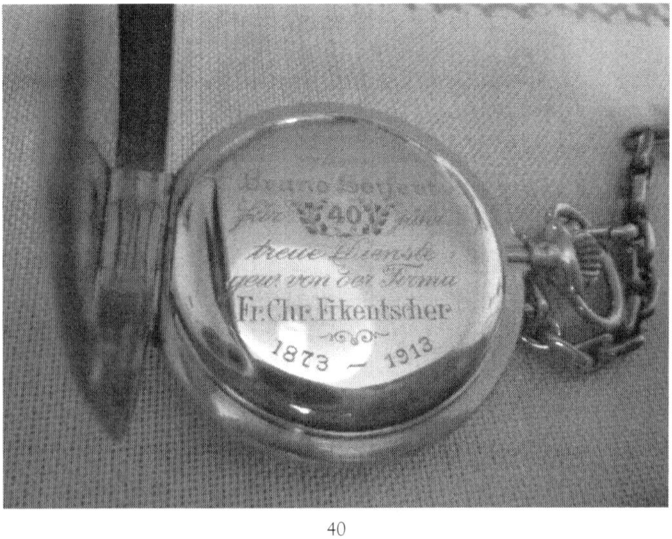

40

39 Richard Mensing (1830–1909), Wegbereiter der Steinzeugherstellung in Zwickau

40 Eine goldene Taschenuhr gab es 1913 für Bruno Seifert zur 40-jährigen Firmenmitgliedschaft

41

42

41 Strohhütte im Park hinter dem Fabrikgelände Reichenbacher Straße 67 in Zwickau

42 Der Garten mit seinen Anlagen vor den Wohnhäusern der Familien in der Reichenbacher Straße 67, Zwickau

43

44

45

43 Blick über Zwickau vom Fabrikgelände Reichenbacher Straße 67, um 1905
44 Franz Fikentscher (1866–1942), Direktor 1894 bis 1933
45 Friedrich (Fritz) Fikentscher (1888–1938), Direktor 1919 bis 1938

FR. CHR. FIKENTSCHER
Keramische Werke Aktiengesellschaft
in Zwickau i. S.

AKTIE

Lit. B Nr. 02511 – 02520

Inhaber dieser Urkunde ist mit

EINTAUSEND
REICHSMARK

(10 Aktien zu je Einhundert Reichsmark)
an unserer Gesellschaft nach Maßgabe des
Gesellschaftsvertrages beteiligt.

ZWICKAU i. S., den 12. Mai 1932.

Fr. Chr. Fikentscher Keramische Werke
Aktiengesellschaft.

Der Aufsichtsrat:

Der Vorstand:

46

46 Aktie über 1.000 Reichsmark der Firma Fr. Chr. Fikentscher

47

47 Postkarte mit der Schwanenteichanlage in Zwickau, nach 1900

48

48 Ausstellung sämtlicher Steinzeugwaren im Fabrikgelände anlässlich des Besuches des Königs von Sachsen, 1903

49

49 Anzeige für säurefeste Steinzeug-Produkte

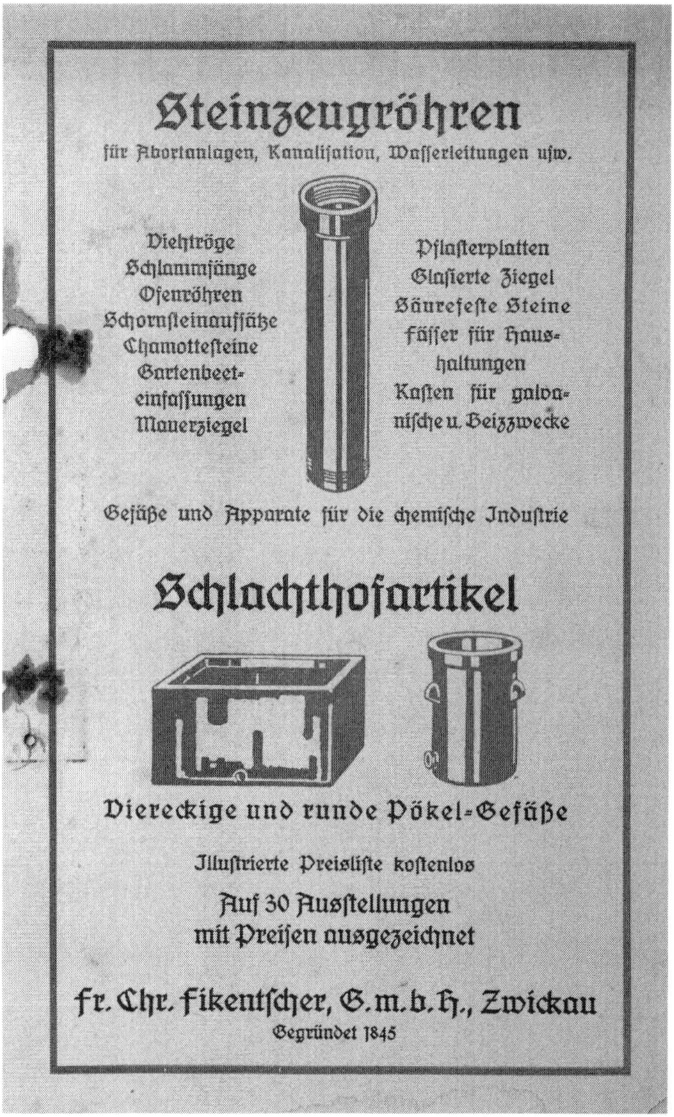

50

 Anzeige für Produkte der Fr. Chr. Fikentscher GmbH

51

51 Dr. Heinrich (Heinz) Fikentscher (1899–1972), Fabrikdirektor von 1933 bis zur Enteignung 1946, mit Ehefrau Erna und Sohn Horst – Erinnerung an die Namensgebung für „Audi“ in der Familie Fikentscher

C. Storm aus Elberfeld: Kurze Bewerbung, er beschäftigt sich mit der Einrichtung von Glasfabriken aller Art und aller Brennstoffe, kann auch eine Fabrik leiten.

19. April 1846, Pählig aus Zwickau: Rapport über den Fortgang der Bauarbeiten. Er sendet eine Bauzeichnung. Noch immer mangelt es an schwerem Holz für den Schuppen. Erneut will er mit Herrn Stengel in Mosel über die Sandlieferung sprechen (s. a. Brief vom 13. April). Es sollen auf dem (erworbenen) Feld auch Kartoffeln gesetzt werden, Frage: Werden sie geschickt oder soll er sie hier ankaufen?

21. April 1846, Julius Giese aus Augsburg: Er hatte über persönliche Vermittlung die Zusage erhalten und freut sich, für ein Probejahr als Techniker „in die in ganz Deutschland rühmlich bekannte Fabrik“ einzutreten. Auch ist er mit allen genannten Bedingungen einverstanden und fragt, wann er anfangen könne.

1. Mai 1846, Franz Pelz, Glasmacher aus der Glasfabrik Hartenberg: Er möchte bei ihm arbeiten, hat jedoch eine vierteljährige Kündigung und möchte deswegen rechtzeitig Bescheid wissen, wann er beginnen kann. (s. a. Brief vom 25. März).

10. Mai 1846, Pählig aus Zwickau: Bericht über die gelieferten Baumaterialien, Ärger mit bestimmten Lieferungen und Personen, die Feldbestellung ist offenbar erledigt, der Bau der Wohnungen kann beginnen, es fehlt nur noch die Zeichnung.

10. Mai 1846, Anton Platzker aus der Glasfabrik Lemkenthal bey Waldmünchen in Baiern. Dieses Bewerbungsschreiben sei als Beispiel für Schreibweise und Ausdrucksform der Glasarbeiter hier abgedruckt:

„An Herrn Fritz Figentschka
Glasfabrik besitzer Wohlgeboren
über Tirschenreuth Retzwiz in Baiern
Herr Figenschka!

Sie werden es nicht ungütig nehmen das ich an Sie schreibe, da ich erfahren habe daß Sie eine Steinkolnhütten bauern, so ersuche ich Sie mir in Arbeit zu nehmen ich habe schon 8 Jahr auf einen Steinkolnofen gearbeitet und weiß wie es seyn muß mit Steinkoln zu arbeiten so bitte ich Sie mir wieder zu schreiben ob ich die Ehre habe bei sie zu Arbeiten, ich wünsche wenn Sie es erlauben mit Sie

Mündlich zu sprechen. Ich grüße Sie besten und wünsche mir baldige Antwort und bin Ihr ergebner Anton Platzker."

20. Mai 1846, K. Beyer, Chemiker aus Basel: Er hatte in Zwickau kurz mit Friedrich Christian gesprochen und will nach Zwickau, der Heimat seiner Frau, übersiedeln und dort den „chemischen Industriezweig cultivieren". Bisher gelang es ihm nirgendwo, zu einem selbständigen Wohlstand zu gelangen. Er hatte nur vorübergehende Betätigungen, will nun jedoch eine stabilere Stellung für seine Familie und dazu alle seine Fähigkeiten einbringen. Er wartet auf eine Antwort.

20. Mai 1846, Michael Kleißner, Glasmacher aus der Falkenauer Glasfabrik: Er hörte, dass Friedrich Christian in Sachsen bei Zwickau eine Glasfabrik errichtet und habe viele Kenntnisse auch mit Steinkohle. Er bewirbt sich um Arbeit und möchte gern bei jemandem arbeiten, der viele Kenntnisse hat.

28. Mai 1846, Konstanz Beuchelt aus Zwickau: Er sendet die Zeichnungen von den Wohnhäusern für die Arbeiter sowie von den Maschinengebäuden. Der Bau der Fabrikgebäude ist schon hochgezogen. Alle Lieferungen werden Herrn Pählig angezeigt.

An dieser Stelle erscheint ein Hinweis darauf nötig, warum hier so viele Einzelheiten aus den Briefen über den Fabrikaufbau wiedergegeben werden. Die Begründung ist einfach. Es gab vermutlich keinen zweiten Fall, in dem aus einer solchen Entfernung der Aufbau einer neuen ganz eigenen Fabrik von einem Bauherrn geleitet wurde, der im Grunde alles besser zu wissen schien und sich alle Entscheidungen vorbehielt. Und außerdem war es so, dass im Laufe der Zeit wiederholt neu geplant wurde, beispielsweise durch den vergleichsweise späten Entschluss der Umsiedlung der Familie, der erst erfolgen konnte, wenn ausreichend Wohnraum geschaffen war. Wohnraum wiederum war auch für die angereisten Glasarbeiter und Mitarbeiter zu schaffen, und das alles nicht auf der Grundlage eines vorgefertigten Gesamtplans, weil sich manches erst entwickelte. Insofern erscheint allein die Baugeschichte, bei der die unterschiedlichsten Genehmigungen schrittweise eingeholt werden mussten, von einem gewissen Interesse zu sein, wohl auch, weil sie ein Licht auf die oft etwas unstete Schaffensweise Friedrich Christians wirft. Doch nun weiter mit Briefauszügen.

2. Juni 1846: Nun ein Antwortschreiben von Friedrich Christian aus Redwitz an K. Beyer in Pforzheim (s.a. Brief vom 20. Mai aus Basel): Er ist bereit ihn anzustellen und hat einen ursprünglich für die Stelle vorgesehenen jungen Mann zwar mit nach Zwickau genommen, diesen nun jedoch nur für eine andere vorübergehende Beschäftigung vorgesehen. Herrn Beyer bietet er die Stelle des technischen Dirigenten an: „Wollen Sie es mit mir versuchen, so biete ich Ihnen hiermit die Hand und mache Ihnen dazu folgende vorläufige Bedingungen:

1. Sie übernehmen in nächster zu bestimmender Zeit die Leitung meiner Anstalt in Zwickau, und zwar vorerst mit der Verbindlichkeit für ein Jahr.

2. Nach Ablauf eines halben Jahres würden wir beide im Stande seyn zu sehen wie uns die beiderseitige Stellung zusagt, um einen Vertrag abzuschließen.

3. Zunächst biete ich Ihnen ein fixes Salair von rC (Silbergroschen) 700 nebst freier Wohnung an, mit der Verpflichtung auf meiner Seite, daß Einrichtungen und Verbesserungen, welche von Ihnen für meine Fabrik gelöst werden, von mir honorirt werden."

9. Juni 1846, K. Beyer aus Basel: Er nimmt die Arbeitsstelle samt der Bedingungen an und will im Laufe des nächsten Monats mit seiner Familie nach Zwickau übersiedeln und von dort aus Friedrich Christian in Redwitz treffen, um alles Nähere wegen der Fabrik zu besprechen.

16. Juni 1846, Julius Giese aus Zwickau: Bericht über den raschen Fortgang der Arbeiten an der Glashütte, Probleme mit der Zusammensetzung der Ziegelmischungen, Material, Holzlieferung usw. Friedrich Christian möge Anweisungen geben bzw. Entscheidungen treffen.

21. Juni 1846, Julius Giese aus Zwickau: Bericht über Tonlieferung aus Waldenburg, Preise dazu, Ton kommt auch über Halle aus Salzmünde. Bau geht gut voran, besonders beim Wohnhaus, er beginnt, Ordnung auf dem Bauplatz zu schaffen, da bisher vieles herumlag. Ein ehemaliger Glasmacher hat Ton und Ofensteine angeboten, was geprüft werden soll. Herr Leonhard schickt ein Verzeichnis von seinen harten Hölzern.

28. Juni 1846, Julius Giese aus Zwickau: Umfangreicher Rapport mit Listen von Materialien und Abrechnungen, insbesondere sind genaue Preislisten beigefügt, dazu eine Erklärung, warum der eine Ton so teuer ist. Die Bauten gehen schneller voran. Beuchelt will anfangen, den Grund der Maschinengebäude graben zu lassen.

28. Juni 1846, Christoph Horn aus Waldmünchen „An das Berühmte Laboratorium Friedrich Fikentscher in Redwitz“: Er wartet auf eine Nachricht, ob er in Zwickau anfangen kann zu arbeiten, hat eine Erfindung gemacht, dass nämlich der Ofen mit Gas geheizt werden kann.

1. Juli 1846, Julius Giese aus Zwickau: Umfangreicher Bericht mit Tabellen über Stückzahlen und Preise einschließlich der Unterhaltungskosten der Pferde. Einzelheiten des Baues, z.B. Fenster für die Glashütte. Bittet darum, ihm seine Entschlüsse mitzuteilen, damit er verhandeln kann.

4. Juli 1846, Julius Giese aus Zwickau: Er berichtet Einzelheiten aus den Bauabläufen und den Fortgang. Und dann: „Auf dem Bauplatz haben wir sehr Mangel an Taglöhner und seit ein paar Tagen besonders, weil die Bahnstrecke vom Breithauptschacht gegen die Eisenbahn gebaut wird, dort werden die Leute mehr zu verdienen glauben durch die Accordarbeiten und so läuft uns einer nach dem anderen fort, wir haben jetzt noch 9 Taglöhner von 18, mir wurde vorgeschlagen, aus dem Arbeitshaus Sträflinge zu nehmen und ich sprach darüber mit Herrn Fischer, welcher mir sagte, dass ich ohne Sorge solche nehmen darf, ich habe daher mit Herrn Hauptmann Rohrscheidt darüber gesprochen und erhalte bis Montag 19 Mann wo einer 5 ½ ngl (?) im Tage bekommt und etwas Brod. Sie werden es mir entschuldigen, daß ich dieses ohne Ihre vorher eingeholte Erlaubnis gethan habe, ich hätte es aber auch nicht gethan, wenn Herr Fischer mir dieses nicht gesagt hätte.“ Über den erwähnten Eisenbahnbau ließ sich nichts Näheres herausfinden, doch kann es sich in dieser Zeit nach Lage der Dinge nur um einen Anschluss des Breithauptschachtes an den Zwickauer Bahnhof gehandelt haben.

5. Juli 1846, Julius Giese aus Zwickau: Er schickt die Zeichnung des Brauofens, berichtet über Lieferungen von Material samt

umfangreicher Liste mit Geldern an die Lieferanten sowie Löhnen. Das jüngste Kind von Herrn Pählig ist gestorben. Er freut sich darauf, dass Friedrich Christian bald wieder nach Zwickau kommt.

8. Juli 1846, Julius Giese aus Zwickau: Antwort auf ein Schreiben vom 7. des Monats (!). In spätestens 5 Wochen soll der Dachstuhl der Glashütte durch Herrn Beuchelt fertiggestellt sein. „Aber so lange das Vogelschießen dauert, ist es unmöglich mehr Zimmerleute zu bekommen; von dort werden sie sehr hoch bezahlt, weil sie unentbehrlich sind." Mit dem Ofenzeug steht es gut, er berichtet über die einzelnen Steine und Ziegel. Mit dem Wohngebäude geht es schnell voran, morgen werden schon die ersten Balken für den zweiten Stock gelegt. „Die Sträflinge leisten herrliche Dienste; und es geht ihnen auch etwas aus der Hand."

18. Juli 1846, Christoph Horn, Maurer und Steinbauer, Meister aus Plößberg: Er entschuldigt sich dafür, dass er nicht, wie zugesagt, am 9. August gekommen ist, sondern erst am 12. oder 13. September kommen kann, weil er in der Franzensbrunner Hütte mehr Arbeit gefunden habe als er glaubte.

22. Juli 1846, E. Schönherr aus Zwickau: Er hatte von ihm die Zusage, die Konstruktion eines Pochwerkes zu liefern. Dies ist jetzt durch Herrn Giese verhindert worden, der einen anderen nun damit beauftragen wolle, wahrscheinlich einen Freund von ihm. Er ist verärgert und zeigt diesen Umstand Friedrich Christian an.

22. Juli 1846, Beyer aus Zwickau: Beantwortet das Schreiben von gestern (!). Auskünfte über neu zu beschäftigende Arbeiter, der Ofenbau macht Fortschritte und entspricht der Konstruktion von Friedrich Christian. Der Schieferdecker wird bald mit dem Decken des Wohnhauses beginnen können. Der Abstand der Häuser voneinander wurde geplant, vermessen und soll nun festgelegt werden. Er legt Bücher für eine doppelte Buchführung des künftigen Geschäftes an, führt die verschiedenen Konten dafür an, die er auch anlegt und fragt, ob es seinem Sinn entspricht. Frage nach der Aussaat nach Einbringung der Ernte auf den Feldern. Angaben über erhaltenes Geld und Ausgaben.

22. Juli 1846, M. Bauernfeind aus München an Friedrich Christian in Redwitz: Er ist im Staatsdienst bei der Eisenbahn beschäftigt und möchte zu Fischer in die Wirtschaft, lieber bauen als

am Schreibtisch sitzen, (der Brief wurde vermutlich nicht weitergeleitet), er bittet um Klarheit.

23. Juli 1846, Julius Giese aus Zwickau: Er bittet um Entschuldigung für die verspätete Fertigstellung der Ofenzeichnung, hatte jedoch mit der Leitung des Ofenbaus sehr viel zu tun. Nun legt er die Zeichnung in Form von vier Abbildungen (nicht vorhanden) bei und beschreibt die einzelnen Teile. Der Ofenbau selbst geht gut voran, ein Schmied hat den Auftrag, Reifen um den Ofen zu machen. Unstimmigkeiten mit anderen Personen, wie Faktor Schönherr, der schlecht gelaunt sei, weil sein Plan vom Maschinengelände von Friedrich Christian nicht genügend gewürdigt worden sei. Er beabsichtige, selbst einen Brief an ihn zu schreiben.

30. Juli 1846, K. Beyer aus Zwickau: Er schickt den Abschluss des Kassenbuches vom Monat Juli (Listen vorhanden) und berichtet über Materiallieferungen. Der Ofenbau ist bis zum Gewölbebau fertig, das Wohnhaus wird bereits vom Schieferdecker gedeckt, in vier Wochen sollen Türen, Fenster und Schlosserarbeiten fertig sein. Ein Zimmermann ist durch eigene Schuld vom Dach bis in den Keller gefallen, doch aus dem Krankenhaus wird berichtet, dass er geheilt werden wird.

1. August 1846, J. Kamm aus Wallendorf: Er will aufgrund einer Art Anwerbung bei Friedrich Christian offenbar in der Glashütte zu arbeiten beginnen und fragt nach dem nächsten Ort, ob er über Redwitz oder gleich an den Ort der Bestimmung gehen solle.

1. August 1846, K. Beyer aus Zwickau: Der mangelnde Zustand der vorgefundenen Buchführung gestattet ihm nicht, die nötige Ordnung herzustellen. Es finden sich eine Menge Daten, bei denen weder Soll noch Haben erwähnt werden. Außerdem soll Friedrich Christian anfangs Zahlungen vorgenommen haben, die nicht erwähnt sind. Er braucht dringend Angaben von ihm. Es folgt ein Bericht über Lieferungen von Holz und Steinen. Er rät, bereits jetzt Holz für den Bau im kommenden Jahr zu kaufen und zu lagern.

8. August 1846, K. Beyer aus Zwickau: Friedrich Christian war in Zwickau. Es gab ein Angebot zum Kauf von „Ofenzeug“. Dieses sei nun als gut befunden und könnte in Auerbach gekauft werden.

Er erwartet rasche Antwort. Will einen Fuhrmann zum Abholen schicken.

8. August 1846, Julius Giese aus Zwickau: Er schickt eine Zeichnung (auf dem Briefbogen) samt genauer Beschreibung vom oberen Teil des Ofens und verbindet dies mit der Frage, „wie er nach Ihrer werthen Angabe jetzt werden soll".

10. August 1846, Stadler, Glasmacher aus der Glasfabrik Hartenberg: Er bittet darum, erst am 1. Oktober anfangen zu dürfen, da Herr Brandenburg noch keinen Glasmacher als Ersatz hat. Seine Frau und seine Sachen könnten bereits am 24. September ankommen, er aber bitte erst sechs Tage später. Hat alles geregelt und schon seine Kuh verkauft.

10. August 1846, Christoph und Michel Hirsch aus Falkenau Glasfabrik, an Friedrich Christian in Zwickau: Sie bitten um Arbeit und empfehlen sich auf das Beste, denn sie möchten nicht wieder ins Ausland gehen. Sie waren bereits in Sachsen-Meinigen und wollen nun zurück ins Vaterland, nach Sachsen (!).

12. August 1846, K. Beyer aus Zwickau: Er erhielt einen Brief von gestern über Herrn Mensing und will gleich berichten. Fuhrmann wurde nach Hammerbrück geschickt, um den Ofen (s. Brief 8.8.) zu holen. Einzelheiten des Transportes, der Kosten usw., Bau des Wohnhauses, z.B. Granitplatten besser als Sandstein in der großen und den beiden kleinen Küchen. Materialien usw. Am Ende der Woche kommen auch noch alle Ziegel auf das Dach der Glashütte. Der Hafer ist gehauen, er erwartet neue Befehle für den weiteren Anbau auf dem Feld. Der Brunnen ist bis heute auf zwölf Ellen gegraben. Zahlungen sind seit voriger Woche nicht vorgekommen, so dass der Kredit nicht in Anspruch genommen werden musste.

22. August 1846, J. Kamm aus Wallendorf: Er bekam einen Brief und will in der ersten Oktoberwoche „auf Ihrer Hütte" eintreffen, er kenne bereits alle genannten Glasmacher, brauche einen Pass/Zeugnis oder Ähnliches, um keine Einreisehindernisse zu haben. Auch hätte er gern eine ordentliche Wohnung.

23. August 1846, K. Beyer aus Zwickau: In der vergangenen Nacht wurde der erste Brand im neuen Ofen beendet, er kann als gelungen bezeichnet werden. Er habe Herrn Giese beauftragt, ihm

die Einzelheiten zu schildern. Bei der Ankunft Friedrich Christians in der nächsten Woche soll der zweite Brand beginnen. Der übrige Bau geht weiter, das Wohnhaus ist bald fertig, Herrn Gieses Wohnung wird in 14 Tagen bewohnbar sein. Der Brunnen ist gegraben, bei 19 ½ Ellen stieß man auf Wasser. Bauholz wird angefahren, Probleme mit Beuchelt, der mit einem Plan in Verzug ist, er habe sogar dem Stadtrat gesagt, dass der Bau ohne Genehmigung, sondern nur auf das ausdrückliche Verlangen von Friedrich Christian erfolgt sei. Dies konnte geklärt werden. Die Bücher seien nun vollkommen geordnet und können vorgelegt werden. Er schreibt von seiner eigenen Wohnung aus und hat jetzt die Unterlagen nicht alle zur Hand.

25. August 1846, Anton Ließ, Tischlermeister aus Falkenau/ Schönlinden: Er bewirbt sich um Arbeit, hat Frau und zwei Kinder, kann auch bei der Holzlieferung tätig werden und war 14 Jahre lang auf Wanderschaft im Ausland (!), gebürtig aus „Bischof Tewitz".

10. September 1846, K. Beyer aus Zwickau: Wünscht, dass Friedrich Christian wieder gut zurückgekehrt sei. Dann folgt die Beschreibung des Ablaufes mit dem Ofen. Die Bauarbeiten gehen voran, die obere Etage des Wohnhauses „wird im Laufe der nächsten Woche von den Maurern verlassen werden können." Herr Giese kann in der nächsten Woche in seine Wohnung einziehen, für ihn wurden auch Möbel besorgt. Es soll ein Wächter eingestellt werden, um beim Ofenbau das Eindringen Unbefugter zu verhindern. Nächste Woche soll auf dem Feld nun der Klee gehauen werden. Weitere Angaben über Materialien sowie einen Auszug aus den Büchern mit einer Ausgabensumme von Reichstaler 30.134.86.

Alle diese Briefe und Berichte stammen, wie eingangs gesagt, in dichter Reihenfolge aus dem Jahr 1846, als der Fabrikaufbau in Zwickau begann und Friedrich Christian, von wenigen Besuchen abgesehen, vorwiegend in Redwitz lebte. Er erhielt in kurzen Abständen Berichte und Anfragen. Diese bestehen aus hunderten Einzelheiten, von denen hier nur einige besonders wichtig und kennzeichnend erscheinende ausgewählt wurden, also das ganze Ausmaß des notwendigen Austausches nur andeuten. Bei deren Durchsicht taucht unabweislich die Frage auf, wie eine solche Leitung trotz vorzüglicher Postverbindungen möglich war. Dies mag am ehesten dadurch zu erklären sein, dass Friedrich Christian tatsächlich zunächst meinte, die Fabrik auch ohne Übersiedlung von Redwitz aus aufbauen und führen zu können. Inwieweit die Geburt des Sohnes Friedrich im Januar des Jahres 1846 oder die schwierige Frage der Geschäftsführung in Redwitz die Begründung liefern, wissen wir nicht. Auf jeden Fall gibt es eine Lücke bei den Briefen aus Zwickau von einem vollen Jahr, denn der erste danach vorhandene stammt von Giese, datiert am 7. Oktober 1847. Es geht für den Unbeteiligten weiter, als sei in dem Jahr nichts geschehen. Wir wissen jedoch aus einem Brief von Friedrich Christian, den er am 10. Mai 1847 an seinen Freund Theodor Martius schrieb, dass er lange Zeit in Sachsen gewesen sei, wobei nur Zwickau gemeint sein kann. Kurzum: Die lange Briefpause ohne Berichte über den Fabrikaufbau erklärt sich aus der langen und wiederholten Anwesenheit Friedrich Christians in Zwickau. Auch seine Frau war verschiedentlich mit dort.

Der Aufbau der Fabrik erfolgte in vielen kleinen Schritten, von denen mehrere einer behördlichen Genehmigung bedurften. Im Stadtarchiv Zwickau (StAZ 2 u. 3) befinden sich dazu einige Eintragungen zu Anträgen, gestellt sowohl im Auftrag von Friedrich Christian als auch von ihm selbst. Und dazu die Genehmigungen, wobei deren Fristen teilweise bemerkenswert kurz sind. Hier fünf Beispiele zwischen 1845 und 1849:

16. Dezember 1845 (Baupolizeisachen III. n1, 47 a Vol. X, Nr. 1): „Kleines Wohngebäude zu der projektierten Glashütte gehörig" (Kammer, Küche, Wohnstube, Raum für Gerätschaften) Antragsteller: E.G. Steinmann, Maurermeister. Zeichnung dabei, Genehmigung erteilt.

Es handelt sich um eine Wohnunterkunft für die angeworbenen Glashüttenarbeiter.

29. Juli 1846 (Baupolizeisachen: III. n1, 47 a, Vol. XI Nr. 5): Antrag überreicht im Auftrag von Friedrich Christian Fikentscher mit drei Blatt Zeichnungen zur Erbauung eines Wohngebäudes u. zwei Blatt zur Erbauung eines Maschinen- u. Magazingebäudes. Resolution: 30.7.1846, Genehmigung erteilt: 3. August 1846

27. März 1847 (Allgemeine Baupolizeisachen: III. 12 / 1/ 47e, Nr. 37/S. 456, 457, 458): „Antrag zur Erweiterung auf meinem Bauplatz. Brauhaus u.a. für Thonbrennofen, Zeichnung dazu. Gebühr bezahlt am 29. Juli 47, Genehmigung: 7. Juli

3. Oktober 1848 (III. n1, 72 XV 1845/49 Vol. XV Nr. 10): Fikentscher, „Anbau eines Laboratoriums", kurzer Text mit vierseitiger Zeichnung (= Bauplan) Antragsdatum: 2. Oktober 1840, Eingang: 3. Oktober 1848, Erlaubnis erteilt: 3. Oktober 1848, Gebühr bezahlt.

27. April 1849: Ein Beauftragter von Friedrich Christian Fikentscher bringt die Bitte um Genehmigung des Baues einer „Remise"; Zeichnung wurde vorgelegt. Die Genehmigung wurde am 17. Mai geschickt mit dem Hinweis, dass er sich an die bekannten Vorschriften zu halten habe.

Nun weiter mit einigen Briefauszügen von den beim Fabrikaufbau verantwortlich Tätigen in Zwickau.

7. Oktober 1847, J. Giese „aus Glasfabrik bei Zwickau": Beste Nachrichten über den Gang des Glasofens, eingehende Beschreibung der Abläufe. Mit dem Bau des Schwefelsäuregebäudes geht es voran, doch gibt es Ärger mit Leuten wegen des Baues einer Maschine. Eine bestimmte Wiese kann nicht gekauft werden, die Kartoffelernte hat begonnen. Die Sachen aus Magdeburg „für die werthe Frau Gemahlin" sind noch nicht gekommen. Alles wird umgehend weiter nach Redwitz geschickt werden. Er hofft, dass Friedrich Christian „mit den werthen Ihrigen" glücklich und gesund in Redwitz angekommen ist.

11. Oktober 1847, Julius Giese „aus Glasfabrik bei Zwickau". Er beschreibt den Einsatz von Gasfeuerung auf das Glas, genauere Beschreibung der Abläufe. Der neue Glasofen soll rasch wieder bestückt werden. Dann folgt der Bericht über einige Mitarbeiter: Pöhlmann will heiraten, von Gutwasser und Engelbrecht ist noch nichts getan worden, Versicherungsfragen, er hat mit Freude gelesen, dass Friedrich Christian eine Schmiede einrichten will, Preisfragen bei Ziegeln, Fischer in Marienthal hat gut gebrannte usw. Soeben kommt der Frachtbrief von der Eisenbahn, der „die Ankunft der Liste Ihrer Frau Gemahlin anzeigt". Dieselbe kommt heute noch zu Schickedanz auf den Weg nach Redwitz. Er bedauert, dass der Frau Gemahlin die Rückreise nicht gut bekommen ist.

14. Oktober 1847, Friedrich Christian aus Redwitz an Dorning und Krug in Zwickau: Er will einen Streit beenden und bedankt sich für das Entgegenkommen in der Angelegenheit einer

Dampfmaschine. Später wird er eine stärkere brauchen, jetzt aber die angebotene nehmen, denn er braucht nur zwei Pferdestärken und erwartet einen Vertragsentwurf.

Anzumerken ist, dass die Firma Dornig & Krug 1845 als Maschinenfabrik in Zwickau gegründet worden war und bis 1846 vier Dampfmaschinen mit zusammen 29 PS Leistung gebaut hatte.

15. Oktober 1847, Julius Giese: Ein Gasrohr war bei der Herstellung misslungen, wird aber bis zum 1. November in vollkommenem Gang sein. Angaben zum Lohn der Glasarbeiter; der Bau des Schwefelsäuregebäudes geht gut voran. Er hatte den Besuch eines Salzanbieters, die Bebauung der Felder geht voran, und „im Uebrigen geht es alles so leidlich vorwärts."

22. Oktober/Julius Giese: Lagebericht. Er überbrachte die Konstruktion von ihm an die Marienhütte, der Ofen wird angeheizt, Weizen wurde gedroschen, Rohkohle für die Öfen wird extra gefördert, nach Kalksteinen wird in Wildenfels gesucht, der Dachstuhl im Kohleschuppen ist fertig, der Grund des Maschinenhauses soll noch in diesem Jahr ausgemauert werden und erste Gerätschaften für das Laboratorium werden angezeigt.

26. Oktober 1847, Julius Giese: Bericht. Freude darüber, dass Glaubersalz nun über Leipzig mit der Eisenbahn geliefert wird. Der Bau der Schwefelsäurekammer verzögert sich.

7. November 1847, Friedrich Christian aus Zwickau an Jeremias Herth in Frankfurt a. M.: Er fragt nach den Bedingungen, unter welchen dieser die Aufstellung von Schwefelsäurekammern vornehmen könne. Die Zeit drängt. „Innerhalb 10 Tagen treffen mich Ihre Briefe noch hier, später ersuche ich Sie, solche nach Redwitz bei Wunsiedel in Bayern zu schicken."

Für den Aufbau in Zwickau wird Geld gebraucht: Friedrich Christian verkauft ein Feld an Johann Erhard Fickentscher (!) für 60 Gulden in bar, zur nächsten Walpurgis 300 Gulden und den Rest von 300 Gulden zu Michaelis 1848. Kaufvertrag vom 20. November 1847 ohne amtliche Bestätigung, nur mit den Unterschriften der beiden.

22. November 1847, Julius Giese aus Zwickau: Er erfuhr aus Schreiben vom 20. d. M., dass Friedrich Christian wieder gut zurückgekommen ist und berichtet über den Fortgang der einzelnen

Arbeiten. Pöhlmann ist gestern in sein neues Quartier gezogen (der Name Pöhlmann taucht sonst nicht auf, folglich auch nicht seine Aufgabe in der Fabrik oder beim Aufbau). Doch offensichtlich musste für viele Menschen Wohnraum geschaffen werden, wohl oft auch aus der jeweiligen Lage heraus, was die verschiedenen Berichte über den Aufbau verständlich macht.

26. November 1847, Julius Giese aus Zwickau: Er berichtet mit großer Freude, dass er nach langem Suchen einen Mangel am Zug des Gasofens entdeckt habe und beseitigen konnte. Beschreibt alle weiteren Umstände usw. Ärger mit bestimmten Lieferungen, Holz, Steine, Sand, Weiterbau an dem Schwefelsäurekammergebäude und schickt eine Zeichnung vom Gasofen mit.

30. November 1847, Julius Giese aus Zwickau: Bericht über die letzte Glasschmelze, die sehr lange dauerte, Glaubersalz ist gepackt, Wildenfelser Kalkstein wird gepackt, weißer Sand wird reichlich angefahren, ein neuer Lagerplatz wird eingerichtet, die Rechnung aus der Königin-Marienhütte für Herdguss und Roststäbe ist eingegangen. In Böhmen wird Ausschau nach billigerem Holz gehalten, Preisvergleich mit Lieferungen von Leonhard.

2. Dezember 1847, Julius Giese aus Zwickau: Er beantwortet sogleich das Schreiben von ihm und hat eine Geldsendung von 518 Rf 29 richtig empfangen und diese ihm gutgeschrieben. Mit dem Ofen steht es nicht zum Besten, weil die Schmelze zu lange dauert. Der Gasofen ist fertig und wird nächste Woche in Gang kommen.

5. Dezember 1847, Julius Giese aus Zwickau: Er antwortet auf ein Schreiben vom 3. d. M. Mit dem Ofen ist wieder alles in Ordnung. Ein anderer Ofen soll auch auf Gasfeuerung eingestellt werden, Rehauer Weißkalk und Kalkstein sind gekommen. Das Trocknen der Bohlen geht gut voran. Die Tore bei der Durchfahrt sind fertig, mit dem Tischler ist er sich nicht über die Bezahlung einig. Ein Arbeiter musste entlassen werden, „hat in 4 Wochen Feierabend". Nachsatz: Er habe Zwiebacke, zwei Tassen und Nüsse geschickt, zugleich kam aus Magdeburg ein Fass Soda und eine Kiste Sand. Frage: Soll er beides nach Redwitz senden?

8. Dezember 1847, Julius Giese aus Zwickau: Bericht über die Funktion des Ofens, das Strecken mit Gas ist günstig, der Glasver-

kauf geht recht schwach, die Maurer und Zimmerleute sind bei der Arbeit für die Schwefelsäurekammer.

9. Dezember 1847, Julius Giese aus Zwickau: Er bestätigt den Eingang der Sendung von 362 r 7½ ng und wird die gewünschten Sachen besorgen und zuschicken. Aus Wildenfels kommt eine Fuhre Kalkstein. (bei diesem kurzen Brief handelt es sich um die übliche Bestätigung der eingegangenen Geldsendung und die Zusage, einige Sachen für den Haushalt, die in Redwitz offensichtlich nicht zu bekommen sind, dorthin zu schicken).

11. Dezember 1847, Julius Giese aus Zwickau: Die Herstellung von Glastafeln geht gut, Einzelheiten dazu. Auch der Bau des neuen Gasofens geht gut voran. Er will Schuppen für den weißen Sand bauen lassen. Seine Frage: „Werden im kommenden Jahre die Glaskisten wieder von Nummer 1 an nummeriert oder laufen die Nummern fort?"

Hier sei eingefügt, dass von Beginn an in der Glashütte auch Retorten für den Gebrauch in der chemischen Industrie hergestellt wurden und natürlich auch für den Eigenbedarf (Forberger 1999). Das wiederum ist ein Umstand, der uns bis hin zur Steinzeugproduktion immer wieder begegnet, nämlich der Versuch, die gebrauchten Stoffe und Materialien möglichst selbst und damit besser und kostengünstiger herzustellen. Das war eine Vorgehensweise, die viele eigene Entwicklungsfähigkeiten erforderte, aber auch manches Risiko barg.

13. Dezember 1847, Julius Giese aus Zwickau: Er antwortet auf ein Schreiben von gestern: Frage nach dem Wechsel und Ersatz eines Arbeiters, da Fachleute offenbar knapp sind. Mit dem Gasofen geht es gut voran. Aus Wildenfels ist heute wieder eine Fuhre Kalksteine gekommen.

Vor Ort in Zwickau ab 1848

Das Jahr 1848 hat begonnen, und damit das Jahr der Übersiedlung der Familie nach Zwickau (Abb. 11). Vieles ändert sich, auch personell, denn Friedrich Christian nimmt nun vor Ort alles selbst in die Hand (s. a. „Familie"). An seinen Bruder Wilhelm scheibt er am

17. Januar 1848 aus Zwickau: „Daß ich Giese ledig bin, bevor er mir viel abschleppen konnte, macht mich in der That leicht ums Herz." Dazu ist eine Anmerkung erforderlich: Durch die vielen Briefe von Giese während der Aufbauzeit sollte man meinen, dass ein tiefes Vertrauensverhältnis entstanden sei und ist verwundert über die Trennung. Wilhelm Mensing gibt dazu die Erklärung: „Schon im Frühjahr 1846 hatte er den jungen Chemiker und Techniker Giese, gewissermaßen als Stellvertreter, engagiert, der zwar wissenschaftlich ganz gebildet und nicht ungeschickt, aber für Fritz doch zu selbstbewusst und eigenmächtig, im Charakter noch zu unreif war."

Weiter mit Friedrich Christian: „Ich habe erst noch seinen Abzug an der wesentlichen inneren Einrichtung begonnen und hoffe mit Weinsteinsäure in 8 Tagen, mit Chlorkalk in 10–12 Tagen anzufangen. Für ersteren könnte ich den Kalksteinsand sehr gut gebrauchen, wenn nur die Fracht nach Hof um 24 Kr zu bedingen wäre! Vorläufig arbeite ich mit dem nicht ganz eisenfreien hiesigen." Und dann am 4. April 1848: „Meine Anwesenheit wird in Redwitz sicher nicht so dringend seyn, als sie es hier ist. Ich finde so viel zu ordnen und abzuschließen, daß ich nothwendig noch bis zum Freitag hier bleiben muß, will ich nicht Vieles auf halbem Wege verlassen."

Weitere Briefe aus diesem Jahr, die Aufschluss über den Fortgang der Arbeiten in der Fabrik, wie sie die Berichte Gieses gaben, sind nicht vorhanden, ausgenommen diejenigen, die die ständigen Wünsche um Geld an den Bruder betreffen, wie in dem Kapitel 9 „Geld" noch darzulegen ist. Dazu kommen einige Rechnungen. Die allgemeine Geschäftslage wiederum wird in den Revolutionsjahren gelegentlich im Zusammenhang mit der „Politik" erwähnt.

Wie es mit der Fabrik in Marktredwitz weiterging

Mit dem Umzug der Familie Friedrich Christians nach Zwickau war die Fabrik in Redwitz vollständig in die Hände von Bruder Wilhelm übergegangen. Deswegen hier ein kurzer Einschub über deren weitere Geschichte: Anders als es verschiedene Anstrengungen Wilhelms wiederholt vermuten ließen, blieb er bis zu seinem Tod 1882 in (Markt-)Redwitz und leitete die Fabrik (Abb. 12). Wie vorherzusehen war und von Friedrich Christian längst erkannt, waren aufgrund der neuen Verkehrsmittel und der entstehenden Konkurrenz die Blütezeiten längst vorüber, zumal der Bruder kaum bereit war, sich auf neue Entwicklungen einzustellen. Über Jahrzehnte lebte das Geschäft von seinem guten Ruf und den Stammkunden. Das Unglück wollte es, dass Wilhelms beide Söhne noch vor ihm starben und die Enkel 1882 noch Kinder waren. Im Auftrag der Erben wurde die Fabrik am 25. April 1890 an die aus Sachsen stammenden Brüder Oscar Bruno und Curt Bernhard Tropitzsch verkauft, die den Wiederaufbau der Fabrik mit neuen Kräften begannen. Die Brüder Tropitzsch starben früh, bereits 1908 bzw. 1915, so dass deren Söhne erst nach einigen Jahren die Leitung der Fabrik übernehmen konnten. Diese wurde 1931 unter dem neuen Namen „Chemische Fabrik Marktredwitz A.G." (Abb. 15) umgegründet, und drei Tropitzsch-Söhne übernahmen in geteilter Verantwortung die Leitung. Im Jahre 1938 wurde das 150-jährige Bestehen der „ersten deutschen chemischen Fabrik" begangen und eine höchst informative Festschrift mit dem Titel „Goethe im chemischen Laboratorium Marktredwitz" (Goethe im chemischen Laboratorium 1938) herausgegeben, und 1963 wurde der 175 Jahre zurückliegenden Gründung gedacht. Die Fabrik war berühmt durch ihre Quecksilberpräparate. Das führte allerdings 1985 zu ihrer Schließung und einem der bis dahin größten Umweltskandale der Bundesrepublik Deutschland (Der Spiegel 1988).

Doch nun zurück in die Zeit des Fabrikaufbaus in Zwickau, wozu auch die Verwaltung des Landes mit der ihr eigenen Sprache gehört. Denn Umfragen gab es auch damals, zumal mit Formulierungen, die zu verstehen uns heute schwerfällt. Friedrich Christian erhielt folgenden Brief:

„An Herrn Ch.Fr. Fikentscher in Zwickau"

„Das Ministerium des Innern läßt Ihnen hierbei 1 Exemplar der zu Beantwortung für die Ausschüsse der Gewerbtreibenden von der Commission zur Erörterung der Gewerbs- und Arbeitsverhältnisse genehmigten Fragepunkte zugehen, mit der angelegentlichen Bitte, daß Sie, bei der Unmöglichkeit alle vorhandenen Kräfte unmittelbar zur Theilnahme an der auf eine gewisse Zahl zu beschränkenden Commission herbeizuziehen, der guten Sache und dem hochwichtigen Zwecke wenigstens durch geneigte Beantwortung derjenigen Fragen, zu deren Lösung Sie sich vorzugsweise im Stande und berufen fühlen, förderlich sein möchten. In je umfassenderen Sinne Sie diesem Wunsche entsprechen, um so gerechtere Ansprüche auf den durch das Ministerium und aller Gewerbtreibenden werden Sie sich erwerben.

Die Beantwortung erbittet Man sich, wo möglich bis zum 31. Juli unter der Adresse der „Commission für Erörterung der Gewerbs- und Arbeitsverhältnisse".

„Dresden, den 21. Juni 1848 Ministerium des Innern. Oberländer" (eigenhändige Unterschrift des Ministers Oberländer)

Der zugehörige Fragebogen ist nicht mehr vorhanden, auch nicht die – möglicherweise – gegebene Antwort, doch zunächst fällt auf, dass das in heutiger Zeit so geschmähte „Bürokratendeutsch" damals wohl anders, aber kaum besser verständlich gewesen ist. Doch dies kann nur eine Randbemerkung sein, denn die Kommission hatte eine höchst politische Bedeutung in den Revolutionsjahren 1848/49 (s. „Politik"). Darüber erfahren wir bei Schötz 2004 Folgendes: „Bereits am 3. April 1848 hatte der neue liberal orientierte sächsische Innenminister Oberländer die Bildung einer „Commission für Erörterung der Gewerbs- und Arbeitsverhältnisse" angekündigt. Er bezeichnete es in einer Presseerklärung als ‚dringlichste Aufgabe der Gesetzgebung', eine zeitgemäße Umbildung und Gestaltung aller ‚gewerbliche Verhältnisse und der äußeren und inneren Bedingungen derselben' in Sachsen vorzunehmen. Es hatte sich gezeigt, dass das Innenministerium im April 1848 unter einem erheblichen Druck stand, weil die politischen Errungenschaften der Presse-, Meinungs- und Versammlungsfreiheit eine öffentliche Diskussion der sozialen Verhältnisse in Gang gesetzt hatten. Die Wirtschaftskrise von 1847 und die Zahl von 60.000 Arbeitslosen in Sachsen führten zu erheblichen Auseinandersetzungen. Die Kommission wurde am 7. August 1848 in Dresden konstituiert und bestand aus Räten und Mitarbeitern des Ministeriums, frei gewählten Mitgliedern des Gewerbestandes, und zwar von Arbeitgebern und Arbeitnehmern des zünftigen und unzünftigen Handwerks, der Hausindustrie, aus sogenannten geschlossenen Etablissements sowie Kaufleuten. Es wurden neun Abteilungen gebildet und ein gewaltiges Arbeitspensum bewältigt. Die Kommission tagte fünfmal im August 1848 und zwölfmal im April 1849, zuletzt am 30. April, zwei Tage nach der Auflösung des sächsischen Landtages und drei Tage vor Beginn des Dresdener Maiaufstandes. Nach dessen Niederschlagung (s. „Politik“) konnte die Arbeit nicht wiederaufgenommen werden. Doch die geleistete Arbeit war erheblich. Ein detaillierter Fragebogen mit mehreren hundert Einzelfragen zur Feststellung der gewerblichen Zustände und der dazu verbreiteten Ansichten in Sachsen wurde entwickelt und an die Ausschüsse der Gewerbetreibenden und Arbeiter versandt. Die Kommission erhielt aus ganz Sachsen 1974 Antworten und stellte daraus ein reichlich Tausend Stellungnahmen umfassendes Verzeichnis zusammen. Mit der Einsetzung der Kommission hatte die Märzregierung den Versuch unternommen, sowohl notwendige wirtschaftliche Reformen in Angriff zu nehmen als auch sich an die Spitze einer äußerst vielfältigen Bewegung mit auseinanderlaufenden Interessen zu stellen und damit das Heft des Handelns in dieser gespannten politischen Lage in der Hand zu behalten. Als sich die politischen Machtverhältnisse im Mai 1849 geändert hatten, wurde auf die weitere Arbeit der Kommission verzichtet, doch das statistische Material und die politischen Berichte der Kommission verdeutlichen die damals vorhandenen Ansichten innerhalb der Wirtschaft in Sachsen.

Angesichts des erheblichen Aufwandes, den die Mitarbeit in der Kommission erfordert hätte, ist nicht anzunehmen, dass Friedrich Christian ihr Mitglied war, ohne darüber in einem seiner Briefe an den Bruder darüber zu berichten. Den Fragebogen wird er vermutlich ausgefüllt haben. Ob es sich dabei um die gleichen Fragen handelt, die später von der Kommission verschickt wurden, erscheint eher zweifelhaft, da er den Brief des Ministers weit vor deren Konstituierung erhielt. Bemerkenswert erscheint lediglich, dass er bereits zwei Jahre nach Gründung der Fabrik in Sachsen als wesentlich angesehen wurde.

Es vergingen Monate, in denen Friedrich Christian zwar Briefe an den Bruder schrieb, in denen es meist um Geld ging und kaum noch um den Ausbau der Fabrik, aus denen wir jedoch immer wieder über wirtschaftliche Schwierigkeiten erfahren:

28. August 1848: „Lieber Wilhelm! In meinem Briefchen an Butters, welches ich vor einigen Tagen meinem Schreiben aus dem Geschäft beilegte, bat ich Dich, vorläufig mir den Schwefel zu überlassen, welcher für Dich noch in Magdeburg liegt. Es zieht sich vielleicht noch ein Vierteljahr hinaus, bis ich den meinigen bekomme, und ich käme dann sehr in Verlegenheit. Nach Deinem Wunsch würde ich die Zurückerstattung entweder in Natura, oder in Abrechnung leisten. Letzteres ist Dir wohl passender, da Du in dem böhmischen Schwefel leichten und billigen Ersatz selbst schaffen kannst."

Folglich halfen die familiären Verbindungen vergleichsweise leicht, Geschäfte über Ländergrenzen hinweg zu tätigen: Magdeburg in Preußen, Zwickau in Sachsen, Marktredwitz in Bayern und dazu die alte Beziehung zu Böhmen.

Und dann weiter: „Seit einigen Tagen ist der Glasofen wieder in Gang, und die Bestellungen auf Tafelglas kommen auch wieder mehr ein, freilich noch lange nicht in dem Maase, daß ich von den alten Vorräthen mit einbringen könnte. Deshalb wird mein Geldbedürfnis noch nicht geringer, wie ich auch unlängst Dir anzeigte."

Doch man hilft sich auch in technischen Fragen:

25. Oktober 1848: Friedrich Christian an Bruder Wilhelm: „Die Schwefelsäurekammern bewähren sich ganz gut und ich bin auch mit der Anordnung der Kammern sehr zufrieden. Die fünf Behälter haben zusammen nicht über ⅔ des Raumes von den Redwitzer großen drei, und ich kann füglich zehn Zentner täglich (24 Stunden) verbrennen, während beständig reines Salpeter entweicht. Wenn Du noch Lust hast in Regensburg Etwas zu unternehmen, so rathe ich Dir zu nehmlicher Anordnung."

24. Februar 1849: Friedrich Christian an Bruder Wilhelm: „Die Bogardusmühle, welche ich für 80 Thaler von Harkort in Leipzig kaufte, ist seit drei Wochen in Gebrauch um Weinstein zu malen. Es ist ein sehr schönes Werkzeug, hat aber nur beschränkte Anwendung. Zwei Mann mahlen darin täglich 4 Ctr fein wie es in Redwitz gebräuchlich ist; sie müssen sich dabei ziemlich dranhalten, obgleich das Drehen leicht geht. Der eine ist eine Art Mechanikus, was nothwendig ist, denn Störungen sind beim Mahlen darauf nicht selten ... Für Getreideschroten ist sie inzwischen ein

ganz schönes Ding, und sie würde gewiß allgemeine Verbreitung bekommen, wenn sie nicht so theuer wäre. Ich will sie durch eine Riemenscheibe mit der Dampfmaschine bewegen, weil die Leistung natürlich viel größer wird, hoffe aber nicht zu viel davon."

Julius Giese, von dem er „ledig" zu sein zufrieden war, steht noch mit ihm in Kontakt. Im selben Brief an den Bruder scheint auch der Grund der Trennung durch: „Von Giese erhalte ich fleißig Briefe, da er mit Eichthal wegen dessen Glasfabrik Nantesbach angeknüpft hat. Eichthal ist aber kein Schüler, und er läßt ihm durch seinen Inspektor Kestner schreiben, daß er an seiner Befähigung entfernt nicht zweifle, zu seiner eigenen Rechtfertigung aber wenig mehr Gewißheit des Gelingens bekommen möchte, indem ich ihm die Vortheile der Gaseinrichtung bestimmt auseinandersetzen solle. – Meine Antwort war einfach an Giese allein gerichtet, daß ich ihm rathe erst noch in den Fabriken seine kaufmännisch technische Ausbildung zu fördern, ehe er Versprechungen macht, welche ganz durchgebildeten Technikern schwer zu erfüllen seyn würden." Dann weiter: „Mit Zinnober kann ich jetzt schon jedes Begehren decken. Mit Weinsteinsäure geht es bis ein Arbeitsstock vorhanden ist, natürlich langsamer, die Arbeit hat aber schon einen ziemlich regelmäßigen Gang."

Mit der „Gaseinrichtung" hatte es folgende Bewandtnis, wie wir bei Forberger 1999 lesen: „Um 1850 begann die Gasheizung versuchsweise in die Glasindustrie einzuziehen. Seit 1850 benutzte die Glashütte von Fikentscher in Zwickau einen Gasofen mit abgesondertem Generator zur Erzeugung von Kohlengas. Doch erst mit der Erfindung des Regenerativofens ... vollzog sich in dieser Branche in Sachsen der Übergang zur Gasfeuerung erst nach 1861." Wonach sich zeigt, dass Friedrich Christian auch auf diesem Gebiet ein Pionier gewesen ist. Zugleich dürfte dies einer der Gründe gewesen sein, dass er froh war, Giese los zu sein „bevor er mir viel abschleppen konnte", nämlich Neuentwicklungen und Verfahren weiterzutragen, wie im Brief vom 17. Januar 1848 steht.

12. April 1849: Friedrich Christian an Bruder Wilhelm: „Die Geschäfte gehen im Ganzen lahm. Weinsteinsäure wird zwar viel begehrt, aber das ist auch alles. Die Arbeitslosigkeit nimmt jetzt erschreckend überhand. Täglich bieten sich 20–30 meist kräftige

Arbeiter an. Die Kohlenwerke haben kaum die Hälfte des gewöhnlichen Absatzes, da die Ziegeleibrennöfen nicht arbeiten. Die Marienhütte steht zur Hälfte still."

Die beklagte Arbeitslosigkeit während der Schlussphase der Revolution 1848/49 war allgemeiner Natur, nicht nur in Zwickau (s. Politik").

Die „Marienhütte" (s.a. „Entscheidung") wurde 1839/40 in Cainsdorf bei Zwickau gegründet und erzeugte mittels der in der Umgebung geförderten Steinkohle das für die weitere Industrialisierung wichtige Roheisen.

Die Konkurrenz der Brüder

Allmählich geraten die Brüder in eine wirtschaftliche Konkurrenz:

20. Mai 1849: Friedrich Christian an Bruder Wilhelm: Er will künftig die Zinnoberherstellung allein vornehmen und den Bruder damit beliefern, es sollten nicht beide den Zinnober herstellen. Außerdem: Preisvergleiche mit anderen Lieferanten bei verschiedenen Produkten.

7. Juli 1849: Friedrich Christian an Bruder Wilhelm: Die Geschäfte gehen still, Preisentwicklungen usw. Und am 6. August 1849: Der Glasofen ist wieder in Gang, und zwar durch Gas, welches in einem Nebengebäude erzeugt wird, das sei vorteilhaft.

Und dann wieder die Konkurrenzfrage:

7. November 1849: Nach einigen Bemerkungen über unterschiedliche Preise der Firmen in Sachsen, Preußen und Bayern: „So bitte ich Dich um Angabe der Preise, welche Du jetzt für das mir zunächst liegende Terrain (Sachsen und Preußen) stellst. Ich sehe wohl ein, daß ich niedrigere Preise stellen muß, möchte aber weder mich noch Dich unnöthigerweise in Schaden bringen. Mir liegt vor allem daran, mit dem Redwitzer Geschäft nicht unnötigerweise in Konkurrenz zu treten. Wenn die Aeußerung von Butters, welche er hier machte, Ernst war, so ist dies freilich nicht zu vermeiden. Er meinte: die Linie für das Terrain wäre ja nicht so genau gezogen. Dies wäre eine bedenkliche Ansicht, wenn sie geltend gemacht würde, denn dann müsse ich ja auch übergreifen, und gewiß nicht

ohne Erfolg für den Absatz nach Nürnberg pp da mich der billige Kochsalzbezug, den ich in nicht ferner Zeit haben werde, in den Stand setzt, auch fast wohlfeil zu verkaufen. Ich glaube aber, daß die Äußerung mehr seine Privatansicht ausdrückte, und daß sich das Verhältnis schnell klären wird, wenn Du es in deine Hand nimmst."

Mit der Konkurrenz wurde es sehr ernst. Friedrich Christians Frau war gestorben, und er war in Redwitz zu Besuch gewesen. Die Brüder hatten schwierige geschäftliche Entscheidungen zu treffen, und die Ansichten waren offensichtlich sehr verschieden, wobei die Unentschlossenheit des Bruders die Lösung zu erschweren schien. Aus Redwitz zurückgekehrt, schrieb ihm Friedrich Christian seine Ansicht. Es gibt keinen weiteren Brief dieser Knappheit, der nur die notwendigsten Höflichkeiten enthält, wie diesen, bei dem es um die Geschäfte eines jeden und das Auskommen der Brüder miteinander geht, wobei dieses auf eine äußerste Belastungsprobe gestellt war. Deshalb dieser Brief hier ungekürzt:

14. Juni 1850: „Lieber Wilhelm, indem ich Dir für Deine freundliche Aufnahme danke, kann ich Dir sagen, daß ich gut nach Hause kam und auch die meinigen Wohl antraf. Die Unterredung, welche wir am Dienstag über unser gegenseitiges Verhältnis im Verkauf hatten, beschäftigte mich seitdem lebhaft. Ich konnte aber aus demselben nichts machen ohne auf meinen alten Vorschlag zurückzukommen, den ich hiermit erneure: Du übernimmst die Geschäfte in Süddeutschland bis an die bairische Grenze, Frankfurt und Mainz mit inbegriffen, und ich die nördlichen Theile. Wir halten gleiche Preise für unsere zukommlichen Abnehmer, bieten aber in das jenseitige Terrain nichts an, sondern halten auch für dasselbe die Preise um einige Prozent höher als für die eigenen durchs Übereinkommen bestimmten Abnehmer. Ich weiß freilich, daß auch damit Unzuträglichkeiten verbunden sind, finde aber keinen Ausweg, der nicht viel größeren Nachtheil brächte. Wenn Du mir antwortest, wobei ich Dich recht sehr bitte es bald zu thun, so unterlasse doch nicht, für den Fall als Du gar nicht auf den Vorschlag einzugehen Lust hättest, mir Deine Ansicht über das, was Du für ausführbarer hältst, mitzutheilen. Indem ich Dich bitte, Deine Frau von mir bestens zu grüßen bleibe [ich] Dein tr. Bruder Friedrich Christian F."

Allein diese Unterschrift lässt auf ein echtes Zerwürfnis schließen, denn während er die vielen Briefe aus dieser Zeit fast stets mit „Dein Fritz", oder auch „Dein treuer Bruder Fritz" unterzeichnete, lesen wir hier nicht nur die vollen beiden Vornamen, sondern auch noch als Initiale den Familiennamen!

Im Streit mit dem Bruder hat offensichtlich Rosalie, seine spätere Frau, zu schlichten, wenigsten zu beraten versucht. Jedenfalls schreibt er ihr im Herbst (?) 1850: „Von Deinen Bemerkungen über mein Verhältnis zu Wilhelm soll keine unbeachtet bleiben. Ich sehe wohl, daß sich manches durch unumwundene Erklärung sehr leicht ausgleichen läßt, was, unbesprochen nur zu leicht dauerndes Mißverständnis herbeiführen kann."

Zwischen den Brüdern wird es – wohl auch durch familiäre Mitwirkung – eine Einigung gegeben haben, folglich in einer geeigneten Weise „die Aufteilung Deutschlands" geglückt sein, wenngleich diese klugerweise nicht schriftlich festgehalten worden ist. Jedenfalls lesen sich die weiteren Briefe an Bruder Wilhelm nach Ausdruck und Inhalt wieder genauso wie zuvor.

In dieser Zeit war das Werk bekannt und gern besucht worden. Forberger 1999 berichtet im Zusammenhang mit der Entwicklung von Fachsektionen innerhalb des Vereins der Ingenieure, die Versammlungen in verschiedenen Orten Sachsens abhielten, und zwar neben Dresden, dem Sitz des Vereins, auch in Leipzig, Chemnitz, Riesa, Zwickau, Zittau und Waldheim. Es fanden Exkursionen zu neu eröffneten Eisenbahnlinien statt, zu Brücken und Fabrikanlagen „wie der von Fikentscher, Zwickau, der Aktienbrauerei, den Maschinenfabriken von Götze & Comp. und Richard Hartmann in Chemnitz, zur Königin Marien-Hütte in Cainsdorf und zur Treibegärtnerei von Geitner.

Auch Zeitungen berichteten über die aufstrebende Fabrik in Zwickau. Der älteste bekannte Beitrag steht in der Illustrierten Zeitung vom September 1850 (Industrielle Portraits 1850). Hauptaugenmerk wird dabei auf den bisherigen Lebenslauf Friedrich Christians gelegt. Doch das Anliegen des Artikels klingt zunächst so: „damit jeder Höherstrebende wisse, das Verdienst werde jetzt nicht erst von der Nachwelt gepriesen; ein gerechtes Vaterland beginne, den einsichtsvollen Fleiß seiner Söhne anzuerkennen, und treibe sie nicht mehr in die Fremde." Inwiefern dieser Artikel im Zusammenhang mit der Ordensverleihung durch den König – Urkunde vom 27. Juni 1850 – steht, bleibe dahingestellt. Er endet jedenfalls mit einer aufschlussreichen Mitteilung über die Produktmengen der Glashütte: „2.400 Ctr. Fensterglas, etwa 480.000 Quadratfuß von verschiedener Dicke. Sie beschäftigt 20 Arbeiter, die mit ihren Familien in der Fabrik wohnen. Die chemische Fabrik ist eingerichtet auf die Erzeugung von 10.000 Ctr. Schwefelsäure; 4.000 Ctr. trocknes Glaubersalz; 2.000 Ctr. Chlorkalk; 2.500 Ctr. Salzsäure; 300 Ctr. Alaun; 1.000 Ctr. Weinsteinsäure; 300 Ctr. Quecksilberpräparate. Die chemische Fabrik beschäftigt jetzt 30 Arbeiter und außerdem mehrere Böttcher, Zimmerleute, Maurer und Taglöhner."

Inzwischen war die zweite Ehe Friedrich Christians geschlossen worden und ein Besuch des Bruders sehr willkommen. Dieser plante offensichtlich nun doch auch den Wegzug aus Marktredwitz, wozu es aber – das sei hier gleich eingefügt – nicht gekommen ist. Wir lesen: 9. November 1851: Friedrich Christian an Bruder Wilhelm: „Daß Du in Regensburg ein Haus kauftest, war für mich ein Zeichen, daß Du an die Übersiedlung nun ernstlich kommst. Der schlechte Geschäftsgang in Redwitz ist nicht allein deshalb so einschneidend, weil er überhaupt nicht gut ist; die Zeit ist nun gekommen in welcher alle schweren Fabrikate durch die Frachtnachteile von dort ausgeschlossen sind. Finde ich doch selbst hier, daß auch die Eisenbahnfracht zum Theil noch zu hoch ist um über die nächsten Orte hinaus konkurrieren zu können ... Mit meiner Töpferei komme ich ziemlich vorwärts. Bereits habe ich Gefäße in der Arbeit, welche gegen 8 Zentner Flüssigkeit fassen werden. Diese will ich zum Kondensieren der besten Kammerdämpfe verwenden, da die 5. Kammer unverhältnismäßig angegriffen wird, und doch nicht die Wirkung macht, welche von den Kondensirflaschen zu haben ist. Nach der Erfahrung, welche man auch in Frankreich macht, ist durch die Anwendung der Steingutgefäße eine große Ersparnis in den Schwefelsäurekammern zu erwarten."

Aus diesen Versuchen entwickelte sich bekanntlich in der Fabrik der Hauptzweig der Produktion, der später zum alleinigen wurde, was in einem Ort ohne Eisenbahnanschluss wie Marktredwitz ausgeschlossen war.

20. Januar 1852: Friedrich Christian an Bruder Wilhelm in Redwitz: „Außer meinem großen Kondensationsgefäße lasse ich jetzt ein Standgefäß machen in der Form von großen Glashüfen, welche gegen 30 Cubikfus Wasser fassen. Aus einigen Proben im Großen ersehe ich, daß sich diese in noch bedeutend größeren Dimensionen machen lassen. Da das Material hierzu billig ist, so dürfte die Anwendung sehr ausgedehnt werden. Ich werde die Fabrikation möglichst ausdehnen insoweit sie mit meinen eigenen Bedürfnissen harmonirt".

Mit diesen Arbeiten wird über längere Zeit ein Bruder seiner Frau, Richard Mensing (Abb. 39), beschäftigt: 13. April 1852: Friedrich Christian aus Zwickau an Schwiegervater/Schwager Mensing in Erfurt: „Richard ist schon voller Thätigkeit. Ich hoffe, daß er den neuen Wirkungskreis so lieb gewinne als ich. Er ist der einzige, der mir bisher mehr Freude als Verdruß machte, weil er eben einem schon im stetigen guten Gang befindlichen Erwerb, durch die alten und neuen Beobachtungen mehr Aussicht auf interessante und gute Erfolge zeigt als einen meiner übrigen Erwerbszweige. Ich betrachte ihn als eine Zuflucht, wenn noch einige der chemischen Fabrikationen sich fortdauernd verschlechtern sollten, und will seine Ausdehnung in jeder Weise fördern. Die Fähigkeit des Thons nach den erhaltenen Feuersgraden, durch Form und Härte jeden natürlichen Stein zu überbieten, ist meines Wissens noch nicht benützt worden wie ich es kann, und die Sache ist dabei so sicher wohlfeil und allgemein nützlich, daß ich kaum erwarten kann, sie recht vollständig einzuführen. Der Stoff ist überwunden, und Richard hat mir nur zu helfen ihm die Form in korrekter Weise zu geben, was gerade seine Sache seyn dürfte."

Damit sind die Weichen für die Zukunft der Fabrik gestellt, der allmähliche Ausstieg aus der Chemikalienfabrikation und langfristige Übergang zur Herstellung von Steinzeug. Auch hier war es der Gründer und Entwickler Friedrich Christian, der mit dem Neuen begann.

14. Juli 1852: Friedrich Christian an Bruder Wilhelm: „In den letzten Wochen des Juni war ich am Rhein um einige Glas-

hütten zu besehen und eine neue Sodafabrik, wohin ich eingeladen war, zu besuchen. Ich kam am 11. Tage sehr befriedigt von der Reise zurück. Seit 14 Tagen baue ich an meinem neuen Glasofen, diesmal ohne Horn pp mit meinen Leuten und zwei Steinhauern, wovon jetzt einer Dein Braun ist. Ich glaube damit einen wesentlichen Fortschritt zu machen, da die guten eingelernten Ofenmeister zu viel kosten und nicht gerade gut arbeiten, jedenfalls aber Alles an Andere verschleppen. Durch meinen letzten Ofenbetrieb, der 16 Monate dauerte, habe ich bedeutende Sicherheit in meine Arbeit gebracht und manche Erfahrung gemacht, welche ich den böhmischen Konkurrenten am wenigsten gönne. Für die Chemnitzer Ausstellung habe ich mich entschieden, so viel als möglich zu liefern, besonders will ich in meinen Thonarbeiten mit Gewicht auftreten, nämlich sehr schwere Sachen liefern die neu und schwer sind."

Nicht nur für die bisherigen Erzeugnisse spielte der Eisenbahntransport eine bedeutende Rolle, sondern nun besonders für die Tonwarenproduktion, die davon völlig abhängig war. Es wurde folglich für Friedrich Christian entscheidend, wie sich der Eisenbahnbau entwickelte. Seine allgemeinen Bemühungen dazu s. a. bei „Politik".

Transportkosten, Rohstoffe und Bergbau

27. November 1852, Friedrich Christian an Bruder Wilhelm: Zunächst rechnet er ihm an Beispielen vor, wie teuer es ist, bestimmte Produkte aus Redwitz und anderen Orten der dortigen Gegend nach Zwickau zu transportieren. „Ich bekomme jetzt den Kalk von Regnitzlosau durch die Bahn um 6 Ngr (Neugroschen) billiger hieher als vordem, und so wie ich höre, ist eine Herabsetzung der Frachtsätze bei Produkten im Werke. Vor etwa drei Wochen wurden durch einen kgl. Kommissar die Vorbedingungen zur Erbauung der Kohlenbahn von hier nach Bockwa festgestellt, sodaß mit dem kommenden Frühjahr der Bau beginnen kann." Er teilt dem Bruder Frachtsatzberechnungen mit, dann weiter: „Wir haben nur ein kurzes Stück Bahn zum Anschluß zu ma-

chen, und dabei keine Schwierigkeiten. Dies wird zur Hebung der Bürgergewerksaktien auch mit beitragen, und ich höre auch, daß von Aussen mehr Nachfrage aber keine Abgabe zu 275 statt hat." Danach legt er die Aussichten auf Dividenden beim Bürgerschacht dar, an dem er maßgeblich beteiligt ist, vergleicht diese Grube mit den Nachbargruben „Segengottesschacht" und „Vereinsglück" und stellt fest, „daß wir drei bis vier Neugroschen mehr Arbeitslöhne ausgeben als diese." Den genauen Angaben über Kosten, Verdienste und Gewinnaussichten folgt: „Wir habe bessere Kohlen als die Nachbarwerke, keine größeren Schwierigkeiten als diese, keinen Zehend zu bezahlen (welcher den Erzgebirgischen Verein – der außerdem noch 250.000 Thaler zu verzinsen hat – jährl. allein 12[.000] bis 15.000 Thaler kostet) und größere Nähe des Bahnhofs als alle andern Gruben – aber unsere republikanische Verfassung ist für das Geschäft zu schlaff und zu wohlfeil bezüglich der Angestellten." Nach diesen Beschreibungen fordert er den Bruder auf, Aktien zu kaufen: „Wenn Du Geld machen kannst (bei Deinem Besitz von Bankaktien kann dies nicht fehlen) so unterlasse es nicht jetzt zu thun, denn die Gelegenheit kehrt nicht wieder."

Mit dem „Bürgerschacht" verhielt es sich folgendermaßen: Die Bergwerksgesellschaft „Zwickauer Bürgergewerkschaft", sie bestand von 1841 bis 1920, war eine Vereinigung mehrerer Besitzer zusammenhängender Grundstücke mit dem Ziel, die unter diesen Grundstücken liegenden Steinkohlenflöze gemeinschaftlich abzubauen. Als Friedrich Christian nach Zwickau kam und dort ein Grundstück kaufte, gehörte das Unterirdische bereits dazu. Die Erschließung dauerte jedoch sehr lange und wurde teurer als anfangs geplant. Friedrich Christian hatte Zutrauen zu dem Unternehmen und kaufte weitere Anteilscheine und stellte selbst Koks her. Das alles wirkte sich später (s. u.) günstig auf sein Salzgeschäft aus und ermutigte ihn, sich an weiteren Bergbauunternehmen zu beteiligen, zumal er durch seine wissenschaftlichen Kenntnisse imstande war, selbst geologische und chemische Untersuchungen vorzunehmen, womit er aus fachlicher Sicht anderen Unternehmern gegenüber Nutzen zu ziehen versuchte.

Im Zusammenhang mit dem Bürgerschachtverein eröffnet er dem Bruder seine Pläne für ein bedeutendes eigenes Geschäftsfeld: „Seit Kurzem habe ich noch ein wesentliches Interesse eine möglichst starke Stimme in dem Verein zu bekommen. Ich werde nämlich im kommenden Frühjahr und vielleicht schon früher die Salzwässer der Grube benutzen und erwarte deshalb täglich die Regierungslizenz. Für die Wasser werde ich nicht viel bezahlen, da dieselben bisher ungenutzt weglaufen, aber es ist zu fürchten, daß man mich nicht lange im Genuße lassen würde, wenn man meinen Vortheil dabei sähe. Spekulanten, welche mir auf die Länge den Rang ablaufen möchten, giebt es hier genug, und so liegt mir Alles daran, den Pacht des Wassers auf möglichst lange Zeit hinaus zu bekommen. Auf etwa 200 Stimmen darf ich hier ziemlich für mich rechnen, ohne meine eigne und Fischers 60 + 37. Nun fehlen noch etwa 120 um die absolute Majorität zu erhalten, und dieß wäre nach meiner Meinung zu erreichen, wenn man die Zeit und Kraft benutzt. Ich habe den Plan für die Benutzung des Wassers ausgearbeitet. Dieser läuft wesentlich dahinaus, durch eine aehnliche Siedevorrichtung, wie ich schon beim Alaun mit entschiedenem Vortheil benutze und vermittels 10 Kohleofenfeuer die 2 procentigen Wasser auf 20 procentig zu bringen und die gesättigte Lauge durch Thonröhren in meine Fabrik zu lenken, wo sie vollends verkocht wird. Das Brennmaterial kostet auf diese Weise fast nichts, während der Nutzeffekt von 6.000 Karren Kohlen zu erhalten ist. Überlege das Vorstehende bei Dir, und gieb bald Nachricht über Deinen Entschluß."

Dieser Brief ist voller Einzelheiten, Berechnungen und Pläne, die Friedrich Christian bereitwillig dem Bruder darlegt, ein Zeichen dafür, dass es keine Verstimmungen mehr gibt und gemeinsame Geschäftsinteressen verfolgt werden. Es mag sein, dass Wilhelm alle diese Briefe als Geschäftspost aufbewahrt hatte, und sie dadurch erhalten blieben und weitergegeben wurden.

Hintergrund der Bemühungen war folgender: Friedrich Christian brauchte für seine Produktion viel Kochsalz. Doch dieses war in Sachsen, das keine eigene Saline besaß, zu teuer, weil es von Preußen nur als Speisesalz mit einer hohen Steuer geliefert wurde. Dagegen wurde innerhalb Preußens das Salz für industrielle Zwecke ohne diese Steuer abgegeben (Karlsch 2006).

Doch das „Salzprojekt“ ging nicht so glatt und schnell wie erhofft.

23. Februar 1853: Friedrich Christian an Bruder Wilhelm: „In den letzten Tagen war der Referent in Salzangelegenheiten Geh. Finanzrath Oppelt bei mir. Das Ministerium hatte doch noch Bedenken wegen der Konzessionserteilung auf die Kochsalzgewinnung, und diese beseitigte ich erst als ich erklärte, daß in diesem Falle die Salzquellen so reichlich flössen, daß daraus über 20.000 Ctr. Salz gewonnen werden, könnte ich das Recht in die Hände der Regierung zurückgeben und dabei nur die Bedingung stellen, daß sie mir meinen Salzbedarf für die Fabrik um den Erzeugungspreis überließen, der sich aus meinem Betrieb ermittelt. Dadurch ist jedes Bedenken beseitigt, und ich habe nun nur zu wünschen, daß 100.000 Ctr. Salz zu gewinnen sind.“

Schließlich nahm das „Salzprojekt“ für Friedrich Christian doch noch einen guten Verlauf: 18. April 1853, an Bruder Wilhelm: „Seit einigen Wochen ist endlich die Salzkonzession gekommen, diese ist sehr liberal ausgefallen. Bis nicht 20.000 Ctr Salz gewonnen werden bleibt die Sache mir überlassen, darüber hinaus nimmt sie die Regierung in die Hand, liefert mir aber alsdann das Salz zum Erzeugungspreis. Die Konzession ist auf 15 Jahre und die jährliche Abgabe an die Regierung ist später. Der Bürgergewerkschaft zahle ich jährlich rf200 für die Grubeneinrichtungen und rf100 Pacht für die Koksöfen. Die Kochvorrichtungen muß ich mir selbst machen.“ Und schließlich, am 5. Juli, beschreibt er die näheren Umstände und Kosten bei der „Salzkocherei“. Es werden Koksöfen gebaut, und er beschreibt genau die einzelnen Produktionen.

Doch lange stellt sich der erwartete Gewinn durch die Salzkonzession nicht ein: 26. November 1853: „Mit meiner Salzwirtschaft bin ich wenigsten so weit, daß ich auch wenn Frost eintreten sollte, fortarbeiten und vor Neujahr fertig machen kann. Die Wasserleitung, ein Theil der Koksöfen und das Hauptgebäude sind fertig.“

12. März 1854, Friedrich Christian an Bruder Wilhelm: „In das Hofer Projekt bin ich durch v. Arnim hier und Münch in Hof näher eingeweiht worden. Die Herren hatten nicht zu viel versprochen so viel ich jetzt beurteilen kann aber bezüglich der ganz unentbehrlichen Koke von hier fehlt es noch an aller Sicherheit. Die kleinen Kohlen, welche im Zwickauer Terrain gewonnen werden, sind von den Eisenbahnen und der Marienhütte alle in Anspruch genommen. Was durch den vermehrten Kohlenbetrieb heranwächst ist kaum für Etwas Anderes zu rechnen als für den täglich sich vermehrenden Eisenbahnbetrieb. Nur eine Aussicht öffnet sich in der Verkohlung von Rußkohle für die Marienhütte. Wird diese ganz durchgeführt, so dürfte auf ein paar Hochöfen von den andern Koks abfallen. Da ich jetzt selbst mit der Koksfabrikation genauer bekannt werde, und später, schon im nächsten Jahre, selbst viel Koken muß, so habe ich mich genauer umgesehen. Darüber mündlich einmal mehr."

Über lange Zeit gibt es keine Briefe an den Bruder. Sie mögen verlorengegangen oder, vielleicht durch gegenseitige Besuche, nicht erforderlich gewesen sein. Jedenfalls spricht nichts für ein Zerwürfnis.

13. Januar 1856: Friedrich Christian aus Zwickau an Bruder Wilhelm in Redwitz: „Ich habe mich im Laufe dieses Winters mit einem Unternehmen eingelassen, das recht guten Erfolg verspricht. Es ist die Eisenschänke in Hof. Bei Gelegenheit eines Versuchs, den ich persönlich in Hof machte um meinen überflüssigen Koks zu verkaufen, kam ich in die Cokerei, welche schon vor drei Jahren ein Programm erlassen hatte, um dasselbe Unternehmen ins Publikum zu bringen. Durch einige übelgewählte Persönlichkeiten, welche dort mit handelten, war schon das Vertrauen der eigentlichen Geschäftsmänner von Hof nicht gewonnen (namentlich hielt sich Steinhäuser fern), und dann war der Zeitpunkt übel gewählt, da man paarmal keine Koke bekommen konnte. Dies hat sich während des vorigen Sommers so sehr verändert, daß man ohne Schwierigkeiten einige hunderttausend Centner Koke jährlich sogleich beschaffen kann und in Aussicht steht, daß in einem jeden Jahr fortwachsend noch die gleiche Qualität mehr zu erhalten ist. Dies hat

durchgeschlagen, so daß sich in Hof selbst alles dafür entschied, was Geld hat. Die Vorbereitungen werden damit getroffen, daß von zwei Sachverständigen separate Gutachten gegeben werden. Dazu gewählt sind Bürgermeister Hocheder in Weiherhammer und auf der anderen Seite die Marienhütter. Letztere haben sich bereitwillig erklärt, und ersterer war durch Schmitz empfohlen. Die Marienhütte hat im vergangenen Jahre endlich gut gearbeitet. Die Schmelzzeit des einen Hochofens dauert schon beinahe 1 ½ Jahre und die Produktion ist gewachsen. 1.2[00] bis 1.500 Ctr wöchentlich bei einem Konsum 150 Koke auf einen Ctr. Roheisen aus 33 %igem Erz. Bei der Kalkulation hat sich ergeben, daß in Hof billigeres Roheisen erzeugt werden kann als das in Marienhütte der Fall ist, weil die Eisensteine dort ohne Vergleich wohlfeiler sind als bis jetzt hier. Dafür wird es jetzt schon an die Bahn geliefert". Es folgen weitere genaue Beschreibungen, und dann: „Da ich das Unternehmen für ganz gesichert halte, so werde ich mich mit einer meinen Kräften entsprechenden Summe von 10[.000]–12.000 Gulden beteiligen, und ich glaube es von deiner Seite wohlgetan, irgend ein Stück Holz zu verkaufen und den Erlös hierher zu wenden. Überlege Dir's und schreibe mir darüber."

Es bleibt bei diesen Aufforderungen unklar, ob er dem Bruder durch das Angebot eines solchen Geschäftes nur etwas Gutes tun will oder vielmehr an die Sicherung des eigenen Einsatzes denkt, denn allein kann er dergleichen Unternehmen nicht tragen. Über das Geschäft Friedrich Christians mit der Berg- und Hüttengewerkschaft Hof, wohin er viel Koks geliefert hat, berichtet Mensing: „Er ist schon bei der Gründung der Gesellschaft beteiligt gewesen, mit Rat und Tat im Jahre 1853. Er war eben der Überzeugung, das Hof ein besonders günstiger Standort für ein Eisenwerk sei ... Mit Mut wurden Hochöfen gebaut, aber dann kamen immer mehr und mehr Schwierigkeiten ... nachher kam die große Eisenkonjunktur, wo es schwierig war, überhaupt Roheisen zu kaufen. Arbeit und Ärger hat er mit diesem Werk reichlich gehabt. Wieviel Geld er dabei verloren hat, weiß ich nicht, es war seine Art nicht, über solche Sachen zu sprechen ... Unglaublich aber wahr, die Hochofenanlage wurde mit neuen großen Kapitalien in eine Baumwollspinnerei umgewandelt."

In seinem Rückblick auf die Geschichte der Fabrik und auf Friedrich Christians weitere Unternehmungen schreibt Franz Fikentscher im Jahre 1941 zu den Bergbaubeteiligungen Folgendes: „Schon vorher hatte F. die Grube St. Christoph in Breitenhof gekauft, die Magneteisenerz, Zinkblende und Kupferkies förderte. Als erstes hat er zur Herstellung von Schwefelsäure Sulfide (Blenden oder Kiese) statt des teuren sizilianischen Schwefels benutzt. Die Ausbeute des St. Christoph war aber zu gering, sodaß sie nie die aufgewandten Kosten deckte, der Christoph blieb immer ein Sorgenkind. Als noch verhängnisvoller erwies sich der 1857 erfolgte Ankauf des Mineralwerkes Boden, das zu einem erfolgreichen Betriebe viel Kapital erfordert hätte, daran aber fehlte es."

Und weiter geht es mit Kohle, jedenfalls mit Bergbauprojekten und der Familienbeteiligung. Man gewinnt den Eindruck, die Fabrik laufe nur noch nebenher, doch geht es natürlich auch um deren ständigen Energie-, d.h. Kohlebedarf.

14. April 1856, Friedrich Christian an Bruder Wilhelm: Zunächst ein vermutetes Steinkohlenvorkommen in Weiden in der Oberpfalz und die Frage, ob er dem Steinkohlenversuchsbauverein beitreten sollte, was die beiden Brüder Wilhelm und Friedrich bereits getan hatten. „Dr. Geinitz in Dresden, welcher das Studium der Kohlenformation zu seiner Hauptaufgabe macht und die größten Detailkenntnisse darin hat, wurde von mir veranlaßt, im Laufe der Pfingstferien nach Weiden zu gehen. Auf dessen Urteil darf man viel geben, und ich hoffe wenigstens durch ihn so viele Beweise für oder gegen das Kohlenvorkommen zu erhalten, daß man das Unternehmen mit gutem Gewissen fallen lassen oder ernstlich angreifen kann ... Von dem Projekte des Obereinfahrers Hahn: in der Nähe von Schwarzenfeld auf das dasigen Vorkommen von reichen Bleigängen ein großes Aktienunternehmen zu gründen, weißt Du vielleicht noch nichts. Der Mann ist ganz gut, so daß ich mich mit einer Summe betheiligen werde und Dir ebenfalls dazu rathe ... Mit unserem Höfer Eisenunternehmen geht es nicht vorwärts, weil es noch an einem Betriebsbeamten fehlt, da die ersten beiden, welche wir im Auge hatten, aus dem Feuer gesprungen sind. Es wird inzwischen noch geworben."

„Die Leipziger Messe bringt wieder frisches Leben in unsere Fabriken, so daß wir auf einen guten Sommer hoffen. Man fühlt die Zunahme der Beschäftigung schon sehr deutlich an unseren Arbeitslosen. Die Eisenbahnunternehmer müssen schon 10 bis 20 Prozent mehr Lohn bezahlen als im vorigen Jahre."

„Mit dem Bau der Gebirgseisenbahn geht es so rasch vorwärts, daß wir in der Mitte des Sommers 1857 nach Schwarzenberg fahren werden, und nach Chemnitz gegen den Herbst desselben Jahres unsere Steinkohlen bringen können. Der Preis der letzteren wird sich in Chemnitz auf die Hälfte gegen jetzt von 3 rf auf 1 ½ rf stellen, was dieser Stadt jährlich gegen 200.000 Thaler Ersparnis giebt."

Und weiter mit den Eisenbahnprojekten: „Daß Ihr die Eisenbahnen nach Nürnberg, Böhmen, Passau bekommen sollt ist beschlossen; Was sind denn für Aussichten bezüglich der Ausfuhr?"

3. Mai 1856, Friedrich Christian an Bruder Wilhelm: „Das Unternehmen in Hof, welches durch einige Schwierigkeiten durch die Gewinnung des technischen Direktors um einige Monate verschoben war, ist nun so weit, daß das Programm in etwa 14 Tagen ausgegeben werden soll". Einzelheiten dazu. „In meiner Kokserei, welche jetzt wöchentlich 1.500 Ctr. Produkt liefert, habe ich einige wesentliche Fortschritte gemacht, und noch glaube ich, ist damit erst ein Schritt getan, dem noch viele folgen müssen".

Neben diesen schwierigen und wirtschaftlich riskanten Unternehmungen lief die Fabrik in Zwickau weiter und hatte sich einen Namen gemacht. Jedenfalls fand sie Aufnahme in das „Album der sächsischen Industrie" (Oeser 1856–1858). Der Artikel beginnt: „Wir kommen nun zu einem Etablissement, welches nicht nur wichtig für die Gegend von Zwickau, sondern in vieler Hinsicht auch für ganz Sachsen ist, es ist dies das berühmte Fikentscher'sche, welches eine Glashütte, eine chemische Fabrik, eine Fabrik von Thonwaren und eine Koakerei in sich vereinigt." Beschrieben wird die Lage der Fabrik in Zwickau. „umgeben von Gartenanlagen, Feld, Wiesen und Baumpflanzungen ... es sind hier fortwährend über 100 Arbeiter und eine Dampfmaschine von 20 Pferdekraft beschäftigt". Es folgt eine genaue Beschreibung aller Gebäude und die Aufzählung der Produkte und der Hinweis: „Diese sämtlichen Zweige stehen unter der Oberleitung des Besitzers Herrn

Fr. Chr. Fikentscher, dessen Schwiegersohn, Herr W. Mensing, auch die Procura führt," Und nun eine allgemeine wirtschaftliche Betrachtung: „Es ist nicht zu läugnen, daß in unserm Vaterlande die Anfertigung des Glases, namentlich des Tafelglases, sowie die Erzeugung von chemischen Producten, eine gefährliche Concurrenz mit Böhmen zu bestehen hat, zumal Böhmen mit jeglicher Art von Stoffen aus dem Mineralreich und mit Brennmaterialien überaus gesegnet ist, während in Sachsen das Brennmaterial für seine vielfachen Gewerbe und stets zunehmende Bevölkerung nicht einmal zureicht." Angeschlossen ist eine Würdigung der Stärken Sachsens in vielen anderen Wirtschaftszweigen und der Hinweis, dass die Fikentscher'sche Fabrik trotz der Schwierigkeiten „rüstig vorwärts strebt, keine Concurrenz zu scheuen braucht und in unserem Vaterlande jene wichtigen Industriezweige heimisch macht."

Fast zur gleichen Zeit, 1857, erschien in der an breite Leserschichten adressierten „Gartenlaube" ein langer Artikel mit zwei Abbildungen: „Das Chemischen Etablissement des Herrn Fikentscher in Zwickau" (Abb. 19, 20).

Über die Produktpalette in den 50er Jahren lesen wir bei Forberger: „Salpetersäure, Alaun, Weinsäure, Zinnober – es war das meistverkaufte Produkt – Quecksilberpräparate Sublimat, Kalomel und Quecksilberoxyd. Besondere Aufmerksamkeit galt um 1850 dem Verfahren, Wasserglas in fester und flüssiger Form herzustellen."

Nun zu einem sehr ernsthaften Projekt, das auch nach Friedrich Christians Tod noch viel Sorgen bereiten sollte, aber unter dem im „Album der sächsischen Industrie" bereits genannten Wettbewerbsnachteilen gegenüber Böhmen zu beachten ist, und mit denen Friedrich Christian natürlich voll vertraut sein musste: Boden in Böhmen.

4. April 1858, Friedrich Christian an Bruder Wilhelm: „In meinem Briefe an Friedrich habe ich diesen gebeten, ihn Dir zu überschicken, um Dich vorläufig mit meinen Wünschen bekannt zu machen." Es geht um die Besitzung in Boden/Böhmen, und er legt dar, wie er dazu gekommen ist. „Vom ersten Mai an bin ich demnach alleiniger Besitzer, dem jedoch der Reichthum an Kohlen und Alaunerz zu groß ist, weil ihm zum Theil das Ankaufskapital,

und die zu einem tüchtigen Betrieb nöthigen Summen fehlen. Ich muß deshalb Geldkräfte aufsuchen, die mir die Sache mitbezahlen, wünsche dabei aber nur diejenigen an die Seite zu bekommen, welche mir passen." Es ließe sich damit zwar Geld verdienen, doch müsse mehr Kapital hineingesteckt werden, als er hatte. Deshalb will er eine Aktiengesellschaft gründen und die Brüder dazu gewinnen, sich zu beteiligen. Es spielen Zollfragen zwischen Deutschland/Sachsen und Österreich/Böhmen/Boden eine Rolle, alles ist voller Risiken. Boden habe jedoch eine gute Lage, besser als andere Böhmischen Braunkohlevorkommen.

Und immer weiter geht die Entwicklung in Verbindung von Bodenschätzen und Eisenbahnbau. Inzwischen war am 11. Mai 1858 die Eisenbahnlinie nach Schwarzenberg, die Obererzgebirgische Bahn, und am 15. Mai die Linie nach Chemnitz, die Untere Erzgebirgische Bahn, in Betrieb genommen worden. Außerdem wurde der vom Staat erhobene Kohlezehnt aufgehoben.

9. Juni 1858, Friedrich Christian aus Dresden an Bruder Wilhelm in Redwitz: Er will rasche Antworten, deswegen der Brief aus Dresden, wo ihn der Landtag festhält, denn er hat „noch einen weiteren neuen Erwerb gemacht, der Euch nicht nur freye Hand läßt in der Sache mitzugehen, oder dies zu unterlassen, sondern der in gleichem Falle wie bei Boden, wenn die Karlsbader Egersche Eisenbahn gebaut wird, womöglich noch bedeutender werden dürfte und dabei nicht so viel kostet. Zunächst bedarf es zur Anzahlung auf den Besitz des Drittheils zum Ganzen nur cf 6.000. Damit wird das Recht erworben, die andern zwei Drittheile binnen Jahresfrist um cf 40.000 dazu zu nehmen, wenn es mir passend erscheint ... Soviel ich aber in einem Schacht sah, so ist der Schwefelkies, Kohlen und Eisensteinreichthum sehr bedeutend."

27. Juni 1858, Friedrich Christian aus Zwickau an Bruder Wilhelm: Bruder Friedrich hatte ‚Boden' besichtigt und vermutlich Wilhelm darüber berichtet. Gut verkäufliche Kohle könne bald gefördert werden, man brauche jedoch Geld. Deswegen riet er zum Verkauf anderer Aktien. Es gab unterschiedliche Zahlungsmodalitäten. Er stellte Überlegungen zu den Gewinnaussichten an: „Die leichtere Gewinnung der Braunkohle, welche durchschnittlich nicht über die Hälfte derjenigen von Steinkohle kostet (wenn

man die Brennkraft als Maaßstab nimmt) wird den Absatz der Steinkohle nach Franken wesentlich beschränken, und dafür den hiesigen Verbrauch der Steinkohle begünstigen. Denn diese hängt wesentlich davon ab, daß die hiesige Kohle nicht höher zu stehen kommt als jene am Rhein, während sie jetzt ¼ mehr kostet."

Außerdem sollten die Brüder überlegen, ob sie sich bei einem weiteren Unternehmen bei Elnbogen beteiligen wollen.

7. Juli 1858: Friedrich Christian erneut aus Dresden an Bruder Wilhelm in Redwitz: Es geht immer noch um den Bergbau in Boden. Bruder Friedrich hat seine Bedenken zurückgestellt und sich beteiligt, Wilhelm zögert mit dem Verkauf von Spinnereiaktien, Georg wird sich beteiligen, hat das Geld aber noch nicht flüssig. Er bittet den Bruder inständig, ihn nicht stecken zu lassen. Die Erfolgsaussichten seien gut.

4. Oktober 1858: Friedrich Christian, nun wieder aus Zwickau, an Bruder Wilhelm in Redwitz: Er beschreibt die Fortschritte bei dem Betrieb in Boden, es sei jedoch noch viel Geld nötig. Er war selbst acht Tage lang dort, die Dampfmaschine ist fertig, ab Mitte Oktober werden nach zwei Richtungen Strecken in die Kohle getrieben. Von den beiden anderen Brüdern hat er noch Geld zu bekommen ca. cf 2.000 bzw. cf 3.000. Auch ohne Eisenbahn hofft er, gute Zinsen zu ziehen.

Über das „Boden-Projekt" sind kaum Quellen vorhanden, doch Mensing, der sich nach dem Tod von Friedrich Christian dort für längere Zeit aufgehalten hat, gibt einige Erklärungen dazu. Der Ursprung dieser Verbindung ist auf die Zeit vor 1816 zurückzuführen, als Marktredwitz noch zu Böhmen, Kreis Eger, gehörte. Nach dort gab es regen Geschäftsverkehr, auch waren die Braunkohlevorkommen bekannt. Der Anreger und Vermittler des Ankaufs des Braunkohlen- und Alaunwerkes Boden soll ein Kaufmann oder Bankier Hecht gewesen sein, der schon länger mit Friedrich Christian in Verbindung gestanden hatte. Im Jahre 1857 kaufte er schließlich das Mineralwerk Boden. Der Preis sei sehr gering gewesen, so dass ein gutes Geschäft zu erwarten war. Doch die Verhältnisse ließen das nicht zu. Zum einen war er nicht der alleinige Besitzer, sondern hatte die Brüder zu Miteigentümern gewonnen. Dann war nicht genügend flüssiges Kapital für die nötigen Vergrößerungen vorhanden, und schließlich hätte er sich aller anderen Verwaltungsverpflichtungen entziehen und sich ganz dieser Aufgabe widmen müssen. So jedenfalls schätzte Mensing die Lage ein und ging dabei sehr kritisch mit ihm um. Dagegen hatten sich die Brüder nie um das Werk gekümmert, sondern nur über die Verluste geseufzt. Als Verwalter wurde ein Friedrich Christian bekannter älterer Mann aus der Stadtverwaltung von Marktredwitz auf Lebenszeit eingesetzt, der viele gute Eigenschaften hatte, jedoch nichts von Technik verstand. Kurzum: Mensing kam bereits frühzeitig zu der Einsicht, dass aus diesem Projekt kein Gewinn entstehen könne, weil sich Friedrich Christian unmöglich ganz darauf einstellen oder gar nach dort ziehen werde. Allerdings hatte sich die Lage offensichtlich doch etwas gebessert, so dass das Werk nach seinem Tode nicht geschlossen werden musste.

Nun ein weiteres, schon bekanntes schwieriges Projekt:

16. Juni 1859: Friedrich Christian an Bruder Wilhelm: Zum Hofer Eisenwerk musste Geld nachgezahlt, und es musste geschlossen werden. „In Böhmen geht es mit unserer Grube sehr langsam vorwärts. Eine Unterbrechung in der Wasserhaltung hat den Betrieb um ein Vierteljahr verzögert ... der Geldkonsum dauert inzwischen fort, und ich bitte Dich, Dein Kontingent voll zu schicken. Mir ist es jetzt nicht möglich mehr zu tun, da ich kaum meine Verbindlichkeiten dafür mit den knappen Einnahmen decken kann. Der Winter und das Frühjahr hatten mich verwöhnt, da alles ungewöhnlich glatt ging. Nun heißt es Vorräte anhäufen und fortzahlen." Und weiter dann in diesem langen Brief: „Es ist Aussicht vorhanden, daß die Stadt einen Theil ihrer Wasserleitungen mit meinen Röhren macht. Dazu trägt vorzüglich das gute Resultat bei, welches sich bei ihrer Untersuchung auf das Festigkeitsverhältnis herausstellte ... Das ist weit mehr als die eisernen Gasröhren aushalten und hat sehr überrascht. Nun kommt der Gedanke: die Thonröhren zur Gasleitung zu benutzen, und dann würde ihre Verwendung ungeheuer steigen."

29. Juni 1859, Friedrich Christian aus Zwickau an Bruder Wilhelm in Redwitz: Er war in Hof, um einer improvisierten Generalversammlung beizuwohnen. Es sollte der Fortbestand des Werkes beschlossen werden. Mehr Geld sei nötig, die Kreditbank werde

helfen. Das war alles nur möglich, weil sich der Hochofenbetrieb unerwartet gebessert hatte. Nun wollte er das alles mit dem Bruder besprechen, wenn er zu Besuch kommt.

Neue Pläne bis zuletzt

Ein Jahr später. Friedrich Christian gab die Glasherstellung auf, steckte aber unverändert voller neuer Pläne. 6. August 1860, an Bruder Wilhelm: „In meiner Fabrik ist es durch das Aufgeben der Glasfabrikation etwas stiller, aber deswegen nicht unangenehmer geworden, daß die Staffage der Glasmacher mit Einträgern Weibern und Kindern fehlt. An die Stelle der Glasöfen treten die in Arbeit befindlichen Brennöfen für Steingut und die Tiefe der Hütte macht sie für diese neue Einrichtung besonders geeignet. Die Schwefelsäurefabrikation mittels Zinkblende ist endlich auch in ruhigem Gang, und ich denke an ihre baldige Ausdehnung, wenn sich das dazu nötige Geld findet, um gleich etwas Angemessenes herzustellen."

Die Erwähnung der Frauen und Kinder bei den Glasmachern, die wegen der Aufgabe der Glasproduktion ausgezogen sind, erlaubt keinen Rückschluss auf Kinderarbeit. Darauf gibt es nirgendwo einen Hinweis, zumal die Glasmacher eine sehr schwere und auch schwer erlernbare Arbeit ausführten. Vielmehr dürfte die Deutung darin bestehen, dass die Familien auf dem Fabrikgelände gewohnt haben, weil gleich zu Beginn des Aufbaus der Fabrik für sie Wohnungen geschaffen werden mussten und das Gelände die Möglichkeit dazu bot.

Auch die Chemische Fabrik musste immer wieder umgestellt werden. So wurde die Herstellung der Schwefelsäure und aller davon abhängigen Fabrikate eingestellt, weil sie nicht mehr konkurrenzfähig waren, nachdem die Hüttenwerke in Freiberg die beim Rösten der Erze anfallenden sauren Dämpfe kondensierten und die Schwefelsäure als billiges Nebenprodukt in großer Menge lieferten.

Ein neues Geschäftsfeld in der Fabrik hatte sich aufgetan: die Arsensäure. Dazu lesen wir bei Franz Fikentscher (FAF 2): Durch die ausbleibenden Gewinne in den Bergbau- und Hüttenprojekten entstanden für F. sehr drückende finanzielle Sorgen. Da war es ein großes Glück, dass sein Schwager Wilhelm Mensing, der während F.s Abwesenheit die Fabrik in Zwickau leitete, auf H. Trommsdorffs (Lauterbach 2000) Rat mit der Fabrikation der Arsensäure begann, die damals zur Herstellung des Fuchsins aus Anilin gebraucht wurde. Die Arsensäure wurde bald in so großen Mengen gebraucht und so gut bezahlt, dass nun die pekuniären Sorgen schwanden und so wenigstens F.s letztes Lebensjahr sorgenfrei war". Anmerkung: Fuchsin wurde während der Jahre 1859 bis 1880 hergestellt. Es ist ein synthetischer Farbstoff, der damals durch stundenlanges Kochen von Anilin mit Arsensäure gewonnen wurde. Es ist rot färbend und wurde zum Färben von Seide und Wolle verwendet, später allerdings wegen seiner geringen Farbechtheit nicht mehr. Anilin wurde 1826 bei der Destillation der Indigopflanze entdeckt und war ein wichtiges Zwischenprodukt der synthetischen Farbstoffherstellung. Die Arsensäure bildet sich durch Lösen von Arsenpentaoxid in Wasser oder durch Oxydation mit Hilfe von konzentrierter Salpetersäure. Sie wird wegen ihrer Giftigkeit heute nur noch für Schädlingsbekämpfungsmittel und die Holzkonservierung verwendet. Auch dieses Geschäft musste später eingestellt werden, als nämlich die Fabriken am Rhein, die die Arsensäue brauchten, diese selbst herzustellen begannen. Allerdings war das erst einige Jahre später.

Ein Brief vom 12. Januar 1863 von Schwager Hermann Trommsdorff aus Erfurt, der eine Wagenladung Arsensäure an Friedrich Christian in Zwickau geliefert hatte, enthält dazu Folgendes: „Ich muß Dir zugleich mittheilen, daß meine Ansichten über den Preis doch noch eine Veränderung erlitten haben, und ich, in voller Uebereinstimmung mit dem Inhalt Deines Briefes, es doch nunmehr auch für nöthig finde, gleich auf den niedrigsten Preis hinabzugehen, um namentlich alle weiteren Versuche der Fabrikanten, die eigne Darstellung der Arsensäure vorzunehmen, niederzuschlagen." Ein französisches Fabrikat soll ebenfalls ganz rein sein. „Ich denke, die Arsensäure wird uns bald einmal wieder (in Erfurt oder Zwickau) zusammenbringen."

Und weiter am 21. Januar: Er hatte einen Brief von Friedrich Christian bekommen, in dem dieser über einen Sturz des Arsensäurepreises schrieb, welche auch Folgen auf das beiderseitige Geschäft habe. Sein Angebot hinsichtlich der nun neu zu vereinbarenden Preise untereinander war offensichtlich sehr großzügig, denn Hermann Trommsdorff schreibt: „Für Deine Liberalität gegen mich bin ich Dir sehr verbunden; muß aber, da in dieser Sache noch etwas anderes mitspricht als mein kaufmännisches Gewissen, nochmals auf einen Punkt meines vorigen Briefes zurückkommen und Dich ernstlich bitten, mich darüber zu beruhigen, ob auch, wenn Du mir jenen Nutzen gewährst, Dir noch ein mindest doppelt so großer übrig bleibt. Wenn dies nicht der Fall sein sollte, so muß ich mich entschieden weigern, die Sache durch meine Hand gehen zu lassen, da dies Deine Geste mißbrauchen hieße. Daß ich, auch wenn die billigere Fabrikation möglich geworden sein wird, durchaus nicht mehr Nutzen als jetzt nehmen werde, erkläre ich Dir jetzt schon ganz bestimmt."

Soviel zu den Geschäften unter den Verwandten und eine Bestätigung der eingangs zitierten Haltung Friedrich Christians zum Verhältnis zwischen Herstellung und Gewinnstreben. Und nun der letzte erhaltene Brief von Friedrich Christian an seinen Bruder Wilhelm, der nach wie vor mit seiner Familie in Redwitz lebte:

14. März 1863: „Lieber Bruder. Mit der Porzellanerde, welche Du meinem Schwiegersohn [Wilhelm Mensing, verh. seit 1855 mit Emma Fikentscher, der ältesten Tochter, und in der Fabrik tätig] übergabst, konnte ich wegen Zeitkürze nur eine leichte chemische Untersuchung vornehmen und mußte die technische vorläufig unterlassen. Nach dem äußeren Verhalten und besonders hinsichtlich seine Plastizität ist sie ausgezeichnet brauchbar." Er beschreibt dann die gefundenen Inhalte und Eigenschaften, fragt nach dem Herkunftslager und sagt klar, dass er sie nicht nehmen werde, denn „Ich habe jetzt nur Rücksicht zu nehmen, daß alles für mein bestehendes Geschäft möglichst nahe und bequem liegt. Dieses ist seit einiger Zeit auch und namentlich für die Steinzeugfabrikation eingetreten."

Dieser letzte Brief wirkt wie eine Zusammenfassung: familiäre Verbindungen auch im Geschäftlichen, den bei chemischen Analysen „selbst handanlegenden Gewerbsmann" Friedrich Christian, die konsequente Berücksichtigung der Verkehrsanbindungen seiner Fabrik und die klare Hinwendung zur Herstellung von Steinzeug.

Für die äußerst wichtige Eisenbahnanbindung der Fabrik kämpfte er bis zuletzt, wie das Stadtarchiv Zwickau ausweist (StAZ 3).

16. März 1863, er schreibt: „An den Stadtrat von Zwickau. Beikommend überreiche ich den Plan zu einer Zweigeisenbahn, welche meine Fabrik mit dem Staatsbahnhof verbinden soll. Mit der Königlichen Staatseisenbahndirektion habe ich den bezüglichen Vertrag bereits abgeschlossen und auch mein Gesuch wegen Überbauung der Reichenbacher Chaussee bei der Königlichen Amtshauptmannschaft eingereicht. Wie aus dem in duplo beigefügten Plan hervorgeht (welcher von dem Ingenieur Herrn Sage ausgearbeitet ist) ...“ Großer Zeichnung („Viaduct zu Fikentscher Zweigbahn“ A4-Bogen). Der lange Antrag brachte (zunächst) keinen Erfolg, weil sich die Zuständigkeiten geändert hatten. Antwort (Resolut/Beschluss Nr. 852/I.): „Herrn Fikentscher ist zu eröffnen, daß der Stadtrath nach § 2b der Verordnung vom 26. Juni 1851 nicht in dem Falle ist, die Erlaubniß zur Anlegung einer Eisenbahn geben zu können, und daß man daher von weiterer Entschließung in der Sache abzuwarten habe, ob die competente Behörde die Erlaubniß ertheilen werde. 23. März 1863, Der Rath“.

Der Eisenbahnanschluss kam zustande, doch mitten aus allen diesen und weiteren Tätigkeiten wurde Friedrich Christian Fikentscher ein reichliches Jahr später durch den Tod unvermittelt herausgerissen.

8

Geld

Wozu soll der Reichtum dienen?

—

„Denn nicht die Kinder sind verpflichtet,
den Eltern Schätze zu sammeln,
sondern die Eltern den Kindern“
2 Kor 12,14

—

Es ist nicht leicht, Friedrich Christians Verhältnis zum Geld festzustellen. Aufgewachsen in sehr wohlhabenden Verhältnissen, hat er niemals persönliche Armut erlebt. Der Vater achtete darauf, dass an der Ausbildung der Kinder nicht gespart wurde, doch zugleich sind sie kurzgehalten und teilweise recht nachdrücklich zum Sparen gedrängt worden. Aus einigen Briefen erfahren wir darüber Näheres.

Zur Sparsamkeit erzogen

—

1821, 17. Juni, Brief Friedrich Christians von einer Reise durch Südwestdeutschland aus Andernach an den Vater nach Redwitz: „Ich kann Ihnen nicht bergen, daß ich nur von dem Wunsche, bald Nachricht von zu Hause zu bekommen, bestimmt wurde, nicht nach Bonn und Cöln zu gehen. In 3 Tagen wäre alles geschehen und vielleicht hätte es auch noch die Casse erlaubt, (dies möchte ich jetzt, da ich sie überschlagen habe, jedoch bezweifeln) umso mehr schmerzt es mich, aber ich muß bald Überzeugung haben, daß noch alles gesund ist, sonst freute mich kein Schritt in dem irdischen Paradiese mehr.“

Wesentlich deutlicher tritt die Geldknappheit bei der Studienreise nach Paris hervor, die Friedrich Christian im Frühjahr/Sommer 1824 gemeinsam mit seinem Freund August Schuster unternahm, über die bereits im Kapitel „Reisen“ ausführlicher berichtet wurde. Hier sei nur auf die finanzielle Lage eingegangen, die Lauterbach 2013 aus den Briefen an den Vater herausgearbeitet hat. Wir erfahren: Schon auf dem Hinweg nach Neustadt zu Schuster hatte er einen großen Umweg wählen müssen, „und zwar aus dem Grund, der ihn wie ein Leitmotiv viele Jahre verfolgen sollte: die große Knappheit seiner Geldmittel. Bereits in dem ersten Schreiben an seinen Vater klingt dieses Thema an. Er hatte nämlich, um die Hälfte der Fahrtkosten zu sparen, von Würzburg nicht den direkten Weg nach Heidelberg genommen, sondern den mit 28 Gulden um die Hälfte billigeren Umweg über Frankfurt gewählt. Dass er dadurch 18 Stunden länger unterwegs war, nahm er willig in Kauf.“ Über die Ausgaben in Paris berichtete er dem Vater ganz genau, doch dieser hatte anscheinend Zweifel an der Sparsamkeit des Sohnes: „Die Antwort des Vaters ist zwar nicht überliefert, doch müssen die Worte recht harsch gewesen sein. Wenn man jedoch liest, wie rasch Sohn ‚Fritz‘ in Paris hundert Francs ausgab, was ca. 12,72 Gulden entsprach, für Dinge, die in Marktredwitz kaum als wichtig galten, ist verständlich, dass Fikentscher Senior nicht erfreut war und dem Sohn vermutlich auch nicht alles glaubte. So war Friedrich Christian immer wieder genötigt, sich und seine Ausgaben zu rechtfertigen. Er bezeichnete die mitgebrachte heimatliche Kleidung mehrfach, zwar nicht ausdrücklich, aber doch sinngemäß als hinterwäldlerisch, in der man sich in Paris nicht zeigen könne.“ Auffällig sind nach Lauterbach die Worte, mit denen Friedrich Christian meist auf die Vorhaltungen des Vaters reagierte, er müsse unbedingt sparsamer sein. Er ging nämlich selten auf seine tatsächlich nicht geringen Ausgaben ein, sondern fand die seinem fürsorglichen Vater gegenüber nicht eben feine Art, ihm öfter mehr oder weniger vorzuhalten, dass er folglich an der Verpflegung sparen, grob gesagt, hungern müsse.

Von den Pariser Hotels hatten sie insgesamt zwei recht unterschiedliche Quartiere kennengelernt. Im ersten bewohnten sie gemeinsam einen größeren Raum, während im zweiten jeder sein eigenes, wenn auch recht kleines Zimmer hatte. Ein Hauptgrund des Wechselns war jedoch, dass es dort wesentlich billiger war, denn statt je 50 Francs im Monat kostete die Unterkunft hier nur noch 35 Francs für Friedrich Christian und 40 für Schuster, und statt drei hatten sie für die tägliche Verpflegung nur noch zwei Francs zu bezahlen.

Die ständigen Sparappelle des Vaters führten dazu, dass Friedrich Christian sich einmal veranlasst sah, nicht mehr über die einzelnen Ausgaben zu berichten, sondern dem Vater den grundsätzlich hohen finanziellen Aufwand in der französischen Hauptstadt verständlich zu machen: Paris, 11. Juni 1824: „Theuerster Vater! „Ein Umstand wird für mich hier von der größten Bedeutung und vorzüglich deßwegen, da er immens wesentlich ist – das ist der Geldverbrauch, – bereits habe ich von Meynier 800 Franken und vom Hause des von Schuster Empfangenen mit eingerechnet, noch 140 Gulden also 1100 Franken aufgenommen die nur noch 1 Monat reichen werden. In 2½ Monaten habe ich sonach, wenn Sie Kleider und Bücher um 300 Franken nicht abrechnen 520 Gulden gebraucht; bis zum Ende July wo wir noch hier seyn möchten, brauche ich noch 100 Gulden, und so ist der Preis, welchen Sie mir hier vorschrieben – schon um einige hundert Franken überschritten. Für die Rükreise mit einem Umweg wie ich ihn in einem frühern Briefe sagte, dürfte noch leicht mehr als 350 Frcs kommen, und so kommt eine Totalsumme von 1650 Frcs heraus, deren Verbrauch in einer so kurzen Zeit anders als hier offenbare Verschwendung voraussetzt. Soll ich Ihnen aber betheuern daß ich für Theater bis jetzt 21 Francs ausgegeben habe und das ich bisher nur durch Hunger zum starken Dinieren gezwungen wurde, weil wir Beide Mittags, da um diese Zeit gewöhnlich ziemlich bedeutsame Kollegia sind, nur in der Eile ein Stück Brod verzehren, wenn wir dann beide oft 4–5 Gerichte – auch die blosen Gemüse gelten hier für ganze Schüsseln – verzehren, werden Sie sich nicht wundern." Die Antwort des Vaters ist nicht überliefert, doch wissen wir aus einem seine Briefe an Trommsdorff, dass ihm durchaus klar war oder klar geworden ist, welch hohe Ausgaben in Paris und Frankreich anfallen, und dass er die Reise bis zu ihrem – wenngleich aus anderem Grunde vorzeitigen – Ende wohlwollend unterstützte und für wichtig hielt.

Sechs Jahre später, im Frühjahr 1830, als Friedrich Christian zu einer dreimonatigen Bildungs- und Informationsreise nach England und Schottland aufbrach, sah die Welt in Bezug auf die Geldausgaben bereits anders aus. Der Vater war noch immer bestimmend, doch hatte Friedrich Christian bereits viel Verantwortung im väterlichen Unternehmen übernommen und war zu Recht selbstbewusster geworden. In einem Brief an die Schwester Henriette in Marktredwitz schreibt er zwar über sein Leben und die Kosten, aber nicht rechtfertigend, sondern berichtend:

1830, 10 April: „Meine Lebensweise ist sehr einfach, obgleich nicht sehr regelmäßig. Früh um halb 8 Uhr stehe ich gewöhnlich auf, schreibe oder lese bis 9 Uhr, trinke dann den dünnen Kaffee mit der noch dünneren Milch, aber auch 3 Tassen wie wir zu Hause, esse wenig dazu und gehe dann meinen Weg, weil man um 10 Uhr schon zu den Leuten gehen kann. Manchmal esse ich um 12 Uhr, und dann um 6 Uhr wieder, gewöhnlich aber nur einmal gegen 3–4 Uhr und dann noch um 11 Uhr ein Stück Brod mit Salm was – 4 Pence – 12 xr [Kreuzer] kostet. Der Mittagstische kann hier ziemlich wohlfeil gemacht werden wenn man die Plätze kennt. Ich aß oft um 1 ½ Schilling recht gut – d. h. kaum Suppe, ein großes Stück Rostbeef mit Kartoffeln und Brod und Bier dazu – mit 3 Peny (sic!) Trinkgeld dem Kellner. Öfters kostete mich der Tisch, ohne daß ich zu viel oder gut aß, auch 3 Schilling. Dises wäre also zu ertragen. Aber Wohnung ist theuer. Ich zahle wöchentlich für Wohnung und Frühstück 16 Gulden. – Was man sehen will kostet Geld. Wenn eine großer Oper zu schauen ist kostet der Eintritt 1 S[chilling] – der Vater wird Dir sagen was diß ist“ [1 Schilling = 12 Pence].

Und offenbar hatte der Vater wie vor Jahren bei der Paris-Reise das Thema der großen Geldausgaben angeschnitten. Doch die Antwort des Sohnes war nun eine andere: Er bestätigte ihm zunächst sehr ruhig, dass die zugeteilten 80 englische Pfund tatsächlich sehr schnell ausgegeben worden waren, auch, dass er sogar darüber hinaus noch weitere 10 bis 20 Stück der Anweisung hatte antasten müssen. Dann aber wies er die Vorwürfe mit den Worten zurück, „dass man damit daheim gewiß lange leben könne, aufgrund der sehr unterschiedlichen Voraussetzungen jedoch nicht in England!“

Leichtfertig oder großzügig? Das Borgen und Verborgen von Geld zieht sich bei Friedrich Christian durch alle Jahre. Hier ein Beispiel, bei dem es sich um den später sehr bekannten deutschen Geologen, Mineralogen und Politiker Julius Fröbel (1805–1893) handelt, Neffe des bedeutenden Pädagogen Friedrich Fröbel (1782–1852). Dieser war seit 1833 Professor in München, verlegte liberale, in Deutschland verbotene Schriften und wurde 1848 Mitglied der Frankfurter Nationalversammlung, wo er die demokratische Linke vertrat. Gemeinsam mit Robert Blum nahm er am Wiener Oktoberaufstand teil, wurde wie dieser zum Tode verurteilt, jedoch begnadigt und lebte bis 1857 in Nordamerika. Mit Friedrich Christian war er während seines Studiums in München Ende der zwanziger Jahre bekannt geworden, worauf er in diesem Brief Bezug nimmt. Der Kontakt war nicht abgebrochen, jedenfalls war Fröbel über Studenten in Jena sowie über die Familie Martius (s. „Familie“) über Friedrich Christian unterrichtet worden, wusste Bescheid über seine Englandreise und gute Rückkehr von dort. Der Brief Fröbels vom 18. August 1831 kommt aus Volkstädt bei Rudolstadt, und auf dem Umschlag steht: „Inliegend 1 Doppellouisdor und 1 Doppelducaten“.

„Lieber Freund! Wenn ich schon längst in Deinen Augen in einem sehr nachtheiligen Lichte dastehe, darf ich mich nicht beklagen, denn mit Recht kann man, wo nicht Unmöglichkeit unter den Hindernissen ist, Strenge in der Erfüllung von Verpflichtungen als eine der ersten Anforderungen an den Charakter eines Mannes stellen, und wenn Du auch – wie ich überzeugt bin, gütig genug warst nicht zu zweifeln, daß ich meine Verpflichtung gegen Dich erfüllen wolle, so hast Du doch hinreichende Ursache, mich für saumselig in der Erfüllung zu halten ... Es ist deshalb viel besser, ich sage nur, es wäre mir sehr schwer gewesen, bisher einen bedeutenden Theil meiner Schuld an Dich abzutragen, die ganze, vielleicht unmöglich; die Hauptsache war meine Rechnung auf Deine Nachsicht. Ich fühle wohl, daß ich dieser ziemlich viel zugemuthet habe; aber es lag eine starke Aufforderung dazu in der Freundschaft, mit der Du mir nach einer verhältnismäßig so kurzen Bekanntschaft entgegengekommen bist. Um Dir nun wenigstens einen Beweis von meinem guten Willen zu geben. u. weil ich sonst wahrscheinlich noch viel länger Dein Schuldner bleiben würde, will ich, wenn es Dir recht ist, meine Schuld nach und nach abtragen, u. mache durch die kleine Summe, welche ich Dir hierbei schicke, u. welche ich bald wiederholen werde, den Anfang. Da ich in München nicht glaubte, Dir erst so spät das Geliehene zurückgeben zu können, so habe ich, indem ich Deine Denkungsart über dergleichen kenne, mich damals gescheut, von Zinsen zu sprechen. Obschon ich indessen weiß, daß Du mir aus Freundschaft geliehen hast, u. weil es Dich gefreut hat, mir helfen zu können, so würde ich es doch für einen Mißbrauch der Freundschaft ansehen, wenn ich jetzt, nach so langer Zeit, nicht daran denken wollte, daß Du Geschäftsmann bist, der sein Geld nicht unbenutzt liegen läßt. Ich mache deshalb durch das Überschreiben den Anfang mit der Abtragung der Zinsen ... Wenn Du gelegentlich mir durch ein paar Zeilen eine Nachricht zukommen lassen willst, so bist Du wohl so gut, dabei zu bemerken, wieviel ich noch zu zahlen habe, und ob Du mit der Abtragung der Schuld in kleinen Zahlungen zufrieden bist. Dein Freund Julius Fröbel"

Ein ähnlicher Fall fünf Jahre später. Ein Freund schreibt ihm aus Schönbrunn: 1836, 12. Mai, „Theuerster Bruder", er schildert seine schwierige wirtschaftliche und finanzielle Lage, und dann weiter: „Außerdem habe ich auch noch etwas zu sagen, daß ich nicht ohne Gefühl der Schwere sagen kann. Du hast mir schon so viel Geld geborgt, und ich hatte das Herz noch nicht, Dir nur Zinßen anzubieten, ob ich gleich für die Sicherheit des Darlehens gesorgt habe, und nun bin ich in dem Falle eine dringl. Schuld von 100 f. [Gulden] abzahlen zu müssen, und ich habe auch längere Bedenken, ob ich zu einem andern gehen solle, doch vorgezogen, mich an Dich zu wenden, da Du am Ende doch die meiste Geduld mit Deinem Freunde hast und an seiner Ehrlichkeit am Wenigsten zweifelst ... kommst Du denn am Sonntag? Dein tr. Br."

Von Mensing wissen wir, dass Friedrich Christian von Jugend an, und solange er in Marktredwitz war, über seine Privatausgaben genau Buch geführt hat. Auch das Kassenwesen und die Buchhaltung habe er in der väterlichen Fabrik vollkommen verstanden und vielfach erledigt. In Zwickau sei er jedoch wegen der vielen verschiedenen Aufgaben und Anforderungen nicht mehr ausreichend dazu gekommen. Zugleich haben sich private und geschäftliche Geldangelegenheiten gemischt. Vieles sei nicht durch die Bücher gegangen, sondern „privatim abgemacht“ worden. Mensing selbst gibt zu, dass er Friedrich Christians Vermögensverhältnisse nie näher gekannt habe.

Nach dem Tod des Vaters, als die beiden Brüder, Friedrich Christian und Wilhelm, die Geschäfte gemeinsam führten, wird in einem Brief an „Lieber Herrn Fikentscher!“ deutlich, wie vielfältig und auch auf Umwegen mit Geld umgegangen wird: 1839, 7. Februar, Brief von Betzold aus?: „Uebrigens galten alle meine früheren und späteren Briefe Euch beyden, nehm sich also jeder sein bescheiden Theil. Also zufoerderst Geld-Angelegenheiten. Ob der Wechsel gut, hast Du Fritz vergessen mir zu schreiben, ich hoff's aber u. wollte und könnte Euch von dem armen Sack (der mein provisorischer Tischgenosse ist) noch mehr senden. Auf Befehl habe ich an Bauernfeind bis jetzt und auf 2 mal 32 f [Gulden = 16 Kreuzer] ausgezahlt, 18 f sind deßhalb noch in meiner Hand, er weiß nicht wie ihm diese gebackne Taube zufliegt, und fragte mich ganz verlegen, ob es denn ein Geschenk oder Anleihe sey? Ich sagte ihm, daß ich das fortan vermuthe. Er ist übrigens sehr fleißig. An P. Rath habe ich 15 f 5 x ausbezahlt. Soll ich Dir die Quittung senden?“ usw. mitverschiedenen Posten und Beträgen: „2 Feuerspritzen, sogenannten Krückenspritzen hab ich bei Glockengießer Weiß bestellt, sie kosten zusammen 28 f – diese hab ich auch zurückbehalten, da die Spritzen erst in 14 Tagen fertig werden. Soll die Quittung auf Stempelpapier geschrieben sein? Die Schuld an Fräulein Amalie Stenzel war bereits getilgt, sie hat sich's von Erich bezahlen lassen. Aus der angehängten Abrechnung ergibt sich, daß hierdurch meine Schuld an Euch getilgt ist.“

Das Verleihen von Geld an Privatpersonen, ähnlich wie durch eine Bank, war damals keine Besonderheit, denn es gab noch kaum Banken (Karlsch u. Schäfer 2006). Dafür ein Beispiel, schön geschrieben aber formlos: „Schuld – Schein Wir unterzeichneten Geschwister bekennen hiermit, daß wir heute von Herrn Fabrikbesitzer Friedrich Christian Fickentscher hundert Gulden in hier gültigen Münzsorten brav und richtig vergeliehen erhalten haben, und versprechen, dieses Capital nicht nur zu vier von Hundert richtig zu verzinsen, sondern auch nach vierteljähriger Aufkündigung in guter Münze wieder zurückzuzahlen. Daß dieses Capital mit Vorwissen unseren Herrn Vormundes aufgenommen wird, bezeugt derselbe durch seine Mitunterschrift. Redwitz 18ten Juni 1839 Wilhelm Fikentscher, Barbara Fickentscher, Joh. Conrad Rieß, Vormund".

Die ausleihenden Geschwister sind namensgleich mit dem Verleiher, aber offensichtlich nicht mit ihm verwandt. Der Name, in unterschiedlichen Schreibweisen, war und ist in der Gegend keine Seltenheit.

Die Übergabe von Bargeld durch Privatpersonen war anscheinend üblich. Hier ein Beispiel mit fünf Zeilen: „Fünfzig Gulden von Herrn Fabrikbesitzer Fr. Fikentscher in Redwitz durch den Herrn Landgerichtsrath Dr. Reichel in Naila richtig erhalten zu haben, bescheiniget dankbar, Steben d. 12. October 1840. S. Scheidmann."

Familiäre Geldbewegungen

Einen ersten Einblick in die gegenseitigen Finanzbeziehungen zwischen den Familien, auch unter Ausnutzung von unterschiedlichen Wirtschafts- und Finanzräumen, gibt ein Brief Friedrich Christians an Trommsdorff in Erfurt, das zu Preußen gehörte:

1834, 13. November: „Nun komme ich mit einer Bitte: die beiliegende preußische Obligation auf rf500 wünsche ich mit neuen Coupons versehen, welches (wie ich leider zu spät hörte) von Erfurt aus ohne weitere Unkosten geschehen kann. Wollten Sie dann die Güte haben, und die dabei nöthigen Förmlichkeiten für uns zu erfüllen? Der Schuldschein kann, nachdem er mit neuen Coupons versehen ist, in Erfurt bis zu einer schiklichen Gelegenheit liegen bleiben. Der zum Neuen Jahr fällige Coupon muß ohnedem dort ausgewechselt werden, da ich einiges kaufen möchte, was mir Mensing besorgen will."

Zum gleichen Thema, auch hier wird Trommsdorff in die Finanztransaktionen eingebunden: 1835, 21. Jan.: „Mit der Beilage neulich, den Wechsel auf Leipzig, muß ich Sie wieder beschweren.

H. Hermann wird dagegen wieder einen Staatsschuldschein von 500 Talern besorgen. Diesen könnte dann unser Hermann mit dem andern mit hieher bringen."

Die drittälteste Schwester, Christiane Emma Fikentscher (geb. 13.7.1807), heiratete am 19. November 1839 und zog mit ihrem Mann nach Augsburg (s. „Familie"). Die Erb- bzw. Vermögensangelegenheiten waren offensichtlich so vereinbart, dass ihre Rechte darüber nicht an den Mann übergingen und von diesem verwaltet werden konnten oder durften. Jedenfalls hatte sie noch vor der Heirat, am 4. November 1839 ihrem Bruder eine weitreichende Vollmacht erteilt und die Urkunde vor dem Königlichen Landgericht Wunsiedel unterzeichnet: „Da ich aus hiesiger Gegend wegziehe, so finde ich mich veranlaßt, meinem lieben Bruder, den Fabrikbesitzer Friedrich Christian Fikentscher hiermit und in Kraft dieses die Vollmacht zu erteilen, alle meine Vermögens-Angelegenheiten für mich zu besorgen, namentlich Grundstücke zu verkaufen und zu kaufen für meine Rechnung, Kapitalien auszuleihen und zu empfangen oder einzukassieren und darüber sowohl im Gericht, als außer dem Gericht drüber zu quittieren, namentlich im Hypothekenbereiche loeschen zu lassen, überhaupt alle und jede Geldzahlungsverbindlichkeiten für mich einzugehen, aber auch die Zahlungen für mich wie schon gesagt zu empfangen und zu quittieren; hierselbst Rechtsklagen bei Gericht für mich einzubringen, und die gegen mich aufgestellten Rechtsansprüche in und außer Gericht zu bekaempfen und durch alle Auflagen die Sache durchzuführen, Rechtsanwaelte allenfalls zu substituieren, überhaupt in allen und jeden meinen Vermögensangelegenheiten nach eigenem Gutdünken zu verfahren und mich zu vertreten. Ich bitte von dieser Verhandlung meinem genannten Bruder eine Ausfertigung zu seinem Gebrauche zu vertheilen. Selbst gelesen, genehmigt und unterschrieben. Christiane Emma Fikentscher."

Diese Vollmacht für den Bruder bedeutete sowohl, dass die Schwester voll rechtsfähig war und über ihr ererbtes Vermögen entscheiden konnte – daran hätte auch die Heirat nichts geändert –, als auch, dass die Familie gemeinsam den Zusammenhalt des komplizierten und vielfältigen väterlichen Erbes sichern, nicht zerstückeln, sondern insgesamt bewirtschaften wollte. Die Schwester wurde folglich nicht „ausbezahlt“, wie es später in der Familie teilweise mit den Töchtern erfolgte (s. „Familie“ und „Nachkommen“).

Die Finanzierung der Fabrik in Zwickau

Mit dem Aufbau der Fabrik in Zwickau entstanden selbstverständlich erhebliche Kosten. Sie wurden über unterschiedliche Wege beglichen, obgleich das Geld letztendlich aus der väterlichen Fabrik stammte, wenngleich im Laufe der Jahrzehnte verschiedenartige Besitzungen mit wechselnden Einkünften oder auch Ausgaben hinzugekommen waren. Die genauen Vermögensverhältnisse sind nicht mehr herauszufinden, und auch damals ist dies offenbar kaum möglich gewesen. Dennoch einigten sich die Brüder und letztlich alle Geschwister darauf, dass Wilhelm das ganze Geschäft in Marktredwitz nebst Friedrich Christians Privateigentum in Redwitz allein übernahm und dafür eine Entschädigung zu zahlen hatte (s. dazu auch die Verträge vom 13. Januar 1839, 15. Januar 1844 und 7. August 1844 im Kapitel „Familie“). So sind die Zahlungen zu verstehen, die Friedrich Christian im Laufe der Jahre in vielen Briefen von Bruder Wilhelm erbat. Bei den erforderlichen vielen Schritten lassen sich die Kapitel „Geld“ und „Wirtschaft“ nicht scharf voneinander trennen. Im Folgenden werden deswegen nur Beispiele für den Geldverkehr genannt.

Hinsichtlich der bereits damals schwer zu überblickenden Währungen und deren Wertigkeit zueinander muss hier leider gesagt werden, dass es nicht in jedem Fall gelingt, die unterschiedlichen handschriftlichen Abkürzungen von Zahlungsmitteln in der entsprechenden Zeit anzugeben, geschweige denn der damaligen Kaufkraft zuzuordnen. Die gängigen Währungen in diesen Jahrzehnten waren:

Gold-Louisdor = 5 Goldtaler
fl, Fl = Gulden (Florin)
f = Gulden (= 60 Kreuzer in den süddeutschen Staaten)
X/Xr = Kreuzer
Stüber = Scheidemünze, 3 Kreuzer, 60 Stüber waren 1 Taler

Kronentaler = 2 Gulden, 42 Kreuzer
Gr (gr) = Groschen (in den Originalen auch „gh“)
Thr = Taler
Rthr (rth) pr. Cour = Reichstaler preußisch Courant
Dkt. pr. Cour. = Dukaten preußisch Courant
Sgr = Silbergroschen

Doch nun wieder zu den Quellen:

1846, 6. April, Schönherr aus Zwickau an Friedrich Christian: berichtet über die erhaltenen Gelder: 150 rf (Reichstaler) von Friedrich Christian, 420 von Herrn Pählig, 400 von Herrn Stark erhoben, davon laufende Ausgaben bestritten für Bretter, Steine usw. (offensichtlich für einen Bau der Wohnunterkunft für die angeworbenen Glasarbeiter). Ähnliches findet sich auch in manch anderen Briefen aus der Aufbauzeit in Zwickau.

1846, 1. August, Beyer aus Zwickau an Friedrich Christian in Redwitz: Beklagt sich über den mangelhaften Zustand der hiesigen Buchführung, die ihm nicht gestattet, die nötige Ordnung herzustellen, ohne von ihm die nötigen Aufschlüsse erhalten zu haben. Einnahmen und Ausgaben stimmen nicht überein, Friedrich Christian habe während der ersten Phase des Baus verschiedene Zahlungen gemacht, die in den Büchern nicht repräsentativ sind usw. Dann weiter mit Einzelheiten.

1847, 16. März, Rechnung von Gabriel Seeberger in Redwitz über insgesamt 92,36 Gulden für verschiedene Geräte, am 21. Mai bezahlt mit 50 Gulden-Stücken usw.

1847, 1. April: Arbeitskonto von verschiedenen Personen, für Glasfenster, dazu Stunden und Löhne. Kaum nachzuvollziehen.

1847, 2. Dezember, Julius Giese aus Zwickau an Friedrich Christian in Redwitz: „Soeben erhielt ich Ihr werthes Schreiben von gestern und beeile mich Ihnen nur anzuzeigen, daß ich die Geldsendung von 518 rf 29 richtig empfangen habe und sie Ihnen gehörig gutgeschrieben ist. Von Herrn Starke habe ich den 27ten 300 Rf und heute ebenfalls 300 Rf erhalten, letztere hätte ich nicht gebraucht, da Sie so gütig waren, und mir Geld zu schicken, ich will dafür mit diesem Gelde die Marienhütte bezahlen.“ Weiter mit Angaben über den Stand der Arbeiten.

1847, 9. Dezember, Julius Giese aus Zwickau an Friedrich Christian in Redwitz: bestätigt den Eingang von 362 (?) 7½ np (?), will dafür das Gewünschte besorgen.

1848, 17. Januar: Friedrich Christian aus Zwickau an Bruder Wilhelm in Redwitz in einem Nachsatz: „Beinahe hätte ich vergessen Dich zu bitten von dem Gelde, welches Du für mich nach Nürnberg zu schicken bekommst F [Gulden] 500 an Pfeifer nach Wellershof zu schicken". Und am 18. Januar: „An dem Umschlage wirst Du ersehen, daß ich wieder Geld brauche. Was Dir möglich ist zu tun, das mache nur, ich will aber in jedem Fall Geld machen, wo ich es unbeschadet kann. Dafür habe ich vor allem die Promessen ausersehen. Wenn Du diese übernehmen wolltest, und könntest mir dafür in einigen Wochen den Betrag überschicken, so wäre es mir am Liebsten. Solltest Du sie aber nicht wollen, so bitte ich Dich sie sogleich an Erzberger und Schmidt oder an Kalb einzuschicken, um sie gegen Leipziger Papiere oder Preußische Kassenscheine umzusetzen. Nach dem letzten Kursblatt stehen sie 30. Dies kann aber nichts helfen, da keine Aussicht auf baldige Besserung vorhanden ist."

Und weiter am 18. März: „Soeben erhalte ich die beiliegende Verzichtleistung von Huscher mit der Weisung, F 788 für Senger in Asch; 1200 für Reinhold; 400 für J. Bamberger, zu besorgen, weil diese sehr pressiren. Ich habe ihm geantwortet, daß ich Verhaltensregeln von Regensburg erwarte und ihn dann das Weitere schreiben würde. Er muß durchaus mürbe erhalten werden, wenn nicht Schaden und Aerger auf uns sitzen bleiben soll."

1848, 11. März, aus Zwickau an Friedrich Christian in Redwitz: Rechnungsabschluss für mehrere Mitarbeiter in Zwickau, dazu: „Durch die jetzige außerordentliche Zeitungsungewißheit ist im Wechsel und Geldhandel eine fast totale Geschäftsstille eingetreten, die hoffentlich nicht von langer Dauer seyn dürfte, denn jeder hält das Geld zurück, während, so lange der Staatspapierhandel ohne Umsatz ist, nichts zugeht. Sie werden daher entschuldigen, wenn ich von 15. dieses (Monats) an 5% Zinsen berechne, da bereits 6% jetzt geboten werden, ich bitte davon gefälligst Notiz zu nehmen und habe die Ehre zu zeichnen Mit Ergebenheit."

In seinen Briefen aus dieser Zeit an Bruder Wilhelm schreibt Friedrich Christian eingehend über die politischen Abläufe und

Verhältnisse während der Revolutionsjahre 1848/49 einschließlich der wirtschaftlichen Rückwirkungen auf die Wirtschaft (s. „Politik“). Auffallend sind die vielen Briefe aus den Revolutionsjahren 1848/49 mit der Bitte um Geldübersendungen an den Bruder. Hier mögen mehrere Gründe zusammenkommen. Zum einen wohnte er bis zum Frühjahr 1848 noch in Marktredwitz und konnte dort alles regeln. Zum anderen war der kostenaufwändige Fabrikaufbau noch nicht abgeschlossen, und die Geschäfte liefen noch nicht gut. Und schließlich waren die zeitbedingten wirtschaftlichen Verhältnisse schlecht, so dass auf Rücklagen dieser Art zurückgegriffen werden musste. Allerdings ist auch nicht ganz auszuschließen, dass die Quellenlage hineinspielt, denn es ist unbekannt, ob alle Briefe an den Bruder aufbewahrt wurden.

1848, 4. April, Friedrich Christian aus Zwickau an Bruder Wilhelm: „Was mich zunächst drängt an Dich zu schreiben ist Geldnoth. Stark ist krank und kann und will mir nicht mehr geben, das Huschersche Kapital schwebt noch in den Lüften. Durch Glasabsatz nehme ich nicht 100 Thaler in der Woche ein, und wenn mich ein Abnehmer, der schon 3–6 Monate zahlen sollte, befriedigt, so geschieht es jetzt in Maßen. Deshalb hab ich beschlossen, den Glasofen kalt zu machen und die Glasmacher in Taglohn arbeiten zu lassen, einen Teil aber ganz fortzuschicken. Meine Bauten beschränke ich bis auf einen, der schon zur Hälfte in der Höhe ist und den ich für die chemische Fabrik noch nöthig habe. Aber ungeachtet dieser Einschränkungen muß ich in den nächsten Wochen 2[.000] bis 3.000 Thaler haben, und zunächst in 8 Tagen schon 1.000 Thaler, um keine vorkommende Zahlung zurückweisen zu dürfen. Hammer u. Schmidt, welche ich um die Übersendung von 300 Thaler gebeten, verweigern diese. [Das Bankhaus Hammer und Schmidt in Leipzig, gegründet 1821, nichtjüdisch, zählte zu den ältesten Privatbanken Sachsens]. Wenn das unglückliche Asch [Schwierigkeiten mit Schwager Huscher] nicht wäre, so könnte ein aehnliches Verhältnis nicht eintreten, wie die Sachen stehen, ist dort keine Aussicht, jemals das unsrige zu erhalten.“

1848, 7. April, wieder an den Bruder: „Soeben kommt der Brief vom Hause (6d) mit Rf 50, und ein anderer von Brandenburg mit Rf 156 an, wodurch ich für die nächsten Tage gedeckt bin.

Die Nachricht, daß Bonn Rf 1.100 nach Leipzig an Hammer und Schmidt schickte kam mir etwas fatal, weil dadurch ein kleines Guthaben von ca. 200 Talern mit in die Masse kommt. Daß Hammer und Schmidt ihre Zahlungen eingestellt haben, ist Dir wohl auch bekannt geworden. Hier und in den sächsischen Fabrikstädten macht dies die größte Sensation, da sie hauptsächlich den Kredit für die Fabrikanten vermittelten. Ich bitte Dich, an Brenner sogleich zu schreiben, daß er, wenn er mehr Geld auf Leipzig schicken wolle, dies unterlasse. Dies kann später anders reguliert werden, am besten vielleicht direkt."

1848, 20. Mai: Rechnung für Friedrich Christian vom Schreinermeister Johann Matthäus Rüß aus Redwitz über insgesamt 35 f (Gulden) in über 12 Einzelposten für geleistete Arbeiten einschließlich Reisegeld. Dankbar richtig erhalten.

1848, 25. Mai, Friedrich Christian aus Redwitz an Fr. Reichel in Zwickau: „Beiliegend bekommen und empfangen sie um die nächste Verlegenheit abzuwenden zusammen 235." Das war Im Zusammenhang mit der Übersiedlung der Familie nach Zwickau.

1848, 31. Mai, Rechnung über insgesamt 170, 22 f von Bonaventure Gropp aus Dörflas an Friedrich Christian in Redwitz über seit April 1847 ausgeführte unterschiedliche Handwerksarbeiten/ Anfertigungen.

Das Geld schien nie zu reichen

Liest man diese Briefauszüge, so kann man schwerlich Mensing widersprechen, der in seiner Biographie den einfachen Satz schrieb: „Es fehlte immer an Geld." Doch zugleich räumt er seine eigenen Schwierigkeiten ein, als er nämlich wegen der Erkrankung des bisherigen Buchhalters Reichel unvorbereitet die Kasse und die Leitung des Kontors übernehmen musste: „Durch meine Hände war bis dahin noch kein Geld gegangen als mein privates; Louisdor, Dukaten und vielerlei damals noch gangbare Münzen kannte ich kaum, von Geschäftsbüchern, Wechseln und so weiter wusste ich gar nichts". Er hat sich erst allmählich einarbeiten müssen.

Mensing räumt außerdem ein, die finanziellen Verhältnisse Friedrich Christians nie überblickt zu haben. Und weil dieser stets in mehrere weitere geschäftliche Verbindungen verwickelt gewesen ist, kann man zu dem Schluss kommen, dass er sich trotz des im Grunde erheblichen Reichtums durch seine Art des Umgangs mit dem Geld manches Problem selbst schuf und zugleich nie versuchte, eine sichere finanzielle Grundlage zu schaffen, sondern alles in Bewegung hielt. Das hat seinem Wesen, sofern wir es nachträglich verstehen können, am ehesten entsprochen (s. a. „Kultur"). Außerdem wird hier (s. o.) von Fällen berichtet, in denen er anderen sehr großzügig geholfen hat. Doch nun weiter mit den Geldsorgen in der neuen Heimat Zwickau.

Das Lesen der folgenden kurzen Passagen mag uns heute ermüden, doch damals dürften es die wichtigsten und spannendsten Abschnitte eines jeden dieser Briefe gewesen sein, weil davon der Fortgang des Fabrikaufbaus weitgehend abhing.

1848, 9. Juni: Friedrich Christian aus Zwickau an Bruder Wilhelm in Redwitz: „Damit ist im glücklichsten Fall eine Verzögerung von 8 Wochen unvermeidlich. Bei Rittern kann ich vor dem Herbst auch nicht auf viel Geld rechnen. Ich sagte ihm aber, daß ich kleine Abschlagszahlungen recht gern nehme, und dies wird wenigstens einiges flüssig machen. Ich sehe wenigstens, daß ich fremde Hilfe um jeden Preis fort haben muß und will mich doch noch einmal an Kalb wenden, wenn auch Bonn noch 2.000 schickt."

1848, 10. Juni: von (unleserliche Unterschrift) an Friedrich Christian in Zwickau: schickt 10 Louisdor, „da es mir sehr an Courant fehlt, so mußte ich obige Summe in Gold beifügen, weil ich sonst das Verlangte Ihnen nicht vollständig hätte geben können".

1848, 29. Juni: Der Baumeister und Granitsteinbruchbesitzer Andreas Ritter aus Wunsiedel an Friedrich Christian in Zwickau: „Am 26. Dieses Monats habe ich und Pohlmann die von Ihnen geborgten 3.500 an Ihren Herrn Bruder Wilhelm Fikentscher in Redwitz bezahlt und wir schulden Ihnen daher noch die laufenden Jahres-Zinsen und das Porto, welches ich mir fest vorgenommen habe, an Ihnen selbst in Zwickau zu bezahlen. Gern hätte ich das Geld selbst zu Ihnen gebracht oder durch die Post übersendet, konnte mich aber so nicht zurecht finden, daher habe ich mir vorgenommen mit der Zinszahlung bei Ihnen zu erscheinen. Haben Sie daher für Ihre große Güte und für das in mich gesetzte Vertrauen meinen großen Dank und genehmigen Sie mir große Hochachtung, mit der ich stets bleiben werde. Euer Wohlgeboren ganz ergebener I. Andreas Ritter."

1848, 1. Juli: W. (!) Fikentscher (nicht der Bruder) aus Redwitz an Friedrich Christian in Zwickau. Er hat ihm 3.500 f gutgeschrieben, ihn dagegen belastet mit fr 500 in Barsendung, fr. 200 Zahlung an Peter Baur, usw. mehrere Posten. Dazu: Im Beutel Nr. 1 befinden sich nur fr. 999.– während in dem Beutel Nr. 2 fr. 1001,– sind.

1848, 6. Juli, Freund (?) aus Zwickau an Friedrich Christian in Zwickau: gibt Antwort auf Fragen nach Kündigungszeit und Zinsfuß, ob er monatliche oder ¼ jährliche Kündigung möchte, Zinsfuß bleibe wohl bei 5 Prozent.

1848, 10. Juli an Bruder Wilhelm: „Die Wechsel von Augsburg und Nürnberg kommen gerade recht, und ich bin nun auf einige Wochen gut versorgt. Kommt das Geld von Schönburg, so habe ich für den Sommer keine Sorgen mehr. Ich hoffe indessen noch in diesem Monate kommen zu können, um unsere Abrechnungen zu pflegen. Soeben kommt der Brief von Redwitz mit dem Wechsel von Rf 2.000 an und bringt die Nachricht, daß die Bleiplatten schon fertig und Verladen seyen. So willkommen mir diese Nachricht sonst wäre, so kommt sie mir zu bald, da ich mit dem Fuhrmann lieber nur einen Theil der Platten und dabei andere Gegenstände erhalten hätte. Die Beilage enthält das Verzeichnis der von mit gewünschten Sachen. Mit Fischer wünsche ich abzurechnen und brauch dazu die Berechnung der von ihm übernommenen Wechsel."

1848, 28. August: an Bruder Wilhelm in Redwitz: „Deshalb wird mein Geldbedürfnis noch nicht geringer, wie ich auch unlängst Dir anzeigte. Was hilft aber Klagen. Eine ganz saubere Geschichte hat Huscher wieder geliefert, indem er von dem armen C. Fischer in Elberfeld zum Umtausch ö (?) Banknoten im Betrag von C 333. 20 p am 15. April d. J. annahm, dagegen einen selbstgemachten Wechsel auf Erzberger und Schmidt auf 4 Monate gab, welcher natürlich nicht bezahlt war ... Was soll man denn mit diesem Schuft anfangen?"

1848, 25. Oktober: an Bruder Wilhelm in Redwitz: „Hauptsächlich schreibe ich heute, weil ich Geld brauche. Ist denn die Schwarzenbacher Zahlung noch nicht erfolgt? Wenn ich ca. 1.500 Thaler auf Leipzig und ca. 7[00]–800 Mark auf Hamburg hätte, so wäre ich wieder auf einige Zeit gedeckt."

1849, 2./3. Januar: an Bruder Wilhelm in Redwitz: „Da die Zahlung in Schwarzenbach noch nicht gleich abgewickelt wurde, ist nach dem, was wir mit Huscher und Co. erlebten nur zu erwarten. Um so weniger wollen wir uns zum Besten Halten lassen. Ich glaube, den Sandtner wird es nicht befremden, daß er die Schuld, welche er ganz bezahlt, und zwar eher, bevor eine neu entstandene Schuld anerkannt wird. Daß er ein Fuchs ist, braucht keine Zeugen, und wenn wir mit unserem großen Vorschuß an Huscher geprellt werden sollen, so darf dies wenigstens nicht mit dem Kapital geschehen, womit Sandtner seinen Gewinn machte, der ihm nicht geworden wäre, hätten wir uns nicht durch ihn bewegen lassen, die 75.000 vorzuleihen. Wenn Du also das Geld in Empfang nimmst, und es würde die Einlösung von den vier Obligationen ein Hinderniß in der Abmachung seyn, so wäre ich der Ansicht, daß sie am Besten von Dir zu dem jetzt stehenden Wert übernommen werden und daß Du auch nur darüber, nicht über den Nominalwert Quittung an Sandtner giebst. Die übrige Summe, welche dann noch zu erheben seyn wird, dürfte doch ausreichen, das Fehlende von dem Kapital von F 5.000 und Zinsen bis zur Abzahlung zu decken. Wolltest Du von dem, was noch darüber ausfiel dem Sandtner zur Auszahlung an Walz Einiges oder Alles überlassen, so wäre diese ‚Gutmüthigkeit' genug gegen welche ich um so weniger etwas sagen würde, als ich, nun wohlbekannt, selbst nie streng an meinem Rechte hielt. Was nun von dem Gelde in Baarem flüssig in Deine Hände gelangt, das bitte ich Dich alles an mich hierher abzuschicken, wenn es preußisches Geld oder Kronthalergeld ist, sollten es Gulden oder Zwölfer in Zwanziger seyn, so könnte ich dieses nicht gebrauchen, da sie gegen 2 % verlieren, und die Zwölfer gar nicht anzubringen sind, und ich bitte Dich diese nach Verabredung an Kalb in Nürnberg für meine Rechnung zu schicken. Anlage bitte ich an H. Büttner übergeben. Derselbe wird auch Auslage haben, wozu ich Dich bitte Geld zu geben."

1849, 10. Februar: an Bruder Wilhelm in Redwitz: „Mit Waltz einen Prozeß anzufangen möchte wohl der ungeeignetste Weg seyn, um zu dem Geld zu kommen. Ich glaube, daß eine Rücksprache mit diesem in zehn Minuten eine Verständigung herbeiführen dürfte, welche sonst in Jahren nicht zu Stande käme. Diesem wird vor allem um die Sicherheit seines Kapitals zu thun seyn. Diese könnte er erhalten, wenn er sich auf den Erlös von jenen an die Bauern verkauften Stücke von Bug gerichtlich vermerken ließe, und wir ihm privatim gutsagten. Dann würde er unbezweifelt von seiner Vormerkung abstehen, und wir wären am Ziele. Ein anderer Weg wäre, wenn wir uns mit dem begnügten, was von dem Schönburgischen Gelde ausfällt und das, was dabei noch an unserm dem Sandtner vorgeliehenen Kapital zu Gut kommt aus dem übrigen Erlös von Bug zu erholen suchten. Dieser macht uns aber wahrscheinlich mehr Mühe und Lauferei."

„Hast Du denn für mich an Johanna in Asch [Schwester] F 100 geschickt? Wenn Du es nicht gethan hättest, so thue es doch."

1849, 24. Februar: an Bruder Wilhelm in Redwitz: „Für die rasche Übersendung von Geld durch Vetter [ein Kürzel] bin ich Dir sehr verbunden. Da ich aber für den nächsten Monat nur wenig brauche, so bitte ich Dich die für mich disponierten Gelder anders zu verwenden. Vor allem bitte ich Dich, nach Wellershof 6[00] bis 800 Gulden zu schicken, die Pfeifer bei mir gut hat und er sonst gezwungen ist, gegen Überzeugung Korn zu verkaufen. Hast Du denn die F 100 an Johanna abgeschickt, worum ich Dich bei deinem Hierseyn ersuchte? Sie waren von Henriette beordert, und ich möchte nicht gerne gegen diese etwas versäumen, da sie sonst so nachsichtig ist."

1849, 28. Februar: an Schwester Henriette in Regensburg: „Die Zinsen habe ich auf Deine freundliche Zusage hin wieder mit 3 ½ gerechnet. Nach dem jetzigen Zinsfuß allerdings ein großes Geschenk von Dir und ich würde es von jemand Andern als von Dir nicht leichthin annehmen, auch nicht bekommen. Ich hoffe indessen, daß der Grund, weshalb ich Dich um niedere Zinsen bat, das geringe Erträgnis von Wellershof, bald wegfallen werde, und sey überzeugt, daß ich alsdann nicht hinter der Zeit zurückbleiben werde. Die Verbesserungen, welche seit zwei Jahren in Wellershof gemacht wurden, sind in der That welche. Das Heuerträgnis muß im nächsten Jahre schon um die Hälfte und in zwei Jahre vielleicht um das Doppelte zunehmen. Dann kann auch Pfeifer voll bezahlen, was jetzt ohne seinen Ruin nicht geschehen konnte. Zu dem Pachtgeld (f 1.500), welches er bisher zahlte, habe ich noch etwas über f 1.000 draufgelegt, Dafür sind die Wiesen meist hergestellt. (für ungefähr f 950 wurde dazugekauft, um die fremden Grundstücke hinauszubringen und ein Wehr in die Naab legen zu können.)" usw. mit Beschreibungen der Landwirtschaft.

1849, 12. April: an Bruder Wilhelm in Redwitz: „Heute komme ich, Dich zu bitten, mir wenn es Dir möglich ist, à Conto des Hauspreises einige tausend Thaler zu überschicken. Wenn ich auch Gelegenheit hätte, mir Geld zu verschaffen, so vermeide ich dies soviel als möglich. Kannst Du nicht, so bleibt mir nichts anderes übrig, als die Gefälligkeit Fischers anzusprechen. Die Geschäfte gehen im Ganzen lahm."

1850, 16. Februar an Bruder Wilhelm in Redwitz: „Die mit Deinem Letzten überschickten cf 232 habe ich empfangen sowie die frühern cf 223 auch zur rechten Zeit eingiengen. Die Egerländer Kapitalien haben für uns zu allen Zeiten eine Quelle des Verdrusses abgegeben. Jetzt scheinen sie auch noch Dir Verlust zu bringen, denn die Verhältnisse in Oesterreich werden eher noch schlechter als besser. Wenn ich meine eigenen in Egerland stehenden Gelder zu dem Kurs von 105 umsetzen könnte, würde ich es auf der Stelle thun."

Der Umgang mit verschiedenen Zahlungsmitteln und die Sendung von Geld in Briefumschlägen war offensichtlich etwas Alltägliches: 18. Juli 1851, Friedrich Christian an Rosalie: „Beifolgende 5 Doppellouisdor werden von Heuers (in Erfurt) für Bäder gern genommen und von diesen berechnet, damit Du nichts mit dem Wechselgeschäft zu thun hast."

Nachsatz: „Eben finde ich passendes Geld in rth 60 Kassenscheinen für deine Auslagen. Die Louisdor behalte ich." Und in einem Brief drei Tage später korrigiert er sich erneut: „Meine Meinung, daß Du wohl nur noch rT 60 gebrauchen würdest, war in der befangenen Ansicht begründet, daß die Zugabe von einer Woche Kurzeit nicht da sey, denn ich rechnete stets mehr als 200 Taler auf die erste bestimmte Periode, und nur in einer Verwirrung, wie sie mir kommen kann, konnte ich die einfältige Frage an Dich stellen. In 8 Tagen komme ich entweder selbst oder ein stellvertretender Brief mit den nöthigen Hülfstruppen.“

Vielfältige Kapitalbewegungen

1852, 20. Januar: an Bruder Wilhelm in Redwitz: „meine Bankaktien gebe ich allerdings vollends weg, da ich sie nicht behalten kann, indessen mag ich sie nicht eher verkaufen als bis sie wieder 680 gelten, was wieder kommen dürfte. Wenn sie Dein Schwiegervater dafür übernehmen will, so würde ich Kalb den Auftrag zur Aushändigung geben und erwarte darüber Deine Weisung ...“

1853, 11. Januar: Friedrich Christian aus Zwickau an Bruder Wilhelm: „Heute ist der oesterreichische Kurs Veranlassung meines Schreibens. Die Höhe desselben bewog mich, zwei Kapitalien im Egerland zu kündigen, bei Neureklofsky und bei Sorgner zunächst, und ich werde auch den Rest bei Silch einzuziehen suchen. Sorgner sagte ich, daß ich um seiner Bequemlichkeit willen Dich bitten wollte, das Geld für mich ein zunehmen; wenn dasselbe also kommt, was zwar keine große Eile haben wird, so nehme für mich in Empfang, was er bringt. Nun dächte ich wäre die Zeit, auch Kraus zu kündigen. So wie bei demselben die Wirtschaft steht, glaube ich ist es Zeit, entweder auf baldige Zahlung oder auf Hypothekenziehung zu dringen. Ich schäme mich, wenn ich jetzt mich frage, warum ich die Zeit nicht besser benutze, mir antworten zu müssen, weil mich meine Gutmütigkeit gegen diese Borger zu weit geführt hat. Hätte ich im vorigen Jahre die 12[.000]–15.000 Gulden, welche ich noch im Egerland zu fordern habe, gehabt, so wäre durch den Ankauf von Scheffelscheinen (den ich nur aus Geldmangel unterlassen) das Kapital beinahe verdoppelt. Nun bin ich zwar noch der Ansicht, daß selbst jetzt zu dem hohen Preis von rf 330–340 zu kaufen nicht zu spät wäre, aber ich habe eben auch jetzt nicht das Geld nach Wunsch. Hat sich mein Abkäufer Häubner nicht gemeldet? Wenn derselbe wieder nur 1.000 Gulden zahlte, so wäre der Rest wenigstens gesichert. Wolltest Du ihn nicht einmal vorrufen lassen und zu einer weiteren Abschlagszahlung anhalten? Unlängst schrieben zwei Redwitzer: Lebkuchner Lippert und Weisgerber Ch. Günther, ersterer wegen der Küfnerwiese und letzterer wegen des Dürrebergfeldes an mich. Meine beziehendlichen Gebote waren f 1.800 und f 750, wobei ich Lippert noch die Bedingung stellte, daß die Hälfte des Kaufschillings gleich baar, die andere Hälfte nach 12 Monaten bezahlt werden müßte, und Günter gab ich auf f 100 sogleich und den Rest ebenfalls nach einem Jahr zu zahlen. Letzterer hat mittlerweile geschrieben, daß er die Kaufsumme passend fände, nicht aber die Bedingungen, und der Brief an ihn besagt, daß ich ohne Erfüllung der von mir früher gestellten Bedingungen nicht verkaufe.

Für das Giesbachfeld habe ich noch keinen Käufer, ich würde dasselbe für 550 Gulden weggeben, wenn sich ein zahlungsfähiger Mann dafür fände. Du siehst, daß ich zusammenziehe was möglich ist. Ich finde aber auch, daß die Schätze, welche in anderer Hände sind, keinen Werth haben, und daß es besser ist, zeitig mit Verlust zu ordnen, als von dem guten Willen der Schuldner abhängen. Was sind denn von unseren gemeinsamen Ausständen eingegangen: wie steht es namentlich bei Ankar?"

1853, 26. November: Friedrich Christian an Bruder Wilhelm: „Gestern erfuhr ich durch einen Brief an Henrietten, daß Du nunmehr wieder zu Hause seyst, und will deshalb auch nicht säumen, Dir mit meinem Dank Nachricht über den von Dir empfangenen f 2.000 zu geben. Wenn mir auch die Gewißheit durch Deine Vermittlung nicht mehr empfangen zu können sehr fatal ist, so erachte ich die Überlassung der bezeichneten Summe für eine große Gefälligkeit. Da ich mich aber einmal im Kauf zu weit eingelassen habe und ohne Hypothek zu geben kein Geld zu anständigen (5 %) Zinsen zu bekommen weiß, so muß ich freilich das thun, wovor mir vorher graute. Wenn der Begehr nach Weinsteinsäure geblieben wäre wie vor 4 Wochen, so würde sichs noch gemacht haben, aber die plötzliche Stockung im Fabrikwesen wirkt auch dahin, daß ich den schönen theuren Vorrath noch ein Jahr lang behalten kann – bezahlt muß dasselbe aber werden."

1854, 12. März: an Bruder Wilhelm in Redwitz: „Die f 653 in Banknoten von Sölch habe ich erhalten und kann für Deine gute

Besorgung Deiner Sache mit diesem Schuldner besten Dank sagen; ich kann für mich nicht hoffen, gleich gutes Abkommen zu treffen. Ich wollte nur auf aehnliche Weise mit meinen Kapitalien in Böhmen aufräumen zu können, aber dazu ist keine Aussicht! Daß Du doch wieder ein Stück von den Anhängseln verkauft hast ist mir recht lieb, und mit dem Willen der Kirchenlamitzer loswerden zu wollen dürfte es sich damit auch machen".

1858, 27. Juni, an Bruder Wilhelm in Redwitz: „Friedrich wird dir umständlich Bericht über seine Besichtigung von Boden und dem zweiten Schurffelde gemacht haben. Um etwas mit Erfolg anzugreifen ist gestern Schönherr dahin gegangen, welcher, da unsere Maschinenfabrikanten jetzt wenig zu tun haben, die Sache rasch in Gang bringen wird. In Folge dessen kann dann die gute verkäufliche Kohle auf der Westseite angegriffen werden und hoffentlich rasche und gute Verzinsung eintreten. Wie Dir Friedrich ebenfalls mitgeteilt haben wird, so müssen bis zu Mitte Juli cf 18.000 an Lager bezahlt seyn. Da ich an denselben bereits gegen cf 24.000 bezahlt habe, so trifft dieser Termin für Euch. Georg hat vor längerer Zeit sein Kapital in der Au gekündigt und wird solches durch Vermittlung von Hecht bis dahin empfangen. Friedrich will das seinige baar einschicken, und nun bitte ich Dich, Deinen Antheil ebenfalls vor Verfall zu besorgen, weil ich sonst in die größte Verlegenheit käme. Dir wird diese Summe f 7.200 umso leichter zu beschaffen seyn, als Du nur einiges von Deinen Spinnereiaktien zu verkaufen hättest, welche jetzt gut zu realisieren sind und Dir wenig Bedauern verursachen werden, wenn Du sie aus den Händen hast. Denn ohne Zweifel wirst Du die gleiche Meinung über den künftigen Stand derselben hegen, welchen hier die Weitersehenden haben, daß solche nämlich durch den raschen Bau so vieler großer Fabriken einander die vollständigste Konkurrenz machen werden, um die Erträgnisse und damit die Renten auf den mäßigsten Theil zurück zuführen. Hast Du andere Mittel für diesen Zahlungstermin, so könnte es für mich gleich seyn, mit welchen Du solchen einhältst; ich für meine Person würde aber damit ebenso schnell aufräumen, als ich es mit meinen hiesigen Kohlenaktien tue. Ohne daß diese fallen werden, geben sie doch keine Aussicht zur Steigerung weil die Braukohlen von mehreren Seiten eine wirksame Konkurrenz machen um die zu hohen Preise auf ihr rechtes Maas zurückzuführen. Außer jenen fl 6.000 werden in Boden noch zur Einrichtung des Betriebes auf Deinen Theil weiter cf 3.000 kommen welche zum Theil im Laufe des Juli bis Dezember eingezahlt seyn müssen. Darüber werde ich Euch umständliche Rechnungen einschicken, ich glaube aber, Dich vorher aufmerksam machen zu müssen, damit Du nicht geniert bist. Jetzt muß ich nochmals wiederholen, daß ich in große Verlegenheit käme, wenn Dein Antheil nicht bezahlt würde. Solltest Du kein Vertrauen in die Sache haben so bitte ich Dich es mir ungesäumt mitzutheilen weil ich in der kurzen Zeit, welche noch bleibt, nur mit Mühe einen Ausweg für Geldbeschaffung finden könnte. Der kürzeste wäre allerdings, einen anderen Theilhaber aufzunehmen. Ich brauche aber nicht Dir zu sagen wie unangenehm es uns andern Brüdern seyn müßte einen Fremden in die Gesellschaft aufzunehmen."

1858, 7. Juli, Friedrich Christian aus Dresden an Bruder Wilhelm: Anschluss an den Brief vom 27. Juni, er bittet dringend, die Zahlungen zu sichern. Geld soll er „nach Zwickau, entweder in Banknoten oder in guten Wiener oder Augsburger Wechseln die cf 6.000 einschicken. Könntest Du sofort an cf 2.000 mehr senden lassen, so würdest Du mir selbst einen Gefallen erweisen, da ich so viel für jeden für Euch für Einrichtung und Vorarbeiten schon ausgelegt habe, doch ist dieses Geld weniger präsent als wünschenswerth. Georg hat zwar sein Egersches Kapital für obige Zwecke gekündigt, auch schon gegen cf 1.200 bar gezahlt, inzwischen ist das Geld nicht sofort flüssig. Du sprachst davon, Dein Geld bei Sölch zu kündigen. Thue es doch, denn zum Neujahr ist nicht schon wieder Zahlung von cf 4.000 auf Jordan fällig, sondern es sind bis dahin auch noch bedeutende Auslagen, (wenigstens cf 12.000 im Ganzen) auch für Einrichtungen nöthig."

1859, 14. März: an Bruder Wilhelm: „Vorläufig wäre die Aussicht auf einen nahen Friedensbruch etwas gemindert. Daß es aber in Frankreich nicht gar zu lange halten wird steht sicher, und ich würde alle industriellen Aktien, weil es noch Zeit ist, mindestens zur Hälfte verkaufen. Meine habe ich, da einiger Rückgang derselben vorauszusehen ist, größtentheils verkauft – ich hätte dies gethan, wenn ich auch kein Geld brauchte."

1859, 2. Mai: aus Dresden an Bruder Friedrich in Regensburg: „Ich bin hier mit Abwicklung der verschieden artigsten Dinge beschäftigt und habe auch bereits durch die f 3.000 von Wilhelm und ebenso viel von Georg die dringendsten Schulden beseitig, doch fehlen mir auf Euren Theil noch von Dir cf 4.000 und von jedem der Brüder noch cf 1.000, um die weiteren Zahlungen bis auf 4 bis 6 Wochen hinaus zu stellen, so daß Du gegen die Mitte Juni noch cf 2.000 zu schicken hättest. Ein rechter Gefallen wäre es mir, wenn Du die cf 4.000 recht bald hieher an Direktor Zeulmann zur Aushändigung von Lager, oder noch besser in einen 8–14 tägigen Sicht Wechsel auf Wien sogleich an Lager ausgestellt hieher schicktest. Lage muß aber das Geld bis zum Sonnabend hier haben, weil er sonst in Verlegenheit kommt. Mit dieser Pünktlichkeit wird bei Lager erreicht, daß er mit dem anderen vielleicht noch länger wartet als 6 Wochen. Der Goldkurs in Oesterreich gibt für uns Erleichterung, so daß den guten Hecht das Herz schwer wird. Ich habe die Preußischen Thaler zum Theil für: Cf 2 Oestr Währung angebracht, und voraussichtlich wird es mit dem Papiere noch viel schlechter"

Zum Schluss des Kapitels ein Blick auf jemanden ohne Kapital und Rücklagen, dem ein weit geringerer Betrag zum Leben ausreichen musste: 1862, 14. Januar: Ludwig von Zerzag aus Zwickau an Friedrich Christian: „Geehrter Herr Fikentscher! In augenblicklicher dringender Geldangelegenheit bitte ich Sie freundlichst, mir bis zum nächsten Lohntag, das ist 24. dieses, mit 4 bis 5 Thalern auszuhelfen, bis wohin Sie der dankbarsten Zurückerstattung gewärtig sein können. Ihr immer zu Dank verbundener Ludwig von Zerzag"

Darüber geschrieben von Friedrich Christian: „Nur 5 Thaler beantwortet"

9

Politik

Liberal zwischen Monarchie und Republik

—

„In der Politik muss man nicht nach Möglichkeiten suchen, sondern die sich bietenden nutzen."
La Rochefoucauld

—

Der Vater, Wolfgang Caspar Fikentscher, war Bürgermeister seiner Vaterstadt Marktredwitz und seit 1828 Bayerischer Landtagsabgeordneter (Nekrolog 1837). Viel Zeit und Kraft hatte er für die Sanierung des Haushaltes und die Ordnung der Verwaltung seiner Stadt verwendet. Später verbrachte er viele Wochen des Jahres in München als Abgeordneter. Das alles hatte Friedrich Christian unmittelbar miterlebt, auch weil dadurch viel zusätzliche Arbeit und Verantwortung auf ihn übergegangen war. Zugleich muss sich in ihm das Gefühl dafür entwickelt haben, dass für einen Gewerbetreibenden dieser Größenordnung die öffentlichen Angelegenheiten, die Entscheidungen von Regierung und Verwaltung von höchster Wichtigkeit sein können. Dadurch entstand geradezu zwangsläufig das Bestreben, an entscheidenden Stellen daran mitzuwirken. Hinzu kam bei ihm allerdings auch das weiterreichende allgemeine Interesse an öffentlichen Angelegenheiten, gesellschaftlichen Verhältnissen sowie deren Entwicklungen. Ergänzt wurde dieses Interesse durch ein ausgeprägtes Selbstbewusstsein des unabhängigen Bürgers, das man in unterschiedlicher Ausprägung aus Briefen entnehmen kann, deren Auszüge im Folgenden wiedergegeben werden.

Noch im Monat der ersten Wahl des Vaters in den Landtag schickt Friedrich Christian am 8. Januar 1828 aus Redwitz einen versiegelten Brief an ihn:

Sr. Wohlgebohren dem Abgeordneten bei der Ständeversammlung

Herrn W.C. Fikentscher In München

Wohnt am Rindermarkt im Ruffinihaus, 2 Stiegen hoch

Darin geht es zunächst um ein Privilegium für die Herstellung von Schwefelsäure und die Entscheidung des Landgerichts in einem Streit darüber. Friedrich Christian konnte hier keine klaren Auskünfte von den Beamten erhalten und schreibt: „Ich denke mir, dass Sie da, wo die Privilegien niedergelegt werden, am Besten erfahren würden, was nothwendig und ausreichend seyn wird. Wächter ist so konfus, daß er glaubt, die Augsburger dürften, wenn wir mit dem Privilegium durchdrängen, keine Schwefelsäure mehr machen, denn ein Privilegium schließt jedes andere aus. Nicht einmal im Ausland erkaufte Schwefelsäure dürfte dann mehr verkauft und verbraucht werden. Wenn die Augsburger solche verrükte Ausleger finden, so kann es an Dummheiten nicht fehlen. – Haben Sie noch nicht gehört, wie bald wir zur Bewilligung des Privil. kommen dürften?“ Es folgt ein ausführlicher Bericht an den gestrengen Vater über die verschiedenen Produktionen in der Fabrik, Schlittentransporte in der Gegend und Streitigkeiten in der regionalen Wirtschaft.

Jahre später ein ähnlicher Fall: Am 7. Januar 1831 schreibt ein Herr Stuhlmüller, Freund der Familie, aus München an Friedrich Christian und berät ihn zu Wirtschaftsangelegenheiten: „Ich schrieb Ihrem Herrn Vater schon vor geraumer Zeit, dass das Gutachten von der Kreisregierung abverlangt wurde; er solle es also in Baireuth betreiben oder betreiben lassen, damit es vortheilhaft und schnell herkommt. Ich selbst bin nicht Referent, und was von mir abhängt, darauf dürfen Sie sich stets verlassen.“

Nach der nächsten Wahl schreibt Friedrich Christian an seinen Schwiegervater Trommsdorff in Erfurt, 6. Februar 1831: „Endlich kam die Einberufung der bairischen Landstände, welche durch einige Umstände keinen gute Eindruck auf die Deputirten und Nichtdeputirten machte. Der König [Ludwig I.] hat nämlich einige, der von den Wahlausschüssen bestimmten Deputirten, in Folge seines Rechts nicht bestätigt. Er hat die Befugniß alle gewählten Staatsdiener auszuschließen, wie er es für gut findet – dieß ist unbestritten, – das Ministerium zieht aber in den Kreis derselben auch die Munizipalbehörden, was eine heftige Opposition, oder gänzliche Lähmung der Wirksamkeit der Kammer nach sich ziehen muß. In jedem Fall giebt es eine sehr bedeutende Diskussion, da selbst viele Männer, die ganz unabhängig und der Regierung aufrichtig ergeben sind, das Betragen derselben um so weniger billigen, als es auch sehr unklug ist. – Einer der abgewiesenen Deputirten, von Hornthal aus Bamberg ist ein sehr gewandter ziemlich bejahrter Advokat, welcher durch Muth (öfter auch Unverschämtheit) in der ersten Versammlung des Landtags viel Leben brachte, wenn er auch (da er weniger gründliche Kenntnisse besitzt als Talent zu reden) nicht viel mehr nützte, als seinen Kollegen Muth zu machen. Ein zweiter ist der Bürgermeister Behr von Würzburg, ein zweiter Dr. Potter. Auch Rudhardt (unstreitig der vorzüglichste Geist bei der Kammer) ist, wie ich höre, noch nicht bestätigt. Durch die Beseitigung Hornthals ist nun auch Herr Brandenburg in Wunsiedel Deputirter geworden. Am 16. d. reist der Vater mit Rosalie ab. – Wie lange der Landtag dauern wird ist ganz ungewiß. Man glaubt, dass der König blos das Budget vorlegen lassen werde – dann würden die Sitzungen in einigen Monaten schon beendigt seyn."

Die mitreisende Rosalie ist die 25-jährige Tochter. Es gibt auch andere Hinweise darauf, dass der Vater die Töchter auf solche Reisen mitnahm, wobei unklar bleibt, ob dies mehr seiner Hilfe und Unterstützung oder deren Bildung diente. Die Arbeit des Vaters als Landtagsabgeordneter war offensichtlich für die Familie und darüber hinaus nicht nur interessant, sondern auch wichtig. Jedenfalls berichtet Friedrich Christian wiederholt darüber an Trommsdorff, so am 16. März 1831: „Von München hörte ich durch den Vater, außer einer herzlichen Empfehlung an Sie, die Frau Mutter und Luisen nicht viel Neues. Als Vorstand des Ausschusses für Steuer und Gewerbswesen hat er viel zu thun – auch, wie es nicht fehlen kann, viel Unannehmlichkeit. Doch arbeitet er mit Lust, weil er sehr tüchtige und wakkere Männer an der Seite hat. Da Sie die allgemeine Zeitung lesen, so finden Sie von Zeit zu Zeit Berichte guter Art über die Landtagsverhandlungen. Wie hat denn die Rede des Königs bei der Eröffnung des Landtags gefallen und die Addreßen darauf? Freylich verschwinden diese Sachen jetzt unter der großen Aufregung. Die Dummheiten will die Regierung wieder gut machen, indem der Landtag das Preßgesetz bearbeiten soll."

Und weiter am 2. April 1831: „Von meinem Vater habe ich recht erfreuliche Nachrichten. Er befindet sich trotz der sehr vielen Arbeiten, welche ihn fast täglich 10–12 Stunden am Schreibtisch fesseln, ganz wohl bei frugaler Lebensweise. Das Referat seines Ausschusses (welcher das Budget hat) wird jedoch kaum unter zwei Monaten der Kammer vorgelegt werden können – bis dahin haben wir wohl auch wenig Hoffnung, dass er früher kommt, und Sie uns mit Ihrem Besuch erfreuen! Aus guter Quelle höre ich eben, dass der Minister des Innern, Schenk [Eduard von Schenk (1788–1841), bayerischer Staatsmann und Dichter. Er musste wegen der Zensurverordnung und andere Maßregeln als Innenminister zurücktreten, wurde aber vom König danach in den Staatsrat berufen] welcher sich im ganzen Lande bei allen Bessern durch seine Unbesonnenheit und Schwäche verächtlich gemacht hat, wegen eines Attentats auf die Freiheit der protestantischen Kirche, in den Anklagezustand versetzt werden soll. – So viel scheint ausgemacht, daß entweder dieße Kammer aufgelöst, oder der Minister entfernt werden muß. Ersteres würde aber ein äußerst schlechtes Mittel werden, um den letztern zu retten, weil sich ihr Unwille in den katholischen Kreisen gegen den Diener der Camarilla (austriaco romana) noch stärker ausgesprochen hat, als in den protestantischen, und eine neue Wahl jedenfalls noch ungünstiger für das absolute Prinzip ausfallen müßte als es die vorhergehende war ... Wäre nicht die politische Bewegung so stark, so würde ich Ihnen zur Unterhaltung das Würzburger Blatt „das konstitutionelle Bayern" empfehlen. Es ist, (was wir nur selten von unseren Süddeutschen neuern Blättern sagen können) sehr gut redigirt und wird sehr begierig gelesen."

Deutlich werden auch die Zusammenhänge zwischen Wirtschaft und Politik bei drohender Kriegsgefahr. Am 28. April 1831 schreibt Trommsdorff aus Erfurt an Friedrich Christian nach Redwitz: „Lieber Herr Sohn!", ... P.S. Hoffentlich klärt sich der politische Horizont bald auf, und es ist wahrscheinlich, daß wir Frieden behalten werden; was Gott! geben möge. Hier ist die Nachricht eingegangen, daß alle Fortificationsarbeiten sistiren sollen. Schade! daß die Nachricht nicht früher kam, sonst würde unser armes Staigerhölzchen [Waldgebiet bei Erfurt; schon damals als Ausflugsziel beliebt] nicht zu sehr ausgelichtet worden seyn. Indeßen sind die Truppenbewegungen noch stark und des Manövrirens und Marschierens nimmt kein Ende. Die Gesetzsammlung macht bekannt, daß das Großherzogthum Weimar vom Jahr 1835 dem preuß. Zollverbande ganz beitreten wird – Vor der Hand ist es dem Handelsverbande Preußens auf eben die Art beigetreten wie Coburg, Baiern etc."

Und im Antwortbrief von Friedrich Christian vom 7. Mai 1831 lesen wir: „Die längste Frist, welche der König dem dißjährigen Landtage giebt, ist wie ich höre, noch 8 Wochen – vielleicht mag er noch um Vieles länger beisammenbleiben". [so lange ist der Vater noch in München, weswegen Trommsdorff nicht zu Besuch kommen wird]. „Daß man auch in Österreich an Frieden glaubt oder wenigstens glauben machen will, ist aus sehr starkem Salpeterverkauf, welchen die Regierung vor kurzem bewerkstelligte zu schließen. Diese hat den chemisch reinen um 50 pct [Prozent] wohlfeiler abgegeben als der ostindische kommt. Ich selbst habe, ob wir gleich noch starken Vorrath haben, ziemlich viel gekauft. Bei einem möglichen Bruch mit Frankreich ist die Lage von Bayern der inneren Verhältnisse wegen sehr sonderbar. Die Nation war nie mit dem oestlichen Staate befreundet, dagegen soll dieß der König eben so sehr seyn, als er ‚leidenschaftlich' gegen Frankreich eingenommen ist. Uns könnte freylich nichts so sicher ruiniren als ein Krieg, diß weiß das Land und die Regierung zum Glück zu gut, um sich muthwillig anzuschließen. Daß es unter den jetzigen Umständen noch am ersten angienge, mit Oesterreich einen vortheilhaften Zollvertrag abzuschließen, glaubt man. – Für unsere Anstalt gäbe es kein günstigeres Ereignis als die Aufhebung der Zolllinie zwischen Baiern und Oesterreich. Wenig gesagt, würde sich unsere Fabrikation auf der Stelle um das Doppelte vermehren."

Erneut war ein geplanter Besuch Trommsdorffs in Redwitz ausgefallen, weil der Vater als Deputierter in München gebunden war. Dazu Friedrich Christian am 19. November 1831 an den Schwiegervater: „Vor dem ersten Drittel des Dezember kommt nun höchstwahrscheinlich der Vater nicht hieher zurück, ich glaube aber auch nicht, daß es damit länger dauert, obgleich die zwei Extreme in der Kammer sich nicht sehr beeilen, die langwierige Sitzung abzukürzen. Unsere (im Herzen gut oesterreichische) Regierung wünscht die Deputirten mit reuigem Gemüthe, oder wenigstens mit gebrochenem Muthe nach Hause gehen zu lassen. Diß wird ihr freylich eben so gut gelingen als unsere – zum Theil unverschämten – Oppositionsmänner im Stande seyn werden, die Regierung zu überzeugen, daß sie nur in Übereinstimmung mit dem Volke Bestand haben werde. Dise gegenseitige Verhärtung ist sehr traurig, und wir müssen leider gestehen, dass die größere Schuld an der Regierung haftet. – Dise Betrachtung, welche wir jetzt durch unzählige Thatsachen erläutern können, hindert uns zum Glück jedoch nicht, fleißig in unsern eigenen Angelegenheiten fort zu arbeiten." Es folgt auch hier der Bericht über Säuren, Brennmaterial, Ton usw. wie in jedem der Briefe von ihm an den Schwiegervater Trommsdorff.

Im Spätsommer 1832 war Trommsdorff – nun endlich – zu Besuch in Redwitz. Der nächste Brief an ihn verzichtet neben Familiennachrichten und einigen Berichten über die Produktion in der Fabrik wiederum nicht auf politische Betrachtungen: 10. Oktober: „Daß die Regierung von Griechenland ernannt ist haben Sie gelesen. Wir wundern uns sehr, dass Armannsperg [Joseph Ludwig Graf von Armansperg (1787–1853) stand 1832–1837 als Präsident an der Spitze der bayerischen Regentschaft König Ottos von Griechenland] dahin geht – es müssen diesem die glänzendsten Versprechungen gemacht worden seyn, denn er hatte nie Lust, in das Exil zu gehen."

Ende Dezember 1833 wurde Friedrich Christian zum Bürgermeister von Marktredwitz gewählt. Er hatte dieses Amt bis 1836 inne. In einem längeren Brief vom Silvestertag an Trommsdorff schreibt er, eingefügt in verschiedene andere Themen, dazu Folgendes:

„Seit einigen Tagen habe ich mein sehr bedeutendes Amt angetreten. Ich hoffe davon nicht so sehr belästigt zu werden, daß die Führung der Fabrik im Geringsten darunter leiden sollte. Eine bestimmte Stunde, welche ich täglich dem oeffentlichen Geschäft widme, wird ausreichen, und kann auch zu Hause eingebracht werden. Ich bin freilich ungern daran gegangen, die Ehrenstelle zu übernehmen, für welche ich nicht paße; allein, es war gerade Niemand da, welcher so viele Stimmen zählte als der Sohn des frühern Bürgermeisters, und so blieb ich hängen ... Seit etwa 8 Tagen sind wir im Besitz des Zolltarifs der verbündeten Staaten. Sie werden mir glauben, daß wir auf disen sehr gespannt waren, da das Gerücht stets verbreitet war, als würde der frühere preussische Tarif angenommen, welcher für unsere Fabrik höchst nachtheilig geworden wäre, ja sogar eine Arbeit (die Bereitung der Weinsteinsäure) eingestellt hätte. Nun finden wir aber, daß die Regierungen auf billige und vernünftige Vorschläge durchaus eingegangen sind, und wir gegen den vorigen Zustand nichts oder sehr wenig verlieren. Für das Ganze wird hier die Vereinigung als Gewinn angesehen – dass der Einzelne hie und da darunter leidet, ist aber eben so gewiß. Der Tarif, welcher im Ganzen mit großer Einsicht und Klarheit abgefasst ist, enthält hie und da Einschaltungen von bairischer und würtemberger Seite, welche zwar nicht geradezu schädlich, aber doch sehr überflüssig, ja lächerlich sind. So ist z. B. auf Fensterglas ein Zoll von Gulden 5 gelegt, wenn es auf der sächsischen oder preussischen Grenze eingeht, und dagegen von Gulden 9 ½, wenn es auf der bairischen verzollt wird. Diß hat zunächst zur Folge, dass alles Glas, welches wir aus Böhmen bisher auf geraden Weg bezogen, einen Umweg über Sachsen machen wird. Dasselbe gilt vom Hopfen ...“

„Wir habe noch keine bestimmte Nachricht, wann der Landtag beginnt, aber so viel ist gewiß, dass er sich nach dem Ende der

Wiener Konferenzen, so wie nach deren Inhalt richten wird, und daß er in keinem Fall lange währen wird. Der König wünscht dies nicht, und dißmal ist auch kein Budget zu berathen, welches bei dem vorigen Landtag die meiste Zeit kostete."

Die Entwicklung der Zölle beschäftigt die Wirtschaft noch immer: 14. Februar 1834, Friedrich Christian an Trommsdorff in Erfurt:

„Luise hat schon geschrieben, daß der Landtag am 1. Merz eröffnet wird – bis zu Ende desselben Monats würde nun schon bei meinem Vater die erste Unruhe vorüber seyn, und er könnte dann, im Verein mit dem trefflichen Fuchs, die Zeit, welche Sie dort zubringen würden, mit Ihnen benützen ... Wir haben jetzt einige Hoffnung, dass Oesterreich mit den anderen deutschen Staaten einen annähernden Vertrag eingehen werde. Kommt diser auch nur auf ehnliche Weise zu Stande als es früher zwischen Preussen und Süddeutschland der Fall war, so ist es für unsere Fabrik ein großer Gewinn. Manche andre Gewerbe als die Eisenhütten, leiden freilich mit darunter, aber dieses ist auch bei dem Zollverein mit Preussen der Fall und gleicht sich durch mehr Vortheile reichlich aus, welche die Gewerbthätigkeit im Allgemeinen durch die Handelsfreiheit genießt."

Nun ein kleiner Hinweis auf seine Bürgermeistertätigkeit: 19. Juli 1834 an Trommsdorff im Nachsatz: „Die schlechte Schreibart bitte ich Sie nur auf mein öffentliches Amt zu schieben." Und auch die Nachbarstadt ist für den Bürgermeister wichtig. So erhalten wir einen kleinen Einblick in bestimmte soziale Verhältnisse: 13. November 1834 an Trommsdorff: „Ueber den Brand in Wunsiedel werden Sie wohl nichts Näheres gehört haben. So viel bis jetzt ermittelt werden konnte, ist er durch Nachlässigkeit veranlaßt. Die Folgen desselben sind zum Glück in keinem Fall so betrübend, als es erst schien. Die meisten Abgebrannten sind auch mit ihrem Mobiliar (mit den Häusern, Alle) versichert. Von Gotha kommen 110.000 [Gulden] hieher, und von Leipzig, Paris und Elberfeld wahrscheinlich noch mehr. Die Gothaer Gesellschaft hat ihren zu tragenden Verlust schon genau ermittelt, wobei sichs fand, daß doch über die Hälfte des beweglichen Eigenthums gerettet wurde. Die Versicherungs Summen auf das unbewegliche Eigenthum sind freilich nicht der Art, daß sie die Mutanten decken können, indessen sind in hiesiger Gegend die Hülfsmittel zum Bauen so groß, daß nur eine geringe Vertheuerung derselben eintreten wird. So ist zum Beispiel schon ein sehr großer Theil der abgebrannten Häuser unter Bretterdächer gebracht, und vielleicht die Hälfte davon wieder (in dem unteren Stock) bewohnbar. Die aermere Klasse ist freilich großentheils schlimmer weggekommen, weil dise weniger vorsichtig, nicht viel versichert hatte, und nun auch die Aussicht zum Erwerb auf längere Zeit verloren hat. Für diese laufen zwar reichliche Unterstützungen ein (bereits sind gegen 8.000 Gulden eingekommen) aber es sind gar Viele, welche sich darein theilen."

Das nebenbei ausgeübte Bürgermeisteramt fordert offensichtlich nun doch seinen Tribut:

2. Mai 1835 an Trommsdorff: „Mir kommt es jetzt ein wenig zu Vielerlei, besonders in meinem öffentlichen Amte aufeinander. Indessen ist dis auch nur vorübergehend, und darauf folgen ruhigere Tage. Im Ganzen herrscht jetzt in unserer Administration eine Gährung, welche leider keinen süßen Most erzeugen kann. Die Verwirrung ist in diesem Theil der Staatsverwaltung schon so groß, dass das bereits gestiftete Unheil nur im günstigsten Fall abgewendet werden kann."

Nun ein Wort zu den Verkehrswegen. 1835, 27. Juni: Friedrich Christian aus Redwitz an seinen Bruder Wilhelm in England: „In unseren Zeitungen kommt beinahe mit jedem Blatt ein neues Projekt zu Eisenbahnen, und es sind nur wenig Streken noch zu projektiren, um ein schönes Netz durch ganz Deutschland anständig zu erhalten. Beiern scheint jedoch noch umgangen zu werden, wenn man den mächtigen Impuls, von Nürnberg gegeben, etwa ausnimmt. Indessen wird die Nothwendigkeit der Eisenbahnen stets dringender, wie die Straßen schlechter werden. Letzteres geschieht jetzt in einer starken Progression, da die Unterhaltung derselben ungemein schlecht ist."

Nach dem Vorbild Englands wurde am 7. Dezember 1835 die erste deutsche Eisenbahnstrecke mit Dampfkraft für den Personen- und Güterverkehr parallel zur Straße zwischen Nürnberg und Fürth vor großem Publikum eröffnet. Die Lokomotive „Adler" sowie der Lokomotivführer kamen aus England. Die Landstraße zwischen diesen beiden bedeutenden Handelsstädten war bis dahin die meistbefahrene Deutschlands.

Im vorletzten Brief, den Friedrich Christian von seinem Schwiegervater Trommsdorff erhält, äußert sich dieser erneut zum Bürgermeisteramt: 21. Okt. 1836: „Daß Sie jetzt vor Arbeit wohl kaum einen freien Augenblick genießen mögen kann ich mir denken, indeßen wird es ja auch alle werden, und ich will recht froh seyn, wenn Sie die fatale Bürgermeisterstelle los sind."

Im letzten Brief, den er reichlich drei Monate vor Trommsdorffs Tod erhielt, lesen wir, 30. Januar 1837: „Daß der Vater nicht nach München zum Landtag gehen will freuet mich sehr, ich finde ihn dann doch in Redwitz. [Dazu kam es nicht mehr, denn beide Männer starben in der gleichen Nacht, in den frühen Morgenstunden des 8. März 1837, s.a. „Familie"] ... Daß Sie nun die Bürgermeisterei los sind freut mich sehr, aber noch mehr wird es mir Vergnügen machen zu vernehmen, dass Sie nun über eine wünschenswerthe feste Stellung rücksichtlich des Fabrikgeschäftes sich mit dem Vater vereinigt haben. Wenn es geschehen ist, so geben Sie mir davon Nachricht."

Von Bayern nach Sachsen

Wie an anderer Stelle ausgeführt, übernahm Friedrich Christian nach dem Tod des Vaters gemeinsam mit seinem Bruder Wilhelm das Fabrikgeschäft. Die Verbindung zum Landtag war durch den Tod des Vaters und die zum Bürgermeisteramt durch dessen Beendigung vorüber. Doch offensichtlich ist die Tätigkeit Friedrich Christians in öffentlichen Angelegenheiten unvermindert rege geblieben und wurde vom König Ludwig I. anerkannt. Auf einer geschmückten Urkunde mit königlichen Insignien lesen wir:

Seine Majestät der Koenig

haben sich vermöge allerhöchster Entschließung vom 1.ten laufenden Monats allergnädigst bewogen gefunden, dem Fabrikanten Fikentscher zu Redwitz das Ritter-Kreuz des königlichen Verdienstordens vom heiligen Michael zu verleihen.

Zur Legitimation hierüber wird gegenwärtiges Brevet von dem Koeniglichen Ministerium des Königlichen Hauses und des Aeussern, als Grosskanzler-Amte des erwähnten Ordens hierdurch mit der Bemerkung ausgestellt, daß bey dem Eintritte des in Art. IX, des Ordens Statuten vom 16 ten Februar 1837, (: Reggsblatt Num: 8 Seite 134 :) vorgesehenen Falles, das Ordenszeichen außen einzusenden komme.

München den 3ten Januar 1841 (Unterschrift)
Brevet
für den
Fabrikanten Fikentscher
zu Redwitz
als
Ritter des Königlichen Verdienst-
Ordens vom Heiligen Michael.

Wir sind im Jahre 1845. Die Entscheidung für Zwickau war gefallen, und der Aufbau der Fabrik sollte nun in die Tat umgesetzt werden. Das erforderte die Aufnahme Friedrich Christians als dortigen städtischen Bürger. Dazu ein Brief vom 29. September 1845 von Johann Gotthilf Krüger aus Zwickau an ihn nach Redwitz: „Werth geschätzter Herr Fikentscher. Ich muß Ihnen abermahls mit diesem Briefe belästigen, hege aber die Hoffnung daß Sie darinnen meine Freundschaft erkennen werden, ich hatte mehrfache Ursache an Ihnen zu schreiben, welches Sie aus nachstehenten Ersehen werden, erstens Cratuliere ich Ihnen zur Aufnahme als Bürger in Zwickau schon im voraus, dieweil Ihrige Aufnahme bei dem geehrten Stadtrath am 22ten sowie im Colegium der Herrn Stadtverordneten am 27ten September erfolget ist, man hat sich sowohl bei dem geehrten Stadtrath, so wie seitens der Herren Stadtverordneten, dahin Ausgesprochen, dass es in Persönlicher sowie in Localer Hinsicht, nun wünschenswerth erscheine, so ein Werk hier Edabelieret zu sehen, und Wünschte Ihnen schon im voraus viehl Glück und Seegen zu so einem grosartigen Unternehmen ...“

Die Ankündigung war richtig. Am 13. Oktober 1845 wurde Friedrich Christian Fikentscher per Handschlag von Bürgermeisten Friedrich Wilhelm Meyer als Bürger der Stadt Zwickau in die Pflicht genommen (Abb. 8).

Der Text lautet:

Zwickauer
Bürgerschein
Ich Friedrich Christian Fikentscher

Verspreche und gelobe **Sr. Majestät** dem **König** von Sachsen sowie den Gesetzen des Landes und der Obrigkeit allhier unter genauer Beobachtung der Landesverfassung treu und gehorsam zu sein, meine bürgerlichen Obliegenheiten genau zu erfüllen das Beste der Stadt und ihrer ganzen Gemeinde mit Beobachtung der allgemeinen Städte – Ordnung und der örtlichen Statuten möglichst zu befördern.

Daß Herr Fabrikant Friedrich Christian Fikentscher
Am heutigen Tage unter vorbefindlichem mit Handschlag geleistetem versprechen als Bürger der Stadt Zwickau in Pflicht genommen worden ist, wird hierdurch bescheiniget.

Rathhaus Zwickau, den 13 ten October 1845
Der Stadtrath zu Zwickau
[Siegel] Friedrich Wilhelm Meyer
Bürgermeister

Zu diesem offensichtlich eher freudigen Empfang passt die von Mensing überlieferte Äußerung des Bürgermeisters anscheinend nicht, der bei dieser Gelegenheit gesagt haben soll: „Bringen Sie mir ja kein Proletariat in die Stadt." Es ist natürlich nicht auszuschließen, dass in Zwickau, in dem es bis dahin keine Industrie, sondern nur Handwerksbetriebe und Steinkohlenbergbau gab (s.o.), eine unbestimmte Angst vor einfachen Arbeitern bestand, die nun in die Stadt kommen könnten. Was der Bürgermeister noch nicht wissen konnte war, dass nun ein weiterer Bürger seiner Stadt bereitstand, sich über Jahre auf verschiedenen Ebenen nicht nur wirtschaftlich, sondern auch politisch zu betätigen.

Doch so weit war es zunächst noch nicht. In Zwickau begann Friedrich Christian zwar mit dem Aufbau seiner Fabrik, doch politisch tätig war er noch in seiner bisherigen Heimat. Dazu gibt es ein umfangreiches Papier: „Antrag des Landrathsmitgliedes Friedr. Christ. Fikentscher

Auswanderung betreffend, datiert: Baireuth, den 25. Juni 1847

Es betrifft ihn nicht selbst, sondern einen allgemeinen Zustand des Landes. Im Eingangsteil der Schrift wird das Problem von ihm so beschrieben: „Die für den Vaterlandsfreund betrübende Thatsache, daß viele seiner Mitbürger in entfernten Ländern eine Heimat suchen wiederholt sich in den letzten Jahren auch besonders in Oberfranken. In manchen Theilen desselben ist es soweit gekommen, daß nur die Schwierigkeit, den Grundbesitz zu Gelde zu machen, einen großen Theil der Besitzenden zu halten vermag, und daß so schnell als diese beseitigt wird, nun diese Scharen sich sammeln, um noch mehr Kräfte und Vermögen dem Vaterlande zu entziehen." Er zählt Gründe für diesen Zustand auf, die im Wesentlichen in der Art der Verwaltung und dem Umgang dieser mit den schwer belasteten Eigentümern und ihrem Besitz zu erkennen seien. In seinem dem Papier zugeordneten mündlichen Vortrag heißt es: „Wenn durch Beseitigung der drückenden Lasten unsere Besitzenden sich mehr ihrer Habe erfreuen können, werden sie mit verdoppelter Liebe ihrem nächsten Kreise angehören, um aber diese Neigung für das ganze Vaterland zu wecken und zu fördern, müssen sie sich nicht blos als geschätzte, sondern auch als thätige Mitglieder des ‚großen' Vereins fühlen und wissen. – Wir müssen leider gestehen, daß unsere Kreis-Bevölkerung nur ausnahmsweise Intereße an den wichtigsten Angelegenheiten unseres Vaterlandes nimmt."

Das zur Abstimmung gestellte Papier endet mit einem Vorschlag zur Überwindung dieser Missstände, nämlich dass „mit Ertheilung zeitgemäßer Institutionen den getreuen Unterthanen ihr Vaterland immer theurer machen wird und wagt dabei seine Überzeugung dahin auszusprechen, daß ihm ein vorzügliches Mittel die Theilnahme am öffentlichen Wohle, den leider so häufig mangelnden Gemeinsinn und die Liebe zum Vaterlande bei den einzelnen Staatsangehörigen zu erregen, die Einführung der Öffentlichkeit bei den Gemeindeverhandlungen erscheint."

„Antrag wurde durch Stimmenmehrheit von 13/21 dem Separatprotokolle einverleibt am 25. Juni 1847"

Bis zum Beginn der 48er Revolution erfahren wir über Friedrich Christians politische Tätigkeiten und Ansichten nichts, jedenfalls ist nichts schriftlich überliefert. Doch die politischen Ereignisse dieser Monate und Jahre bewegten ihn außerordentlich. Viele Briefe an seinen Bruder Wilhelm, die er nach seiner Übersiedlung von Redwitz nach Zwickau in die alte Heimat schickte, enthalten ausführliche Beschreibungen der regionalen und örtlichen Ereignisse sowie seine Sicht auf diese. Es ist hier nicht ausreichend Raum, die Hintergründe und Vorgänge in dieser Revolutionszeit den jeweiligen Schilderungen und Meinungsäußerungen ausführlich beizufügen, einige Hinweise müssen genügen, insbesondere um die grundsätzliche Haltung Friedrich Christians zu den öffentlichen Angelegenheiten und Vorgängen in diesen schweren Monaten hervortreten zu lassen. Zu bemerken ist außerdem, dass der Bruder in Marktredwitz von den Revolutionszeiten vor Ort wenig erlebt haben kann, denn in der Chronik von Oskar Gebhardt (Gebhardt 1906) lesen wir: „Die politischen Stürme des Jahres 1848 scheinen an Redwitz ziemlich ruhig vorübergegangen zu sein; man beschränkte sich damals an den kleineren Plätzen auf eifriges Studium der teilweise ja ziemlich lebhaften Bewegung in den größeren Städten Bayerns, hauptsächlich in München und Nürnberg." Und er sagt auch etwas über die Einwohnerzahl: 1828 betrug sie 1.617 Seelen, 1.528 Protestanten und 89 Katholiken. Verglichen damit war der westsächsische Raum dicht besiedelt.

Hier nun die Beispiele aus den Briefen, zunächst die Zeit des „Vormärz": 1848, 17. Januar: „Wir sind hier sehr gespannt über die Rolle, welcher unser sächsischer Landtag spielen wird. Die Regierung scheint fast auf den Grundsatz einer ‚möglichen' Regierung zu stehen und hat natürlich alle Bessergesinnten für sich. Inzwischen ist die Partei der Besitzenden theils selbst politisch unklar, theils träge, so daß es möglich ist, dass bei einer zweiten Berufung an das Land wegen neuer Wahlen diese nicht besser ausfallen als diese Wahl, und dass dann fremdes Militair die Besitzenden verständige und die Wähler zu Paaren trieb."

In der ersten sächsischen Verfassung vom September1831 war ein Katalog von „allgemeinen Rechten und Pflichten der Unterthanen“ enthalten, der Freiheitsrechte und den Schutz des Eigentums einschloss. Die politische Ordnung beruhte auf der zentralen Position des Königs, dem zwei gleichberechtigte und nach Ständen gegliederte Kammern zur Seite gestellt wurden. Die Regierungsgeschäfte wurden durch sechs sogenannte Ministerial-Departements erledigt, deren Spitzen sich gegenüber den Ständen verantworten mussten, und die in einem kabinettsähnlichen Gesamtministerium zusammentraten.

1848, 8. März: „Der König von Sachsen will sich nicht von seinen Verbindlichkeiten gegen den Bundestag lossagen. Dies hat inzwischen weniger zu bedeuten als die unheimliche Stille, welche über Preussen herrscht, da der Bundestag, welcher sein Testimonium paupertatis [Armutszeugnis] selbst ausstellt, di Fakto in seiner Nachbarschaft, wenn nicht in Liebe doch in Furcht aufnehmen wird.“

Die März-Revolution hat begonnen, eine badische Volksversammlung in Mannheim fordert am 27. Februar Pressefreiheit, Schwurgerichte, Vereinsfreiheit, Volksbewaffnung und ein deutsches Parlament. Andere Versammlungen in Deutschland schließen sich an. Es folgen Zusammenstöße mit Regierungstruppen. Die Regierungen zeigen sich nachgiebig, und es kommt zur Berufung von „Märzministerien“ in mehreren Staaten Deutschlands, so auch in Sachsen. Vom 13. bis 15. März erfolgt ein Aufstand in Wien, in dessen Folge Metternich zurücktritt und nach England flieht. Am 18./19. März gibt es in Berlin Straßenkämpfe und die Bildung einer Bürgerwehr.

Auch in Zwickau haben die revolutionären Ereignisse ihre Auswirkungen. Am 19. März spricht Robert Blum (1807–1848) auf einer Kundgebung auf dem Kornmarkt. Ihm wird das Ehrenbürgerrecht verliehen, und man wählt ihn zum Vertreter Zwickaus in das Frankfurter Vorparlament.

Am 21. März erklärt der preußische König Friedrich Wilhelm IV. in einem Aufruf „An mein Volk und an die deutsche Nation“, dass er sich zur Rettung Deutschlands an die Spitze des

Vaterlandes stelle. Am 29. März wird in Preußen ein liberales Ministerium eingesetzt sowie eine preußische Nationalversammlung nach Berlin berufen, die am 22. Mai eröffnet wird. Auch Sachsen erhielt ein – liberales – „Märzministerium" unter Karl Hermann Alexander Braun und Ludwig von der Pfordten. Dieses scheiterte jedoch bereits im Februar 1849 an dem mehrheitlich konservativen Landtag, so dass es von einem „Beamtenministerium" unter Gustav Friedrich Held abgelöst wurde.

1848, 4. April: „Die politischen Aussichten in Deutschland wären gut genug, wenn nicht Oesterreich in einer Reaktion begriffen wäre, die alles aufs Spiel setzt. In Preussen wird sicherlich bald Ordnung, seitdem der König sequestriert [d. h. als Verwalter eingesetzt] ist. Hier ist es, einzelne Exzesse im Gebirge abgerechnet, ganz ruhig. Das Verdienst der Arbeiter ist noch immer gut, die Lebensmittel sehr wohlfeil, und die Aussichten auf die künftige Ernte bis jetzt sehr gut."

1848, 7. April: „Fischer kommt durch die italienischen Wirren um manche 1.000 fl [Gulden] von seinem Guthaben. Die Geschichte ist für Oesterreich sehr bösartig. Doch scheint sich im Ganzen für uns Deutsche der Himmel einigermassen aufzuklären." Dazu ist anzufügen, dass seit 1847 in den Teilstaaten Italiens Aufstände ausgebrochen waren. König Karl Albert von Sardinien-Piemont stellte sich an die Spitze der „nationalen Revolution" und erklärte am 24. März 1848 Österreich den Krieg.

Friedrich Christian war offensichtlich zu dieser Zeit in Sachsen nicht nur bereits bekannt, sondern in den Revolutionswirren auch umworben. Jedenfalls weist der folgende Brief darauf hin, der von einem Herrn C. Lampe aus Leipzig an ihn nach Redwitz gesandt wurde:

1848, 12. April: „Werther Herr Fikentscher! Ich beeile mich heute vertrauensvoll an Sie in einer hochwichtigen politischen Angelegenheit zu wenden. Es betrifft die Wahlen der Deputirten zum Deutschen Parlament, auf welches einzuwirken nicht allein erlaubt, sondern Pflicht eines jeden wahren Patrioten ist. Setze ich nun richtig voraus, daß Sie verehrter Freund zwar für einen namhaften Fortschritt, nicht aber für republicanische Ideen sich interessieren, so darf ich Sie wohl ungescheut angehen, in Redwitz und

Zwickau und deren Umgegend mit Spruch ans Werk gehen, damit die letzteren nicht Oberhand gewinnen! Besonders gefährlich erscheint uns in dieser Beziehung der Deutsche Vaterlandsverein (an dessen Spitze der bekannte Dr. Ruge steht), der durch ein lammfromm erscheinendes Programm die Gemüther für sich gewonnen und bereits Wurzeln über das ganze Land geschlagen hat. [Arnold Ruge (1802–1880), engagierter Burschenschaftler, Vertreter der äußersten Linken in die Frankfurter Nationalversammlung, zuvor Privatdozent in Halle, gehört philosophisch mit Marx und Feuerbach zum extrem linken Flügel der Schule Hegels]. Jenes Programm und die Eile, mit welcher die erwähnten Wahlen statthaben müssen, arbeiten ihm gewaltig in die Hände. Das Volk hat nicht Zeit, sich zu erkundigen, wer die Leute sind, denen es sich anvertraut, nicht Zeit, ruhig zu überlegen, wem es seine Stimme geben soll! Der Vaterlands Verein wird demzufolge seine Wahllisten mittels bereits gebildeten Zweigvereinen in Massen unters Volk bringen und seine Candidaten werden den Sieg davon tragen; auch die gemäßigter liberale Partei wird sich ihm auf grund jener Programme hin in die Arme werfen – wenn nicht von ihrer Seite auch so schnell wie möglich noch Schritte gethan werden. Der ebenfalls hier gegründete ‚Deutsche Verein' hat sich dies zur Aufgabe gesetzt, und ich erlaube mir Sie in dessen Namen zur Mithilfe aufzurufen! Unter ‚inliegend' empfangen Sie die vom Verein zur näheren Aufklärung seiner Tendenzen bis jetzt erlassenen Schriften. Vorschläge zur Wahl selbst – für Zwickau sollen nachfolgen, für Redwitz würden Sie selbst sorgen. Sehr verbinden würden Sie mich, wenn Sie mir umgehend Sächsische Namen Ihrer Bekanntschaft nennen wollten, welche ich mit zum Vorschlag für die Wahlliste (Parlaments Deputirte betreffend) bringen könnte.

Sollten Sie selbst Gründe haben, sich nicht an die Spitze der Anregung stellen zu wollen, so bitte ich Sie dringend im Namen der guten Sache, sie in geeignete Hände zu legen, jedenfalls unsere Absicht nicht zu missdeuten und die Versicherung meiner freundschaftlichen Achtung zu genehmigen. C. Lampe"

Diese und andere Werbungen haben Friedrich Christian nicht dazu bewegen können, sich einer Partei anzuschließen. Wilhelm Mensing geht sogar so weit zu schreiben, dass er politischem Streit aus dem Wege gegangen sei, jedoch seine Meinung offen ausgesprochen habe, was nach den Äußerungen in seinen Briefen wohl nicht ganz so gewesen sein mag.

Die genannten Papiere liegen nicht mehr vor, doch ein weiteres aus dieser Zeit, Mai 1848, hat Friedrich Christian offensichtlich des Aufhebens wert gefunden. Die unmittelbare Quelle ist unbekannt, doch dazu Prof. Dr. Klaus Erich Pollmann/Universität Magdeburg: „Es ist ein Text, der damals in vielfältiger Form dem modernen Zeitgeist in Deutschland entsprach, nicht nur im Umfeld der Paulskirche."

„Entwurf zu einem Wahlmanifeste"

„Ein großer Schritt zur Einheit Deutschlands ist geschehen durch den Zusammentritt der Frankfurter Versammlung. Diese Versammlung hat reale Geltung gewonnen als ein vorbereitendes Centralorgan des Gesamtvaterlandes: – Der Bund, gereinigt durch eine gerichtete Vergangenheit in Beschlüssen und Personen, ist mit ihr in unmittelbare Verbindung getreten zur Vermittlung aller organischen Beschlüsse.

An uns, an den Bürgern Deutschlands ist es nun, diesen angebahnten Weg zu betreten und zu verfolgen, indem wir unseren Regierungen der einzelnen Landestheile zeigen, daß wir den Beschlüssen der Frankfurter Versammlung Folge zu geben sehen wollen, und indem wir an die Wahlen gehen, welche binnen vier Wochen eine konstituierende Versammlung in Frankfurt mit Männern des allgemeinen Vertrauens auszurüsten haben. – Unsere Regierung wird sicherlich schon in den nächsten Tagen die Wahlen dergestalt anordnen, daß auf Grund dieser Frankfurter Beschlüsse von je 50.000 Seelen Ein Abgeordneter für die konstituierende Versammlung erwählt werde.

Dies ist der Augenblick uns auszusprechen über die Grundsätze, von welchen wir die Wahlen geleitet sehen möchten. In dem wir uns nach unserer Überzeugung vor Allem dazu bekennen, daß noch der Lage und Art der Verhältnisse unserer Zeit, für die Gestaltung und Erhaltung eines einigen, freien und starken Deutschlands die sicherste Gewähr geboten werden; durch einen Bundesstaat mit volkstümlichem Parlament, daß die Gesamtheit des deutschen Vaterlandes umfaßt; und in den einzelnen Staaten durch konstitutionelle Monarchien, ruhend auf der breitesten demokratischen Grundlage; bezeichnen wir als die Punkte, die wir in einem deutschen Parlamente durchgesetzt haben wollen, folgende:

1. Einheit Deutschlands. Volle Macht und Pflicht der konstituierenden Versammlung zur Bildung eines die deutschen Staaten umfassenden Bundesstaates, ruhend auf volksthümlicher Vertretung und zur Verwirklichung der souveränen Gewalt der zu schaffenden Bundesmacht über ganz Deutschland.
2. Einheit der bürgerlichen und Straf-Gesetzgebung, Öffentlichkeit, Mündlichkeit und Geschworenengericht.
3. Allgemeines deutsches Staatsbürgerrecht und Freizügigkeit.
4. Gleiches Maaß, Münze, Gewicht.
5. Gemeinschaftliche Maßregeln für den Verkehr, für Post, Eisenbahnen, Land- und Wasserstraßen, Aufhebung aller Paßschererei.
6. Allgemeine deutsche Volkswehr: sobald die äußere Kriegsgefahr beseitigt ist, Aufhebung des stehenden Heeres bis auf einen Kern sämtlicher Truppengattungen. – Dagegen Schaffung einer deutschen Flotte. –
7. Aufhebung aller inneren Landeszölle.
8. Aufhebung aller auf den nothwendigsten Lebensbedürfnissen lastenden Steuern. Einführung einer Einkommenssteuer in Deutschland.
9. Aufhebung der den Landmann und Gewerbetreibenden drückenden Lasten.
10. Beschränkung des Beamtenheeres durch Beseitigung des Zuvielregierens.
11. Freie Gemeindeverfassung.
12. Freies Vereins- und Versammlungsrecht.
13. Sicherstellung der Person vor willkürlicher Verhaftung.
14. Völlige, nur unter den Rechtsgesetzen stehende Preßfreiheit, ohne Concessionen und Cautionen.
15. Aufhebung aller auf Geburt, Rang und Stand ruhenden Vorrechte.

16. Unabhängigkeit der Kirche vom Staate: Gleiche Berechtigung jedes Glaubensbekenntnisses, – Beschaffung und Leitung des Unterrichts durch den Staat.
17. Unabhängigkei der Schule von der Kirche, Besserstellung des Lehrerstandes, Aufhebung des Schulgeldes und Einführung einer allgemeinen Schulsteuer.
18. Sorge für das geistige und körperliche Wohl der arbeitenden Klassen. Förderung desselben durch eine eigene Behörde des Staates.

Dies sind dic Grundsätze, welche wir von unsern Vertretern dauerhaft verfochten sehen wollen. Männer solcher Grundsätze wollen wir gewählt haben. – Wir wollen Alles daransetzen keinerlei Reaktion aufkommen zu lassen. Wir wollen ein einiges Volk und dadurch eine wahrhafte und wehrhafte deutsche Nation werden. Die Einheit allein und eine freie Gesamtgesetzgebung, welche von uns selbst, und zwar von uns Allen ausgeht, bringt das zustande, was wir von den verschiedensten Standpunkten aus Alle wollen, einen starken deutschen Gesamtstaat. – Die konstituierende Versammlung also, aus uns Allen hervorgehend, sei die allein entscheidende Behörde für des neuen deutschen Reiches Verfassung. Daher jetzt keinen voreiligen Streit über den besonderen Namen und über die besondere Form dieser Verfassung! Der konstituirenden Versammlung steht darüber die Bestimmung zu. Was die konstituirende Versammlung beschließt, das sei in Allem und Jedem unser Staatsgrundgesetz, das werde von Allen bereitwillig, ja hingebend anerkannt, es mag den Einzelnen gefallen oder nicht. – So nur gewinnen wir Einheit, Wahrheit und Kraft, und deshalb ist es, bis die konstituirende Versammlung entschieden hat, eines jeden deutschen Patrioten heilige Pflicht, alles tumultuarische Vorgreifen der einen Seite, alles Zurücksteuern von der anderen Seite entschlossen und nachdrücklich abzuhalten."

Am 31. März trat in Frankfurt am Main ein aus 574 von den Landtagen gebildetes „Vorparlament" zusammen und beschloss die Berufung einer Nationalversammlung zur Feststellung der deutschen Reichsverfassung. Die Deutsche Nationalversammlung trat am 18. Mai in der Frankfurter Paulskirche zusammen. In Zwickau erfolgte am 17. April die Neugründung des Bürgervereins, der sich im Herbst aufspaltete in den Vaterlandsverein und den Deutschen Verein.

Nun weiter mit Briefen Friedrich Christians an seinen Bruder Wilhelm in Redwitz: 1848, 19. Juni: „Mit den Geschäften geht es wie vor 8 Tagen und Aussicht auf Besserung ist jetzt noch weniger als je. Dazu kommt die Unruhe über den Altenburger Krawall, welcher bösartig zu werden droht. Wahrscheinlich lest Ihr auch schon in der Nürnberger Ztg, dass die Altenburger ihren Fürsten forttreiben wollen, weil er ihnen zu viel ausgiebt; Eine Verständigung ist nicht zu erwarten, da die Aufständischen, wozu fast jeder Altenburger, Bürger und Bauer, gehört, dem Fürsten ein großes Rittergut und noch jährlich 10[.000]–15.000 Taler anboten, wenn er freundschaftlich abzöge, und der Fürst die Deputation mit Härte abgewiesen hat. Bereits ist Leipziger, Dresdner und Zwickauer Militair hinüber, welches die Eisenbahn besetzt hält. Der Fürst hat sich mit seinem Militär in die ziemlich feste Burg eingeschlossen und hat das noch übrige treue Militär bei sich. Die Altenburger haben sich bis an die Zähne verbarrikadiert und wollen ernstlich, dass der Fürst ganz fortgehe, und zweitens, daß sie die Republik einrichten. An dieser Wirtschaft soll die dumme Verschwendung des Fürsten und seiner hochmüthigen Frau selbst Schuld seyn. Spielen, unnütze Bauten, ein starker Marstall (40 Pferde zum Staat) erbittern die Bevölkerung und geben den geheimen und öffentlichen Wühlern hinreichend Mittel, das blinde Volk zu führen wohin sie wollen. Daß die Thorheit weit um sich gegriffen habe ist deutlich, indem viele sehr wohlhabende Leute, darunter auch der Chef von Friedrich v. Scholze, besonders thätig sind, letztere sogar an der Spitze mit zwei Advokaten. Daß die kindischen Gelüßte nach Republik nicht weit führen werden, ist wohl richtig, aber auch nicht zu verkennen, dass die Folge derselben, erst schlagend durch grobe Exzesse auch für den Blödsten unklar werden muß, ehe die unbestimmte und gedankenloseste Mittelklasse aus ihrem Schlaf erwekt werden wird. Bis diese sich wie ein Mann erhebt und durch ihre

Machtentwicklung auch die letzten Hoffnungen der Wühler zerstört, treiben diese ihren Unfug fort und die Aengstlichen geben forthin den Grundton wie bisher an, keiner traut der nächsten Stunde, und die Arbeitslosigkeit steigt wenn möglich noch höher.

Die Prager Greuel mögen Alles überbieten was in den letzten Monaten sonst geschehen ist. Viele Wohlhabende sind schon fort, indem keiner seines Lebens und Eigenthums mehr sicher ist, und dabei hat man keine Nachrichten, als die einzelnen Flüchtlinge selbst in den nächsten böhmischen Orten um Prag – Genug von fremden Angelegenheiten."

Am 16. Juni fand der „Pfingstaufstand" der tschechischen Radikalen in Prag statt, der von Alfred Fürst zu Windischgrätz niedergeworfen wurde. Und in Zwickau konstituierte sich am 3. Juli der Zwickauer Arbeiterverein.

1848, 10. Juli: „Es scheint, als bringt die Wahl des Reichsverwesers mit dem Anhaltepunkt für die Politik auch Vertrauen in die Handelswelt, indem mit dem Steigen der Staatspapiere auch ein Leben in die Fabrikgeschäfte wieder kommt. Davon wirst Du schon mehr spüren, ich finde aber auch in meinem halb wilden Glasgeschäft einige Regung."

Am 29. Juni war Erzherzog Johann von Österreich von der deutschen Nationalversammlung zum Reichsverweser gewählt worden und hatte vom Bundestag dessen Vollmachten übertragen bekommen. In der Familie gab es weitere in der Politik aktive Mitglieder, von denen Friedrich Christian verständlicherweise manches erfuhr, so vom Ehemann seiner Schwester Johanna, (1814–1895), verh. mit Johann Georg Huscher (1811–1880), Spinnereibesitzer in Asch, Reichsraths- und Landtagsabgeordneter, Präsident der Handels- und Gewerbekammer in Eger, Ehrenbürger von Asch. Dieser schreibt aus Wien:

1848, 23. Juli: „Lieber Schwager! Nach Erhalt Deines Briefes kam gleich die Wahl des Abgeordneten für unseren Bezirk in Ausführung, wozu sich viele Kandidaten gemeldet hatten. Aus einer Bevölkerung von 51.000 Menschen wurden 103 Wahlmänner, aus diesen die Wahlkommission gebildet, bei welcher als Secretair und Protokollführer ich zu fungieren hatte. Von selbst versteht es sich, dass ich nicht daran dachte, als Kandidat mich zu melden und gleichwohl wurde ich als Abgeordneter bestimmt; ich sträubte mich, doch es half nichts und ich musste zusagen. Johanna kam mit einem gesunden starken Mädchen nieder [Johanne Huscher, geb. 6.7.1848 in Asch, gest. ebenda am 27.8.1930] was am Freitag getauft worden ist, und tags darauf reiste ich nach hier ab. Die feierliche Eröffnung des Reichstags geschah gestern, durch den Erzherzog Johann, da der Kaiser noch nicht von Inspruk [Innsbruck] fortgelassen wurde. Das neu creirte Ministerium hat dem Kaiser die Hierherreise dringend empfohlen, wo nicht, würde es abdanken. Da Johann bald wieder nach Frankfurt reist, so bleibt wohl nichts übrig, als dass Ferdinand hierher geht, sollen fernere Schritte nicht erfolgen, die große Liebe hat sich sehr abgekühlt. Bei der Sitzung am 18. Juli wurde die Frage über verlangte Präsidentenwahl zur Nationalitätsfrage erhoben. Die Abstimmung durch Aufstehen, selbst die Gegenprobe ließen nicht bemerkbar machen, wo Majorität oder Minorität sey, es wurde zum Aufruf durch Namensnennung geschritten, welcher 145 gegen 135 für den Antrag ergab. Wir hatten 10 Stimmen weniger, die Slawen etc. stimmten alle nein, es wurde die sofortige Wahl des Bureau unterlassen und die Deutschen sahen ihre erste Niederlage. In der nächsten Sitzung war der Antrag erneuert, in einer Vorberathung darüber verhandelt, am 20. Juli die Wahl in unserem Sinne durchgesetzt. Präsident wurde Dr. Franz Schmitt in Wien. I. Vicepräsident Strohbach von Prag, II. Vicepräsident Hagenauer von Triest. Als selbst die 6 Secretäre in diesem Genre durchgingen, war die Niederlage wieder ausgewetzt. Morgen wird die Geschäftsbedingung vorgenommen, nächste Aufgabe ist die Zusammensetzung eines Ausschusses, der den Entwurf der Verfassung des Reiches, der Provinzen und Gemeinden zu bearbeiten hat. Ueber die deutsche als die für diesen Reichstag allein zulässige Sprache war bereits eine Debatte, sie wird wie die ganze Nationalitätsfrage eine sehr ernste werden. Die Leiter der Slawen sind Rieger, Steinbachs Palar Strobach von Prag, Borrosch will deutsch seyn, ist es aber nicht und spricht sehr viel, gefällt sich dabei ganz und gar. Graf Hachian und Lubminsky sind mit Leiter. Die Thronrede des Erzherzogs Johann und die Antwort des Präsidenten sind auf der Beilage abgedruckt. Hat bei dem zweiten Satz über die Gleichberechtigung der Nationalitäten anfangs alles Beifall gerufen, so blieb die rechte Seite – wohin sich die Polen, Tschechen zusammengezogen haben –, bei dem Nachsatz mit dem innigen Anschluß an Deutschland kalt. – Der Fürst von Schönburg wird sich nun doch dazu bequemt haben, sein Wort zu halten, er hat versprochen, das Endresultat seiner Verhandlung mit der Hofkanzlei zu berichten; ich schreibe an Sandner, dass er darüber referire. Bleibt alle gesund, grüße Deine liebe Frau und Kinder herzlich von mir und schreibe bald Deinem aufrichtigen Schwager Huscher."

1848, 28. August, Friedrich Christian an Bruder Wilhelm: „Früher hieß es, dass bei einer Einnahme unter 200 Thaler keine Einkommenssteuer bezahlt werden dürfte. Nun wäre wahrscheinlich zu wenig beigebracht worden, und so hat man auch die ‚Kleinen' bedacht. Pfeifer muß 2 1/3 Thaler bezahlen. Auf diese Weise werden die Dresdener Herren ein Ansehnliches zusammen scharren. Was natürliche Folge von solchen Leistungen ist, erfolgt unmittelbar. Die Zahlenden erheben ihre Häupter trutziglich und sagen: es ist ganz recht, dass wir zahlen müssen, aber es ist auch ganz recht, dass wir was dafür haben, und vorläufig wollen wir zwei Kammern. – Es ist sehr wahrscheinlich, dass dieses durchgeht und ein Glück für ganz Deutschland, wenn allerwärts der Besitz seine Berechtigung gegenüber der Masse bekommt. Wie man hört, soll die Vorlage des Ministeriums über das Wahlgesetz vom König genehmigt seyn, und dieses Gesetz soll ähnlich dem Norwegischen die zweite Kammer als erste wählen lassen. – Dies ist Gerücht! Unsere sogenannten Republikaner pfeifen auf dem letzten Loche. Vor einigen Tagen schickten unsere Männer des Fortschritts an Brentano eine Adresse, welche dem Adel der Geburt, des Geldes und des Büreaus den Krieg erklärt. Dies liest sich fürchterlich, erregt aber Lachen und Mitleiden. Wie geht es denn mit dem patriotischen Verein? Wenn ich jetzt die Grenzboten lese, so kommen mir Bedenken, dass diese Kost die rechte für unsere Leute in ... sey. Die Abhandlungen sind zu objektiv, zu wissenschaftlich gehalten, als dass sie der Masse zusagen können. Selbst die Witze drin dürften zu wenig handfällig seyn, um saftig zu schmecken! Ich wünsche aber mich zu irren, und dann kann man Euch gratulieren. Du wirst jedenfalls manchmal ein Heft in die Hand nehmen und nicht ohne Befriedigung aus der Hand legen."

In Zwickau gab es Unruhen, bei deren Niederschlagung am 10. September ein Toter zu beklagen war. Ein Gemeiner namens Fraaß beruft eine Versammlung der Soldaten der Garnison Zwickau ein, auf der u.a. bessere Verpflegung und höherer Sold gefordert werden. Fraaß wird daraufhin festgesetzt, aber bereits am Folgetag von einer Menschenmenge aus dem Militärgefängnis befreit.

1848, 16. September, Friedrich Christian an Bruder Wilhelm: „Seit drei Tagen war in Zwickau einiges politisches Treiben. Am Freitag wurden Katzenmusiken mehreren Personen gebracht, welche bei den Republikanern nicht beliebt sind. Eine Horde von 80–100 bösen Buben hatte bei dem schönen Abend ein passendes Vergnügen. [„Katzenmusik“: aus der Studentensprache des 18. Jh. stammende Bezeichnung für Spottmusik, um vermeintliche Missstände anzuprangern]. Die Kommunalgarde war dadurch noch nicht gerührt. Am Sonnabend war aber eine große Volksversammlung für Sonntag angesagt, und als Vorfeier am Sonnabend Abend wieder einige Katzenmusik mit Fenstereinwerfen beliebt. Letzteres wurde zwar sehr mäßig geübt, das war aber unsern ruhigen Bürgern dennoch zu viel und sie wurden wild. Nachts 11 Uhr wollten doch die Männer der Freiheit noch nicht in die Betten, und da trieben die mittlerweile böse gewordenen Bürger die guten Musiker mit den Bajonetten theils nach Hause, theils ins Loch. Gegen 30 Burschen wurden eingesteckt am anderen Morgen die meisten bis auf 8–10 entlassen, und damit wäre die Sache abgethan gewesen, wenn nicht ziemlich viele Verwundungen vorgekommen, denn gegen 18–20 der Widerspänstigen waren durch die Bajonette mehr oder weniger, doch keiner lebensgefährlich verwundet. Gestern sollte bei der Volksversammlung ein Hauptstreich geführt werden, dass man einen Unteroffizier, der wegen Subordinationsfehler eingesteckt war zu befreien kam. Gegen 1.200 Mann aus Werdau, Mülsen u.s.w. kamen mit Musik und Fahnen, theilweise mit rothem Schmuck, größtentheis aber mit den deutschen Farben aufgeputzt in geschlossenen Kolonnen durch die Stadt gerückt. Wäre nicht gleichzeitig Militär eingerückt, so konnte ein starker Konflikt entstehen, welcher unzweifelhaft sehr blutig aber immer entschieden gegen die Republikaner ausfallen musste. Bei der Übermacht, welcher sich die Banden gegenüber sahen, und bei dem Geist der

Bürgergarde und Bürger (Freischaar) die Hand in Hand mit dem Militair giengen, waren sehr entmuthigt, so dass nur eine bescheidene Deputation die Freigebung der Eingefangenen verlangte, die sich auch mit einer einfachen Protestaktion begnügte, als ihr das Begehren kurzerhand abgeschlagen war. – Gegen Abend waren Militair und Bürgerwehr (ich stellte mich auch mit nach 4 Uhr) auf den Beinen, und der Haufe Freiheitsmänner begnügte sich in aller Stille über den Markt mehr zu schleichen als zu demonstrieren. Die Nacht verlief ganz ruhig. Wenn, was möglich wäre, in einiger Zeit ein Zusammenschluß erfolgen sollte, so wird das Resultat seyn, dass die nun wütend gemachte Kommunalgarde schonungslos dreinschießt. Die Soldaten sind durchweg verbittert, weil sie den Neckereien der Buben zumeist als Ziel dienen und dann wird auf lange Zeit Ruhe geschafft werden. Soweit steht es hier gut. Wollte Gott, in Schleswig wären die Angelegenheiten eben so klar, aber dort scheint sich das Gewitter zusammen zu ziehen, solange in Berlin alles auf der Spitze steht."

In diesen Monaten verlief die Revolution in Sachsen vergleichsweise glimpflich, insbesondere für das Königshaus. Örtliche Unruhen und Aufstände, die sich oftmals gegen Rittergutbesitzer und Reste ihrer feudalen Privilegien richteten, wurden zumeist durch Militäreinsatz eingegrenzt und erstickt.

1848, 25. Oktober, Friedrich Christian an Bruder Wilhelm: „Die politischen Wirren in hiesiger Nachbarschaft scheinen sich durch Ermattung der Bevölkerung und zum Theil durch Entlarvung der Wühler zu lösen. Die Zwickauer Narren scheinen größtentheils vernünftig zu werden, aber die Führer dürfen nicht merken lassen, dass sie die Republik aufgeben, weil sie sonst von ihren Anhängern in der unteren Klasse todgeschlagen zu werden fürchten. Nach den vielen süßen Hoffnungen, welche sie sehr freigibig weckten, ist Erwachen freilich unangenehm."

Robert Blum, der populäre Führer der demokratischen Linken in der Frankfurter Nationalversammlung 1848, wurde nach der Niederschlagung des Aufstandes in Wien zum Tode verurteilt und am 9. November 1848 erschossen. Im Zwickauer Wahlbezirk siegte bei den Landtagswahlen im November der Vertreter des Vaterlandsvereins.

1848, 6.–9. Dezember, Friedrich Christian an Bruder Wilhelm: „Daß die Meisten so erzkonservativ urtheilen, hätte ich mir von Redwitz um so weniger gedacht, als bisher die Nachricht gekommen war, dass dort eine Todenfeier für Blum abgehalten wurde. Hier geschah dies zwar auch, aber die kleinliche Eifersucht der Bewohner kleiner Staaten wie Sachsen, welche ihren Mitbürgern zu ehren gar vieles thun, was sie gegen andere unterlassen würden, erklärt die Sache mehr. Blum ist der Pater Roothman unter meinen Jesuiten gewesen. Wenn er sich scheinbar auf die gemäßigte Seite der Linken gestellt, so geschah dies aus Politik. Die Zeit wird lehren, welchen Antheil er an den scheußlichen Vorgängen in Frankfurt pp. hatte. Hier zweifelt kein Unbefangener daran, dass er nicht den Mittelpunkt der Rothen bildet. Die Wahlen werden hier mit unglaublicher Anstrengung betrieben, und die Parthei der Anarchisten hat viele Aussicht für ihre Kandidaten, weil sie den gesamten Arbeiterstand in ihren Händen hat: Unter 100 Gesellen sind nicht 5, welche nicht zu ihren Fahnen gehören. Die Aussicht, welche sie Jedem stellen, dass mit dem Sieg ihrer Parthei alle Vormundschaft der Meister aufhöre, dass dann Jeder so gut wie ein Meister sey, gewinnt die gutmüthigsten Leute für ihre Zwecke. Ihr Programm geht in der That offen auf die Republik los, während sie dies wörtlich in Abrede stellen. Durch das Zauberwort: Aufhebung aller Feudallasten ohne Entschädigung hatten sie sich verrathen. In den besser redigirten Programmen brauchen sie dieses für unsere Bauern angenehme Versprechen. Sie wollen auch gerade nicht durchführen was nicht geht, aber zur Macht brauchen sie Steuern. – Der ungebildete deutsche Verein hier scheint die gesamten wohlhabenden Bürger und Bauernklassen in sich zu enthalten. Durch ihre vortreffliche Wahl ihrer Vorstände hat er unbegränzten Kredit, und die Versammlungen sind bedeutend wegen der Vorträge und Diskussionen. Das Appellationsgericht mit seinen ausgezeichneten Präsidenten (welche an der Ursprünglichen Wahl keinen Theil hatten) bildet jetzt den Kern, und ich wünschte, Du könntest den Versammlungen beiwohnen. Ob dieser Verein übrigens mit seinem Kandidaten Meister Oberländer durchdringen wird, steht in Frage, nachdem bei der dritten Wahl die Thätigkeit der Partheien mehr entscheidet, und die größere Energie hat die Republikanische für sich. Wie es aber auch falle, so ist die Aussicht auf wesentlichen Erfolg für die Meister nicht groß, da die stetig wachsende Kraft von der preußischen und oesterreichischen Monarchie, und der Konservativen in Baiern diese kleinen Mäuse- und Rattennester der Republikaner von Schleiz Greiz Altenburg Rudolstadt pp ausräuchern wird, woran wir sie um so weniger hindern wollen, als die verrufenen Gelüste auf Raub, ich will nicht sagen unmöglich, aber gewiß unwahrscheinlich sind."

Bei der Stadtverordnetenwahl – die früheren „Communalrepräsentanten" hießen seit 1834 „Stadtverordnete" – errang der radikaldemokratische Vaterlandsverein die Mehrheit. Er bekam 14 von 27 Sitzen.

1849, 2./3. Januar, Friedrich Christian an Bruder Wilhelm: „Unseren Demagogen wird in der Gewissheit ihrer Wahlsiege nicht recht wohl. Sie haben sich durch ihre Programme auf dem Revolutionsboden verrannt, indem sie bei einiger Konsequenz den Eid der Deputirten nicht leisten können. Weigern sie sich, so werden sie fortgeschickt und dann müssen sie die Revolution im Lande erklären, was ihnen schlecht bekommen dürfte. Leisten sie den Eid, so erklären sie ihre Programme null und nichtig. – Wir vermerken übrigens, dass die Herren toll genug bleiben auch dann wenn sie nicht konsequent genug seyn sollten den Eid zu verweigern und dann haben wir in einigen Wochen bairisches und preußisches Militär hier."

Ebenfalls an Bruder Wilhelm, Fragment, 1848/49: „Euer neuer Schärer, der in diesen Tagen durch Wunsiedel gekommen, hörte dort von einem Krawall gegen den Landrichter; von zwei Kompagnien Soldaten, welche wegen der Volksversammlung eilig beigerufen waren, und die anstatt ihren Oberen Folge zu leisten mit den Wunsiedlern fraternisierten u.s.w. Was ist denn daran? Hier nimmt die Regierung eine erste Stellung ein. Die meisten Wühler sind gefolgt oder entflohen, und es ist zu erwarten, dass im Fall die preußische Regierung den begründeten Wünschen des Volkes entgegen kommt, selbst in Sachsen alle Wohlgesinnten für sie arbeiten."

1849, 24. Februar, Friedrich Christian an Bruder Wilhelm: „Vor einigen Tagen gieng an den König eine Adresse von 800 Bürgern unterschrieben ab, worin er für einen ganz feinen braven König erklärt wird, den man in keinem Fall gegen eine Republik weggeben würde. Da Zwickau als republikanisch verrufen ist, wird dieserhalb die Sache Anklang finden."

1849, 12. April: „Die Arbeitslosigkeit nimmt jetzt erschreckend über Hand. Täglich bieten sich 20–30 meist kräftige Arbeiter an. Die Kohlenwerke haben kaum die Hälfte des gewöhnlichen Absatzes, da die Ziegeleien-Brennöfen nicht arbeiten, die Marienhütte steht zur Hälfte still."

Entgegen der Entscheidung des sächsischen Königs Friedrich August II. erkennen die Zwickauer Gemeindebehörden die Paulskirchen-Verfassung an. Am 4. Mai beteiligen sich mehr als 1.000 Menschen an einer Volksversammlung zur Unterstützung des Dresdner Aufstandes. Unter dem Druck der Menge erhält die Kommunalgarde am 5. Mai den Befehl, den Aufständischen in Dresden zu Hilfe zu kommen. Bei einem Zwischenhalt in Leipzig weigern sich die Kommunalgardisten, die Fahrt fortzusetzen, so dass der Zwickauer Rat am 6. Mai ihre Rückholung verfügt. Soweit die kurze Zwickauer Chronik, und nun dazu wieder ein Brief von Friedrich Christian an seinen Bruder Wilhelm in Redwitz:

1849, 8. Mai: „Seit mehreren Tagen ist ganz Sachsen in großer Aufregung. Die Weigerung des Königs, die Frankfurter Verfassung anzuerkennen gab die erste Veranlassung, und die Aufhebung der Kammer unterstützte die allgemeine Annahme, dass er nun ein Werkzeug von Preußen sey. Die entschiedene Erklärung der meisten Vereine und vieler Stadträthe – für die Verfassung machte die republikanische Partei so dreist, ihr Schild in Dresden zu erheben. Die Umstände, welche diese begleiteten, habt ihr schon aus den Zeitungen, und ich will daher nur den neuesten Stand berichten, so wie ich ihn jetzt geben kann. Der provisorischen Regierung (Tschzirner, Todt, Heubner) (Bruder von dem Hiesigen) sollte durch große Demonstration aus anderen Städten namentlich von hier, Chemnitz, Werdau, Krimmitschau durch die gesamte Kommunalgarde, welche in voller Rüstung nach Dresden geschickt wurde, moralisch unter die Arme gegriffen werden, und man wendete theilweise Zwang an (hier und in Chemnitz) um sie auf die Schlachtbank zu treiben. Die Magistrate von Zwickau, Werdau und Krimitschau waren in Permanenz versammelt, erkannten die provisorische Regierung als die rechtmäßige an und beriethen dann noch anderthalb Tage lang darüber, was zu tun sey, als sich ergeben hatte, dass die Regierung aus Dresden nicht entfernt war. Am Sonnabend zogen von hier die Freiwilligen (ungefähr 60 Mann) mit den gezwungenen Kommunalgardisten (ungefähr 200 Mann) auf der Eisenbahn nach Leipzig. Die klingende Musik, welche sie begleitete, die vielen Schnapsbullen – der Stadtrat hatte mit anzuerkennender Liberalität dem Freischarenzuge aus der Gemeindekasse 500 Thaler gegeben – liessen auf fröhliche Fahrt hoffen; aber schon ein starker Regenguß kühlte den auf dem offenen Wagen stehenden Patrioten die Häupter. In Altenburg entkamen sie durch die Entschlossenheit eines Schaffners und des Lokomotivfahrers Haarbreit den Händen der Preußen, und in Leipzig, von welchem billig erwartet werden durfte, dass es den Brüdern von Zwickau gastlich entgegen kommen, wurden die Gardisten höflich in die Funkenburg geführt, der Mann mit einer Portion ‚Rester' Käse und Brod und je drei Mann mit einem Bund Stroh bewirtet. Die Freischärler durften gar nicht in die Stadt und mussten in Tivoli, eine Ehrenwache vor ihrer Thür, Gott danken, dass sie nicht unter freyem Himmel bleiben durften. Wir sind behandelt worden wie Räuber und nicht wie Gäste, sagten mir mehrere. Von Mitgliedern unseres Stadtraths Thost, Breithaupt, Grosch waren sie eines guten Empfangs in Leipzig nicht nur versichert worden, sondern sie wußten auch, dass die ganze Kommunalgarde von dort mit ihnen ziehen und die retirierenden Zwickauer auch nachkommen würden. An dessen Statt dünnes Bier, schlechtes Lager, keine Brüderlichkeit, und von Zwickau statt der übrigen (600 Gardisten) nur der Stadtverordnete Groß, welcher anzeigt, dass es diesmal ‚Nischt' sey. Das wäre den Meisten noch sehr erwünscht gekommen, wenn nicht die Heimkehr Unbehagen verursacht hätte. Die Preussen in Altenburg visitirten alle Freischärler, nahmen ihnen die großen und kleinen Waffen, trugen selbst Bedenken, ihnen die Taschenmesser zu lassen, und nun gar die ungepreßten Brüder der Heimath mit ihrem Spott. Eine ernstgemeinte Erbitterung gegen die Urheber verdrängte nun alle anderen Gefühle, und die ehrlichen Konstitutionellen unterlassen nicht, diese zu nähren. Genug, der Stadtrath und die Stadtverordneten hier, welche mit sehr geringen Ausnahmen der republikanischen Partei angehören, werden am meisten verlieren. Einige haben sich so sehr vergessen, dass sie wohl auch eingestekt werden dürften. Die Kommunalgarde und Bürgerwache hat sich nun auf das ihr zustehende Feld – Sicherung der Stadt – begeben und wir wachen nun wieder als gute Bürger miteinander. Die Exzesse in Leipzig wurden durch die guten Stadtväter „beseitigt" und durch die großen Opfer, welche die Stadt im Ganzen und in den Einzelnen dem Übermuth Weniger bringen musste, ist die Republik um den Rest des Kredits gekommen, welcher durch die preußischen Noten noch ein Wenig Nahrung erhalten hatte. – In Chemnitz ist es ruhig, aber 1.000 Mann von der Kommunalgarde sind zur Unterstützung des Dresdner Aufstandes ausgezogen, wie man sagt, halb freiwillig, halb gezwungen durch die Arbeiter! Sie werden Dresden nicht erreichen, da die Stadt ganz eingeschlossen von preußischem Militär ist. Der Aufstand in Dresden ist noch nicht bewältigt, aber zu erwarten, dass dieses in Kürze geschieht. Nach den vielen Opfern, welcher dieser bereits kostete (das schöne Opernhaus, ein Theil des Zwingers mit den Naturalien und Kupferstichsammlungen sind verbrannt, General ... ist an seinen Wunden gestorben, manch höherer Offizier theils schon gestorben, theils schwer verwundet ... will die Regierung im Bewusstsein ihrer Stärke die Stadt schonen. – Die preußische Regierung ist in ihren Häuptern verschwunden und diese werden mit Stekbriefen verfolgt. Die Republikaner hatten große Hoffnung auf die Dresdner Erhebung gesetzt, und wäre Leipzig und die „Preußen" nicht, so konnten sie für einige Wochen zum Verderben des Landes zur Geltung kommen indem die wilde Pöbelherrschaft nicht ausgeblieben wäre. Wir wissen noch nicht in welcher Weise sich das Drama schließt, aber die „Rothen" werden schwerlich mehr dazu kommen ihn schon auf die Dauer zu entwickeln. Näher liegen jetzt die Gefahren der Reaktion. Nun das fremde Zeug beiseite und zu Näherem. Unsere Kinder hatten sämtlich die Masern ..."

In Dresden kam es zur Konfrontation zwischen Bürgerschaft und König, als dieser am 27. April 1849 den Landtag auflöste, weil er eine Steuerbewilligung verweigert hatte. Vom 3. bis 9. Mai gab es daraufhin einen Aufstand, der zur Flucht des Königs auf die Festung Königstein führte. Es wurde eine provisorische Regierung mit dem linken Frankfurter Abgeordneten Otto Heubner gebildet. Mit den Aufständischen solidarisierten sich u. a. der Hofbaumeister

Gottfried Semper und der Hofkapellmeister Richard Wagner, die beide nach dem Scheitern des Aufstandes emigrierten. Die Niederschlagung des Aufstandes erfolgte mit Hilfe preußischen Militärs. Es begann die Ära Beust (Außenminister von 1849 bis 1858, Regierungschef von 1858 bis1866), deren reaktionäre Politik jede revolutionäre und demokratische Opposition zu unterdrücken wusste.

In der *Zwickauer Chronik* steht dazu:

„Am 20. Mai besetzen preußische Truppen die Stadt. Die Stadtverordnetenversammlung wird aufgelöst. Den aktivsten Mitgliedern des Vaterlandsvereins in den Reihen der Stadtverordneten wird das passive Wahlrecht entzogen. 300 Personen in Zwickau und Umgebung werden strafrechtlich verfolgt."

1849, 20. Mai: „Wir leben hier unter dem Schutz von einem Bataillon Preußischer Landwehr ganz sicher, obwohl etwas theuer, denn ich habe gegenwärtig 9 Mann zu verpflegen. Da es ganz hübsche Leute – zum Theil Verheiratete sind, so macht sich das Übel weniger sonst als der Kasse fühlbar. Sehr wahrscheinlich werden von den 400.000 Mann, welche Preußen jetzt mobil macht, auch einige für Eure Freischaarengelüste bestimmt seyn. Da die Reichsverfassung, oder Republik bei diesen Leuten nicht rechten Fuß fassen will, so möchte ich den Ober- und Unterrepublikanern und allen Verfassungssüchtigen rathen, die Verfassung und vorzüglich das Wahlgesetz derselben einmal zu lesen und zu bedenken, damit sie vielleicht schon vor Berührung mit diesen stachlichen Konservativen bewahrt werden möchten."

1849, 6. August: „Der junge Denhorn ist heute abgereist. Er ist im Grunde kein übler Bursch, da er eine gewisse Gutmüthigkeit hat. Ich glaube auch, dass es für ihn gut ist, wenn er aus der hiesigen Luft weg kommt. Diese taugt für die Gesinnung unserer jungen Handwerker deshalb nicht, weil solche aus den Beschränkungen ihrer häuslichen und elterlichen Verhältnisse kommend, die ungemessene Freiheit, die ihnen hier theoretisch und praktisch beigebracht wird, noch weniger vertragen können als die Sachsen. Denhorn war in meiner Besitzung der stärkste Republikaner. Dies will zwar nicht viel sagen, denn im Ganzen gelte ich mit meinen Leuten für sehr konservativ, aber auf die Lust, überhaupt etwas zu tun, und insbesondere für Andere zu arbeiten hat die entschieden freisinnige Richtung nicht den besten Einfluß. ... Das sich Fraaß so weit in die Linke begiebt tut uns um seinetwillen leid. Die bairische Linke hat wegen ihrer großdeutschen Träumereien noch weit weniger Aussicht als unsere norddeutschen Republikaner. Alles, was sie bewirken können, ist Aufregung, welche zu Exzessen führt, die den oesterreichisch pfäffisch gesinnten weitesten Rechten willkommen seyn werden. Wir haben an dem Dreikönigsbund viel auszusetzen, namentlich finden wir die Wahlform abscheulich, aber wir finden in ihm eine Garantie für uns, welcher der Gegenverein gänzlich entbehrt. Habt ihr die Stimme aus dem Rheinkreis vernommen?"

1850, 16. Februar: „Zink schrieb mir vor kurzem über die Neuen Apostel und meine Christen sehr anmuthig. Welch ein Glück für eine Gemeinde jetzt einen tüchtigen Geistlichen zu haben. Hier will sich auch die Liederlichkeit der Gesinnung und des Lebens zu einer Gemeinde zusammen thun. Ich halte diese ... nicht für ein Unglück und für die größte Dummheit, welche die Demokratie machen kann, dass sie sich jetzt auf die Religion legt."

1850, 15. März: „Zeulmann war zu meinem größten Vergnügen sehr ausführlich und schickte mir auch die Broschüre, welche die dortigen Religionskontroversen hervorriefen. Daraus ist allerdings Bätigs bodenlose Schlechtigkeit und dessen große Befähigung auf den Pöbel einzuwirken ersichtlich. Scholl ist wahrscheinlich ehrlicher, aber doch ein jämmerlicher Schwätzer. – Hier sollte in diesem politischen Geschäftszweig auch etwas geschehen, es scheint aber, dass die Vorkämpfer noch nicht die rechte Zeit gekommen erachten, denn es ist wieder Still."

Ein Ritterkreuz vom König

Die Revolutionszeit war vorüber, Friedrich Christians Briefe enthalten keine politischen Berichte oder Betrachtungen mehr. Zur nun einsetzenden restaurativen Politik unter v. Beust gehörte der Versuch, die Wogen zu glätten. Es wurden nicht nur Medaillen an Fabrikanten ausgegeben, sondern auch an besonders herausragende Arbeiter, während zugleich die Reste der Arbeitervereine zerschlagen wurden. Forberger 1999 zählt eine lange Liste von teilweise bedeutenden Fabrikanten auf, die goldene und silberne Medaillen erhielten. Darüber hinaus veröffentlichte die Gewerbezeitung eine lange Liste von Medaillen für „leitendes und unterstützendes Fabrikpersonal und Arbeiter". Und dann weiter: „Herausgehoben waren die Fabrikanten, die durch den König – natürlich auf Vorschlag des Ministeriums des Inneren – mit dem Ritterkreuz des Verdienstordens geehrte wurden: Neben außersächsischen Persönlichkeiten erhielten 1850 diese Auszeichnung F. Ch. Fikentscher, Glas-und Porzellanfabrikant, Zwickau, A. Hecker, Inhaber der Strumpfwarenfabrik F.G. Hecker & Sohn, Chemnitz, der Tuchfabrikant G. Herrmann, Bischofswerda, und R. Hartmann, Chemnitz. Daneben sah der Staat bei der Förderung der Fabriken im Besuch des Königs ein wirksames Mittel, den Fabrikanten enger der Regierung zu verbinden, ohne großen finanziellen Aufwand." Wie auch immer die nähere Ausdeutung sein mag, so ist doch festzustellen, dass Friedrich Christian nach so kurzer Zeit in Sachsen zu jenen vier herausragenden Fabrikanten Sachsens gehörte.

Auf der Urkunde vom 27. Juni 1850 steht: „Ich, Friedrich August, von Gottes Gnaden König von Sachsen, haben Uns bewogen gefunden, den Besitzer einer Chemischen und einer Glasfabrik in Zwickau, Friedrich Christian Fickentscher [!] in Anerkennung seiner Verdienste um Gebung des Fabrikbetriebes in der Zwickauer Gegend und um Vervollkommnung der Glasfabrikation, das Ritterkreuz des königlich sächsischen Verdienstordens zu verleihen und zu dessen Urkunde das gegenwärtige, von Uns eigenhändig unterzeichnete und mit Unserem königlichen Siegel bedruckte Dekret ausfertigen lassen. Friedrich August" (Abb. 17).

Am 30. Juni 1850 schließt sich ein Gratulationsschreiben des Staatsministers des Inneren, v. Driesen an: „Es gereicht mir zum besonderen Vergnügen, Ihnen hierdurch mittheilen zu können, daß seine Majestät der König beschlossen hat, Ihnen als Anerkennung Ihrer vielfachen Verdienste um die sächsische und gesammte deutsche Industrie, die sich auf der letzten Leipziger Industrieausstellung aufs Neue bewärt haben, das Ritterkreuz des Verdienstordens zu verleihen. Sie werden hierin einen Emerit erblicken, wie sehr seine Majestät der König auch das industrielle Verdienst anerkennt und zu würdigen weiß. Ich kann dem nur den aufrichtigen Wunsch beifügen, daß es ihnen vergönnt sein möge, zum Wohle Sachsens und seiner Industrie noch lange Zeit in der bisherigen ausgezeichneten und ursprünglichen Weise fortwirken zu können. Die Decoration selbst und das dazu gehörige Allerhöchste Decret werden Ihnen baldthunlichst nachgesendet werden."

Der ausführliche Brief an Rosalie vom Herbst 1850, in dem er seine Reise nach Dresden schildert, wo er sich beim König persönlich bedanken musste, ist zu Beginn des Kapitels „Kultur" vollständig wiedergegeben, weil er kaum die politischen Verhältnisse erwähnt, dafür umso einprägsamer auf die Lebensart Friedrich Christians schließen lässt.

Es folgt eine weitere Anerkennung im öffentlichen Raum: 1850, 30. August, Schreiben von Prof. Moritz Beyer (2 Seiten): Nachdem der Deutsche Nationalverein für Handel und Gewerbe in Anbetracht des wegen Eifers, mit welchem Euer Wohlgeboren sich für Staatswohl interessieren, Sie zu seinem wirklichen Mitglied den Statuten gemäß Sie zu ernennen erlaubt hat, so beehrt sich das unterzeichnete Direktorium, Ihnen das darüber redende Diplom hiermit ganz ergebenst zuzustellen, und Sie zuerst im Kreise unseres Vereins von Patriotischen Männern zu begrüßen, denen die national-ökonomischen Interessen unseres engeren und weiteren Vaterlandes dargestalt am Herzen liegt, daß Sie diesselben mit Rath und That kräftigst zu fördern entschlossen sind." Usw. er soll „baldigst die Namen Ihrer Bekannten und Freunde nennen, damit wir diese, sicher Ihnen gleichgesinnten Herren zur Mitgliedschaft in unserem Verein auffordern können ... Vorgeschlagen durch das wirkliche Vereinsmitglied Herrn C. F. L. Köhler in Zwickau."

Stadtverordneter in Zwickau

1850, 25. November, Friedrich Christian aus Zwickau an Rosalie nach Erfurt: „Ob Krieg wird oder nicht, wer kann das jetzt entscheiden? Meine stärksten Beruhigungsgründe liegen nicht in der matten Hoffnung, dass es nicht, oder in sehr ferner Zeit zum Ausbruch kommen werde, sondern in der Überzeugung, dass Preußen unter dem Banner der bürgerlichen Freiheit gegen den Despotismus das Schwert zieht, dass der beste Theil der Deutschen unbedingt auf dieser Seite steht, und dass gerade in dem bevorstehendem Kampfe der Grund zur Einigung Deutschlands gelegt werden kann. Welche Opfer dabei fallen werden, kann allein Gott wissen, wir wollen ernst und stille fortthun was das Unsrige ist und vertrauen. Einigen äußeren Trost finden wir hier in dem erwachten Bewusstsein unserer Landsleute hier und in Bayern, dass nur Preußen unser Schutz seyn könne, und auch darin, dass das Volk in Oesterreich dem Krieg mit Deutschland durchaus abhold ist. Nun zu Friedlicherem."

Der Konflikt um die Vorherrschaft in Deutschland zwischen Preußen und Österreich trieb zunächst auf einen Krieg zu, der durch russischen Druck und preußisches Nachgeben vermieden werden konnte.

Bezüglich seiner Tätigkeit für die Stadt lesen wir im selben Brief: „und in den Gemeindeangelegenheiten finde ich Arbeitsstoff für alle Musestunden."

Dieser kurze Hinweis auf die Angelegenheiten der Zwickauer Gemeinde in dem Brief vom 25. November 1850 bezieht sich auf die äußerst zeitaufwändige Tätigkeit Friedrich Christians als Stadtverordneter. Das „Ratsherrenbuch" im Zwickauer Stadtarchiv (StAZ 4) gibt drüber Auskunft: Er war seit Juni 1849 Stadtverordneten-Ersatzmann und ab Januar 1852 zehn Jahre lang gewählter Stadtverordneter. Die Sitzungen fanden damals in der Regel wöchentlich statt, und die Anwesenheitslisten – unter der Überschrift „gegenwärtig" – weisen stets 14 bis 18 Personen aus. Da es zunächst keine Ausschüsse für einzelne Aufgabenbereiche gegeben hat, mussten die Wenigen alle Arbeiten erledigen, woraus sich die dichte Sitzungsfolge ergab.

Über die Inhalte der Ausarbeitungen für den Stadtrat in Zwickau wissen wir wenig, von seinem Biographen Mensing werden genannt:

– Ermittlung der städtischen Steinkohlenverhältnisse,

- Die zu errichtende Wasserleitung von der Lärchenmühle nach der Schneeberger Vorstadt,
- Über den Theaterbau (noch vorhanden)
- Rechnungsprüfung über den Katharinenkirchenbau
- verschiedene Gutachten über projektierte Ziegeleianlagen.

Mensing fügt dazu an, dass Friedrich Christian alle solche Arbeiten und ebenso alle wichtigen Briefe erst im Konzept niedergeschrieben und dann darin auch viel korrigiert und stilisiert hat. So kommt es, dass einige solcher Schriften, deren Reinschriften vermutlich nicht kopiert wurden, uns nur als solche Entwürfe mit Korrekturen vorliegen.

Beispiele: 1859, 8. März: Friedrich Christian aus Zwickau an (?): Es geht um die Lieferung von Öfen an das Stadtkrankenhaus. Fünf davon waren beschädigt und wurden zurückgeschickt. Er hat außerdem Wünsche zur Aschenfalltür, die anders gefertigt werden soll, weswegen er eine Zeichnung in den Brief einfügt. Er weist trotz dieser kritischen Bemerkungen darauf hin, dass die Öfen im Vergleich zu den anderen angebotenen vor den Sachverständigen alle aus dem Felde schlugen.

1856, April: siebenseitige Ausarbeitung in Schönschrift, sehr wahrscheinlich von Friedrich Christian. Adressat kann nur die Stadt sein: „Gegen die Armensteuer in Zwickau"

1857, 26. Februar: Friedrich Christian in Zwickau an den Stadtrath. Vier Seiten, offenbar Entwurf, mehrere Berichtigungen im Text. Widerspruch gegen die Errichtung einer Ziegelei in unmittelbarer Nachbarschaft des eigenen Grundstücks. Die Rauchbelästigung sei erheblich usw.

1857, 10. März: Antwort der Stadtverwaltung auf den o.g. Einspruch und Bitte um Mitteilung, wie bei der neuen Ziegelei, ähnlich wie bei den Öfen von Friedrich Christian in der eigenen Fabrik, die Rauchentwicklung geringer gehalten werden kann, um dies auch bei anderen Ziegeleien anwenden zu können.

Diese Tätigkeit, verbunden mit Friedrich Christians häufigen Abwesenheiten aus Zwickau durch die Tätigkeit als Landtagsabgeordneter nicht nur in Dresden, sondern auch an anderen Orten Sachsens sowie die Geschäftsreisen mussten zwangsläufig dazu führen, dass er sich um die Abläufe in der Fabrik weniger kümmern konnte, als es für das Werk wünschenswert gewesen wäre, wie Wilhelm Mensing verständlicherweise bedauernd feststellt.

Doch auch die weitere Politik in der Stadt und den Ländern gibt Anlass zu manchen Sorgen: 1851, 6. Februar: Friedrich Christian aus Zwickau an Bruder Wilhelm in Redwitz: „Das politische Treiben unseres Bekannten hat mir etwas Gespenstisches. Jetzt kann begreiflicher Weise nur der noch daran hängen, welcher zu Hause nichts Besseres zu tun hat. Mir tut es leid um Fr., da mir dessen Zähigkeit, mit welcher er sich die deputirten Stellen zu erhalten sucht, keinen günstigen Maßstab für seine Geschäftsverhältnisse giebt. B (?), den ich auf einen Augenblick besuchte, ist wie mir scheint nicht zurechnungsfähig und jedenfalls bodenlos. In Kirchenlamitz habe ich mich dagegen wahrhaft ergötzt an der Klarheit und Sicherheit in Reden und Thun unsers Verwandten."

1851, 20. Februar, Friedrich Christian an Schwager Mensing in Erfurt: „Unser Tagesgespräch in Zwickau bildet jetzt das Schicksal der Maiangeklagten und eine Petition zu deren Gunsten. Man gebraucht die Vorsicht, nur von Konservativen unterschreiben zu lassen, welche sich mit Vergnügen dazu hergeben dasjenige zu thun, welches die Radikalen für sich selbst nicht thun mögen. Ich unterschrieb nicht, und motivierte dieß in einem Brief an einen der Verurteilten, welcher sich an mich, als einen der Häupter der Konservativen (Esel) wendete. Ich sagte ihm ziemlich rund heraus, daß die Regierung wenig Notiz von solchen Demonstrationen nehmen dürfe, weil die hiesige freisinnige Parthei noch eben die höhnische Stellung einnimmt, wie vor zwei Jahren. Solange als die Leute ihrer Konfession nicht vernünftigen Ansichten Raum geben, könne sich kein Mann zur Unterschrift der Petition zu ihren Gunsten hergeben. Erst dann, wenn sie selbst (die Angeklagten) Reue gezeigt hätten, können auch Andere für sie bitten!! Damit wird freilich die ganze Meute getroffen, kann es ihnen aber nicht ersparen."

Erinnerung an ein politisches Amt: 1851, 30. April: Friedrich Christian aus Zwickau an Rosalie in Erfurt: „Am andern Morgen fuhren wir nach Redwitz, wo wir große Aufregung verursachten, denn es war ja der Herr Bürgermeister wiedergekommen."

1851, 25. Juni: Friedrich Christian aus Augsburg an Rosalie in Erfurt: „Mein alter Freund Fuchs ist noch ebenso geistesfrisch wie vor Jahren wenn er in seinem Felde arbeitet. Leider aber haben die katholischen Bestrebungen der jetzt herrschenden ultramontanen Parthei ihren Einfluß auf seine Frau und auf ihn nicht wenig geäußert, so daß in Politik sowohl wie in kirchlichen Verhältnissen alles Gespräch mit dem sonst treuherzigen Manne vermieden werden muß: für mich, wie Du weißt, ein drückender Zwang."

1851, 14. September, Friedrich Christian an Bruder Wilhelm: „Hier angekommen [aus London zurück] erfahre ich, daß man vor hat Fischern oder mich für den Landtag zu wählen – dies wird sich hoffentlich beseitigen lassen, da einer wie der andere von uns nicht dahin taugt."

Der Stolz des Bürgerlichen

Die politische Grundhaltung Friedrich Christians, sofern sie aus seinen Briefen während der Revolutionszeit nicht hinreichend deutlich geworden ist, tritt in den nächsten drei Briefpassagen deutlich hervor:

1851, 29. Dezember, Friedrich Christian an Schwiegervater Mensing in Erfurt (s. „Kultur"): „ich habe manche Besuche unterlassen, welche ich im Jahre 1848 gern machte. Aber damals war das Verhältniß eines unabhängigen Bürgerlichen zu den höheren Beamten ein durchaus Anderes als jetzt. Seit die gefährliche Volkszeit vorüber ist, faßten sich die hohen Herrschaften wieder straff, und natürlich bleibt unsereiner von denen fern, welche vorberechtigt sind."

1852, 20. Januar, Friedrich Christian an Bruder Wilhelm: „Über Georgs [älterer Bruder] Befinden habe ich mittlerweile von ihm selbst Nachricht in einem sehr munter geschriebenen Briefe, in welchem er mir das wunderliche Geschenk [Fußnote von anderer Hand: Der ‚Korrespondent' vom 7. d.M. hatte die Nachricht gebracht, dass F. Fikentscher den Kronenorden, an den bekanntlich die Eintragung in Adelsmatrikel verbunden ist, erhalten solle. Die Nachricht bestätigte sich nicht, er erhielt nur den Michaels-Orden], welches Friedrich [jüngster Bruder] erhielt, mittheilte. Letzterer wird hoffentlich ablehnen, was ihm zeitlebens ein Knüppel zwischen den Beinen blieb. Sollte man ihn nicht vorher gefragt haben, ehe man saubere Geschenke ausfertigte? Er hat zehn gute Gründe für die Ablehnung, und keinen, außer die königliche Gnade, welche verscherzt werden könnte, wenn er nicht willfahrte, für die Annahme. – Behielte er den adligen Orden, so ließe sich natürlicherweise nichts sagen, aber wunderlich wäre es doch, wenn derjenige unter uns, welcher das Gepräge des selbst handanlegenden Gewerbsmannes als wir andern an der Stirne trägt, die Reihen der Aristokraten verstärken müsste. Daß die Regierung daran denkt, ihr konservatives Bollwerk zu verstärken ist begreiflich, wenn ich auch der Ansicht bin, dass dieses Mittel nicht so hoch anzuschlagen ist und die mindeste Verbesserung in den materiellen Interessen die allgemeine Wohlhabenheit vermehrte und mehr noch die damit gleichzeitige Heranbildung des Volkes für gesetzlichen Willen. Dafür scheinen sie aber kein Organ zu haben."

1852, 30. Januar, Friedrich Christian an Bruder Wilhelm: „Daß man Friedrich den Orden gegeben, ist nicht mehr wie billig. Seine Opfer verdienen Anerkennung, und ich bin froh, dass sich die Sache in dieser Weise gelöst hat, denn offen zu gestehen, die Nachricht aus den ‚Korrespondenten' hat mich indignirt [d.h. aufgebracht, entrüstet]. Einen in ein fremdes Verhältnis einzwängen zu wollen heißt unter den obwaltenden Umständen geradezu ihn lächerlich machen, und das hätte Friedrich nicht verdient."

Landtagsabgeordneter in Dresden

1852, 27. November, Friedrich Christian an Bruder Wilhelm: „Wir haben bessere Kohlen als die Nachbarwerke, keine größeren Schwierigkeiten als diese, keinen Zehend zu bezahlen (welcher den Erzgebirgischen Verein jährl. allein 12[.000] bis 15.000 Taler kostet) und größere Nähe des Bahnhofs als alle andern Gruben – aber unsere republikanische Verfassung ist für das Geschäft zu schlaff und zu wohlfeil bezüglich der Angestellten." Randbemerkung: „Diese Tage war Wahl der Deputirten für den Landtag, wobei man Fischern als

Deputirten und mich als Stellvertreter wählte. Wir beide lehnten ab, wird aber nichts helfen."

1853, 11. Januar, Friedrich Christian an Bruder Wilhelm: „Morgen ist nun Wahl der Deputirten zum Landtag, da Fischers Ablehnungsgründe genügend befunden wurden, und es kann wohl seyn, dass ich diesmal an die Stelle genommen würde. Ich habe jedoch gute Ursache die Ehre abzulehnen und werde in dieser Beziehung kein Mittel scheuen. – Sonderbar, dass es hier an Kandidaten fehlt, wo genügendes Vermögen und entsprechende Beschäftigung vieler Personen diese befähigen sollten. Leider haben sich aber mehrere gescheide Leute, welche man jetzt gern wählen würde, in der tollen Zeit weiter hinreißen lassen als gut war, so dass sie jetzt nicht genommen werden können, und unsere Geldleute sind meist Esel oder Eigennützige." ... „So weit gekommen („den 12. Abends") – wurde ich durch Besuch gestört, und so verschiebt sich der Schluß bis auf heute Abend. Da habe ich denn noch zu berichten, dass mich die Wahl als Abgeordneter der Ständekammer in Dresden traf, welche ich zwar abzulehnen versuchte, aber da die Entscheidung der Kammer vorliegen muß, das Einrücken wohl schwerlich vermeiden kann. – Daß mein Ersatzmann, Stadtrichter Redslob in Chrimitschau, ein legaler und tüchtiger Jurist, lieber als ich einrückt, ist der günstigste Umstand, welcher an der Ehre für mich hängt. Da kann es denn nach Wunsch kommen, dass ich nur bei den Verhandlungen über die Eisenbahnfragen beisitzen muß, und dass ich in der ganzen übrigen Zeit, in welcher die neuen Landesgesetze an der Tagesordnung sind, zu Hause seyn kann. Daß man mich erwählte liegt fast lediglich an den Bestrebungen, welche ich wegen der Eisenbahn von hier nach Schwarzenberg machte. Da setzt man dann voraus, dass ich die noch dringendere Aufgabe – die Bahn von hier nach Chemnitz durchzusetzen, mindestens eben so warm verfolgen würde. Nur werde ich freilich thun was ich kann, nämlich den Verlust zu beweisen, welcher unvermeidlich ist, wenn die Bahn nicht gebaut würde – und das übrige Andern überlassen."

1853, Januar: Urkunde zur Legitimation als Landtagsabgeordneter, der Text lautet:

„In Folge der zur Ergänzung der Ständeversammlung des Königreichs Sachsen angeordneten Landtagswahlen ist im 15ten städtischen Wahlbezirke bei der am 12. Januar laufenden Jahres veranstalteten Wahl Herr Fabrikbesitzer Christian Friedrich Fickentscher [!] in Zwickau zum Landtagsabgeordneten erwählt worden. Da gegen das Wahlverfahren nichts zu erinnern gewesen ist; so wird dem Gewählten hierüber nach §105. des Wahlgesetzes vom 24. September 1831. Gegenwärtige Legitimation unter gewöhnlicher Vollziehung ausgefertigt.

Zwickau am 18. Januar 1853. Königl. Sächs. Kreisdirektion, Ernst Friedrich Gartz. Legitimation für den Landtagsabgeordneten im 15. städtischen Wahlbezirk Herrn Christian Friedrich Fickentscher in Zwickau, Gumprecht" (Abb. 16).

1853, 22. Juli: Friedrich Christian an Bruder Wilhelm: „Dass Dir die Landrathssitzungen etwas quer kommen, kann ich mir denken. Indessen stören solche Dich in keinem Fall so unangenehm wie mich die Sitzungen des Landtags in Dresden. – Wenn ich auch im Stande seyn sollte, einem großen Theil derselben durch den Ersatzmann auszuweichen, so werde ich mindestens 4 bis 5 Wochen verlieren. Dies ist mir um so unangenehmer, als der Hauptzweck für mich die Herstellung der Chemnitz Zwickauer Bahn sicher und zwar von Schwarzenberg hieher durch meine Anwesenheit in Dresden nicht gefördert werden. Denn die erste Bahn ist schon jetzt festgestellt, und die zweite kommt erst auf dem zweiten Landtag zur Verhandlung. Ich hoffe noch, daß mein Ersatzmann den Aufenthalt in Dresden und die 3 Thaler höher schätzt als ich es kann, und daß sich damit meine Abwesenheit von hier möglichst abkürzen lässt."

1854, 5. Juni: Friedrich Christian an Schwiegervater Mensing in Erfurt: „Obwohl der Einfluß unserer politischen Lage auf mein Geschäft nicht so stark ist wie auf viele andere, so läßt er doch vorsichtig seyn. Ich muß deshalb mehrere sehr wünschenswerthe aber nicht wohlfeile Einrichtungen unterlassen, und es kann sogar dahin kommen, daß ich mein Fabrikpersonal beschränke, wo es ohne Nachtheil für die Folge geschehen kann. Hierzu ermuntert eine bevorstehende Steuererhöhung nur zu sehr, da solche nach einem im Ganzen richtigen Grundsatz bei Fabriken von der Anzahl beschäftigter Arbeiter ausgeht. Da ich einige Zweige kultiviere, welche mir noch einen sehr problematischen Ertrag gewähren, so z. B. der Betrieb der Grube im Gebirge, welche fast den dritten Theil Leute beschäftigen, die überhaupt bei mir arbeiten, so kommen die zuerst an die Musterung. Wenn ich dabei nicht zu rasch verfahre, so thu ich dies mehr des armen Gebirgs wegen, als einem andern Grunde. Ich will indessen noch die Entschließung der Behörde abwarten, bevor ich vorgehe."

1854, 28. August, Friedrich Christian aus Zwickau an Schwiegervater Mensing in Erfurt: „Sehr fatal kommt für mich die Eröffnung des Landtags in etwa 5 Wochen. Noch ist kein Ersatzmann gewählt, so daß ich recht aergerlich bin [Unternehmer waren zu dieser Zeit im Landtag eine Ausnahme, erst später wurden es mehr, Schröder 1998]. Der Wechsel in unserem Königshaus wird nicht ohne eingreifende Aenderungen zu machen, geschehen seyn. Die Persönlichkeiten der Minister, welche jetzt am Ruder sind, sollen dem König nicht genehm seyn. Dieser ist zwar streng katholisch, aber, das hat noch Niemand widersprochen ein Ehrenmann von tüchtigem Wissen und von Charakter. Da hoffen wir denn das Beste."

Gemeint ist König Johann der Wahrhaftige (regierte 1854–1873). Auch er besuchte später die Fabrik Friedrich Christians, wobei – was erzählt und weitergesagt wurde – der König mit ihm so in Gespräche versunken durch den Park gewandert sei, dass sie dem Begleitpersonal aus den Augen gerieten, das dadurch in große Unruhe geriet.

Zu einigen dieser Briefinhalte und den folgenden sind zwei Anmerkungen erforderlich; die Anwesenheit in Dresden betreffend und der Eisenbahnbau. Schaut man in die Präsensprotokolle der II. Kammer des Sächsischen Landtags (SHD 2), so zeigt sich am Beispiel der Sitzungsperiode vom Oktober bis Dezember 1854, dass täglich kontrolliert wurde, und Friedrich Christian, unter Nr. 17 von 75 Abgeordneten registriert, nur dreimal kurz abwesend war, ihm „Urlaub" erteilt wurde, sonst aber keine Fehlzeiten eingetragen sind. Die häufigen Klagen Friedrich Christians über seine lange zeitliche Einbindung in Dresden sind also verständlich.

Nun zum Eisenbahnbau: Dieses Thema ist vor allem deshalb interessant, weil Friedrich Christian hierbei eine besondere Aufgabe zufiel, deren Ergebnis noch in späterer Zeit anerkennungsvoll erwähnt wurde. In Sachsen wurden in diesen Jahren mehrere Eisenbahnstrecken gebaut. Aus Gründen umfangreicher Genehmigungsverfahren, Flächenenteignungen und der Finanzierung fiel deswegen im Landtag viel Arbeit an. Die Akten sind voll davon (SHD 2, 5) Das damalige Verfahren, verkürzt dargestellt, war folgendermaßen: Die Abgeordneten hatten das Recht, an den König eine Petition zu richten. Das entsprach einer heutigen Gesetzesinitiative. Der König gab dieses Papier zur Beratung an die Zweite Kammer, nach deren Zustimmung ging es an die Erste Kammer und anschließend zurück zum König, der das Gesetz in Form eines Dekrets verkünden ließ. Unterschrieben wurden die Berichte von den damit beschäftigten Abgeordneten, darunter auch Friedrich Christian, sowie einem Referenten. Den Petitionen waren teilweise umfangreiche Gutachten beigefügt, beispielsweise über die Ergiebigkeit von Kohle- oder Erzlagerstätten, woraus sich ein sehr komplexer Beratungsgegenstand ergab, kein Wunder, dass viele Wochen und Monate dafür erforderlich waren.

Bei dem ab Februar 1855 zu beratenden Eisenbahnbau ging es zunächst um die Fortsetzung der Chemnitz-Riesaer Eisenbahn über Hohenstein, Glauchau nach Zwickau und die Verbindung mit der Sächsisch-Bayerischen Staatsbahn. Dies alles war bereits drei Jahre zuvor beraten, aber nicht zum Abschluss gebracht worden. Nun ging es, maßgeblich durch Betreiben von Friedrich Christian, zugleich um einen eingleisigen Bau der Bahn von Zwickau nach Schwarzenberg (SHD 3, 4, 6, 7) Dazu schrieb er ein acht Druckseiten umfassendes Papier als Ergänzung der entsprechenden Petition, gezeichnet mit 6. März 1855. Er beginnt ganz allgemein: „Während man annimmt, daß Eisenbahnen bei ihrer Veranschlagung nur in dem Maaße als gesicherte Unternehmungen gelten, in welchem sie teil am allgemeinen Verkehr nehmen, ist man mit der Zwickau-Schwarzenberger Bahn in dem entgegengesetzten Fall. Beschränkt auf die Zuflüsse aus dem innern Lande, kann sie mit dem üblichen Maaßstabe nicht gemessen werden. Sie soll zwar die schon vorhandenen Zustände auch benutzen und bessern; ihre größte Bedeutung liegt aber darin, daß sie die schlummernden Kräfte des Obergebirges wecken und dadurch neues Leben in dasselbe bringen wird.“ Es folgen eingehende Betrachtungen und Angaben zu der Werthaltigkeit der Bodenschätze, Vergleiche mit der

Wirtschaftlichkeit unter veränderten Bedingungen. Auch ein Vergleich mit den Verhältnissen in Westfalen und Schlesien wird von ihm vorgebracht, wo nach der Erschließung von Erzlagerstätten mehrere Hochöfen auf privater Grundlage entstanden. Kurzum: Er setzt sowohl seinen geologisch-mineralogischen als auch wirtschaftlichen Sachverstand ein, um für ein großes Wirtschaftsförderprojekt zu werben. Noch am 12. Februar hatte er laut Mensing aus Dresden geschrieben, dass selbst die Regierung nur mit Unmut an die Eisenbahnsache gegangen sei. Ende Februar und im März folgten dann die genannten Papiere, und schließlich schrieb er am 17. März 1855: „Noch vor vierzehn Tagen hatte fast niemand außer mir Hoffnung, überhaupt nur eine Majorität bei der Abstimmung zu bekommen, und nun ist heute die Abstimmung erfolgt mit der unerwartet großen Majorität von sechzig gegen vier Stimmen in der zweiten Kammer. Dieser glänzende Erfolg freut mich und meine Freunde sehr; nun ist endlich der Anfang gemacht, dem armen Gebirge zu helfen.“ Die erste Kammer folgte, das Dekret wurde erlassen, und die Eisenbahn nach Schwarzenberg gebaut. Geschafft hatte er diesen Erfolg offenbar durch seine in ungezählten Gesprächen vorgetragenen fachlichen Argumente, denn ein großer öffentlicher Redner war er nicht.

Die Arbeiten für den Landtag waren reichlich und vielfältig. Mensing, der während dieser Jahre die Geschäfte in der Fabrik weitgehend zu erledigen hatte und auch später den Nachlass durchgesehen hat, schreibt dazu:

„Als Mitglied der Finanzdeputation übernahm er die Bearbeitung und das Referat der Vorlagen: Straf- und Versorgungsanstalten, Gewerbeschulen, Statistisches Büro, Berg- und Hüttenwesen, Unterstützung der Landwirtschaft, Gutachten über Jagdrecht, Verbesserung im Telegraphensystem, Verlegung der Meissner Porzellanfabrik, Landesbeschälanstalt [Besamungsanstalt für Pferde] u.a. Mannigfaltig seien seine Arbeiten auch hinsichtlich der acht Anstalten in Dresden, Waldheim, Zwickau, Sonnenstein, Kolditz, Großhennersdorf, Hubertusburg und Bräunsdorf gewesen. Von jeder waren die ganzen Rechnungsberichte durchzuarbeiten und zu begutachten. Ebenso war es mit einer großen Anzahl von Gewerbeschulen.“

Und tatsächlich lesen wir immer wieder über die zeitliche Belastung in Dresden: Brief vom Februar 1855: „Ich habe gar keine Zeit, sodaß ich noch in garkeiner Sammlung war und nach Neujahr erst dreimal im Theater und erst einmal ein Konzert besuchte." Und 1858, 19. Februar an seine Frau nach Zwickau: „Jetzt weiß ich jedenfalls so viel, dass ich bis in die Mitte nächster Woche hier bleiben muß, es kann dann das Ende der selben herbeikommen, so daß der Anfang des Merzens erreicht wird ehe meine Ferien beginnen. Diese sollen aber um so länger dauern, als die Eisenbahnverhandlung möglichst weit hinausgeschoben wird, weil Niemand gerne daran geht. Das gleiche ist mit der Porzellanfabrik, worüber der Regierung selbst die Augen aufgehen und sie wie die Stände wünschen, dass die Sache nicht übereilt werde. Ich könnte dabei viel zu tun bekommen, hüte mich aber, da nur Jemand gesucht wird, der die Kastanien aus dem Feuer holen soll."

1858, 9. Juni: Friedrich Christian aus Dresden an Bruder Wilhelm: „In der zweiten Hälfte des Juli bin ich vom Landtage frei; bis dahin kann ich es nicht genau bestimmen, aber dazwischen doch um 8 Tage heraussparen, wann ich nur weiß, wann diese nöthig sind ... Wie Du gelesen habe wirst, ist die Freiburger Bahn verwilligt, eine für Sachsen sehr wichtige Sache." Und am 18. Juli 1858 aus Zwickau an Bruder Wilhelm: „Der Landtag dauert noch 14 Tage, ich habe aber bis zu Ende Urlaub genommen und habe demnach freie Hand."

Friedrich Christians Grundeinstellung zur Landtagstätigkeit wird – zitiert nach Mensing – aus einem verlorengegangenen Brief deutlich: „Wenn ich auch mir selbst vielleicht wenig materiellen Nutzen schaffe, so ist doch mein Interesse an dem neuen Vaterlande sehr gestiegen, und meine Kinder werden sich in dem Erfolge erwärmen, wenn ich längst nicht mehr bin."

Und überhaupt: Das Wort Vaterland lesen wir bei Friedrich Christian in mehreren Briefen, wenn er Leistung und Lebensart in Belgien, besonders aber in England, mit „unserem armen Vaterland" vergleicht. Mit dieser Haltung, die er auch bei Zuständen und Ereignissen im eigenen Land klar ausdrückt, kann man ihn wohl einen Patrioten nennen.

10

KULTUR

LEBENSART UND KUNSTVERSTAND

—

„Die Künste sind der Spiegel des Lebens."
Heinrich Heine

—

Eher beiläufig erfahren wir aus Briefen von Friedrich Christian und anderen, wie sich die Generation nach dem Gründungsvater zum aufgeklärten Bildungsbürgertum entwickelt hat. Es schien nicht der Mühe wert zu sein, dies irgendwo näher auszuführen, doch der Vorgang wird an kleinen Äußerungen deutlich. Freilich beginnt ein solcher Wandel mit einem gepflegten Haushalt und Lebensstil. Auch das Verständnis für Kunst hatte sich frühzeitig entwickeln können. Die Vielfalt der einzelnen Bemerkungen zu diesem Thema wird hier wie in den bisherigen Kapiteln in zeitlicher Reihenfolge zusammengestellt. Allerdings mit einer Ausnahme: Ein Brief von Friedrich Christian, geschrieben wenige Monate nach dem Tod seiner ersten Frau an seine 24-jährige Nichte Rosalie Mensing in Erfurt, die er ein Jahr später heiratete. Dieser Brief lässt sich schwer zuordnen, erlaubt jedoch einen tiefen Blick sowohl in sein Empfinden als auch auf das selbstbewusste Auftreten des unabhängigen Bürgers. Er berichtet über eine Reise nach Dresden, die er unternehmen musste, um sich persönlich beim Sächsischen König Friedrich August II. (1797–1854, König seit 1836) zu bedanken, weil dieser ihm mit Datum vom 27. Juni 1850 das Ritterkreuz des königlich sächsischen Verdienstordens verliehen hatte. Es ist ein langer Brief, den wir vermutlich dem Umstand verdanken, dass der Witwer sowohl zu einer vertrauten Person sprechen wollte, und sei es nur schriftlich, als auch bereits den Gedanken an eine Heirat erwog und Rosalie so viel wie möglich über sich und seine Lebenshaltung mitzuteilen versuchte.

Ein Brief zum Kennenlernen

Zwickau, den 2. (Oktober/November) 1850: „Liebe Rosalie! Daß Du meinen Wunsch so freundlich erfüllen würdest hatte ich wohl gehofft, daß Du dieses aber so reichlich tun könntest, durfte ich nicht erwarten. Um so größer war meine Freude über den lieben langen Brief der mir Dein ganzes Wesen in so lieber Weise vergegenwärtigte. Ich würde Dir schon bald nach Empfang des wiederholt gelesenen geantwortet haben, wünschte aber zuvor meine Dresdner Reise zurückzulegen, um Dir etwas vorplaudern zu können. Das nasse Herbstwetter hielt mich aber zurück, so daß ich erst am Donnerstag vor 8 Tagen beim schönsten Sonnenschein abreiste. Die Zeit bis dahin wäre für mich eine sehr einsame geworden, hätte mich nicht bei meinem Schreiben (ich saß in der letzten Zeit viel) Fritz [Sohn, 5 Jahre] häufig besucht. Der arme Schelm mochte die traurige Zeit eben so fühlen wie sein Vater, und fand ungewöhnlich viel zu fragen. Was mich dabei sehr erquickte, war die von ihm deutlich ausgesprochene Sehnsucht nach Hermann [Sohn, 13 Jahre, war in eine Pension in Chemnitz gegeben worden] welcher sich in der letzten Zeit viel mit ihm abgegeben hatte. Die gegenseitige Zuneigung war übrigens bei dem aelteren Bruder nicht schwächer, der gegen Frau Caspari seine Sehnsucht nach dem Kleinen wiederholt aussprach.

Für meine gehäuften Briefschulden hatte die Regenzeit eine vortreffliche Folge. Ich glaube nie so gründlich aufgearbeitet zu haben als jetzt, und freue mich auch deshalb recht herzlich darüber, da ich mich nun mit vollem Genuße dem Plaudern mit Dir hingeben kann. Wundere Dich nicht, wenn ich dabei weder Zeit noch sonst eine Ordnung einhalte. Ich darf nicht rechnen eine halbe Stunde lang ungestört zu bleiben; meine Neigung zu Zerstreutheit thut auch das Ihrige, da nehme denn manche Wiederholung und manches halb ausgesprochene freundlich hin. Ich weiß doch, daß Dich die Erstere nicht stört und das Letztere kein Rätsel bleibt. Deinen Brief nach Wunsch zu beantworten will ich erst von meinen Erlebnissen schreiben; das Vergnügen näher auf das einzugehen was er enthält, verspare ich mir auf später, damit ich ihn mit Fug und Recht ein mal öfter lesen kann.

Vor meiner Abreise nach Dresden, welche ich von Tag zu Tag verschoben, brachte ich noch einen Abend bei Wirsings zu. Dieser vergieng so angenehm und schnell, daß ich mir vornahm öfter zu kommen. Sie sind so glücklich über ihr hübsches Mädchen und das gute Befinden der Mutter, daß es einem wohl thut dieses ganz mitfühlen zu können. Wie ich oben sagte, fuhr ich beim schönsten Herbstmorgen ab. Meine Reisegesellschaft war erst schon ganz leidlich und von Lichtenstein bis Chemnitz sehr angenehm, dort gesellte sich Gilberts Schwager Schaarschmidt zu uns, der die Hochzeit seines Bruders und der Tochter eines reichen Fabrikanten Tags zuvor mit gefeiert hatte. Unter sehr lebhaftem Gespräch erreichten wir Chemnitz. Die Jungen traf ich im Begriff in die Schule zu gehen, und sie waren eben so überrascht als erfreut. Bis sie zurückkamen plauderte ich mit Caspari's, von denen ich zu meiner Beruhigung hörte, daß sich beide gut anließen. Hermann sey recht ehrlich fleißig, und Wilhelm [Sohn, 11 Jahre] litte wohl an Flüchtigkeit, griffe aber auch von Tag zu Tag besser an, da er keinen Ausweg sähe. Letzterer war in der ersten Zeit vollkommen scheu vor Herrn Caspari, ohne daß dieser den Grund herausfinden konnte. Ich hörte nun auf dem Spaziergang, welchen ich mit beiden machte, daß der Grund kein anderer seyn konnte, als die wunderlichen Schilderungen welche Rudolph Fischer von seinem Lehrer bei seiner Reise mit uns gemacht hatte. Wilhelm stellte sich seinen Hausherrn als einen entsetzlichen Tyrannen vor, dessen Strenge er ständig erwartete. Nun scheint er aber darüber beruhigt, und die nächste Wirkung, welche ich bei ihm bemerkte, ist einige Sorgfalt auf sein Aeßeres, welches wie Du weißt, nicht gerade überflüssig war. Bis gegen Abend 8 Uhr, der Stunde meiner Abreise, verbrachte ich sehr angenehm in Casparis Gesellschaft. Der Weg nach Freiberg war, wie es einem schlaflosen Reisenden in der Nacht nicht anders seyn kann, lange und widrig.

In Freiberg suchte ich bei wiederkehrendem rauhen Wetter Bekannte auf, die mich alle sehr freundlich empfingen. Auch der

Berghauptmann v. Beust war überaus zuvorkommend, und erleichterte mir meinen Besuch bei Vielen, indem er alle Fachverwandten zu sich auf ein Abendessen lud. Den Nachmittag vorher besah ich die großen Schmelzhütten usw. auf für mich sehr lehrreiche Weise, und am Abend traf ich bei v. Beust nicht nur die Professoren Reich, Breithaupt, Cotta, Plattner, Fritzsche nebst einigen Hüttenbeamten, sondern auch eine von der Frau v. Beust besonders eingeladene Reihe von jungen Herren und Damen. Letztere zu Ehren eines jungen Brautpaares. Dieses war ein Engländer aus Chili Sewel und eine Freibergerin mit welcher er ohne Zweifel seinen gesammelten geistigen Schätzen die Weihe giebt. Sonst waren noch drei-vier Freibergerinnen; ein Spanier, Cabrera, Bruder des Generals; ein Franzose und zwei sächsische Leutnants mitvergnügt." [Friedrich Constantin v. Beust, Oberberghauptmann in Sachsen, älterer Bruder des bedeutenden Staatsministers v. Beust (1809–1886) und Bernhard v. Cotta, Geologe und Prof. an der Bergakademie Freiberg, jüngster Sohn des Heinrich Cotta 1763–1844, Begründer der ältesten Forsthochschule Deutschlands in Tharandt; Dittrich 1938 u. 1994].

Weiter im Brief: „Nach dem Essen wurde bei Klavierspiel getanzt, versteht sich von den Jüngeren, die Aelteren unterhielten sich mächtig von Schwefel und anderem Lieblichen. Da warf ich einem Professor hin, daß der Musikus doch gar zu lahm spiele, so daß ich fest helfen möchte. Und da nahmen mich einige beim Wort, so daß ich ‚in die Saiten griff'. Was meiner Kunst abging, ersetzte ich durch Gewalt, und dies' war recht. Ich bekam wohlverdiente Danksagung in Spanisch, Englisch und Freibergisch und schied sehr mit mir zufrieden. Am Morgen bei unzweifelhaft schlechtem Wetter fuhr ich ab und hielt im Plauischen Grund bei Reichard's an, die ich beim Essen, also in großer Verlegenheit traf. Ich half mit darüber weg so gut ich konnte und blieb nach dem ich beim Kaffeetrinken Gewißheit erlangt hatte, daß sie etwas beruhigt waren, einige Stunden bei den guten Leuten. Diese sind in mehrfachen Beziehungen interessant. Die Eltern waren die berühmten Luftschiffer zu Napoleons Zeiten. In den Jahren 1805 bis 20 war kaum eine große Festlichkeit in einer bedeutende Stadt von Europa, wobei nicht Reichard und gewöhnlich auch seine kleine Frau nicht in die Lüfte fuhren. Den alten höchst beweglichen Vater lernte ich vor neun Jahren kennen als ich mit Luisen nach Dresden kam, und er blieb mir seitdem eine recht interessante Bekanntschaft. Merkwürdigerweise hatten die sehr lebhaften Eltern ganz entgegengesetzten Naturells in ihren Söhnen, welche die personifizirten Phlegma's sind. Es gab keinen possierlichern Gegensatz als die im Schlafrock lebenden Söhne und deren sprühende Mutter mit dem über alles Maas beweglichen und gefälligen Vater. Die Aeltern sind schon seit einigen Jahren tod, Söhne und Töchter verheiratet. Die ganze Familie ist ‚republikanisch', indessen nur ein Schwager flüchtig, da die übrigen Familienglieder, wie mir scheint, zu träge waren, um sich in den Maiunruhen zu beteiligen. Ich vermuthe übrigens auch nicht ohne Grund, daß sich die guten Leute in der (Richtung) vergriffen haben, und mindestens ebenso weit rechts stehen, als ihr Besuch.

Das Thal der Weiseritz, welches gemeinhin der Plauische Grund heißt, ist einer der schönsten Winkel Deutschlands. Die Verengerungen welche manchmal nur für das Flüßchen und die Straße Raum lassen, wechseln mit Weiten, in welchen hübsche Dörfer und einzelne Ansiedlungen, begränzt von mannigfaltigen Abhängen die zum großen Theil prachtvoll bewachsen sind, liegen. Sie erzeugen eine Mannigfaltigkeit, die entzückend ist und lebhafte Wünsche erzeugt hier Hütten zu bauen. Diese müssen zwar unbefriedigt bleiben, aber in guter Jahreszeit wiederzukommen ist hoffentlich ausführbar, und daß ich dann den Genuß nicht allein zu haben wünsche traust Du mir zu.

Unter strömenden Regen fuhr ich in Dresden ein und nahm Wohnung in der Stadt Gotha. Noch am Abend suchte ich Sekretair Engel auf, welcher als Büreauchef der Industrieausstellung und als Vorstand des statistischen Büreaus hier, von wesentlichem Einfluß auf Sachsens Gewerbe ist. Er ist noch jung, erst seit zwei Jahren verheiratet und seine Frau munter wie er. Wir waren bald näher bekannt und ich verlebte mit ihnen manche angenehme Stunde. Durch Engeln erfuhr ich zunächst den Weg, welchen ich einzuschlagen hatte, um meinen allerunterthänigsten Dank für das Ritterkreuz abzustatten.

Da erfuhr ich zu meinem Schrecken, daß ich vor Donnerstag nicht vorgelassen werden könnte, da der König auf seinem Weinberg wäre, und nur an diesem Tag in der Stadt Vorstellungen annehme. Ich war wirklich erst zweifelhaft ob ich nicht gleich wieder abreisen sollte, die kältere Überlegung brachte mich aber zum Bleiben. Ich fing also am Montag damit an, daß ich beim Minister Friesen den ersten Besuch machte. Dieser, ein sehr lebhafter gescheider Mann, nahm meine Fragen freundlich auf, so daß ich recht zufrieden schied [Richard Freiherr v. Friesen, 1808–1884, sächsischer Innenminister, später Ehrenbürger Dresdens]. Nun mußte ich zum Haushofmeister des königlichen Hauses v. Mincwitz. Mit diesem gieng es schwieriger, da er alt und sehr beschäftigt ist. Erst nach dreimaligem Kommen gelang mir's vorzukommen. Das Antichambriren ist eine saure Arbeit für den Unabhängigen, und schwerlich hätte ich sie in gutem Humor abgethan, wenn ich mir nicht vorgenommen hätte ‚auszuhalten', und wenn ich nicht in der Zeit der Erwartung die Lagen von wirklich Bittenden vorgeführt hätte, deren Schicksal von der gnädigen oder ungnädigen Aufnahme abhängt. Alles was mir Unangenehmes geschehen konnte, war, daß ich mich mit meinem Gehänge lächerlich machen könnte, und dagegen hatte ich mich verwahrt. Ich zog nämlich den rechten Mann zu Rathe welcher mehr Erfahrung darin hatte als die Weisesten, der, welcher die jämmerlichste Persönlichkeit zu einer angenehmen Figur machen kann, den Hofschneider. Als mir derselbe den Orden an die allein richtige Stelle genäht hatte, war ich ein anderer Mann, ich fühlte meinen Werth und trat nun mit Sicherheit vor den Hofmarschall. Ich gieng im bekreuzten Frack, aber mit Überrock zu ihm, der die Gnadenpforten öffnet. Als ich ihm mein Anliegen eröffnete, daß ich Sr. Majestät für die allerg. verliehene Auszeichnung meinen aller. Dank zu bringen wünschte, sah mich das gute Männchen zweifelnd an, bis ich den Oberrock bis unter dem Kreuz lüftete. Da kam eine Verklärung über das renovirte Gesichtchen und eine Fülle von herzlichen Glückwünschen über mich, daß wir beide gerührt voneinander schieden, ich mit der Gewißheit keine Minute vergebens warten zu dürfen und er, seine Huld keinem Unwürdigen zu gewähren.

Nun hatte ich zwei volle Tage und drüber Zeit. Diese füllte ich sehr angenehm in Gesellschaft von Fachverwandten und alten Bekannten. Oberst Gutbier mit Familie, Direktor Hülse; Dr. Stein; Dr. Geinitz; Zeughausdirektor Törmer; Apotheker Gruner, Oberländer (der ehemalige Minister), gaben den paar Tagen Flügel, so daß ich, ohne in das Theater zu kommen, und ohne mehr als ein paar Stunden auf der Gemäldegalerie zu genießen unvermerkt bei der Stunde der königlichen Audienz angekommen war. Am Donnerstag Vormittag fünf Minuten vor Zehn trat ich in die Residenz und ebenso viel nach Zehn wieder ins Freie. – Nach allem was ich von Kundigen über die Persönlichkeit des Königs gehört hatte war ich auf große Einfachheit desselben gefaßt, und dennoch übertraf das was ich selbst sah und hörte meine Erwartung. Der erste Gedanke, welchen ich ihm gegenüber hatte, war: Gott bewahre diesen milden Charakter vor gewaltigen Prüfungen wie sie unsere Zeiten bringen. Seine klaren blauen Augen zeigen bei aller Milde viel Geist, und deren Ausdruck läßt sie nicht leicht wieder vergessen. Etwas störend wirkte auf mich anfangs seine schwache und lispelnde Sprache. Dies soll jedoch nur zu Beginn seines Gesprächs gewöhnlich seyn, und er soll bei dem rechten Gesprächsstoff ganz fließend reden. Wir schieden, wenigstens war dieß auf meiner Seite der Fall, vollkommen zufrieden voneinander, nachdem er noch gesagt, daß er später wieder einmal nach Zwickau kommen wolle.

Als mein großes Werk vollbracht war, packte ich meinen bekreuzten Rock schnell ein, besuchte noch einige Bekannte und um halb ein Uhr war ich auf dem Wege nach Hause. Um vier Uhr traf ich in Leipzig ein und hatte eben Zeit zu Fuß behaglich nach dem bairischen Bahnhof zu gehen. Daß ich den Theil der schönen Anlage nächst dem Dresdner Bahnhof mit dankbarer Erinnerung an den letzten freundlichen Händedruck von Dir beschritt, glaubst Du. Mit derselben beschäftigt gieng ich langsamen Schrittes durch die Stadt.

In guter Gesellschaft fuhr ich nun vollends nach Zwickau, wo ich um neun Uhr ankam. Wilhelm [Mensing] empfieng mich auf dem Bahnhof entgegen, wofür ich ihm innerlich dankte, denn ich sehe sein treues, obwohl manchmal verdrießliches Gesicht, immer gern.

Die beiden Kleinen [Marie und Friedrich/Fritz] schliefen schon fest, kamen aber am anderen Tage zeitig vor mein Bette um guten Morgen zu wünschen und vor allem das Mitgebrachte zu empfangen. Bald war ich wieder ziemlich im Geleise. Seit einigen

Tagen hat Richard [Mensing] in die Unterhaltung etwas mehr Leben gebracht.

Wenn ich Deinen lieben Brief wiederholt lese, so finde ich stets Alles was Du, und wie Du es erzählst, so erquicklich, daß ich mir bald wieder einen wünsche. Dazu Veranlaßung zu geben werde ich mein Möglichstes thun. Was mich aber am meisten freut, ist die darin gegebene Gewißheit, daß Du gerne wieder kommst. Du sagst, daß Dein nächster Ausflug zu Möllers gehen müsse. Jedem das Seine! Für Möllers eine Woche, für uns viel, viel mehr. Daß Deine liebe Mutter der Erholung bedarf, weiß ich auch, und darauf zählend, daß es ihr bei mir nicht mißfällt, möchte ich sie im nächsten Frühjahr einige Wochen hier haben. Ich hoffe, daß sich daran die Gegenwart meiner Schwester Henriette knüpfen läßt. Wenn dieses etwas weitaussehend scheint, so weiß ich, daß Henriette nicht ungern hier ist, und das um so sicherer, wenn sie der Anwesenheit ihrer lieben Sophie gewiß wäre. Wenn dann Deine Mutter Zwickau satt hat, so bringe ich sie nach Erfurt um Dich abzuholen.

Mit aehnlichen Vorstellungen gehe ich dem Winter entgegen. Kann ich aber bis zu der ‚schönen Jahreszeit' einmal Ferien machen, so komme ich nach Erfurt ohne meine guten Vorsätze für den nächsten Sommer zu beschränken. Wie sich dieses eben auch gestalten möge, so bitte ich Dich stets zu glauben, daß ich für jede Deiner Zeilen dankbar bin als Dein Dich herzlich liebender Onkel."

Theaterbesuche

Theaterbesuche waren offensichtlich eine Selbstverständlichkeit. So schrieb der 20-jährige Friedrich Christian bereits in seinem Reisebericht durch Böhmen, dass er in Karlsbad sogleich eine Vorstellung besucht hatte. Und auch ein Jahr danach, auf seiner wochenlangen Reise durch Südwestdeutschland lesen wir am 15. Mai im Tagebuch: „Mit Dr. Martius hatte ich einen Spaziergang in den Hofgarten und in das Theater verabredet. Ein Trauerspiel von Houwald – Das Bild – wurde aufgeführt – freylich von Schauspielern von sehr verschiedenen Werthe. Das Parterrre bestand fast zur Hälfte aus Studenten, war aber sonst ziemlich ruhig." Auch beschreibt er im

Brief vom 4. Juni 1821 aus Karlsruhe an seinen Vater: „fuhr ich zurück [in die Stadt Straßburg] und ging noch ins Theater. Dieses ist ganz neu errichtet, es wurde erst 6 mahl darin gespielt, und kostet einige Millionen Francs. Die Pracht deßselben ist auch grenzenlos, und die Decoration über die der Wiener Theater. Es wurden zwei Lustspiele – beide Operetten – gegeben davon der Witz freylich für mich ganz verloren ging, da die Truppe blos französisch spricht, u. der Gesang sogar den Strasburgern unverständlich ist, doch daß ist an deutschen Theatern eben so. Der Gesang war von einigen leidlich – aber nicht ausgezeichnet. Das Orchester soll ausgezeichnet gut seyn aber die Musik eher wie der französische Charakter zierlich; ohne das Kernige was wir an unseren Opern gewöhnt sind." Soweit der 20-Jährige!

Und im selben Brief über Karlsruhe: „Abends gingen wir in das Theater. Die Musik gefiel mir besser als die Strasburger u. die Schauspieler waren auch gut." Dazu noch im Tagebuch: „Gegen 6 Uhr begann das Theater. Es wurde ‚Ubaldo' von Kotzebue gegeben. – Ubaldo ward von Schulz trefflich dargestellt. Die Dekoration ist sehr gut, auch das Theater schön und für Karlsruhe geräumig genug."

Bei jeder Reise haben die Theaterbesuche einen erheblichen Raum eingenommen, und der gestrenge auf Sparsamkeit achtende Vater dürfte dies als Selbstverständlichkeit angesehen haben. So lesen wir in einem Brief vom 8. Oktober 1827 aus München an den Vater: „Ich und Brandenburg [Reisegefährte] sind wie die Fische u. auch während den ganzen Tag auf den Beinen so daß ich nicht einmal an das Schreiben käme, wenn ich nicht heute ein schönes Theaterstück ausließe."

Drei Jahrzehnte später, der nun fast 60-Jährige schreibt am 17. Februar 1858 aus Dresden an seine Frau nach Zwickau: „Ich befinde mich ganz wohl, so daß ich vorgestern wieder das Theater besuchte. Es spielte die Ristori mit der sardinischen Truppe. Ich sah noch niemals die Wirkungen und Darstellungen der Leidenschaft mit diesem Ausdruck und mit dieser Wahrheit gegeben. Es ist aber etwas Grausiges in diesen Italienern, welches wir nie ganz verstehen lernen. Ich habe nun wieder lange Zeit Ruhe vor dem Theater. – Die Fastnacht spukte hier einige Tage lang in den Köpfen. In allen Regionen spielen Tanz und Thorheit die erste Rolle." Jahre zuvor hatte er allerdings selbst diese Gelegenheit zur Freude für andere genutzt: 22. Februar 1851 an Rosalie: „für die Fastnacht habe ich vor, ihnen [den beiden Söhnen im Chemnitzer Internat bei Caspari] ein Vergnügen zu bereiten, indem ich mit Marie und Fritz hinüber fahre."

Letztlich zum gleichen Thema am 16. Juni 1859 aus Dresden an Bruder Wilhelm: „Unser Landtag ist sehr friedlich abgelaufen und zwar binnen 3 Wochen. Wer seine eigenen Angelegenheiten zu Hause in Ordnung weiß, kann sich eine solche Zeit in Dresden ganz wohl befinden. Es gibt kaum einen Ort in Deutschland, welcher für unbeschäftigte Leute so viel wie Dresden bietet. Für unsereinen ist es freilich nicht so behaglich, weil man die nötige Ruhe nicht besitzt. Ich habe übrigens dennoch viele sehr angenehme Stunden erlebt, und auch einige Geschäfte angeknüpft."

Das Theater lässt Friedrich Christian auch später, als Stadtverordneter in Zwickau, nicht los. Jedenfalls findet sich in seinem Nachlass ein Entwurf mit zahlreichen Korrekturen aus seiner Hand, in dem er sich mit dem Theaterbau, dessen Notwendigkeit und Bezahlbarkeit auseinandersetzt (s. „Politik").

Musikverständnis

Doch nun wieder einige Jahrzehnte zurück und zur Musik. In dem eingangs zitierten ausführlichen Brief erfuhren wir durch eine kleine Episode, dass Friedrich Christian das Klavierspiel erlernt hatte. Mensing erinnerte sich: „Nach Noten habe ich ihn niemals spielen sehen, aber noch in Zwickau hat er, in den ersten Jahren, den kleinen Kindern Tänze vorgespielt, Erinnerungen an alte Zeiten"

Hausmusik war etwas Selbstverständliches geworden, so auch in der Familie Trommsdorff. Das geht aus einem Brief vom 3. April 1833 an den nunmehrigen Schwiegervater hervor. Die Heirat mit Luise Trommsdorff hatte am 8. Mai 1832 in Erfurt stattgefunden, das junge Paar lebte seitdem unter etwas engen Verhältnissen – die Strenge des Vaters war unverändert – in Marktredwitz. Das erste Kind, Sohn August, war am 26. März 1834 geboren worden. Wohl in diesem Zusammenhang wollte der Großvater seiner Tochter eine Freude bereiten. Friedrich Christian schreibt:

„Verehrter Herr Vater! Ihr Brief hat mich sehr überrascht, und ich würde denselben auch sogleich beantwortet haben, wenn ich sogleich mit dem Wunsiedler Instrumentenmacher hätte sprechen können. Vor einigen Tagen hat indessen mein Bruder mit ihm abgemacht, dass er eines von zwei gerade fertigen Fortepianos abgiebt, da dasselbe für Jemand bestimmt ist, welcher füglich warten kann. Unter 80 rf giebt er es aber nicht her. – Das Instrument soll sehr gut seyn und in etwa 8 Tagen fertig werden, ehe ich es jedoch hieher bringen lasse, will ich es ansehen. Die Absendung des Geldes bitte ich Sie ja zu unterlassen bis eine schikliche Gelegenheit, wodurch das Porto erspart wird, sich zeigt ... Kurz vor Weihnachten hatte ich schon ein sehr gutes Instrument im Handel, welcher sich nur deswegen zerschlug, weil dann mein Vater seinen Flügel anbot, welcher aber im Vergleich mit den neuern Instrumenten einen schlechten Ton hat und uns auch in der kleinen Wohnung beschränkt haben würde. (Luise sollte nichts davon erfahren, indessen wurde sie durch eine Rede des Vaters aufmerksam, so dass meine Absicht vereitelt wurde). Ich wollte meinen Vater nicht gerne beleidigen, wenn ich anstatt seines Angebotenen ein neues Instrument kaufte und unterließ nun die Ausführung des Handels."

Die Angelegenheit nimmt dann doch noch ein verträgliches Ende: 5. Mai an Trommsdorff: „Das Fortepiano erhalte ich nicht vor 5 bis 6 Wochen, weil der Besitzer oder Besteller des Einen nicht weichen wollte. Ich glaube aber, dass wir etwas recht Gutes zu erwarten haben. – Wenn es fertig und in meinen Händen ist, zeige ich es Ihnen an."

Konzertbesuche waren ebenso selbstverständlich wie Theaterbesuche, doch über beides erfahren wir nur zufällig aus Briefen, insbesondere aus dem Jahr 1851, als er an Rosalie Mensing, seine spätere zweite Frau, über seine Tagesabläufe berichtet. 7. Oktober. 1851, kurz vor der Hochzeit: „Am Sonntag waren wir in einem Violinkonzert, welches die 17jährige Berling aus Jena in der Tanne gab. Einige Musikfreunde unterstützten sie, und zur Unterhaltung trugen vor allem die Herren Franz, Wilhelm Mensing, Gerike und ein Lehrer der Bürgerschule durch ihr hübsches Quartett bei. Das

Spiel der Virtuosin ist kräftig und gut, so daß wir uns recht gut unterhielten. Mittwochs wird sie noch einmal auftreten, und zwar unterstützt durch ein Orchester. Was mir bei der Sache angenehm erschien war der Umstand, daß Wilhelm trotz seiner Gesangsproben und der öffentlichen Übung, am andern Morgen nicht klagte, er befindet sich also wieder wohl."

Zum Thema Musik hier noch eine kleine Begebenheit vom Juni 1860. In Zwickau feierte man den 50. Geburtstag des vier Jahre zuvor bereits verstorbenen Komponisten Robert Schumann. Unter den vielen von auswärts angereisten Musikern war auch der berühmte Weimarer Hofkapellmeister Franz v. Liszt. Friedrich Christians zweitälteste Tochter, Marie, verh. Peppmüller (1843–1914), erzählte, dass Franz v. Liszt am Abend bei ihrem Vater zu Gast war. Die Kinder durften nicht in den Salon, haben aber neugierig durch das Schlüsselloch geschaut und bemerkten nur, wie die Erwachsenen unentwegt um den Tisch herumgelaufen seien und nur französisch geredet hätten. Es ist anzunehmen, dass dieser höchst ehrende Besuch nicht allein wegen Friedrich Christians Ansehen in der Stadt möglich war, sondern wohl auch wegen seines Kunstverständnisses, das ihn als angenehmen Gastgeber empfahl.

Parkgestaltung in Zwickau

Zunächst noch eine kurze Bemerkung zur Architektur. Am 2. Mai 1835 schreibt Friedrich Christian in einem langen Brief an Schwiegervater Trommsdorff: „Was sagen Sie zu den nun projektirten Gebäuden welche in München die Benediktiner neben der Glyptothek, die Industrieausstellung, die englischen Stiftsfräulein, die Universität und alle Gläubigen aufsuchen sollen. Mir steht der Verstand still, und mein Vater ist als Mitglied des vorigen Landtags sehr verdrießlich."

Doch nun zu den Gärten. In den Zwickauer Jahren beschäftigte sich Friedrich Christian sowohl als Stadtverordneter als auch als Eigentümer eines großen Grundstücks mit der Gartenkultur. Es ging um die Schwanenteich-Anlagen der Stadt sowie um die Anlegung eines Parks auf seinem eigenen Boden. Zu seinen vielfältigen Bekannten und Freunden gehörte der damalige Weimarer Hofgärtner Eduard Petzold, zu dem eine jahrelange enge Verbindung bestand, und der in mehreren Briefen und anderen Schriften in diesem Zusammenhang erwähnt wird. Deswegen hier zunächst zu dessen Person, um das Weitere besser einordnen zu können.

Eduard Petzold (1815–1891) galt als Meisterschüler des Fürsten Pückler. So ist es nicht verwunderlich, dass er in die Schrift „Lebensbilder", „Persönlichkeiten des Oberlausitzer Lebens – Muskauer Heide", aufgenommen und von Albert Kurland 1995 darin beschrieben wird. Im Jahr 1826 übersiedelte Petzold mit den Eltern nach Muskau, besuchte dort und in Halle bis 1831 die Schule und trat am 1. Juli 1831 in die Muskauer Parkgärtnerei als Lehrling ein. In den Jahren 1835 bis 1838 führte Petzold nach Plänen seines Lehrmeisters Rehder zwei kleinere Anlagen in Schlesien aus, danach mehrere größere in Thüringen. 1840/41 reiste er durch weite Teile Deutschlands und Europas und war von 1844 bis 1852 als Hofgärtner in Ettersburg und Weimar tätig. Hinzu kommen weitere Verschönerungen in der Gegend von Weimar. Am 1. September 1852 trat Petzold auf Wunsch Pücklers als Park- und Garteninspektor die Nachfolge von Rehder an. Dazu sagte er selbst: „Ganz besonders lag es ihm [Pückler] am Herzen, dass dieses Hauptwerk seines Lebens nach dem Tode seines braven Garteninspectors Rehder im Frühjahr 1852 in die Hände eines Leiters kam, der seine Intentionen kannte und die Anlagen in seinem Geiste fortführte ... da sich mir selbst ein so grossartiger und classischer Wirkungskreis öffnete ... so entschloss ich mich, meine angenehme geachtete Stellung in Weimar ... aufzugeben, und in die Dienste ... hier in Muskau einzutreten". Auf Wunsch des Prinzen Friedrich der Niederlande – der ihn 1872 zu seinem Park- und Gartendirektor ernannte – wurden von Muskau aus in den Jahren 1854 bis 1888 in den Niederlanden 24 Anlagen bearbeitet. Auch andernorts war Petzold tätig. Es wird von über 50 Anlagen berichtet, die er in Schlesien, West- und Ostpreußen bearbeitet hat. Von Kurland extra aufgezählt: „Während dieser Zeit entstanden auch die Anlagen von Langenstein bei Halberstadt, die Anlage von Schoß Salaberg in Österreich, Planitz bei Zwickau, Greiz und Krasicyn in Galizien". Bei der Nennung Planitz bei Zwickau sind natürlich die bis heute für die Stadt sehr bedeutenden Schwanenteich-Anlagen zu verstehen. In diese auch für Petzold so bewegenden Jahre fällt die Bekanntschaft, fast Freundschaft mit Friedrich Christian, der ihn in Weimar kennengelernt hatte und für die Arbeiten in Zwickau gewinnen konnte. Dort erhielt er den Auftrag für den Entwurf sowie für die Ausführung der Anlagen. Im September 1850 begann die Arbeit; Mensing zitiert aus einem Brief Friedrich Christians vom 30. September: „Petzold hat seine Tätigkeit in einer Art und Weise begonnen, dass meinen Zwickauern Hören und Sehen vergeht." Es musste natürlich zunächst eine sehr große Anzahl alter Erlen gefällt werden. Zur Ausführung kam dann der Gehilfe Hartwig – später Hofgärtner in Weimar – nach Zwickau. Zu diesem sehr gebildeten jungen Mann fand Friedrich Christian große Zuneigung, so dass er ihn zu sich ins Haus nahm, wo er bis zu seinem Wegzug im März 1851 gewohnt hat. Petzold spielt in dieser Zeit immer wieder eine wichtige Rolle im Leben von Friedrich Christian, wohl auch deswegen, weil die Arbeiten für den Park eine angenehme Abwechslung zur traurigen häuslichen Lage nach dem Tod seiner Frau waren.

Er schreibt am 25. November 1850 Rosalie nach Erfurt: „Ihr konntet Euch die Sorge um Deinen schreibfaulen Bruder ersparen. So wenig ich übrigens den letzteren freisprechen will so liegt in unserer friedlichen Lage dennoch einige Entschuldigung für sie. Wie sehr diese verschieden ist von der Eurigen vernehme ich durch Petzolds Äußerung: daß er hier wieder einmal frei aufathmen könne, weil der aufregende ununterbrochene Kriegslärm in Weimar kein ruhiges Gefühl aufkommen lasse." Und weiter unten, am nächsten Tag geschrieben: „Petzold war vorige Woche hier." Und am 8. Dezember 1850: „Mich hält hier die Verschönerungsgeschichte, welche ohne meinen Eifer nicht vorwärts ginge. Fast komme ich auf Fischers Ansicht: ‚Warum lässt Du Dich damit ein', aber ich kann eben nicht anders als zu pflanzen wo ein Baum in meiner Nähe dazu passend ist. Du wirst Dich wundern, wenn Du den Plan kennen lernst, nach welchem auch mein Feld umgemodelt werden soll, und ich freue mich darauf, Dich an Ort und Stelle damit vertraut zu machen."

Mit dieser Anlage im eigenen sehr großen Grundstück hat es tatsächlich etwas Besonderes auf sich, denn nur das 19. Jahrhundert konnte einen Park wie diesen hervorbringen, der fast ein Jahrhundert lang zu einem wesentlichen Teil des Mittelpunktes einer wachsenden bürgerlichen Familie wurde. Zur Größenordnung nur so viel: Im Vorgarten (Abb. 42) war nicht nur Raum für schattige Sitzplätze, sondern später auch für einen ebenfalls schattigen und deswegen besonders beliebten Tennisplatz. Der Park selbst schloss an die Fabrikanlagen an und lag im hinteren Teil des Geländes, hatte einen Rodelberg für die Kinder sowie einen Teich, der im Winter zum Schlittschuhlaufen und im Sommer zum Kahnfahren benutzt wurde. Eine Wiese war so groß, dass dort nach der Enteignung 1946 unter Opferung nur einer Baumgruppe ein Fußballplatz angelegt werden konnte. Friedrich Christian hat den Park nur im Entstehen erleben können, doch wie jeder, der einen Park anlegt, zweifellos das künftige Gesamtbild vor Augen gehabt, zumal er ja einen bedeutenden Landschaftsgärtner dafür gewinnen konnte (Abb. 41).

Und am 22. Februar 1851, wieder an Rosalie: „In der nächsten Zeit wird Petzold kommen, um die Schwanenteichanlagen zu revidiren und die endlosen Bestimmungen wegen der Bepflanzung zu treffen. Die Vorarbeiten auf meinem Grund sind beendigt, der Ausführung stehen aber noch wesendliche Hindernisse im Wege. Und dennoch hoff ich, in diesem Frühjahr anfangen zu können."

Und dann, am 16. Juni 1851: „Unsere Teichanlagen wollten, während ich mich vor 4 Wochen bei Euch vergnügte, in's Sterben kommen. Nun habe ich aber mehrere Kollegen bekommen, welche als Verschönerungskommissäre gewählt, ohne Zweifel im besten Geiste fortarbeiten. Und das ist gut, denn es ist noch viel zu thun, wozu mein alleiniger guter Wille zuletzt doch nicht ausreichen möchte."

Das Parkthema und die persönliche Beziehung zu Petzold ließen ihn nicht los: 14. Juli 1852 aus Zwickau an Bruder Wilhelm: „Als Neuigkeit kann ich Dir mitteilen, dass sich Hofgärtner Pätzold hier eingekauft hat um eine Handelsgärtnerei zu betreiben, was hier sehr beifällig aufgenommen wird." Dann weiter am 10. März 1853 aus Zwönitz: Umfangreiches Angebot von Bäumen zur Anlage des Parks, mehrere Sorten, Umfang der Liefermöglichkeit: 3.000 bis höchstens 4.000 Stämmchen." Und am 16 März des gleichen Jahres an Schwager/Schwiegervater Mensing in Erfurt: „Daß Petzold jetzt ernstlich anfängt, sein Grundstück in einen Garten umwandeln zu lassen kann ich Dir mittheilen. Sein Gärtner Seidel, ein recht wackerer, geschickter und bescheidener Mann, ist schon hier und beginnt an dem Werke. Derselbe hat bei Fischer sogleich lohnende Arbeit und findet sonst zu thun. Ist derselbe einmal eingerichtet, so wird er sich bei unserer luxuriösen Bevölkerung recht wohl befinden. Petzold wird dabei gewinnen, weil es hier in Zwickau nichts weiter bedarf als ein Grundstück längere Zeit zu besitzen um daran tüchtig zu gewinnen." Der letzte Hinweis bedeutet nichts anderes, als dass sich Zwickau in diesen Jahren zu einer aufblühenden Industriestadt entwickelte, in der die Grundstücke immer wertvoller wurden. Der Grund für den Sinneswandel Petzolds, nicht in Zwickau ansässig zu werden, liegt auf der Hand. Er trat am 1. September seine neue großartige Stelle als Park- und Garteninspektor im Muskauer Park des Fürsten Pückler an. Die Akten im Zwickauer Stadtarchiv über die Schwanenteich-Anlagen sind sehr umfangreich und zeigen ein jahrelanges Ringen weit über den Tod Friedrich Christians hinaus. Doch sein Anteil am Zustandekommen dieses Parks wird stets hervorgehoben. So lesen wir in der „Chronik der Stadt Zwickau" von Löffler und Peschke 1993: „Die Pläne des Weimarer Hofgärtnermeisters Petzold führten zur Umgestaltung des Terrains am Schwanenteich. Schon 1850 hatte Petzold auf Anregung von Fikentscher einen Auftrag erhalten, ... 1866 erweiterte der Rat seine Wünsche." Und nach seinem Tode im Zuge einer langen Würdigung lesen wir im Zwickauer Tageblatt und Anzeiger vom 12. August 1864 den Satz: „Und jedes Jahr ergrünt und erblüht aufs Neue der schöne Garten der Stadt mit seinen Anlagen, woran unser Fikentscher einen so vorzüglichen und lebendigen, schöpferischen Antheil genommen hat" (Abb. 47).

Kritische Selbstwahrnehmung

Dieses Kapitel begann mit einem Brief Friedrich Christans, in dem seine weltmännische Art und vielseitige Bildung deutlich wurden. Es soll nun fortgesetzt werden mit zwei Briefauszügen, in denen er selbst in seinem Wesen zwei seiner Schwächen schildert, die ebenso Aufschluss über seine Persönlichkeit geben, allerdings nicht, ohne zuvor daran zu erinnern, was im Kapitel „Familie“ zum Verhältnis zu seinen Kindern berichtet wurde. Hier nun ein Beispiel für Selbstzweifel vor dem ersten Weihnachtsfest nach dem Tode seiner Frau.

8. Dezember 1850, an seine damals „noch nicht Verlobte“ und spätere Frau: „Liebe Rosalie! Meine Angabe, daß Friederike noch einige Bestellungen bei Dir machen würde beruhte auf einem Mißverständnis. Sie erinnerte mich an Lebkuchen u.s.w. und sagte dabei, daß sie an Dich schreiben würde. Dies war genug um mich in meiner löblichen Zerstreutheit sicher zu machen, daß sie Dir davon schreiben werde. Zur Sache kommend, bitte ich Dich also mir freundlich zu besorgen:

1.) 4 Dutzend Lebkuchen zu je 20 bis 30 Silbergroschen
2.) 1 Dutzend desgl. Ungewürzt
3.) 6 Stück Wachsstöcke für Kapseln von 2 ½ Zoll Durchmesser nach Muster 1
4.) 6 Stück desgl. Nach Nr. 2. 1 ¾ Zoll weit
[Nr. 5 war ausgelassen.]
6.) Ein Dutzend Schnupftücher für die beiden Jungen in Chemnitz [die Söhne Hermann, 13 Jahre, und Wilhelm, 11 Jahre, in der Pension bei Caspari]. Es wäre vielleicht gut zwei halbe Dutzend von verschiedenem Muster zu kaufen, weil dadurch Verwechslung leichter vermieden wird. Weiter fällt mir ein:
7.) 2 Stück große schwarze Halstücher für mich zum heil. Christ. Diese würden mir recht willkommen werden, wenn Du sie gleich auseinander schneiden und säumen lassen wolltest. Um diese Einkäufe zu decken lege ich hier 30 Thaler bei. Damit erspare ich Deinem Vater den Gang zu Schwager Hermann.

Noch fällt mir bei, daß es angemessen wäre, Augusten Hanemann eine Kleinigkeit zum heiligen Christ zu geben, da sie von Hause schwerlich etwas zu erwarten hat. Vielleicht weißt Du etwas das ihr zu gleicher Zeit nützlich und angenehm ist. Die Wahl möchte ich Dir ganz überlassen und nur meine Meinung zu deiner Erleichterung dahin äußern, daß die Sache etwa ein Drittheil des

Werthes von dem für Friederike Bestimmten, erreichen dürfte. Ich bin in diesen Angelegenheiten ganz rathlos, und möchte dabei ungern Jemanden in meinem Kreise dem Gefühl des Alleinstehend preisgeben, insofern es in meiner Macht steht, Solches abzuwenden. Bei jungen Männern hat man keine Umstände zu machen, ich komme also damit leichtlich zurecht, wie ich aber über diesen Kreis hinaus soll, fehlt mir Geschick und Muth, und ich unterlasse Vieles, weil ich fürchte zudringlich zu scheinen oder täppisch zu werden. Ihr seyd glücklich in dieser Beziehung, wegen des angeborenen Tackts immer das Schickliche zu finden um die kleinen Bedürfnisse der Menschenkinder nicht nur zu befriedigen, sondern auch für diese zu einer neuen Quelle von Vergnügen zu machen."

Die Erwähnung von Auguste (und Ricke, s.u.) Hanemann zeigt die Sorgfalt, mit der das Hauspersonal gesucht und angestellt wurde. Ein Brief vom 19. Juni 1848, im zeitlichen Zusammenhang mit dem Umzug von Redwitz nach Zwickau, schreibt Ricke Hanemann aus Lauben bei Memmingen nach Redwitz an die „Verehrteste Frau Bürgermeisterin!" [Luise F., Frau von Friedrich Christian] „In der Hoffnung, daß Sie den Brief der Tante Auguste erhalten haben, erlaube ich mir noch einmal an Sie zu schreiben. – Ich hoffte schon alle Tage, ein Brieflein von Ihnen zu erhalten, aber Sie werden eben nun sehr viel zu thun haben und schwer zum Schreiben kommen, ich möchte Sie aber dennoch recht sehr bitten oder die liebe Emma, mir nur ein paar Zeilen zu schreiben, ob es Ihnen nun recht ist, wenn ich komme, da ich nicht von Neustadt aus kommen könnte, wie Sie doch wünschten. Da aber von Nürnberg bis hierher auch schon eine große Strecke die Eisenbahn ist, so kann ich doch zur rechten Zeit eintreffen, ich bitte Sie nun eben nocheinmal, mir recht bald Nachricht zu geben. Es freut meine Eltern und mich sehr, daß Sie mir wieder Ihr gütiges Zutrauen schenken wollen, ich werde mich auch stets bestreben, es zu verdienen. In der Hoffnung, daß Sie sich recht wohl befinden, meine Eltern und mich bestens empfehlend, bleibe ich Ihre ergebenste Ricke Hanemann." Offensichtlich achtete man bei der Auswahl des Personals auch auf die Herkunft und eine gewisse Bildung, wofür die saubere Handschrift spricht, und war zugleich um ein gutes Verhältnis trotz des gesellschaftlichen Abstandes bemüht.

Doch nun weiter mit Friedrich Christian selbst. Für Rosalie hatte er ein Schmuckstück ausgesucht und dazu nur einen kurzen Begleitbrief: „Ich wünschte wohl, Dir etwas Einfacheres zu bringen als diese Nadel meine liebe Rosalie, aber die Zeit giebt uns jetzt viel Äußeres mit wenig Gehalt. Doch ist das Steinchen ernst und ich bin dieser Gattung von Alters her gut. Mögest Du es immer heiteren Sinnes tragen! Dein Dich liebender Onkel Fritz. Zwickau den 20ten Dezember 1850."

Weihnachten war vorbei und wir lesen: 31. Dezember 1850: „Liebe Rosalie, Deine Einkäufe haben viele vergnügte Gesichter machen helfen. Der Mantel und das Kleid für Rieke und Auguste wurden mit großer Freude angenommen. Welchen Dank soll ich Dir für Deinen prächtigen Shawl bringen? Er ist so schön, daß ich ihn nur an Festtagen tragen sollte und doch ist er mir zu lieb um ihn nicht lieber beständig zu gebrauchen. Wie konntest Du denn Zeit finden, (da es in den kurzen Tagen so viel zu sorgen gab) meiner durch solche Arbeit zu gedenken. Da ich nur darauf gerechnet hatte, meine Weihnachtsfreude in der Deiner beschenkten Hausgenossen zu finden, so überraschte mich Dein Liebeszeichen um so erquickender – ich hatte nun auch das Recht, mich wie meine Kleinen zu freuen, wozu ich das Bedürfnis nie verlernen möchte. Die Kinder waren nicht nur befriedigt, sie waren, und besonders die Kleineren, seelig. Marie [7 Jahre] über ihre große Haarpuppe und Fritz [5 Jahre] über seinen Wagen mit an und aus zu schirrenden Pferden und die Arche Noah von seinem Herrn Pathen aus Magdeburg mit ihrer zweifelhaften Bevölkerung machten ihm unzweideutiges Vergnügen. Die größeren Jungen welche sich an ihren, wie ich mich überzeugte wirklich anstrengenden Schularbeiten, erholen, soweit es durch langes Schlafen, Essen und Nichtsthun zu erzwingen ist, machen mit viel Vergnügen wegen ihrer Sorgfalt, mit welcher sie alles was sie in Chemnitz gebrauche können, einpacken."

Aus dem Zusammenhang heraus ist zu verstehen, dass er Weihnachten zum Anlass nahm, einige Gegenstände aus dem Besitz seiner verstorbenen Frau in der Familie weiterzugeben, was auch den kurzen Begleitbrief zu dem Schmuckstück für Rosalie erklärt.

Wir lesen weiter: „Der Pelz für Deine liebe Mutter hat mir längere Zeit zu tun gemacht. Ich wünschte das brauchbare Kleid

Niemand anders zu geben, ich gönnte es Niemanden als Deiner guten Mutter [Schwester der verstorbenen Frau], und mir that es leid, dasselbe ungenützt zu wissen, und doch bedurfte ich mehrerer Anläufe, um ihn an den Ort seiner mir jetzt liebsten Bestimmung zu schicken. Ich fürchtete fast eben sosehr damit trübe Erinnerungen aufzufrischen, als ich überzeugt war, daß er auf diese Weise nützlich bleiben dürfte. Eine ähnliche Schwachheit befiel mich mit der Kleinigkeit für Dich. Gerne möchte ich Dir mit einer einfachen Dir entsprechenden Schmucksache ein Vergnügen machen, ich sah mich in meiner Hülflosigkeit einigemal bei unseren Leuten um und fand nie, was mich für Dich freuen konnte. Rath dabei einzuholen widerte mich geradezu an, und so mußte zuletzt der Zufall thun, was der Wunsch nicht konnte."

Ein weiteres Beispiel für Selbstreflexion: Brief vom 9. Januar 1851 an Rosalie: Über die Eisenbahnfahrt mit Hofgärtner Petzold: „Wir hatten kaum unsere Geschäftssachen durchgesprochen, als ich im Drange, mir Erleichterung zu verschaffen [er war in gedrückter Stimmung von Erfurt abgefahren], und unterstützt durch seine freundlich-teilnehmende Weise, meine ganze Reihe von bedenklichen Aussichten eröffnete. Einmal im Zuge bedachte ich nicht, daß eine Unterhaltung wie diese dem Zuhörer, welcher doch nur seine Theilnahme geben kann, sehr unerquicklich ist. Ich hielt mir später, als ich wieder allein war, vor, daß es von mir Unrecht wäre, Petzold, den ich nur verhältnismäßig sehr kurze Zeit kenne, mit meiner Schwäche zu plagen, aber mir gewährte es Erleichterung, und er nahm es so freundlich auf, daß wir noch weiter – bis Halle – zusammenfuhren."

Selbstkritische Beobachtungen und seine Betrachtungen über das menschliche Wesen teilt Friedrich Christian auch seiner Braut Rosalie mit, wenn er in einem Brief zum „Plaudern" kommt. 12. August 1851, nach einem Besuch der Braut in Zwickau: „Ich erkannte daraus eine Übereinstimmung unserer Gefühle, welcher ich mich bei der Verschiedenheit unserer Jahre fast rühmen darf. Es gründet sich dieses auf die vortreffliche deutsche Eigenschaft, ‚auch in der Zukunft zu leben', und darüber die Gegenwart zu vergessen. Für den Ernst des Wirkens ist diese Begabung nichts weniger als lobenswerth – Dir wird sie freilich niemand zurechnen, der

Dich genauer kennt, aber ich habe leider noch immer gegen deren Einfluß zu arbeiten, und sie läuft mir häufig zur Unzeit in mein Thun; dagegen bin ich ihr sehr dankbar in allen Fällen in welchen ich mehr abzuwarten und weniger Selbstthätigkeit nöthig habe – sie ist eine nicht gehörig gewürdigte Quelle von Gedult, die uns in vielen Fällen noch Genuß und Heiterkeit gewährt, wo für jene, welche die Gegenwart zu hoch achten, das Gegentheil drückend wird. Solange sich dieser leichte Sinn nicht in das Handeln und Nachdenken mengt, wird er ein wahrer Vorzug des Geistes, der uns und anderen eine Quelle von Heiterkeit ist."

Die von anderen wahrgenommene weltmännisch-sichere Art Friedrich Christians wird von ihm selbst nur mit Einschränkungen gesehen. Seinem Schwager Mensing (1792–1864), schreibt er am 20. Februar 1851, also wenige Wochen, nachdem er seine Unsicherheit bei der Auswahl von Geschenken dessen Tochter gegenüber geschildert hatte, Folgendes: „Unlängst hatte ich, um alte Verbindlichkeiten abzumachen, mehrere Herren von der Bergparthie zu einem Abendessen eingeladen. Um die Sache kurz und glimpflich abzumachen wurde das Essen sehr einfach gethan, im Wein aber ‚Einiges' geleistet. Die Zeit vergieng uns rasch, da die Unterhaltung mit diesen Praktikern stets lehrreich ist, aber es fehlte die Wärme. Ich lud nur diejenigen ein, welche ich ‚gerne sah', und ich weiß auch, dass Alle zu mir gerne kommen, dennoch fehlte das, was bei einem geselligen Zusammenkommen nachklingt. Ich sann hin und her was die Ursache gewesen seyn möge und kann nun finden, daß meine Weise nicht dazu paßt einen größeren Tisch zu halten. Ich bin gewiß, mich nicht zu irren und werde dem gemäß meine Verhältnisse regeln, ohne mich ganz zurückzuziehen. Merkwürdig, dass man so alt werden kann, ohne sich über so naheliegendes Rechenschaft zu geben, aber, dieser eine Fall ist bei weitem nicht der einzige, welcher mir deutlich macht, daß das Leben in größerer Gesellschaft schlechterdings nicht für mich paßt. Daß ich deshalb noch nicht Einsiedler werde, dafür habe keine Sorge, ich habe die Menschen noch zu lieb. Nun des Geschwätzs genug. Grüße Deine Sophie und eure Kinder und behalte lieb Deinen Fikentscher."

Zu diesem Brief passt die Frage, wie wir uns Friedrich Christians äußere Erscheinung sowie praktische Lebensführung vorstellen können, was verständlicherweise nicht aus Briefen entnommen werden kann. Dazu gibt es die Beschreibung vom Mensing, die rückblickend ein wenig von der allgemeinen Verklärung beeinflusst sein mag, doch im Kern richtig sein dürfte, weil er ihm über viele Jahren nahe war: „Fritz hatte eine gute Gesundheit. Es ist nichts davon bekannt, dass er einmal ernstlich krank gewesen wäre. Kein Wetter, weder Hitze noch Kälte hat ihn je gestört. Ein Pelz ist ihm einmal im Jahre 1850 aufgeschwatzt worden, er hat ihn aber nie getragen. Er hatte eine schlanke, kräftige, sehnige Gestalt ohne Anlage zur Leibesfülle. Sein Schritt war stets sehr schnell, aber ohne je den Eindruck der Übereilung zu machen. Einen guten Appetit hat er immer gehabt, ohne Wert auf Delikatessen zu legen. In seinem Vaterhaus schon war es Regel, dass es Suppe und Rindfleisch täglich gab; einen Braten oder Mehlspeise gab es ausnahmsweise nur als Nebengericht; dies ist auch jahrelang in der Ehe fortgeführt worden; bis durch die heranwachsende Familie auch hierin manche Änderung eintrat. Als geborener Bayer war er auch Bierkenner, war aber im Trinken stets sehr mäßig; Spirituosen hat er nie getrunken, war aber keineswegs ‚prinzipieller' Gegner."

Ein dreiviertel Jahr später, nach der Eheschließung mit der Tochter des Schwagers, klingt ein Brief Friedrich Christians bezüglich der gesellschaftlichen Einladungen nicht viel anders als der vorher zitierte: 29. Dezember 1851 an Schwager – jetzt auch Schwiegervater – Mensing: „Mein lieber Vater, Mit den Verpflichtungen gegen die hiesige Gesellschaft, soweit wir für gut finden, dieselbe anzuerkennen, haben wir noch nicht reine Rechnung gemacht ... Ich habe, und dieses in völlige Übereinstimmung mit Rosalien, sogar manche Besuche unterlassen, welche ich im Jahre 1848 gerne machte. Aber damals war das Verhältnis eines unabhängigen Bürgerlichen zu den höheren Beamten ein durchaus anderes als jetzt. Seit die gefährliche Volkszeit vorüber ist, faßten sich die hohen Herrschaften wieder straff, und natürlich bleibt unsereiner von denen fern, welche vorberechtigt sind. Ich muß allerdings einige ‚persönliche' Ausnahmen machen, deren sind aber wenige. Unseren engeren Kreis von Bekannten werden wir auf eine kleine Zahl von Familien beschränken. Ich glaube, dass es für Rosalie nicht an Aufforderungen fehlen wird, so dass unsere Aufgabe mehr seyn möchte, auf anständige Art auszuweichen als mitzumachen."

Jahre später zeigt sich, dass er mit möglichen Bekanntschaften außerhalb offensichtlich immer abgeklärter geworden ist, anders, als es bei früheren Reisebekanntschaften (s. „Reisen") offensichtlich der Fall war. Jedenfalls lesen wir in einem Brief aus Ostende in Belgien, wo er sich gemeinsam mit seinem Freund Fischer, dem Porzellanfabrikanten aus Zwickau befand: 7. August 1859, „Von den mancherlei Bekanntschaften, welche wir hier machten, ist keine die besonders anziehend ist; es scheint fast, als wenn für diejenigen, welche mehr Geist und weniger Geld haben, Ostende zu weit und zu theuer ist. Doch ist meine Einsicht in die Gesellschaft lediglich auf einen Theil der deutschen Gäste beschränkt. Der Adel und die jüdische Geldmacht, welche hier sehr vertreten ist, sind für mich nicht da, und unter den Übrigen mag mancher interessante Mann seyn, der nur für uns nicht nahbar ist, weil der Zufall es nicht gestattet." Zu den Worten „Adel und die jüdische Geldmacht" erscheint eine Anmerkung erforderlich: Sein Verhältnis gegenüber den Adligen wurde an anderen Stellen deutlich, wo er klar ausdrückte, dass ein selbstbewusster Bürger mit ihnen nichts zu schaffen haben wünscht. Bezüglich der Juden finden sich allerdings Jahrzehnte zuvor sehr abfällige und auch ablehnende Bemerkungen des 21-Jährigen über sie, als er auf seiner Reise durch Süddeutschland nach Fürth kam und weitere Begegnungen mit Juden im Rheinland hatte (s. „Reisen") und später hier im Ausland. Wahrscheinlich hatte er in Sachsens kaum Kontakt mit Juden, denn im Unterschied zu Preußen, wo diese bereits seit 1812 gesetzlichen Schutz und weitgehende Gleichstellung genossen, geschah dies in Sachsen erst ab 1868. In Preußen lebten etwa 15-mal mehr Juden pro Einwohner als in Sachsen, und die wenigen dort zum kleineren Teil in Dresden und zum größeren in Leipzig. Im übrigen Land erhielten sie keine Gewerbeerlaubnis.

Aufklärung und Religion

Zum Schluss noch eine Betrachtung zum „Glauben" Friedrich Christians, eine Frage, die im 19. Jahrhundert nicht nur in der Gesellschaft, sondern auch bei vielen Unternehmern eine gewichtige Rolle gespielt hat.

In keinem seiner Briefe begegnen uns eindeutig christliche Bekenntnisse, wie es bei einigen seiner Briefpartner und Verwandten der Fall ist. Allerdings gibt es gelegentliche Anrufungen Gottes im Sinne einer höheren Macht, also Bemerkungen wie „Gott erhalte Dir stets deinen Seelenfrieden", oder „Gott segne Deinen Eintritt in das 25ste Jahr".

Einige frühe eigene Zeugnisse über sein distanziertes Verhältnis zur Katholischen Religion liefert er uns durch mehrere Bemerkungen in seinem Tagebuch auf der Reise durch Südwestdeutschland als junger Mann im Jahre 1821. Dort macht er sich bei einigen Gelegenheiten über bestimmte Ausdruckformen des Katholizismus geradezu lustig, was der evangelischen Prägung in Oberfranken entsprochen haben mag. Etwas später, in einem Brief vom 10. April 1830 aus London an seine älteste Schwester Henriette: „Was sagst Du, daß ich jetzt ein sehr fleißiger Kirchenbesucher bin, und zwar hier, wo die Kirchen länger dauern als bei uns, wo fast beständig Litaneyen hergesagt werden und das Knien, Ansprachen, Nachbeten kein Ende nimmt. – Ich kann nicht sagen, daß ich hier durch die Art des Gottesdienstes andächtiger werde – wenn man irgendwo dabei zerstreut werden könnte, so wie es hier von des Einerlei ganz herabstimmt, aber die englische Sprache wird nirgends reiner geführt und keine Gelegenheit so gut, mit Aufmerksamkeit die Vorlesungen hören zu können als hier ... Wie es in den deutschen Kirchen hier ist, weiß ich nicht, denn ich habe noch keine besucht."

Doch einen tiefsitzenden Glauben hatte Friedrich Christian ohne Zweifel. Dieser spricht aus einem Brief, geschrieben unmittelbar nach dem Tod seines Sohnes vom 7. März 1849 an seine Tochter Emma, die sich in Erfurt befand: „Er verschied, um in den Himmel zurückzukehren, von dem wir ihn auf kurze Zeit empfangen hatten. Hermann und Wilhelm [Brüder, 13 bzw. 11 Jahre alt] sind sehr betrübt über Ernstchens Tod. Marie und Fritz [6 bzw. 4 Jahre alt] finden wohl, daß ihnen etwas fehlt, aber sie kennen den Verlußt nicht ganz. Gott hält von den kleinen Kinderherzen noch fern, was sie nicht tragen können."

Allerdings ist sein Glaube offensichtlich in einem der Aufklärung entstammenden Sinne aufzufassen, wie er auch bei seinen Söhnen später überwiegend zu finden ist. Mensing äußerte sich darüber so: „Als ernster Naturforscher konnte er kein ‚Buchstabengläubiger' sein, aber ebenso wenig war er ein Verächter der Religion. Am Himmelfahrtstage 1850 war ich mit ihm zusammen in der Kirche in Stenn [Dorf bei Zwickau] zur Predigt des zur strengsten orthodoxen Richtung gehörenden Pfarrers. Auf dem Rückwege haben wir uns darüber unterhalten, wie es doch etwas Schönes ist um solch ein begeistertes Bekenntnis, dass Christus leibhaftig auferstanden und zum Himmel aufgefahren ist, – erhebend, auch wenn man selbst einer mehr geistigen Auffassung ist. Fritz hatte wie alle großen Naturforscher das Bewußtsein, dass es über alle Erfahrungswissenschaft noch etwas Höheres, für uns Unfassbares gibt."

Aus der Zwickauer Zeit stammt ein undatiertes vierseitiges Papier in seinem Nachlass, das erkennen lässt, welche religiösen oder Kirchenfragen damals an ihn herangekommen sind. Es handelt sich um eine von verschiedenen Personen unterschriebene Erklärung, die sich gegen einen nach ihrer Auffassung überflüssigen und schädlichen Streit innerhalb der Evangelischen Kirche richtet. Friedrich Christians Stellung dazu ist zwar nicht überliefert, doch er dürfte dem Geist dieses Schreibens nahegestanden haben. Hier einige Sätze daraus: „Gegen 2 hochgeachtete Geistliche Berlins sind kürzlich auf Grund von wissenschaftl. Vorträgen, welche dieselben vor einem Kreis gebildeter Männer u. Frauen gehalten haben, von ihren vorgesetzten Behörden Disciplinaruntersuchungen eingeleitet worden, welche ein grelles Licht auf die Bestrebungen einer dermalen in der evangelischen Kirche mächtigen Parthei zurückwerfen. Die bei dieser Gelegenheit gepflogenen Verhandlungen haben übereinstimmend mit verschiednen andern kirchenregimentlichen Maßregeln unzweideutig bewiesen, daß jene Parthei die Zeit für gekommen erachtet, um der thatsächlich bestehenden Mannigfaltigkeit der theologischen Richtungen ein gewaltsames Ende zu bereiten und alle diejenigen, welche die Grenzlinien zwischen der ewigen Wahrheit u. der wechselnden Form des Bekenntnisses anders bestimmen als sie, aus der Kirche hinauszudrängen ... Aber gerade die persönliche Glaubensgewißheit, welche das Merkmal des evangelischen Christenthums ausmacht, stellt unsrer Kirche die Aufgabe, die für jede Zeit angemessenste Form für den unwandelbaren Gehalt des christlichen Glaubens immer aufs Neue zu suchen, das evangelische Bekenntnis für alle u. jede Wahrheit welche der menschliche Geist erringt, offen zu halten u. die rechte Glaubenstreue mit dem Geist evangelischer Freiheit zu durchdringen ... Darum fühlen sich die Unterzeichnenden in ihrem Gewissen gedrungen, auf die schwere Verantwortung hinzuweisen, welche die dermalen in den meisten deutschen Ländern durch die Gunst der Staatsregierungen in Besitz des Kirchenregiments gelangte Parthei auf sich laden würde, wenn ihr Bestreben die andre Richtung aus der Kirche zu drängen ihr gelänge ... Nur wenn die leidige Gewohnheit, gegnerische Äußerungen und Ansichten in denkbar übelsten Sinne zu mißdeuten, einer freundlichen gegenseitigen Beurtheilung u. wohlwollenden Verständigung weicht, kann sich allmälig mittelst wechselseitiger Annäherung der jetzt so scharf geschiednen Richtungen eine bessere u. dauerhaftere kirchliche Einheit anbahnen, als sie je durch die Gewaltmaßregeln einer ebenso unweisen als unevangelischen Kirchenpolitik zu Stande kommen wird."

Irgendwie bezeichnend ist ein mit Bleistift geschriebener Zusatz: „Rosalie Fikentscher abgeschrieben", als Zeichen dafür, dass in der Familie bereits in diesen Jahren die Kirchenangelegenheit meist Sache der Frauen waren.

Ein weiteres Beispiel aus einem Brief an Rosalie vom 9. Januar 1851: Von Erfurt her auf der Fahrt nach Zwickau war Friedrich Christian in gedrückter Stimmung gemeinsam mit Hofgärtner Petzold bis Halle gekommen: „Da ich beinahe drei Stunden Zeit vor mir hatte, so besahen wir einige bedeutende Punkte der Stadt und dann das Waisenhaus [der Franckeschen Stiftungen]. Zur Besichtigung desselben verwandten wir eine Stunde, konnten aber nur einen Theil der ungeheuren Schöpfung christlichen Sinnes, unterstützt durch Ausdauer und Einsicht, ins Auge fassen. Indem ich die tausendfältigen Mühseligkeiten, welche bei der Gründung dieses segenspendenden Hauses überwunden wurden, mit denen meiner Lage verglich, schämte ich mich meiner Schwäche und konnte mich nun zusammennehmen."

Seine Bibelkenntnis kommt an anderer Stelle ganz beiläufig zum Ausdruck. 17. August 1851 an Rosalie: „Über den salbungsvollen Brief Pfeifers [Verwalter des Gutes Wellershof, der zur Verlobung gratuliert hatte] wirst du Dich wundern. Die Briefe der Apostel waren in viel einfacherem Styl gehalten, ohne deshalb weniger wirksam zu seyn. Um ihm unbefangen antworten zu können, muß ich die Form des gewiß wohlgemeinten Schreibens erst vergessen."

Schon zuvor hatte er sich in einem Brief an Rosalie vom 9. Juli 1851 selbst zur Frage des Umgangs mit christlichem Wesen erklärt: „Unter mehreren Briefen fand ich einen von Schwägerin Jettchen Möller [Henriette Möller, Frau des Superintendenten in Magdeburg, bei der seine Tochter Emma längere Zeit aufgenommen worden war], den ich ausführlich erwidern muß. Dies ist für mich eine angenehme Pflicht, da ich ihr für immer dankbar zu seyn Ursache habe; es thut einem aber doch recht leid, ihr nicht den gleichen Ton entgegensetzen zu können. Ich hoffe, nicht weniger von den Grundwahrheiten der christlichen Religion überzeugt zu seyn als Möllers, kann aber nicht die Stellung einnehmen, welche sie uns andren gegenüber besitzen. Ich bin zu alt um ‚umzukehren', aber auch alt genug, um das Treffliche anzuerkennen, wo es sich in so reichem Maaße findet. Also hoffe ich auf ein dauerndes Verständnis: wenigstens auf meiner Seite gegenüber den Freunden in Magdeburg festzuhalten."

Insgesamt kann man sagen, dass es keinen Grund zu der Annahme gibt, Friedrich Christian habe seine freigeistige Haltung jemals geändert, wohl aber, dass er selbst nicht dafür warb, sondern die Haltungen anderer als gegeben achtete.

11

Erbe und Nachkommen

„Geb ich, was ich hab, nicht weiter,
kann es mir doch nicht gefallen."
Bertolt Brecht

—

Unerwartet und in keiner Weise vorbereitet war Friedrich Christian Fikentscher am 9. August 1864 gestorben. Drei Tage danach schrieb das Zwickauer Tageblatt: „Vorsitzender Heubner eröffnete die gestrige Sitzung der Stadtverordnetenversammlung mit einer Ansprache etwa folgenden Inhalts: Ich eröffne die Sitzung unter dem schmerzlichen Eindrucke über ein höchst betrübendes Ereignis. Ein hochehrenwerther Mitbürger, Fabrikbesitzer Fikentscher ist in noch rüstiger Manneskraft und aus vollem Wirken nach kurzem Krankenlager von dieser Erde geschieden. – Wie viel an Geist, Scharfsinn, Kenntnissen und Fähigkeiten, Gemüt und Humanität, Kraft und thätiger Energie mit ihm zu Grabe getragen wird, welchen Verlust Wissenschaft, Kunst und Industrie erleiden – kann hier nicht geschildert werden. Aber es wird am rechten Orte sein, dessen zu gedenken, was der Verewigte dieser Stadt, dieser Gemeinde und ihrer Vertretung gewesen ist. Seit 18 Jahren unser Mitbürger, hat Fikentscher eine bedeutende Industrie in unsere Schwanenstadt verpflanzt. Viele Jahre ist er Gemeindevertreter in diesem Kollegium gewesen, und was er als solcher mit größtem Eifer und Erfolg geleistet wird unvergeßlich bleiben. Unter vielen andern sei gedacht der großen Werke, die zur Reinhaltung der Stadt und ihrer Versorgung mit Wasser kräftig begonnen worden; Diese haben in ihm stets einen beredten Fürsprecher und thätigsten Beförderer gefunden. Und jedes Jahr erblüht und ergrünt aufs Neue der schöne Garten der Stadt mit seinen Anlagen, woran unser Fikentscher einen so vorzüglichen und lebendigen, schöpferischen Antheil genommen hat (Abb. 47). Bis zuletzt hat Er sich um unser Gemeinwesen gesorgt. Obwohl in neuerer Zeit nicht mehr zur eigentlichen Gemeindevertretung berufen, hat er doch in selbstsuchtloser Weise nicht verschmäht, sich an den Arbeiten für unseren herrlichen Park zu betheiligen, nicht verschmäht, das Amt eines Bezirksvorstehers bereitwillig zu übernehmen. – So hat er bis an die Grenze seines irdischen Daseins seinen Gemeinsinn bewährt. Immer werden wir ihm volle dankbare Anerkennung zollen. geben wir diesen Gefühlen einen sichtbaren Ausdruck; erheben wir uns (was hiermit von der ganzen Versammlung geschah), widmen wir ihm den wohlverdienten Nachruf: Leicht sei ihm die Erde, auf alle Zeiten gesichert sein Andenken!“

Im Ratsprotokoll 1864, Nr. 2099. Sitzung vom 11. August lesen wir: „Ableben pp. d. Herrn Fikentscher betr. Indem man sich der von den Stadtverordneten ausgesprochenen Anerkennung der mannigfachen Verdienste Herrn Fikentschers um das hiesige Gemeinwesen in der vollen Überzeugung anschließt, will man diesem Gefühle durch Beteiligung bei seinem Leichenbegängnisse und durch eine besondere, an die von ihm hinterlassene Witwe zu richtende Zuschrift Ausdruck geben, auch die Stadtverordneten zu ersuchen, diese Zuschrift durch ihren Vorsitzenden mit vollziehen zu lassen und sich gleichfalls als Corporation bei dem Leichenzug zu beteiligen“ (StAZ 4).

Und am 14. August schreibt das Zwickauer Tageblatt: „Zwickau, 13. August: Gestern Nachmittag 5 Uhr wurde die irdische Hülle des um die Stadt wohlverdienten Fabrikbesitzers Fikentscher zur Erde bestattet. Zahlreiche Vertreter aller Stände erzeigten ihm die letzte Ehre, aus Chemnitz waren einige Vertreter des Direktoriums der Chemnitzer Handelskammer – deren Mitglied der verewigte gewesen – erschienen. Den Trauerzug eröffnete das zahlreiche Arbeiterpersonal der Fabrik, voran ein Arbeiter, welcher auf einem Sammetkissen die Orden des verstorbenen trug. Dem Sarg folgten unmittelbar drei Söhne und ein Bruder des Verstorbenen, dann die Geistlichkeit, die königlichen und städtischen Behörden, die Vertreter der Stadt, viele Bürger derselben, auch Arbeiter. Am Grabe angelangt hielt Herr Protodiakonus Flechsig die Grabrede und wies in warmen Worten auf die trefflichen Eigenschaften und auf die reiche und gesegnete Wirksamkeit des Dahingeschiedenen hin. Nach den Segensworten ertönte Trauermusik. – Die Stadt Zwickau hat dem Verewigten viel zu verdanken; er war eine Zierde derselben. Möge sie sein Andenken bewahren“ (Abb. 21).

Bei der Aufzählung der Trauergäste ist auffällig, dass kein weibliches Mitglied der Familie erwähnt wird, auch nicht die Witwe. Ein in der Familie weitergereichter und sogar schriftlich festgehaltener Grund dafür besagt, dass dies der Sitte der Zeit entsprochen haben soll. Die Tatsache des Fehlens könnte jedoch auch damit erklärt werden, dass seine 38-jährige Witwe hochschwanger gewesen ist und deshalb neben ihr auch die anderen Frauen ferngeblieben sind. Sie gebar – womit wir wieder mitten im Leben sind – einen Monat später einen Sohn, der dieselben Vornamen wie sein Vater erhielt, Georg Friedrich Christian, doch bereits im folgenden Jahr verstarb. Aber auch ohne dieses tragische Zusammentreffen der Ereignisse, war es für die Witwe Rosalie nicht leicht; ungezählte Angelegenheiten waren zu klären und zu regeln, denn Friedrich Christian hinterließ ein großes unübersichtliches Erbe sowie zehn Kinder, vier Töchter und sechs Söhne. Nur Wilhelm, der älteste noch lebende Sohn, war 25 Jahre alt, also über 21, und damit mündig und selbständig erbberechtigt. Alle anderen waren es noch nicht. Zwei Töchter, Emma und Marie, hatten allerdings schon zu Friedrich Christians Lebzeiten geheiratet. Nach geltender Rechtslage waren sie auf dem Wege der sogenannten Abschichtung „ausgezahlt“ worden, was üblicherweise in dem Moment erfolgte, in dem sie das väterliche Haus verließen. Bei ihnen war demnach alles geklärt.

Zwei nahezu extreme Parallelen im Umgang mit dem Erbe zeigten sich in der weiteren Familie: Während in der vorherigen Generation Trommsdorff in Erfurt zu Lebzeiten sein Erbe bis in jede Kleinigkeit geregelt hatte – die Listen und Aufzählungen füllen viele Seiten –, hatte sein Gegenüber, Wolfgang Caspar Fikentscher, nichts geregelt und alle damit verbundenen Schwierigkeiten seinen Nachkommen überlassen, was bekanntlich viel Zeit kostet und Mühe bereitet. In dieser Generation war es nun der älteste Bruder, Georg, über den Friedrich Christian anlässlich dessen Beerdigung wenige

Wochen zuvor selbst geschrieben hatte: „Es liegt trotz des inneren Leids einige Ruhe über Allem, die übrigens ihre Berechtigung auch darin hat, daß Georg sein Haus wohl bestellt hat". Und genau das ist ihm selbst nicht möglich gewesen.

Wilhelm Mensing, damals 39-jährig, Schwiegersohn und Teilhaber an der Fabrik, schreibt dazu: „Er hatte kein Testament hinterlassen. Ganz abgesehen davon, dass er schwer die Stunde der inneren Ruhe hierfür gefunden haben dürfte, waren seine ganzen Geschäftsverhältnisse zu verwickelt und viele Verbindlichkeiten so unklar, dass solche Bestimmungen nur ganz allgemein hätten sein können. Er war überzeugt, dass unter seinen Erben ein Streit nie entstehen könne, er hatte ja auch keinen Grund, an so ein nahes Ende zu denken. Die ganze Last der Erbregulierung lag auf mir, und ich weiß nicht, wie ich sie hätte durchführen können, wenn wir nicht zur Vertretung zwei so verständige Geschäftsmänner – Christian Fischer und Wilhelm Bamberger – als Vormünder gewonnen hätten, zu welchen auch die Vormundschaftsbehörde so unbedingtes Vertrauen hatte." Es waren genau die beiden Personen, auf die sich Friedrich Christian zwei Jahrzehnte zuvor berufen hatte, als er seine Einbürgerung nach Zwickau beantragte (s. „Entscheidung").

Die Erbschaftsregelungen erwiesen sich als langwierig. Sie dauerten ein dreiviertel Jahr, weil selbst innerhalb der weiteren Familie schwierige rechtliche Dinge zu klären waren, als beispielsweise „ein nicht unbedeutendes Guthaben zu Tage kam", wie Wilhelm Mensing berichtet, welches die Erbmasse erheblich vergrößerte. Andererseits war bekannt, dass Friedrich Christian im Laufe der Jahre mehreren Verwandten und Freunden in deren Notlagen Geld geborgt hatte, Beträge, die nie über die Bücher gingen und deren Verbleib nicht nachzuvollziehen war. Doch wie sich herausstellte, war das Erbe alles in allem erheblich. Und die Verhältnisse konnten einvernehmlich geklärt werden. Von der Inanspruchnahme eines Gerichts hatte man Abstand nehmen können. Gegolten hat zu diesem Zeitpunkt noch das sogenannte Gemeine Sachsenrecht, das erst ein Jahr später durch das BGB abgelöst wurde.

Aus einem Dokument des Königl. Sächs. Gerichtsamtes im Bezirksgericht Zwickau vom 30. März 1871 geht hervor, dass manche Angelegenheiten zur Erbschaftsklärung noch weit länger dauerten und die Vormünder beschäftigten (St.A.Z 5). Da heißt es, dass „Herrn Stadtrath Christian Fischer hier als Vormund der minderjährigen Georg Julius Wilhelm, Friedericken Charlotten Louisen und Wilhelm Ludwig Johannes Geschwister Fikentscher, und Herrn Stadtältesten Wilhelm Bamberger hier, als Vormund der minderjährigen Charlotte Sophie, Friedrich Paul Hermann Otto Geschwister Fikentscher“ autorisiert und ermächtigt werden, Verhandlungen einzuleiten und zum definitiven Abschluss zu bringen – es werden alle mit dem Bergbau in Boden/Böhmen (s. „Wirtschaft“) zusammenhängenden Anteile und Besitztümer aufgezählt – um für den Gesamtkaufpreis von „Zwei Hundert fünfzig Tausend Gulden Oesterreichs Währung ... nach dem Anteil ihrer Mündel in Empfang zu nehmen ... kurz alles zu tun, was sie für zweckmäßig und dienlich erachten ... Die unterzeichnete Behörde ertheilt hierzu allenthalben im Voraus das obervormundschaftliche Vakant (Anm.: von Vorgaben freie Entscheidungsbefugnis) und hat dasselbe urkundlich ausgestellt und vollzogen“. Zugehörig ist eine Urkunde für einen Notar in Eger als Bevollmächtigten der Erben Friedrich Christians. Aus ihr geht hervor, wie die einzelnen aktiven und passiven Besitztümer entflochten und bewertet wurden, einschließlich der Anteile des kurz vor Friedrich Christian verstorbenen Bruders Georg aus Wunsiedel.

Sieht man von diesen und anderen weit verstreuten Vermögensanteilen ab, so bleibt vor allem die Frage, wie in dieser Zeit die Fabrik üblicherweise und rechtlich sauber weitergeführt und im Eigentum gehalten werden konnte. Bei Michael Schäfer 2007 findet sich eine ausführliche Betrachtung der unterschiedlichen Möglichkeiten, wie in anderen sächsischen Familienunternehmen verfahren wurde, freilich meist in einer etwas späteren Zeit des 19. Jahrhunderts. Ausgangspunkt sind alle Erbfolgemöglichkeiten auf der Grundlage eines Testamentes, das hier jedoch fehlte. Die nächste Gruppe besteht aus Beispielen, in denen der – älteste – Sohn den Betrieb weiterführen konnte, was nach Lage der Dinge in diesem Fall nicht möglich gewesen ist, denn Wilhelm Fikentscher war zwar gerade mündig geworden, doch in keiner Weise dazu allein imstande. Ein Verkauf des Unternehmens, der nach dem Tod des Gründers in anderen Fällen erfolgte, erschien völlig abwegig, allein schon deswegen, weil die große Familie hier ihren Lebensmittelpunkt hatte, der erst – wie die Geschichte zeigen sollte – nach der Enteignung 1947 schmerzhaft aufgegeben werden musste. Die Fabrik war und blieb der Inbegriff eines Familienunternehmens. In allen vergleichbaren Fällen stand der Wunsch des Erblassers im Vordergrund, das Unternehmen zu erhalten und nicht durch übermäßigen Kapitalabfluss an einzelne Erben infrage zu stellen. Dieser Wunsch konnte auch ohne Testament bei Friedrich Christian in Übereinstimmung mit der gesamten Familie vorausgesetzt werden. Daraus folgte ein Vorgehen, das von zahlreichen Firmengründern testamentarisch festgelegt wurde: Zunächst wurde die Ehefrau als Haupterbin eingesetzt und ihr auferlegt, den ehemännlichen Nachlass ihren Kindern als Nacherben weiterzugeben. Damit verbunden war nicht selten der ausdrückliche Wunsch des Erblassers, seine Witwe möge als Inhaberin oder Teilhaberin des Unternehmens an seine Stelle treten. So konnte das Firmenkapital weitgehend in einer Hand gehalten und Auszahlungen an nicht in die Unternehmensnachfolge tretende Kinder verzögert werden. Und genau so wurde auch ohne vorhandenes Testament mit dem Nachlass von Friedrich Christian verfahren. Da er zu Lebzeiten Wilhelm Mensing als Teilhaber ernannt hatte, wobei es unerheblich ist, ob er damit seine spätere Nachfolge regeln wollte oder nicht, war es naheliegend, ihn die Geschäfte weiterführen zu lassen. Schließlich gehörte er zur Familie als leiblicher Bruder der Witwe und zugleich ihr Schwiegersohn. Besitzer der Fabrik waren somit die Witwe Rosalie Fikentscher, Sohn Wilhelm und Schwager Wilhelm Mensing.

Jedes der minderjährigen Kinder erhielt einen Vormund, weil es nun „nicht mehr unter der väterlichen Sorge stand" – anders als heute, wo es um die „elterliche Sorge" geht und die Mutter die gleichen Rechte hat wie der Vater. Im Zwickauer Stadtarchiv sind dazu dicke Akten vorhanden, aus denen hervorgeht, wie genau die Vormundschaften geführt wurden. Das einheitlich für jedes Kind eingesetzte Kapital betrug 9.000 Taler („Aus den Nachlaßimmobilien versichertes väterliches Erbtheil"), die mit fünf Prozent verzinst wurden. Hinzu kamen mehrere unterschiedliche Anteile, beispielsweise „Prioritätsobliegenheiten der Thüringer Eisenbahn",

Sächs. Staatsschuldenkassenscheine“ u.a. Im Jahr kamen dadurch beispielsweise für ein Kind 9.933,10 Taler zusammen, in einem anderen Fall waren es 11.069,18 Taler. Die jährlichen Bilanzen über Einnahmen, d.h. Vermögensanteile und Ausgaben sind von den Vormündern für jedes Kind peinlich genau geführt worden. Zu den Ausgaben gehörten auch „Verpflegungs- und Erziehungsgelder an die Mutter, Frau Rosalie verw. Fikentscher auf die Zeit vom 1. Januar bis 30. Juni 1869: 75,00, um nur ein Beispiel der korrekten Handlung und Nachweisführung durch die Vormünder zu erwähnen. Die Obervormundschaft lag wie auch sonst beim Staat, vertreten durch die Vormundschaftsbehörde.

Auf diese Weise war sichergestellt, dass jedes Kind nicht nur gut leben konnte, sondern auch eine wunschgemäße Bildung und Ausbildung erhielt. An das volle Erbe kamen sie allerdings erst nach dem Tod der Mutter heran, als die Fabrik in eine Familien-GmbH überführt worden war.

Bedenkt man, dass ihn zehn seiner Kinder überlebt haben, aus denen 40 Enkel und 52 Urenkel hervorgingen, die alle wenigstens indirekt noch erheblichen Anteil an dem Erbe hatten, so ist klar, dass zwar auf diese alle hier nicht näher eingegangen werden kann und muss. Doch ein verkürzter Blick auf die nächste Generation ist schon deswegen interessant, weil er wenigstens ansatzweise die ganze Breite einer solchen Familie zeigt (Deutsches Geschlechterbuch 1936):

1. Emma (1835–1888) verheiratet seit 1855 mit Wilhelm Mensing, 11 Kinder, 10 Enkel (Abb. 22, 23).
2. Wilhelm (1839–1890) verheiratet seit 1865 mit der Tochter des Rentamtmann Krumpiegel aus Zwickau, Chemiker, später Leiter der Fabrik in Zwickau, unbesoldeter Stadtrat, 7 Kinder, 12 Enkel (Abb. 24).
3. Maria/Marie (1843–1914) verheiratet mit dem Augenarzt Peppmüller aus Halle, 7 Kinder, keine Enkel (Abb. 26).
4. Friedrich (1846–1905) verheiratet mit seiner Base Emma Fikentscher aus Regensburg, Kgl. Sächs. Oberst, 2 Kinder, keine Enkel (Abb. 25).
5. Georg (1854–1919) verheiratet mit Adele Martin aus Lichtentanne bei Zwickau, Musiker, kinderlos (Abb. 27).

6. Louise (1856–1938), Kunstmalerin, verheiratet mit dem Landmesser und Opernsänger Rudolf Engelhard, kinderlos (Abb. 28).
7. Johannes (1857–1921), Chemiker und (Mit-)Direktor der Fabrik in Zwickau, verheiratet mit der Pfarrerstochter Clara Herling aus Zwickau, 5 Kinder, 7 Enkel (Abb. 29). In seinem Fall sei eine Ausnahme hinsichtlich der eigenen Nachkommen gemacht: Seine Tochter Gertrud (1896–1985) (Abb. 30) erreichte auf dem zweiten Bildungsweg die Hochschulreife und studierte in Berlin Jura, wurde Rechtshistorikerin, heiratete Wilhelm Schubart, einen Papyrologen von Weltruf, und erhielt nach dem Zweiten Weltkrieg in Halle an der Saale als erste Frau im deutschsprachigen Raum einen Lehrstuhl an einer juristischen Fakultät (Fikentscher 2013).
8. Sophie (1859–1945), Kunstmalerin, entwarf Häuser, war verheiratet mit Dr. jur. Bruno Rudert, Senatspräsident am Sächsischen Oberlandesgericht Dresden, gebürtig aus Planitz bei Zwickau; kinderlos (Abb. 32, 31).
9. Paul (1861–1924), Kgl. Sächs. Kommerzienrat, (Mit-)Direktor der Fabrik in Zwickau, verheiratet mit Helene Mohr aus Rudolstadt, 3 Kinder, 7 Enkel (Abb. 33).
10. Otto (1862–1945) Kunstmaler, verheiratet mit der Malerin Jenny Nottebohm aus Kattowitz, 5 Kinder. 16 Enkel (Abb. 34, 35). Otto hatte sich als Tiermaler in Deutschland einen Namen gemacht. Er kaufte von dem ererbten Geld die Augustenburg in Grötzingen bei Karlsruhe, die zum Mittelpunkt der dortigen berühmten Badischen Malerkolonie wurde, und hat als Künstler sein Jahrhundert überlebt (Baumstark 1998).

Alles in allem kann man festhalten, dass diese Familien der dritten Generation nach dem Gründer Wolfgang Caspar Fikentscher ganz selbstverständlich dem Bildungsbürgertum angehörten – bei einigen trifft natürlich auch der Begriff „Wirtschaftsbürgertum" (Möckl 1996, Ziegler 2000) zu –, was in Kenntnis der weiteren Geschichte mit einigen umbruchbedingten Abstrichen von den nächsten auch gesagt werden kann, wenngleich der ererbte Wohlstand weitgehend verlorenging. Das alles, die überragende Persönlichkeit, der plötzliche und vergleichsweise frühe Tod, das Bewusstsein darüber, was man ihm verdankte und die vielen weitererzählten Geschichten führten dazu, dass bald eine gewisse Verklärung einsetzte. Gewiss ist der Begriff „Familienheiliger" übertrieben, auch wenn er von aufgeklärten Nachfahren mit leicht ironischem Unterton gebraucht worden sein mag, aber die Verehrung war echt und gerechtfertigt. Beispielsweise sagte niemand mehr „Fritz", wie er zeitlebens von allen genannt wurde, sondern stets nur noch mit voller Betonung „Friedrich Christian".

Die Gegenstände aus seinem persönlichen Besitz blieben in der Familie und wurden geachtet. Ein kleines Beispiel: Einer seiner Enkel, Jahrgang 1900, war in den Besitz seines Rasiermessers gelangt. Er bewahrte es nicht nur sorgfältig auf, sondern rasierte sich auch damit. Allerdings nur einmal im Jahr: am Heiligen Abend. Außerdem ließ die Witwe ein noch zu seinen Lebzeiten entstandenes großes ovales Ölbild, gemalt von dem für Zwickau bedeutenden Portraitmaler Carl Gottlob Mittenzwey (1822–1890), von diesem selbst mehrfach kopieren – man kann auch sagen, es wurden weiter Originale gefertigt – damit jeder Familienzweig wenigstens eines davon erhalten konnte. Bei einigen Familien der Nachkommen, so auch bei uns, hängt ein solches Porträt noch heute an der Wand.

12

150 Jahre

Die Fabrik in Zwickau bis zu ihrer Schließung 1996

—

„Nichts kommt von selbst.
Und nur wenig ist von Dauer.“
Willy Brandt

—

Der Tod Friedrich Christians war für die Fabrik ebenso wie für das Leben der großen Familie ein tiefer Einschnitt. Ein solcher ist allerdings geradezu typisch für den Übergang zur „Dritten Generation“, der in vielen Familienunternehmen vorkommt: Nach zwei Gründergenerationen folgten Generationen, die das Werk erfolgreich fortführten, weiterentwickelten, auch modernisierten, aber keine gänzlich neuen Wege gehen mussten. Der Gründer steckte stets voller Ideen und Tatendrang, hatte Freude am Schaffen, wirkte am öffentlichen Leben mit und war davon überzeugt, dass auch daraus ein Gewinn entsteht. Das war bei den Nachfolgern teilweise anders. Alle hatten studiert und waren gebildete Leute, höchst anständig, kunstverständig, meist auch kunstausübend und solide, aber ursprüngliche Unternehmertypen mussten sie nicht mehr sein, denn das Unternehmen bestand bereits und war erfolgreich. Sie taten das, was 1896 als Ziel und Aufgabe zur 50-Jahr-Feier verkündet wurde: „Die Fabrik wird von den Erben möglichst im Sinne des Gründers fortgeführt“ (FAF 2). Dazu gehörten natürlich auch innerhalb der Fabrik neue Entwicklungen. Wie sonst wäre es möglich gewesen, dass sie – das sei hier eingefügt – nach der Jahrhundertwende zu einer der führenden Steinzeugwerke Deutschlands gehörte? Wie schwer die Erfüllung einer solchen Aufgabe, das Beschreiten des weiteren Weges sein kann, zeigt der spätere Verlauf. Deswegen darf eine Reihe von Namen und kurzen Personenschilderungen im Folgenden nicht fehlen. An ihnen wird ersichtlich, wie kompliziert und mühsam es sein kann, ein größeres Unternehmen 100 Jahre lang in der Familie zu halten und erfolgreich zu bleiben.

Zufall oder nicht, die 150 Jahre von 1846 bis 1996 bestehen aus drei gleich langen, jedoch recht verschiedenen Abschnitten. Auf diese soll nun näher eingegangen werden.

Von der Gründung bis zur 50-Jahr-Feier 1896

Die Fabrik war über vier Generationen der Mittelpunkt einer aus mehreren Zweigen bestehenden großen Familie. In dem weiträumigen Gelände samt Park wuchsen die Kinder auf und haben vielfach erst später gemerkt und gelegentlich aufgeschrieben, welch glückliches und bevorzugtes Leben sie dort führen konnten. Die Zeit in dieser geschützten Umgebung schien stehen zu bleiben, anders als die Wirtschaftsentwicklung in Zwickau, denn diese war mit großen Schritten vorangekommen. Allerdings war auch in der Familie selbst bereits vieles verändert, als zur Feier des 50-jährigen Firmenjubiläums eingeladen wurde. Denn nach dem Tod Friedrich Christians war die Fabrik zunächst von den Erben unter Leitung des Schwiegersohnes Wilhelm Mensing, der schon seit 1858 Teilhaber war, aber 1870 von der persönlichen Leitung zurücktrat, sowie des 1839 geborenen ältesten Sohnes Wilhelm weitergeführt worden. Letzterer hatte in Göttingen und Berlin Chemie studiert und übernahm 1870 die oberste Leitung der Firma, unterstützt von Richard Mensing (Abb. 39), dem jüngeren Bruder Wilhelm Mensings. Dieser wurde technischer Direktor und machte sich um die Entwicklung der Steinzeugfabrikation verdient. Wilhelm Fikentscher starb nach langer Krankheit bereits 1890, als 50-Jähriger an der „Bronzekrankheit“ (heute „Morbus Addison“, Nebennierenrinden-Störung/-Ausfall). Er hinterließ drei Töchter und zwei Söhne.

Im Jahre 1892 erschien ein Prachtband über „Die Groß-Industrie des Königreichs Sachsen“, in dem auf jeweils zwei Seiten mit Abbildungen in alphabetischer Reihenfolge auch die Fikentscher'sche Fabrik enthalten ist. Nach der üblichen Einleitung über Herkunft und Person des Gründers und die Ansiedlung in Zwickau sowie die Glashütte wird über die veränderte Rohstofflage in Sachsen und die daraus folgende schrittweise Aufgabe der Produktion chemischer Erzeugnisse mit Ausnahme von Quecksilberpräparaten berichtet. Berichtet wird auch über den schrittweisen langwierigen Übergang zur Steinzeug- und Tonwarenfabrikation, wodurch der bisherige teure Import aus dem Ausland ersetzt werden konnte. Die Fabrik besteht gegenwärtig [1892] aus drei Abteilungen: Chemische, Tonwaren, Ziegelei. „Das Absatzgebiet der Quecksilberpräparate erstreckt sich außer auf ganz Deutschland auch besonders auf Italien, Rußland und Kleinasien". Es folgt eine Aufzählung der verschiedensten Gefäße und Röhren aus Steinzeug (s. u.), und dann weiter: „Beschäftigt werden in der Fabrik 300; der Lohn betrug für dieselben im Jahre 1888 über 235.000 Mark. Der Versand an Waren betrug im gleichen Jahre ca. 30.000.000 Kg, der Verbrauch an Kohlen ca. 17.000.000 Kg."

Dann zu den Arbeitern: „Eine größere Anzahl von Arbeitern hat Medaillen für Treue in der Arbeit erhalten, da sie meist in der Fabrik bleiben, auch wenn sie jung in dieselbe eingetreten sind. Eine Fabrikkrankenkasse bestand in der Fabrik seit mindestens 30 Jahren und die Arbeiter gaben ungern die alte Ordnung derselben auf, als die jetzt gesetzliche an deren Stelle trat, wiewohl die letztere sich nur formell von der früheren unterscheidet; für Altersversorgung ist bereits ein ansehnlicher Fond vorhanden." Soweit der veröffentlichte Stand 1892.

Die in diesem Artikel erwähnte „Betriebs-(Fabrik-)Krankenkasse von Fr. Chr. Fikentscher in Zwickau" erhielt nach Reichsgesetz von 1883 ein Statut, das 1885 in Kraft trat und 1892 und 1903 auf jeweils neuer gesetzlicher Grundlage revidiert wurde. Im Vorstand waren zwei von der Fima ernannte Vertreter, nämlich der Vorsitzende und sein Stellvertreter als Kassenführer, sowie fünf von der Generalversammlung geheim zu wählende Kassenmitglieder.

Aus diesem Zusammenhang heraus erfahren wir auch Genaues über die Leitung der Fabrik, denn nach jeder Personalveränderung war eine Meldung erforderlich (StAZ 6):

20. Januar 1893: „Dem Stadtrath zu Zwickau. Hierdurch erlaube ich mir die ergebene Anzeige, daß Herr Wilh[elm] Mensing mit seinem Ausscheiden aus der Fabrik zugleich den Vorsitz im Vorstand der Betriebskrankenkasse Fr. Chr. Fikentscher niedergelegt hat und übernimmt denselben der Prokurist der Firma Herr Rich[ard]. Mensing.

Hochachtungsvoll pp Fr. Chr. Fikentscher, Rich. Mensing

Als Prokurist der Firma blieb Richard Mensing bis 1904 Vorstand der Betriebskrankenkasse. „Fabrikbesitzer" Paul Fikentscher war 1897 sein Stellvertreter und ab 1905 der Vorsitzende.

Nach dem Rücktritt das 68-jährigen Wilhelm Mensing trat im Januar 1894 Franz Fikentscher (Abb. 44), geboren am 15. April 1866 als ältester Sohn von Wilhelm Fikentscher nach vollendetem Studium als Chemiker in das Werk ein. Er heiratete die Tochter des Zwickauer Oberbaurates Döhnert. Die beiden Ältesten ihrer drei Söhne fielen gleich zu Beginn im Ersten Weltkrieg. Die mündliche Überlieferung sagt, dass einige Übergänge nicht ganz konfliktfrei abliefen, was jedoch nur im engsten Familienkreis besprochen und geklärt wurde.

Etwa um die gleiche Zeit wie Franz begann Hans Fikentscher (1857–1921) nach einem abgebrochenen Chemiestudium in Berlin seine Tätigkeit in der Fabrik. Sie bezog sich im Wesentlichen auf die Überwachung des Versandes der keramischen Waren. Hans heiratete 1895 Clara Herling, Tochter des verstorbenen Pastors Herling. Der Ehe entstammen eine Tochter (Fikentscher 2013) und vier Söhne.

1895 starb die Hauptbesitzerin der Firma, Rosalie Fikentscher, die in der Stadt als Wohltäterin bekannt war; jedenfalls trägt eine Gedenktafel am Eingang des Zwickauer Domes ihren Namen als Spenderin. Inzwischen waren ihre Kinder erwachsen und hatten teilweise selbst Kinder. Nach ihrem Tod geschah das, was 30 Jahre zuvor verhindert werden konnte: Das Erbe zerfiel in so viele Teile, dass die Weiterführung der Fabrik in der bisherigen Form nicht mehr möglich wurde und eine neue Form der Eigentumsverhältnisse gefunden werden musste. Da fügte es sich gut, dass der Gesetzgeber drei Jahre zuvor mit der „Gesellschaft mit beschränkter

Haftung“ eine geeignete Form geschaffen hatte. Die Mitglieder der Familie bildeten die GmbH als formal gleichgestellte, nur mit ihrer Einlage haftende Gesellschafter und ernannten aus den eigenen Reihen einen oder mehrere angestellte Geschäftsführer. Dadurch gelangten die Kinder in eine recht gute finanzielle Lage, die ihnen bis zu ihrem Tod ein weitgehend materiell unabhängiges Leben sicherte. (Nebenbei: Auch die Porzellanfabrikanten Kästner, s. „Entscheidung“, wandelten in ähnlicher Lage ihre Fabrik in eine GmbH um, allerdings erst 1919.)

Eine weitere Änderung der Firmenorganisation ohne Aufgabe des „Familienunternehmens“ war 1922 die Umwandlung in eine Aktiengesellschaft mit besonderen Bedingungen. Diese bestanden darin, dass die Aktien nur innerhalb der Familie einschließlich der Angeheirateten verkauft werden durften. Dadurch wurde durch einen Wechsel von Aktien dem Werk kein Kapital entzogen, nur die Stimmenverhältnisse in der Aktionärsversammlung konnten sich ändern. Zugleich war diese Umwandlung nicht zu dem sonst üblichen Zwecke gedacht, die Aufbringung größerer Kapitalien zu erleichtern, sondern das vorhandene Kapital im Unternehmen zu halten. Die Familienmitglieder, die in dem Werk angestellt waren, erhielten ein Gehalt und wie alle anderen auch eine Gewinnbeteiligung entsprechend ihres Aktienbesitzes.

Die Produktion war während dieser Jahre überwiegend auf die Fabrikation von Steinzeug umgestellt worden. Dazu schrieb Franz Fikentscher in einem Rückblick aus dem Jahre 1941: „Als die Mineralsäuren durch das Leblanc-Soda-Verfahren billig als Nebenprodukt hergestellt wurden, wurde dieser Teil der Fabrikation als nicht mehr lohnend aufgegeben und in der chemischen Abteilung nur noch Quecksilberpräparate, Zinnober, Sublimat, Kalomel, weißer Präzipitat, rotes und gelbes Oxyd usw. hergestellt. Später kam dazu das arsensaure Quecksilber-Oxyd, das als Schiffsbodenfarbe gebraucht wird.“

Am 19. September 1896 wurde „Zur Feier des 50jährige Bestehens der Fabrik Fr. Chr. Fikentscher Ges. m. b. H. in Zwickau“ eingeladen. Es erschien ein kleines Heft (FAF 2) mit der Geschichte des Werkes und einer kurzen Übersicht zum damaligen Stand (Abb. 36). Wir lesen:

„Es sind jetzt in der Fabrik thätig:
außer 16 Beamten gegen 300 Arbeiter.
Es sind in Benutzung:
59 Brennöfen mit überschlagender Flamme,
1 Kanalofen mit Gasfeuerung, mit Produktion von 5.000.000 Mauerziegeln,
5 Dampfkessel mit 400 qm Heizfläche,
7 Dampfmaschinen mit zusammen 330 eff. Pferdekräften, zum Betrieb der verschiedensten Arbeits- und Hülfsmaschinen.
Elektrische Beleuchtung.
Gleisanschluß an die Staatsbahn.
Die Fabrik erhielt bei mehr als 20 Ausstellungen die höchsten Auszeichnungen."

Zugleich mit dieser kleinen Schrift wurde ein kleines Heft mit den Texten von vier Tafel-Liedern zur Feier am 19. September gedruckt. (beides in der Zwickauer Firma von Förster und Borries). Die Lieder waren:

I. Sachsenhymne: „Den König segne Gott, den er zum Heil uns gab ..."
II. Melodie „Es braust ein Ruf ...": „So festlich sind wir heut' vereint ..."
III. Melodie „O Tannenbaum", „Oh schöner Tag, o frohes Fest"
IV. Schlusslied, Melodie „Der Papst lebt herrlich ...": „Zum Schlusse noch ein kleines Lied, Ach wenn es immer doch so blieb ..."

Man kann vermuten, dass es sich hierbei nicht um ein Sängerfest gehandelt hat, aber immerhin waren bekennende Sachsen und Protestanten beieinander.

Vom Jubiläum 1896 bis zur Enteignung 1946

Die Tonwarenfabrikation hatte sich allmählich zum Hauptzweig der Fabrik entwickelt. Hergestellt wurden Steinzeuggefäße für die chemische Industrie, Steinzeugröhren und Kanalisationsartikel,

Steinzeugplatten zu Pflasterzwecken, Viehtröge aller Art sowie Mauerziegel, die sich durch sehr hohe Druckfestigkeit und Gleichmäßigkeit auszeichneten, so dass sie vorzugsweise für Schacht- und Brückenbauten Verwendung fanden (Abb. 49, 50).

Die chemische Fabrikation hatte man bereits 1905 aufgegeben, da einesteils die Gebäude baufällig geworden waren und ein Neubau nicht lohnend gewesen wäre sowie der Platz der chemischen Fabrik für die keramische Fabrik dringend gebraucht wurde. Natürlicherweise gab es in der Fabrik während dieser vielen Jahre zahlreiche neue Aufgaben und Investitionen. Franz Fikentscher (FAF 3), der vier Jahrzehnte an der Entwicklung mitgewirkt hatte, zählte sie als 70-Jähriger, 1941, mit einem gewissen Stolz alle auf: die neuen Feuerungsanlagen, Dampfkessel und Dampfmaschinen, Brenngebäude, Trockenkammern, auch wurde ein Maschinenhaus für Elektrizität gebaut sowie ein Eisenbahnanschluss an das Werk. Die Beschreibung einer Investition erfüllte ihn offenbar zu Recht mit besonderer Freude. Er schrieb: „Die 3 vorhandenen Dampfmaschinen hatten, da sie ohne Kondensation arbeiteten, einen hohen Dampfverbrauch. Deswegen wurde 1905 eine völlig neue elektrische Zentrale mit einem 1200 PS-Verbund-Dampfmaschine mit Kondensation und großem Drehstromgenerator erbaut, durch die der Dampfverbrauch pro PS auf etwa ⅓ des bisherigen sank. Nun konnten die Rohrpressen und alle anderen Maschinen ohne Rücksicht auf Transmissionen an die für den Betrieb günstigsten Stellen gesetzt werden, und das vereinfachte und verbilligte die Herstellung der Röhren usw. wesentlich. Die Anlage arbeitet heute noch, nach 36 Jahren, so zuverlässig wie am ersten Tag."

Die Fabrik stand in den Jahren vor dem Ersten Weltkrieg sehr gut da und zählte zu den ersten Adressen in Zwickau. Als am 7. Juli 1903 die Ingenieurschule an König Georg von Sachsen (Regierungszeit 1902–1904) übergeben wurde, besichtigte dieser auch das Rathaus, die Firma Friemann u. Wolf, die Fikentscher-Fabrik (Abb. 48) sowie den Bürgerschacht II.

Selbstbewusst warb die Firma für ihr umfangreiches Angebot von Steinzeugwaren, beispielsweise in Form von Mappen aus Pappe mit entsprechenden Angeboten (Abb. 38). Dabei war der Hinweis auf die große Härte und Festigkeit, geprüft durch die „Königl. Prüfungsstation für Baumaterialien in Berlin", bemerkenswert (es bestand unter dieser Bezeichnung 1904–1919, wodurch sich die Werbung zeitlich einordnen lässt). Die illustrierte Angebots-, Verkaufsbedingungen- und Preisliste aus dem Jahre 1914 bot auf 30 Seiten einen vollständigen Überblick und enthielt nicht nur die vielfältigsten Varianten von Steinzeugwaren, sondern auch Sonderanfertigungen: „Wir fertigen aber auch gern andere Stücke in den größten Dimensionen und schwierigsten Formen auf Bestellung". Zu dieser Zeit beschäftigte die Firma 360 Arbeiter.

Der Firma ging es nicht nur selbst gut, sondern sie schätzte auch ihre langjährigen Mitarbeiter. So erhielt der Kassierer Bruno Seifert (1847–1919) zum 40-jährigen Dienstjubiläum eine goldene Taschenuhr geschenkt, die noch heute tadellos funktioniert und von seinem Urenkel, Siegfried Brettschneider in Halle, als Familienerbstück in Ehren gehalten wird. Der Deckel trägt eine Gravur: „Herrn Bruno Seifert für 40jähr. treue Dienste gew. von der Firma Fr. Chr. Fikentscher 1873–1913". Gekauft hatte man offensichtlich das Beste, was in Zwickau zu haben war, denn das mit rotem Samt ausgeschlagene Lederetui trägt die Aufschrift: „Ältestes Uhrengeschäft Zwickau/S. Marienplatz 10 J. G. Schneider Nachf. Max Gottseina". Die Uhr stammte aus der *Alpina Union Horologère*, die damals hochwertige Uhren mit Schweizer Uhrwerk herstellte (Abb. 40). Die lange Beschäftigungszeit sowie die Besonderheit eines solchen Geschenks sprechen ohne Zweifel für die Solidität des traditionellen Familienunternehmens.

Schubweise hatte es in diesen Jahrzehnten weitere Gründungen in Zwickau gegeben. An Reichtum standen bald die sogenannten „Kohlebarone" ganz vorn. Einige von ihnen waren von Haus aus Bauern, auf deren Grundstücken Steinkohle gefördert wurde. Dann entstanden größere Werke mit mehr Beschäftigten, reicheren Familien und größeren Wohnhäusern. Während die Familien Fikentscher nach wie vor in ihrer eigenen Welt in der Reichenbacher Straße lebten, wie es für Friedrich Christian, der sich als einen „selbst handanlegenden Gewerbsmann" bezeichnete, ganz natürlich war, entstanden bedeutende Villen. Genannt seien nur die der Familie des Zellstofffabrikanten Leonhard oberhalb des Schwanenteiches und des Kommerzienrat Wolf zwischen Innenstadt und

Schwanenteichanlagen. Er hatte gemeinsam mit Friemann 1884 die in der ganzen Welt bedeutende Grubenlampenfabrik gegründet, nachdem er 1881 erstmals eine funktionstüchtige Sicherheitsgrubenlampe hergestellt hatte.

Doch noch immer gehörten die Mitglieder der Familie Fikentscher, wenigstens einige unter ihnen, zu den wohlhabendsten Bürgern der Stadt. Eine amtliche sächsische Statistik über „Die Millionäre des Zwickauer Stadtgebietes und der nächsten Umgebung im Jahre 1908“ weist Paul Fikentscher zwar nur an 28. Stelle aus, aber immerhin mit einem Vermögen von 1,5 Millionen.

In diese Jahre fiel auch die Unterstützung von August Horch. Er war 1904 von Reichenbach nach Zwickau gekommen, um ein größeres Werk aufzubauen. Zu seinen Aktionären gehörten Paul und Franz Fikentscher, die ihm auch nach dem verlorenen Prozess um seinen Namen die Treue hielten. In einer Beratungsrunde bei ihnen zu Hause kam es zu der genialen Idee, den Namen Horch ins Lateinische zu übersetzen, wodurch die Automarke „Audi“ geboren wurde. Wohlgemerkt: in Zwickau, Reichenbacher Straße 67 (Abb. 43) (Fikentscher 2006).

Nach dem Ersten Weltkrieg trat Fritz Fikentscher (1888–1938), Sohn von Paul, einem der jüngeren Söhne des Gründers, nach einem durch den Kriegsdienst vorzeitig unterbrochenem Ingenieurstudium in die Fabrik ein (Abb. 45). Trotz der Umwandlung der Firma in eine Aktiengesellschaft 1922 (Abb. 46) blieb das Eigentum in der Familie. Doch innerhalb der Familie waren die Aktien durch verschiedene Erbgänge recht ungleich verteilt. Außerdem hatten die einen arm und die anderen reich geheiratet. Die Inflation verursachte schwerste Sorgen für das Werk, doch gelang es, auch diese zu überstehen.

Direktoren wurden die bisherigen Leiter der GmbH. Paul und Franz Fikentscher (Abb. 33, 44). Doch bereits im Februar 1924 erlag Paul auf einer Reise in München einem Herzschlag. Das war ein schwerer Verlust für das Werk, für seine Kollegen und viele Einrichtungen der Stadt. In Zwickau war er durch Mitgliedschaften in Aufsichtsräten und Vereinen so tief verwurzelt, bekannt und offenbar auch beliebt, dass die Traueranzeigen mehrere Zeitungsseiten füllten.

Im selben Jahr trat Dr. Heinrich Fikentscher (1899–1972), der jüngste Sohn von Franz, nach vollendetem Studium der Chemie in Tübingen, Jena und Würzburg in die Fabrik ein. Seine beiden älteren Brüder waren gleich zu Beginn des Ersten Weltkrieges gefallen. Er wurde, nachdem sein Vater Franz 1933 in den Ruhestand ging, gemeinsam mit Fritz Direktor. In diesen Jahren gehörte das Werk der „Fachgruppe der Steinzeugindustrie in der Wirtschaftsgruppe Steine und Erden“ an. Aus einer Einladung vom Dezember 1936 zu einer offenbar kurzfristigen Beiratssitzung nach Berlin mit sehr allgemeiner Tagesordnung geht zwar nichts Genaues hervor, doch erinnert sie an eine Erzählung in der Familie, wonach Fritz Fikentscher versucht haben soll, das Werk in ein größeres Unternehmen im Rheinland einzubinden. Das hätte zur Aufgabe der Familienaktiengesellschaft und einem existentiellen Risiko ärmerer Familienzweige geführt, weswegen es in der weiteren Familie Widerstand gab. Doch dazu kam es nicht, denn Fritz erlag bereits 1938 als 50-Jähriger – im gleichen Alter wie 1890 sein Onkel Wilhelm Fikentscher – einem schweren Leiden. Seitdem war Dr. Heinrich Fikentscher – und das bis zum „Schluss“ – alleiniger Leiter der Aktiengesellschaft (Abb. 51).

Dessen Vater, Franz Fikentscher, hatte noch 1941, mitten im Zweiten Weltkrieg, seinen Rückblick auf die Geschichte des Werkes mit folgenden Worten beendet: „Heute ist die Fabrik eine der führenden Steinzeugfabriken Deutschlands geworden und kann in ein paar Jahren das hundertjährige Jubiläum feiern.“ Er selbst hat diese Zeit nicht mehr erlebt, und die Zukunft sah ganz anders aus, als vermutet und von ihm erhofft.

Vom Dezember 1945 gibt es einen Brief von Heinrich Fikentscher, in dem er die Lage beschreibt. Es ist die eher hilflos erscheinende Antwort auf eine Anfrage, was nun hinsichtlich des Anlagevermögens in eine Steuererklärung zu schreiben sei. Er teilte mit, dass am 19. März 1945 etwa 40 Bomben auf das Grundstück gefallen sind. Personen wurden verletzt und getötet, darunter sein jüngster Sohn. Dieser Luftangriff auf Zwickau forderte insgesamt 388 Todesopfer, darunter 86 Kinder. Die Gebäude kamen erheblich zu Schaden, doch die Produktion konnte bald wieder anlaufen.

Dann kam die amerikanische Armee nach Zwickau. Sie richtete in der Fabrik einen Posten mit zwei Leuten ein, die bei einer der Eigentümerfamilien wohnten und die „Fabrik bewachten". Beispielsweise wurden sie geholt, wenn auf dem Gelände eine Plünderung drohte. Schließlich zogen am 20. August Angehörige der Roten Armee ein. Sie waren zu mehreren, so dass die Familien ausziehen bzw. zusammenrücken mussten. Das Werk wurde weitgehend demontiert. Den Gesamtschaden schätzte Heinrich Fikentscher auf etwa eine Millionen Neuanschaffungswert. Dividende wurde in diesem letzten Jahr des Familieneigentums nicht ausgeschüttet.

100 Jahre Familienunternehmen: Leitung und Rechtsformen

1846: Gründung durch Friedrich Christian Fikentscher (1799–1864), alleiniger Eigentümer und Leiter (Abb. 4).

Wilhelm Mensing (1825–1903): Schwiegersohn, seit 1858 Teilhaber der Fabrik, leitete sie ab 1864 gemeinsam mit Wilhelm F., schied 1870 vorübergehend aus der Leitung aus, endgültig erst 1892, blieb Teilhaber, zog nach Boden, zwei Jahre später nach Jerusalem in Thüringen (Abb. 22).

Wilhelm Fikentscher (1839–1890): ältester Sohn, trat nach dem Tod des Vaters in das Werk ein und leitete es bis 1870 gemeinsam mit Wilhelm Mensing, danach allein (Abb. 24).

Franz Fikentscher (1866–1942): Enkel, Sohn von Wilhelm F., trat 1894 als Chemiker in das Werk ein, wurde später gemeinsam mit seinem Onkel Paul F. Direktor und blieb es bis zu seinem Ruhestand 1933 (Abb. 44).

Johannes Fikentscher (1857–1921): viertältester Sohn, trat 1894 als Geschäftsführer in das Werk ein, übernahm die Überwachung des Versandes keramischer Waren (Abb. 29).

1896: Umwandlung in eine GmbH.

Paul Fikentscher (1861–1924): fünftältester Sohn, trat 1893 in das Werk ein, war dann bis zu seinem Tod gemeinsam mit Franz. F. Direktor (Abb. 33).

Friedrich/Fritz Fikentscher (1888–1938): Enkel, Sohn von Paul F., trat 1919 in das Werk ein, war nach dem Tod seines Vaters gemeinsam mit Franz. F. Direktor bis zu seinem Tod (Abb. 45).

1922: Umwandlung in eine Familien-Aktiengesellschaft mit den bisherigen Leitern der GmbH Paul und Franz Fikentscher als Direktoren.

Heinrich Fikentscher (1899–1972): Großenkel, jüngster Sohn von Franz F., trat nach dem Tod von Paul F. 1924 als Chemiker in das Werk ein, wurde nach dem Ausscheiden seines Vaters 1933 Direktor gemeinsam mit Fritz F. Nach dessen Tod 1938 war er alleiniger Leiter der Aktiengesellschaft und blieb es bis zur Enteignung 1946 (Abb. 51).

Von der Enteignung bis zur Stilllegung 1996

Der Volksentscheid am 30. Juni 1946 führte zur entschädigungslosen Enteignung der Fabrik, so wie es vielen anderen auch erging. Ein Treuhänder, Helmut Härtel, wurde eingesetzt. Die dort wohnenden Familien und Einzelpersonen des Familienverbandes durften in den beiden Wohnhäusern bleiben, auch eine aus Schlesien geflüchtete Familie fand selbstverständliche Aufnahme, wenngleich der Wohnraum eng wurde, denn weite Teile der Wohnungen hatten russische Offiziere für sich beansprucht. Trotz Enteignung war Dr. Heinrich/Heinz Fikentscher bis 1948 noch als Chemiker und technischer Leiter beschäftigt, doch im Spätsommer 1948 war es auch damit vorbei. Jeder hatte sich eine Wohnung irgendwo in der Stadt zu suchen, was bei der allgemeinen Knappheit nicht einfach gewesen ist und den endgültigen nun auch räumlichen Abschied aus dem hundertjährigen Familienstammsitz bedeutete. Damals war das jedoch weder eine Besonderheit noch mitleiderregend.

Der nun volkseigene Betrieb wurde zum „VEB Zwickauer Steinzeugwerke". Seine Zuordnung wechselte ständig. Peschke 1995 beschreibt diesen Vorgang: 1946 bis 1953 zugehörig zur „Industrieverwaltung 30 (Keramik)", bis Ende 1963 „Betrieb der örtlich geleiteten Industrie der Stadt Zwickau", 1964/65 dem „VVB Bau- und Grobkeramik Halle (Saale)" unterstellt, am 1. Januar 1966 erfolgte die Zusammenlegung mit den „Zwickauer Ziegelwerken", woraus der „VEB Grobkeramisches Werk Zwickau" entstand. Doch nach der Ausgliederung der Ziegelwerke im Jahre 1970 kam der „VEB Zwickauer Steinzeugwerk" als Zweigbetrieb zum „VEB Vereinigte Steinzeugwerke Bad Schmiedeberg" und schließlich gliederte das Ministerium den Zwickauer Betrieb Mitte der 80er Jahre in den

„VEB Fliesen- und Sanitärkeramik Boizenburg" ein. Eine kurze Zeitungsmeldung vom September 1979 in der Zwickauer „Freien Presse" wirft ein bezeichnendes Licht auf die Unterschiede zwischen dem Familienbesitz, als sowohl der Park als auch der parkähnliche große Vorgarten stets gepflegt und benutzt wurden, und den „neuen Eigentümern". Da heißt es unter der Überschrift „Weil zum Werk auch Grünanlagen mit dazu gehören": „Gerade deshalb konnte uns der Zustand der Außenanlagen an der Reichenbacher Straße nicht länger befriedigen. Unsere Werktätigen, Schüler und Kooperationspartner rückten dem Dickicht zu Leibe. Die Bäume blieben als wertvolles Großgrün erhalten. Gestrüpp wurde entfernt und Rasen angesät." Mit anderen Worten: Drei Jahrzehnte lang hatte man alles verwildern lassen. Acht Betriebsdirektoren hatte das Werk in diesen 44 Jahren, bis es ab 1. Juni 1990 aus dem Boizenburger Kombinat herausgelöst und am 24. September 1990 als „Zwickauer Steinzeug GmbH" in das Handelsregister eingetragen wurde. Die KERAMO WIENERBERGER Gruppe übernahm das Werk von der Treuhand und behielt 100 Mitarbeiter. Am 16. Februar 1993 eröffnete sie auf dem Gelände ein Schulungszentrum, in dem während der ersten zwei Jahre 2500 Teilnehmerinnen und Teilnehmer Seminare besuchten.

Einzufügen ist an dieser Stelle, dass Horst Fikentscher (1927–2013), der Sohn von Heinz Fikentscher, also dem letzten Direktor aus der Familie und maßgeblicher Miteigentümer, um sein Erbe und das der weiteren Familie gekämpft hat. Er hat sich zu Recht als dessen Erbe und Rechtsnachfolger verstanden, war Ende der 40er Jahre „nach dem Westen gegangen". Seine geradezu verzweifelten Versuche, nach 1990 das Werk zurückzubekommen, mussten aufgrund der Rechtslage nach dem Einigungsvertrag scheitern.

Ein Rückblick auf die wirtschaftlich-technische Lage des Werkes dürfte von noch größerem Interesse sein als die rechtliche Zuordnung und Verwaltung, denn dabei stellt sich heraus, dass die Voraussetzungen für einen erfolgreichen Weiterbestand schon lange nicht gut waren, wodurch sich manche späteren Entscheidungen in gewisser Weise erklären lassen, ohne dass sie näher begründet wurden. Das geht aus der Dissertation von Günter Grosche über die Zwickauer Industrie hervor, die im Jahre 1964 an der Pädagogischen Hochschule Potsdam erschien. Er widmet sich auch der

„Glas- und chemischen Fabrik von Fr. Chr. Fikentscher an der Reichenbacher Straße („heute VEB Steinzeugwerke") und seiner Geschichte. Besonders aufschlussreich sind seine Einschätzungen der Gegenwart und Zukunft des Werkes: „Die gleiche rohstoffbedingte Standortgunst [wie bei vorher geschilderten Werken] kann für die beiden Werke der keramischen Industrie [das andere war die Porzellanfabrik Kästner in Oberhohndorf – sie ging 1971 in Liquidation und wurde geschlossen] – nicht nachgewiesen werden. Zwickau besitzt ein VEB Steinzeugwerk – bis 1946 Tonröhrenwerk von Fikentscher. Das Werk ist seit 1845 traditionell mit Zwickau verbunden und besitzt durch die Qualität der Erzeugnisse einen guten Ruf in der Bauindustrie der DDR. Die Produktionserfahrungen in der Brenntechnik und der Massezusammensetzung kommen dem Zwickauer Werk gegenüber den jüngeren Werken in unserer Republik zugute. So reicht auch der Absatz der Zwickauer Erzeugnisse bis in den Norden der DDR. Etwa die Hälfte der Produktion wird jedoch innerhalb der 50-km-Zone um Zwickau in den Bezirken Karl-Marx-Stadt, Gera abgesetzt [heute Westsachsen und Ostthüringen].

Ein Vergleich der ursprünglichen Standortbedingungen mit den gegenwärtigen ergibt eine Verschiebung zuungunsten des Betriebes. Die Produktion von säurefestem Steinzeug entwickelte sich in der ehemaligen chemischen Fabrik Fikentscher ursprünglich für den Eigenbedarf. Mit dem Ausbau der Kanalisation in den vielen Städten der Umgebung traten günstige Absatzmöglichkeiten auf, eigener Bahnanschluss im Werksgelände erleichterte den Abtransport. Außerdem war die Rohstoffsituation günstig: Das Werk stand auf der Steinkohle, sie wurde etwa 100 m entfernt im Bürgerschacht gefördert. Lehmlager gab es auf dem Fabrikgrundstück, Tone in einer Sandgrube im nahen Dänkritz. Der große Rohstoff- und Brennstoffverbrauch bestimmt bei diesem Werk entscheidend den optimalen Standort. Er ist heute nicht mehr gegeben; denn die Dänkritzer Tonlager sind erschöpft, und die Zwickauer Steinkohle ist nicht mehr die Brennstoffgrundlage des Betriebes. Das Werk kann nur noch auf die Lehme aus eigener Grube zurückgreifen. Sonst ist es auf Fremdbezug aus dem mitteldeutschen Raum mit Hilfe der Eisenbahn angewiesen. Einige Zahlen sollen es beweisen ... Bei einer Jahresproduktion von 18.000 t Fertigerzeugnissen und einem durchschnittlichen Kohleverbrauch von 700 kg pro Tonne ergeben sich jährlich 12.600 t Brennstoffe, vor allem Braunkohlen, die an das Werk gefahren werden müssen. Das Standortproblem des Werkes kann in zweifacher Weise gelöst werden: Einmal müssen neue Steinzeugwerke in der Nähe von Ton- und Braunkohlenlagern errichtet werden. In der Grube von Regis-Breitingen bieten sich diese Standortvorteile besonders an. Der Ausbau des größten Werkes Europas für säurefestes Steinzeug in Krauschwitz bei Muskau in der Lausitz schließt an den Standortvorteil der Roh- und Brennstofflager an. Ähnlich verhält es sich mit dem Steinzeugwerk in Belgern bei Torgau, in Bitterfeld und in Zittau. Da in Zwickau dieser Standortvorteil nicht besteht, müssen hier andere Möglichkeiten gesucht werden, um das Werk im Versorgungsraum südliche DDR rentabel zu erhalten. Sie besteht vor allem im Bau eines neuen Betriebsteils mit Tunnelöfen und einer Gasgeneratoranlage, welche die Öfen mit Gas beheizen soll. Damit fiele auch die starke Staubbelästigung für die Zwickauer Bevölkerung weg, die z. Z. aus 6 Schornsteinen ohne Staubfilter erfolgt."

Grosche kommt zu dem Schluss: „Das Zwickauer Werk ist veraltet und nur wenig mechanisiert. Bevor hier umfangreiche Investitionen erfolgen, müßten von Projektanten genaue Untersuchungen angestellt werden, um optimale Stadtorte in der DDR zu finden." Diese Bemerkungen erscheinen rückblickend deshalb interessant, weil trotz der später noch erfolgten aufwändigen Erneuerungen und hohen Investitionen der Standortnachteil nicht ausgeglichen werden konnte, was möglicherweise letztlich zur Schließung des Werkes geführt haben mag, ohne dass hier nähere Betrachtungen über diese Tatsachen angestellt werden sollen.

Denn zunächst begann man mit Erneuerungen. 1969 wurden sechs Gebäude abgerissen. Man begann, eine neue 8.000 Quadratmeter große Produktionshalle für einen 126 Meter langen Tunnelofen zu bauen, doch erst 1972 konnte die Produktion aufgenommen werden. Die Zwickauer „Freie Presse" berichtete überschwänglich von einer weiteren Richtkrone im November 1980 und erklärte, dass das Werk seit 1976 systematisch rekonstruiert werde und dass die neuen Anlagen 1985 die Erzeugung von 56.000 Tonnen ermöglichen werden. Soweit zu den bereits in den sechziger Jahren vermuteten wirtschaftlichen Aussichten.

Peschke beendet 1995 seinen Artikel „150 Jahre Steinzeugproduktion in Zwickau“ mit den Worten: „Abschließend sei darauf hingewiesen, daß KERAMO WIENERBERGER die 150-jährige Tradition der Steinzeugproduktion am gleichen Standort erfolgreich fortführt.“ Dieser gesamte Artikel steht allerdings unter der Rubrik „Anzeigen“, und es stellt sich die Frage, wer aus welchem Grund Interesse daran gehabt haben mag, ein Jahr vor der Schließung einen so optimistischen Schluss zu finanzieren. Denn in der Stadtchronik Zwickau lesen wir unter dem Jahr 1996: „Die Keramo Wienerberger Gruppe schließt zum 31. August ihren Zwickauer Betrieb, die Steinzeugwerke Zwickau GmbH an der Reichenbacher Straße.“

Genau 150 Jahre nach der Gründung!

Das Werk – einst wichtig für die industrielle Entwicklung Zwickaus – ist untergegangen und samt seinem Gründer weithin vergessen. Allein die langlebigen Steinzeugwaren mit der Inschrift „Fr. Chr. Fikentscher“, sind in der Gegend noch zu finden, und ältere Zwickauerinnen und Zwickauer erinnern sich recht gut an den Namen. Sie sprechen ihn wie in der Familie selbstverständlich mit der Betonung auf der zweiten Silbe aus, anders als anderswo.

Und was war mit der Familie selbst? Das sei hier nicht näher erwähnt, denn dieses Buch ist in Erinnerung an den vor eineinhalb Jahrhunderten gestorbenen Gründer Friedrich Christian Fikentscher geschrieben worden. Die Nachfahren gingen eigene Wege. Festzuhalten ist lediglich die Tatsache, dass nach der Einheit Deutschlands und der Einführung der Marktwirtschaft auch in diesem Teil unseres Vaterlandes alles fehlte, was zu einer Wiederbelebung der Fabrik durch die Familie erforderlich gewesen wäre. Der Besitz war bestandsfest enteignet worden. Kapital für einen Wiedererwerb oder Neuaufbau hatte in der weitverzweigten Familie niemand. Und auch ein Unternehmertyp, der willens und imstande gewesen wäre, auf der Idee des Alten etwas Neues zu gründen, hat sich nicht gemeldet. Aber so ist das Leben.

Wie sagte Willy Brandt? „Nichts kommt von selbst. Und nur wenig ist von Dauer.“

Verwandtschaftliche Beziehungen und Stammbäume

Obwohl es sich bei diesem Buch nicht um eine Familiengeschichte handelt, erscheint es hilfreich, einige verwandtschaftliche Beziehungen durch stark gekürzte Stammbäume darzustellen. Das betrifft allerdings nur die Familien Fikentscher, Trommsdorff und Mensing und bei ihnen lediglich zwei bis vier Generationen, sofern die Personen im Buch erwähnt werden. Da den Kindern üblicherweise mehrere Vornamen gegeben wurden, manche Rufnamen nicht eindeutig sind, und bestimmte Vornamen häufig vorkommen, sind diese alle angegeben, sofern es der Identifizierung nützen kann.

Stammbaum 1: Wolfgang Caspar Fikentscher (1770–1837) und seine Nachkommen der ersten Generation (Geschwister von Friedrich Christian Fikentscher und deren Ehepartner).

Stammbaum 2: Friedrich Christian Fikentscher (1799–1864) und seine Nachkommen der ersten und teilweise weiteren Generationen, sofern sie im Hinblick auf die Weiterführung der Fabrik in Zwickau erwähnt wurden.

Stammbaum 3: Johann Bartholomäus Trommsdorff (1770–1837), Sohn und Töchter, durch die eine verwandtschaftliche Beziehung zu Friedrich Christian entstanden ist, besonders wegen der beiden Ehen und die Verbindung zur Familie Mensing.

Stammbaum 1

Wolfgang Caspar Fikentscher (1770–1837)
verh. 1797 mit Maria Barbara Grüner (1778–1825), 9 Kinder:

1. Georg August (1798–1864), Dr. med., Kreisphysikus, Badearzt, verh. 1823 mit Wilhelmine Christiane Auguste Martius (1800–1872), 7 Kinder
2. Georg Friedrich Christian (1799–1864), 2 Ehen: *s. Stammbaum 2*
   a. 1832 mit Sophie LuiseTrommsdorff (1813–1850), 8 Kinder *s. Stammbaum 3*
   b. 1851 mit Dorothea Friderika Rosalie Mensing (1826–1895), 8 Kinder *s. Stammbaum 3*
3. Henriette Catharina (1801–1880), kinderlos
4. Matthäus Wilhelm (1803–1882), 2 Ehen, 7 Kinder
5. Rosalie Barbara (1805–1876), verh. 1849 mit Gottlob Reuß (1811–1858) Dr. phil. Stearinkerze-Fabrikant, kinderlos
6. Christiane Friederika Emma (1807–1890), verh. 1839 mit Emil Maximilian Dingler (1806–1874) Dr. phil. Chemiker, kinderlos
7. Friedrich Georg Joseph, (1810–1879), verh. 1857 mit Wilhelmine Epting (1831–1907) Zuckerfabrikant, 2 Kinder
8. Auguste Henriette (1812–1886), verh. 1838 mit Josef Abel (1805–1851) Dr. med. Badearzt, 5 Kinder
9. Johanne Catharine Christiane (1814–1895), verh. 1833 mit Johann Georg Huscher (1811–1880), Spinnereibesitzer, Reichsrats- und Landtagsabgeordneter, 14 Kinder

Stammbaum 2

Friedrich Christian Fikentscher (1799–1864)
Erste Ehe: 1832 mit Sophie Luise **Trommsdorff** (1813–1850)
s. Stammbaum 3. 8 Kinder:

1. Friedrich Heinrich August (1834–1834)
2. Martha Sophia Dorothea Emma (1835–1888), verh. 1855 mit Karl Wilhelm Eduard Mensing (1825–1903), 11 Kinder *s. Stammbaum 3*
3. Georg Florian Hermann (1837–1859) unverh.
4. Johannes Wilhelm (1839–1890), Chemiker, Fabrikdirektor, Stadtrat, verh. 1865 mit Anna Krumpiegel (1841–1928) 7 Kinder:
   1. Wilhelm Franz, Fabrikdirektor (1866–1942), 3 Söhne
   3. Franz Heinrich (1899–1972), Dr. phil. Chemiker, Fabrikdirektor
5. totgeborener Sohn (1840)
6. Augusta Maria/Marie (1843–1914), verh. 1862 mit Felix Peppmüller (1833–1903), Dr. med. Augenarzt, 7 Kinder
7. Johann Christian Friedrich (1846–1905), Königl. Sächs. Oberst, verh. 1884 mit Emma Christiane Franziska Fikentscher (Base!), 2 Kinder
8. Ernst Gottlob August (1849–1850)

Zweite Ehe: 1851, mit Dorothea Friderika Rosalie Mensing (1826–1895) *s. Stammbaum 3*
8 Kinder:

9. Wilhelm Hermann Heinrich (1852–1954)
10. Georg Julius Wilhelm (1854–1919), Musiker, verh. mit Adele Martin (1855–1938), kinderlos
11. Charlotte Friederike Louise (1856–1938), Malerin, 1883 verh. mit Rudolf Engelhardt, Landmesser u. Sänger, kinderlos

12. Wilhelm Ludwig Johannes (1857–1921), Chemiker, verh. 1895 mit Clara Herling (1873–1945), 5 Kinder:
    1. Gertrud, verh. Schubart-Fikentscher (1896–1985), Prof. Dr. jur., Rechtshistorikerin
13. Charlotte Sophie (1859–1945), künstlerische Zeichnerin, verh. 1887 mit Bruno Rudert (1849–1927), Dr. jur., Senatspräsident am Oberlandesgericht, kinderlos
14. Friedrich Ludwig Paul (1861–1924), Kommerzienrat, Fabrikdirektor, verh. 1887 mit Helene Mohr (1866–1945), 3 Kinder:
    1. Paul Oskar Friedrich (1888–1938) Fabrikdirektor, verh. 1914 mit Margarethe Neef (1888–1956) 3 Kinder
15. Otto Hermann (1862–1945) Maler, verh. 1891 mit Jenny Nottebohm (1869–1959) Malerin, 5 Kinder
16. Georg Friedrich Christian (1864–1865)

Stammbaum 3: Trommsdorff und Mensing

—

Johann Bartholomäus Trommsdorf (1770–1837), Dr. med. Prof., verh. 1797 mit Martha Hoyer (1776–1836),

4 Söhne:

1. bis 3. als Kinder gestorben
4. Hermann (1811–1884), pharmazeutischer Unternehmer, 2 Ehen, 4 Kinder

5 Töchter:

1. Dorothea (1798–1871), verh. 1823 mit Johann Friedrich Möller, Superintendent in Magdeburg
3. Sophie Anna Sabina (1802–1884), verh. 1822 mit Johann Gottlieb Wilhelm Mensing (1792–1864), Prof. Dr. phil., Mathematiker, 5 Töchter, 3 Söhne:
   2. Carl Wilhelm Eduard Mensing (1825–1903), verh. 1855 mit Emma Fikentscher (1835–1888) *s. Stammbaum 2*
   3. Dorothea Friderika Rosalie (1826–1895), verh. 1851 mit Friedrich Christian Fikentscher (1799–1864) *s. Stammbaum 2*
   4. Christoph Christian Heinrich Richard Mensing (1830–1909), verh. mit Sidonie Agnes Nieder (1832–1861) 7 Kinder
5. Sophie Luise (1813–1850), verh. 1832 mit Friedrich Christian Fikentscher (1799–1864) *s. Stammbaum 2*

Quellen und Literatur

Familienarchiv Fikentscher – FAF

1. Mensing, Carl Wilhelm Eduard (1825–1903): Biographie von Georg Friedrich Christian Fikentscher, schriftliche Ausarbeitung eines Vortrags anlässlich dessen 100. Geburtstages, ergänzt und mit zahlreichen Daten, Bildern und Anmerkungen versehen, als Datei vorliegend von Silke Liebegott, 66 S.
2. o.A.: Zur Feier des 50jährigen Bestehens der Fabrik Fr. Chr. Fikentscher Ges.m.b.H. in Zwickau
3. Fikentscher, Franz (1866–1942): Erinnerungen für meine Nachfahren. Handschriftliches Manuskript. Bericht über seinen Großvater Friedrich Christian Fikentscher und die Fabrik in Zwickau. 1941, 8 S.
4. Fikentscher, Rüdiger: Leben und Wirken des Friedrich Christian Fikentscher (1799–1864) Halle 1989, privat hergestellt und gebunden in wenigen Exemplaren, Halle 1989, 181 S.
5. Etwa 400 Briefe, Urkunden, Schriften, abgelegt nach Datum, wie im Text angegeben

Sächsisches Hauptstaatsarchiv Dresden – SHD

1. Nr. 10692, Ständeversammlung des Königreiches Sachsen
2. Nr. 4207, Präsensprotokolle zweite Kammer
3. Nr. 4322, Petitionen wegen Eisenbahnangelegenheiten
4. Nr. 4326, Eisenbahn Zwickau-Schwarzenberg
5. Nr. 4389, Die Eröffnung und den Schluß des Landtages betreffend 1851/55
6. Nr. 4406, Erste Deputation der zweiten Kammer
7. Nr. 4462, Zweite Deputation der zweiten Kammer, Eisenbahnprojekte

Stadtarchiv Zwickau – StAZ

1. Aktenheft des Rates der Stadt Zwickau – Abteilung für Staatsangehörigkeitssachen – Ergangen 1845, StA 1454
2. Protokoll über Baupolizei-Sachen und Bau-Differenzen III n1, 72 XV 1845/49 Vol. XV
3. 1304, Allgemeine Baupolizei-Sachen, III / 1 / 11 / 72 Bd. I, 1839–68 Nr. 47, 16. März 1863
4. Ratsprotokoll Zwickau 1864, Nr. 2099, Sitzung vom 11. August
5. Vermögensverwaltung der Geschwister Fikentscher AG 4005
6. Beschluss vom 23.1.1893 AG Nr. 351

Veröffentlichungen

Album von Zwickau und Umgegend, Zwickau 1850: „Glasfabrik und chemische Fabrik Fickentscher".

Bauer, Hans: Goethe in Marktredwitz, in: ders.: Goethe: Franken, Wein & Frauen. Ein vergnügliches, aber durchaus lehrreiches Lesebuch, 3. Aufl., Dettelbach 2015, S. 120–125.

Baumstark, Brigitte: „... 12 Minuten von Karlsruhe". Die Grötzinger Malerkolonie, in: Schmidt, Gerwin (Hg.): Deutsche Künstlerkolonien 1890–1910: Worpswede, Dachau, Willingshausen, Grötzingen, Die „Brücke", Murnau, Ausst.-Kat., Karlsruhe 1998, S. 231–282.

Berg, Gunhild: Neue Blicke auf Goethes „gewünschte Farbenbilder". Ein bislang unedierter Brief von Wolfgang Kaspar Fikentscher an Regina Susanna Johanna Martius vom 28. August 1822, in: Goethe-Jahrbuch, Bd. 126, 2009, S. 245–259.

Berg, Gunhild: Keine Fortsetzung im Labor von Marktredwitz. Ein Nachtrag zu Goethes „gewünschten Farbenbildern", in: Goethe-Jahrbuch, Bd. 130, 2013, S. 202–205.

Berghoff, Hartmut/Möller, Roland: Unternehmer in Deutschland und England 1870/1914. Aspekte eines kollektivbiographischen Vergleichs, in: Historische Zeitschrift (HZ) 256 (1993), S. 353–386.

Biedermann, Woldemar Freiherr von: Goethe und die Fikentscher, in: Goethe-Forschungen, Frankfurt a. M. 1879, S. 295–312.

Borchardt, Georg: Der Randbemerkungen Friedrichs des Großen, Teil 2: Herrschen und Dienen, Potsdam [1942] (Feldpost-Ausgabe), S. 81.

Dittrich, Erich (Hg.): Sächsische Lebensbilder, Bd. 2, Leipzig 1938 S. 1 (v. Beust); S. 161 (Friesen), Bd. 3, Leipzig 1994, S. 91 (Cotta).

Fikentscher, Friedrich: Vom Herrn Fr. Fikentscher in Redwitz, in: Neues Journal der Pharmacie für Aerzte, Apotheker und Chemiker von D. Johann Bartholomä Trommsdorff, Bd. 12, Leipzig 1826, S. 277 f.

Fikentscher, Rüdiger: Zwischen König und Bebel, Hohenheim/Stuttgart/Leipzig 2006.

Fikentscher, Rüdiger: Liebe, Arbeit, Einsamkeit. Ein Gelehrtenpaar in zwei Diktaturen. Wilhelm Schubart, Papyrologe. Gertrud Schubart-Fikentscher, Rechtshistorikerin, Halle 2013.

Fikentscher, Rüdiger: Goethe und die Familie Fikentscher (Schriftenreihe der Volkshochschule Marktredwitz, Bd. 53), Marktredwitz 2015, S. 3–24.

Forberger, Rudolf: Die industrielle Revolution in Sachsen 1800–1861, Bd. 2/1: Die Revolution der Produktivkräfte in Sachsen 1831–1861, Bd. 2/2: Übersichten zur Fabrikentwicklung, zusammengestellt von Ursula Forberger, Stuttgart 1999.

Gebhardt, Oskar: Abriss der Geschichte und Topographie von Markt-Redwitz und seinen Nachbarorten Dörflas und Oberredwitz, Markt-Redwitz 1906.

Götz, Wolfgang: Zu Leben und Werk von Johann Bartholomäus Trommsdorff (1770–1837). Darstellung anhand bisher unveröffentlichten Archivmaterials, Würzburg 1977.

Götz, Wolfgang: Der Briefwechsel von Johann Bartholomäus Trommsdorff (1770–1837), in: Acta historica Leopoldina (Nr. 18, 3. Lieferung) 1993, S. 52–99.

Groehler, Olaf: Die Kriege Friedrichs II., 3. Aufl., Berlin (Ost) 1981, S. 75.

Grosche, Günter: Die Stadt Zwickau in Sachsen, Teil 1–3 (Inaug. Diss. Päd. H.S. Potsdam), Zwickau 1964.

Herzog, Emil: Chronik der Kreisstadt Zwickau, 3 Bde., Zwickau 1845.

Heß, Ulrich/Schäfer, Michael (Hg.): Unternehmer in Sachsen. Aufstieg – Krise – Untergang – Neubeginn, Leipzig 1998.

Hirzel, Dr.: Das chemische Etablissement des Herrn Fikentscher in Zwickau, in: Die Gartenlaube, Illustriertes Familienblatt, Jg. 1857, S. 292–296.

Karlsch, Rainer/Schäfer, Michael: Wirtschaftsgeschichte Sachsens im Industriezeitalter, Leipzig 2006.

Kreisig, M.: Erinnerungen an notable Zwickauer meiner Zeit, mitgeteilt aus „Flechsigs Erinnerungen", in: Zwickauer Geschichtsblätter, 1. Juli 1932.

Kurland, Kurt Heinrich Albert: Eduard Petzold – Park-, Garten- und Arboretum-Direktor Muskau, in: Lebensbilder. Persönlichkeiten des Oberlausitzer Lebens, Teil 1: Muskauer Heide, Görlitz 1995.

Lauterbach, Irene R.: Christian Wilhelm Hermann Trommsdorff (1811–1884). Zu Leben und Werk eines pharmazeutischen Unternehmers. Greifswalder Schriften zur Geschichte der Pharmazie und Sozialpharmazie, Stuttgart 2000.

Lauterbach, Irene R.: Friedrich Christian Fikentscher (1799–1864). Ein früher Chemiefabrikant. Unter Berücksichtigung seiner Briefe aus den Jahren 1823, 1824 und 1830 (Quellen und Studien zur Geschichte der Pharmazie Bd. 98), Stuttgart 2013.

Löffler, Michael/Peschke, Norbert: Chronik der Stadt Zwickau, Zwickau 1993.

Möckl, Karl (Hg): Wirtschaftsbürgertum in den deutschen Staaten im 19. und beginnenden 20. Jahrhundert, München 1996.

Müller, Erwin: Goethe in Marktredwitz. Zur Erinnerung an seinen 200. Geburtstag (Schriftenreihe des Volksbildungswerkes Marktredwitz, Heft 1), Marktredwitz 1949, S. 9–20.

o. A.: Anzeigen, in: Zwickauer Tageblatt und Anzeiger, Nr. 186 v. 12. August 1864, S. 930.

o. A.: Anzeigen, in: Zwickauer Tageblatt und Anzeiger, Nr. 188 v. 14. August 1864, S. 940.

o. A.: Fikentscher (3. Unterast, 1. Hauptzweig; VI b), in: Deutsches Geschlechterbuch, hg. von Bernhard Körner, Bd. 92, Görlitz 1936, S. 120 ff.

o. A.: Fr. Chr. Fikentscher in Zwickau i./S., Thonwarenfabrik, in: Die Groß-Industrie des Königreichs Sachsen in Wort und Bild, Teil 1, Leipzig 1892, o. S.

o. A.: Goethe im chemischen Laboratorium zu Marktredwitz. Aus Anlaß des 150jährigen Bestehens der am 27. Juli 1788 gegründeten ersten deutschen chemischen Fabrik W.C. Fikentscher, der heutigen Chemischen Fabrik Marktredwitz A. G., Berlin 1938.

o. A.: Industrielle Portraits. Christian Friedrich Fikentscher, Fabrikant chemischer Producte, bei Zwickau in Sachsen, in: Illustrierte Zeitung v. 7. September 1850, S. 153 f.

o. A.: Martius, Erlanger Haus, in: Genealogisches Handbuch bürgerlicher Familien, hg. von Bernhard Körner, Bd. 7, Berlin 1900, S. 312.

o. A.: Nekrolog. Wolfgang Caspar Fikentscher, in: Kunst- und Gewerbe-Blatt. Herausgegeben von dem polytechnischen Verein für das Königreich Bayern. Drey und zwanzigster Jahrgang oder des Kunst- und Gewerbe-Blattes Fünfzehnter Band, München 1837, S. 457–471.

o. A.: Provinzialnachrichten, in: Dresdner Journal v. 12. August 1864, S. 787.

o. A.: „Wir haben oft alle Augen zugedrückt". Bayrische Behördenschlamperei ermöglichte den Quecksilberskandal von Marktredwitz, in: DER SPIEGEL, Nr. 48/1988, S. 81–88.

Oeser, Louis (Hg.): Die Glas- und Chemische Fabrik von Fr. Chr. Fikentscher bei Zwickau. Album der sächsischen Industrie, Bd. 1, S. 17 f. (1856–1858).

Patzer, Helmut (Hg.): Johann Bartholomäus Trommsdorff (1770–1837) und die Begründung der modernen Pharmazie (Beiträge zur Geschichte der Universität Erfurt (1392–1816) Heft 16), 1971/72.

Peschke, Norbert: 150 Jahre Tradition – Steinzeugproduktion in Zwickau, in: Zwickauer Heimat-Journal 1995, S. 6–15.

Peschke, Norbert: Zwickau im 19. Jahrhundert – auf dem Weg zur Industriestadt, Wilkau-Haßlau 2009.

Rosenhainer, Otto/Trommsdorff, Hermann (Hg.): Johann Bartholomäus Trommsdorff 1770–1837. Ein Lebensbild des größten Pharmaceuten und Chemikers an der Wende des 18. Jahrhunderts, zugleich ein Stück aus der Vergangenheit der alten Universitätsstadt Erfurt, Jena 1913.

Schäfer, Michael: Familienunternehmen und Unternehmerfamilien. Zur Sozial- und Wirtschaftsgeschichte der Sächsischen Unternehmer 1850–1940 (Schriftenreihe zur Zeitschrift für Unternehmensgeschichte, Bd. 18), München 2007.

Schlußbericht des Untersuchungsausschusses „Chemische Fabrik Marktredwitz" (Drs. 11/132663) Bayerischer Landtag 11. Wahlperiode Drs. 11/17677, 18.7.90, online unter www.bayern.landtag.de (12.11.2015).

Schötz, Susanne: Handelsfrauen in Leipzig. Zur Geschichte von Arbeit und Geschlecht in der Neuzeit, Köln/Weimar/Wien 2004.

Schrenk, Johann: 1822: Goethe in Marktredwitz, in: Stefan Keppler u. a.: Goethes Franken, Gunzenhausen 2005, S. 67–73.

Schröder, Wolfgang: Unternehmer im sächsischen Landesparlament 1866–1909, in: Ulrich Heß/Michael Schäfer (Hg.): Unternehmer in Sachsen, Aufstieg – Krise – Untergang – Neubeginn, Leipzig 1998.

Vallery-Radot, René: Louis Pasteur. Sein Leben und Werk, Paris 1948 S. 74–82 (September 1852 betreffend) [französische Originalausgabe: La Vie de Pasteur, übers. von Dr. Max Hedinger und Hans Schneider, Paris 1900].

Wehler, Hans-Ulrich: Deutsche Gesellschaftsgeschichte, Bd. 2: Von der Reformära bis zur industriellen und politischen „Deutschen Doppelrevolution" 1815–1845/49, 3. Aufl., München 1996.

Ziegler, Dieter: Das wirtschaftliche Großbürgertum, in: Peter Lundgreen (Hg.): Sozial- und Kulturgeschichte des Bürgertums, Göttingen 2000, S. 13–137.

Internet

www.zwickau.de/de/tourismus/stadtgeschichte/stadtchronik/php

Personenverzeichnis

Ortsregister

Bildnachweis

Siegfried Brettschneider, Halle: 40
Familienarchiv Fikentscher: 1, 3, 4, 5, 8, 9, 10, 12, 13, 14, 15, 16, 17, 18, 19, 20, 21, 22, 23, 24, 25, 26, 27, 28, 29, 30, 31, 32, 33, 34, 35, 36, 37, 38, 39, 41, 42, 43, 44, 45, 46, 48, 49, 50, 51
Rosenhainer, Otto/Trommsdorff, Hermann (Hg.): Johann Bartholomäus Trommsdorff 1770–1837, Jena 1913: 6, 7
Stadtarchiv Marktredwitz: 2
Stadtarchiv Zwickau: 11, 47